【北京社科名家文库】

行走在历史中

BEIJING SHEKE MINGJIA WENKU

徐蓝自选集

徐蓝◎著

首都师范大学出版社
CAPITAL NORMAL UNIVERSITY PRESS

图书在版编目(CIP)数据

行走在历史中:徐蓝自选集/徐蓝著. —北京:首都师范大学出版社,2014.10

ISBN 978-7-5656-2178-9

Ⅰ.①行… Ⅱ.①徐… Ⅲ.①世界史—研究 Ⅳ.①K107

中国版本图书馆CIP数据核字(2014)第250208号

北京社科名家文库

XINGZOU ZAI LISHIZHONG

行走在历史中

徐蓝自选集

徐 蓝 著

项目统筹:杨林玉　　责任编辑:王慕飞
责任设计:王征发　　责任印制:何景贤
责任校对:李佳艺

首都师范大学出版社出版发行
地 址 北京西三环北路105号
邮 编 100048
电 话 68418523(总编室) 68982468(发行部)
网 址 www.cnupn.com.cn
三河市博文印刷有限公司印刷
全国新华书店发行
版 次 2015年1月第1版
印 次 2015年1月第1次印刷
开 本 710mm×1000mm 1/16
印 张 37 插 页 2
字 数 430千
定 价 85.00元

出版说明

1978年，中国改革开放的元年。自那一年开始，中国已经走过了波澜壮阔的30年。这是伟大的30年，是改变中国的30年，是震惊世界的30年，也是哲学社会科学蓬勃发展的30年。

在哲学社会科学这30年的辉煌成就里，浸透着为新中国哲学社会科学奠基的老一辈专家呕心沥血的求索，也镌刻着寻着他们足迹的后来者追求真理的步伐。“学之大者，国之重器”。我们有责任将这些“大者”潜心研究的成果，重新编辑出版以飨读者。为此，北京市社会科学界联合会和首都师范大学出版社将这一套《北京社科名家文库》奉献给读者。它以自选集的体例形式，每年推出一批，争取在几年内达到百种以上。《北京社科名家文库》将系统展示当代哲学社会科学名家学者30年来的学思精华，展示他们的学术探索历程和风采。同时，为使这套《北京社科名家文库》更加丰富，编委会决定在首都师范大学出版社已出版的《当代著名学者自选集》中挑选符合体例的图书，编辑成《北京社科名家文库·纪念辑》，这将更完整地反映北京学人在学术风范和学术使命上的历史延续。

我们相信，《北京社科名家文库》将能够成为具有文化传承价值的经典性大型出版工程，成为集中展示首都哲学社会科学重要成果的一个窗口。由于我们水平所限，定有不足之处，希望读者和同仁给予批评指正。

编 委 会

2009年11月

徐蓝先生

目录

北京社科名家文库

历史选择　选择历史

我的一些老同学都有些奇怪我为什么会选择了历史专业，因为在她们的印象中，我在高中时一直希望上大学后学习数学，而历史和数学，好像有点“不搭界”。然而这实际上却是一种因中国历史的发展而做出的选择。

有关我上大学的曲折经历，已经在“不为一时之名利　不争一日之短长”一文中讲述，这里不再赘述。但是我在这里仍然希望强调的是，在历史的长河中，个人是渺小的，但是个人的命运又是和祖国的命运紧密地连在一起的。我赶上了祖国发展的好时代，的确是非常幸运的。

我的大学生活是刻苦而充实的，我希望能够以此稍稍补回一些已经失去近12年的时光。尽管在上大学之前，我已经学过不少历史知识，但是真正系统地学习历史，是从上大学开始的，特别是通过中国史和世界史这两门通史的学习，使我看到了历史长河的浩瀚与深邃，曲折与进步，从而对历史产生了极大的敬畏之感，同时也对历史产生了很大兴趣。然而，在大学期间最大的收获之一，是通过一些名师的教学，我对历史教学与研究有了些许心得。

齐世荣先生的现代国际关系史，以专题讲述，使我第一次接触了大量外文史料和西方学者的学术观点，对如何用马克思主义的唯物史观来分析问题，有了一些切实的感受。我也初步认识到，对历史的研究不仅要勾勒通史的发展，还要对许多重要问题进行个案深入探讨，而后者正是前者的重要基础和支柱。同时我对史学的实证研究方法也有了一些了解，这为我以后研究世界历史打开了一扇门。宁可先生为我们讲了一年的中国古代经济史，他对每一朝代的经济情况的具体讲解以及对整个线索的勾勒，使我初步理解了学习和研究历史的点、线、面之间的关系，进一步认识到通过史料考证和鉴别进行研究的重要性。戚国淦先生虽然为我们上课不多，但是他讲授的古代日本、越南等国的历史，让我领略了他的深厚学术功底。还有一位徐北海老师，他极富逻辑的讲述和通过大量数学运算来揭示政治经济学中的问题，曾令我很兴奋，直接感到了数学与其他人文社会科学之间的关系。还有一位讲授中国古代哲学史的许蛟老师，我曾惊叹他对马列著作的熟悉程度。还有徐中秀老师讲的世界古代史特别是古代印度史，陈曦文老师讲的世界中世纪史特别是基督教的历史，丁朝弼老师讲的世界近代史特别是对马克思的《路易·波拿巴的雾月十八日》的精彩讲解（当时就博得了我们班同学的情不自禁的热烈掌声），都令我印象深刻、至今不忘。尽管当时外请的教师不多，但是系里请北京大学徐天新老师教我们苏联史，他那平实而富有深刻思考的讲述，对我极有启发；中国社科院世界历史研究所廖学盛老师给我们讲解的古希腊史研究状况，使我认识到在研究一个具体问题之前梳理前人对该问题的研究状况即学术史的重要性……。总之，通过这些名师的教学，不仅大大开阔了我的眼界，而且使我对实证研究是历史学的基本研究方法，唯物史观对历史研究的重要性，史学研究的问题意识，以及对所研究的问题的学术史的梳理是研究该问题的重要前提等等方面，有了重要的感性体验。

说起决定主攻世界史，也与国家的发展分不开。我们上大学的年代，正是国家开始实行改革开放政策的时候。随着国人再一次开眼看世界，随着国家对外交往的不断扩大，我对世界史的关注也越来越多，尤其对世界近现代历史和国际关系史感兴趣。但是真正开始世界史的研究，还是在留校任教之后。

1982年1月我大学毕业后，留校任教，在历史系主讲世界近代史。但是由于当时师资比较缺乏，所以我作为本科教学的“主力”之一，在1982～1986年的几年时间内还承担了本校政法系（今政法学院前身之一）的世界近代史，马列教研室（今马克思主义教育学院前身之一）干部大专班的世界近代史，外语系（今外国语学院前身之一）的世界通史和美、英、法、德、俄（苏）、日、意等大国的历史，以及国际政治学院（中国人民警官大学前身，现为中国人民公安大学团河校区）的世界现代史和世界当代史。尽管这些教学工作占用了我的大量时间，教学内容也远远超出了世界近代史，但是经过几年的教学，我对世界通史、世界近代史、世界现代史和当代史的基本内容有了大体的了解，为我今后的教学和研究打下了比较厚实的基础。后来我研究的一些重要课题，大多是从教学中，从学生的疑问以及与他们的探讨中形成的。教学相长，使我终生受益。

断代史和通史的教学，使我注意到了一些重要的历史问题。例如，我对当时的世界通史划分断代的标准产生了困惑。由于中国的世界史学科基本上是在苏联史学的基础上建立起来的，而改革开放初期国内对西方著作的译介也还有限，因此中国的世界通史教学除了一些各校自编的教材之外，最重要最基本的参考书是苏联10卷本《世界通史》（实际上是13卷，我们习惯上仍然称为10卷本），以及由周一良、吴于廑为总主编的新中国第一部4卷本《世界通史》，即后来人们所说的“周吴本”，及其相对应的4卷资料选辑。这些基本的教科书，主要以原始社会、奴隶社会、封建社会、资本主义社会和社会主义社会五种社会经济形态作为划分历史阶段的标准，以阶级斗争为纲，以人民群众为主角，把世界各国、各民族、各地区的历史排列起来，分时期按国别地叙述了从人类起源到第一次世界大战结束的世界历史的发展，而且不包括中国的历史，成为名符其实的外国史。在这样的划分标准指导下，当时的世界近代史从1640年英国资产阶级革命开始，至1918年第一次世界大战结束；世界现代史从1917年俄国十月社会主义革命开始，至1945年第二次世界大战的结束而结束；1945年以后为世界当代史。但是在实际进行世界近代史和世界现代史的教学中，就带来了一些重要问题，例如，将英国的一场内战作为世界历史从封建社会向资本主义社会的重要转折点是否合适？如何认识15、16世纪(所谓的中世纪晚期和近代早期)欧洲的各种社会变化？将第一次世界大战和十月革命分为两个阶段的终点和起点是否说得通？十月革命与第一次世界大战是什么关系？战争与革命之间是什么关系？将两次世界大战截然分开的论述是否科学？两次世界大战是否有其内在的连续性？法西斯运动的产生以及西方民主国家对法西斯侵略扩张采取的绥靖政策是否与第一次世界大战及其结果有关？等等。

另一方面，我也注意到，我在教学中参考的一些西方学者的著作，如英国学者H. G. 威尔斯的简明世界通史读本《世界史纲》、德国学者奥斯瓦尔德·斯宾格勒的相当艰深的《西方的没落》、根据美国学者威廉·兰格主编的《世界史百科全书》翻译的《世界史编年手册》(古代与中世纪、近代、现代3部分)，以及根据英国历史学家杰弗里·巴勒克拉夫主编的《泰晤士世界历史地图集》的文字部分选译编成的《世界史便览：公元前9000年—公元1975年的世界》等重要的通史类参考书以及其他专著，对世界历史的看法和分期显然与国内的主流看法不同。我还注意到中国学术界对世界历史也有了一些不同的看法，其中最重要的就是吴于廑先生的几篇相互关联的重要论文，即《世界历史上的游牧世界与农耕世界》《世界历史上的农本与重商》《世界史学科前景杂说》①。特别是吴先生根据马克思和恩格斯的论述②对“世界历史”这门学科的阐述，对我很有启发。他写道：“我仿佛看到世界史是历史学科中一门有限定意义的分支学科，这门学科的探索目标在于世界由古及今经历了怎样的历史演变过程，怎样由原始的、闭塞的、各个分散的人群集体的历史，发展为彼此密切联系的形成一个全局的世界历史。”(见《世界史学科前景杂说》)不过当时我作为一个初学者，只是觉得这个对“世界历史”学科的定义的提法与过于强调“世界历史上的社会形态演变”的提法有所不同，似乎更强调世界各地区的相互联系，但我也只是隐隐约约地感到了它的重要性。

---

① 分别载自《云南社会科学》，1983(1)，47～57页、《历史研究》，1984(1)，3～24页、《内蒙古大学学报》，1985(4)，1～10页。以后吴先生又陆续发表了《历史上农耕世界对工业世界的孕育》和《亚欧大陆传统农耕世界不同国家在新兴工业世界冲击下的反应》，分别见《世界历史》，1987(2)，1～18页和1993(1)，3～20页。

② 当时吴先生引用的是人民出版社1972年出版的《马克思恩格斯选集》。马克思在《政治经济学批判导言》中说：“世界史不是过去一直存在的；作为世界史的历史是结果”；马克思和恩格斯在其合著的《德意志意识形态》中又说：“各个相互影响的活动范围在这个发展过程中愈来愈扩大，各民族的原始闭关自守状态则由于日益完善的生产方式、交往以及因此自发地发展起来的各民族之间的分工而消灭得愈来愈彻底，历史也在愈来愈大的程度上成为全世界的历史”。分别见《马克思恩格斯选集》，第2卷，112页和第1卷，51页，北京，人民出版社，1972。

大量的教学工作使我深感自己的知识严重不足，特别是对国际学术界研究状况的了解十分有限，这就激起了我继续学习的热情。首先是学习英语。尽管那时已经有一些翻译成中文的著作，但是如果不能直接阅读英文原著，仍然无法更多地了解国际学术界的研究动态和对重要问题的研究成果，也无法做进一步的深入探讨。既然我注定要做世界史的教学与科研工作，我就必须学习英语。但我的时间有限，于是我就在自学日语并已经能够用日语阅读专业书籍的同时，在恢复俄语和下决心学习英语之间进行选择，最终决定暂时放弃曾经学过6年、但在10年“文革”中已经荒废了的俄语，从头开始学习英语，以后如有机会再捡起俄语。但是俄语却从此没有捡起来，这也成了我的终生憾事。

当我在34岁开始学习英语时，确有“急功近利”的考虑，即如何能在较短的时间里达到能够阅读专业书籍的水平。在家人的鼓励下，在齐世荣先生和其他老师的帮助下，在完成教学任务的同时，我一面参加学校为青年教师开设的每周两次的英语班，从基本的听说和语法学起(“文革”中听过北京外国语大学的屠蓓老师在电台教的英语，学会了26个字母的发音和“Long Live Chairman Mao”等等)，一面找来一本英文原著，开始一字一句地翻译。虽然现在已经不记得那本书的名称，但还清楚地记得我翻译的那一章的标题是“第一次世界大战的后果”。刚开始，几乎90%以上的单词都要查字典，几乎每一句话都要在纸上抄写下来分析它的语法结构，所以一天也翻译不完一页。但是我坚信持之以恒、必有收获。凭着我的执着，凭着我对这段历史的了解，再加上中文的基础较好，一年以后，成效就明显了。

在专业上我也有继续学习的强烈愿望。1979年国家恢复了研究生招生制度，一开始我也想报考日本史的研究生，但家人还是希望我能够接受完整的本科阶段的教育，于是我就放弃了这个想法。到大学四年级的时候，又遇到了毕业后是否要继续硕士阶段学习的问题。可是我当时对国际关系史更感兴趣，不想局限于学习一国的历史，但又受到外语的限制，所以我最终放弃了报考研究生，做好了去中学做一名历史教师的准备，并打算自学英语，继续我的爱好。由于毕业后留校任教，这就给了我继续学习的条件。于是我尽可能旁听了世界史研究生的课程，认真完成作业，收获颇多。特别是田农先生教我们如何使用工具书，大大提高了我查找资料的能力。另一方面，我也找到了一个可以深入研究的问题，把第一次世界大战前的德国与英国的矛盾与对立，作为我学术研究的起点。这就是在齐世荣先生指导下完成并于 1985 年发表的我的第一篇论文《试论围绕修筑巴格达铁路的德英之争》。

在我真正开始学术研究的过程中，还有三件非常值得提及且必须提及的经历。

第一件事是齐世荣先生布置给我的核查资料的工作。我记得那是在 1984 年夏天，齐先生为了准备中国代表团参加 1985 年第 16 届国际历史科学大会(这也是中国代表团第一次正式出席这个大会)的发言，撰写长篇论文《论中国抗日战争在第二次世界大战中的地位和作用》，希望我核查一些日文资料并做必要的书面翻译。为此整个暑假我几乎每天都待在北海旁边的北京图书馆里，"早八晚八"，借阅了大量日文资料集和专著。正是循着齐先生的研究路径，我初步学会了治史方法，受益无穷。

第二件事是我在职攻读博士学位。1983 年，我得知历史系获得了世界近现代史和国际关系史的博士学位授予权，1984 年开始招生。可我没有硕士学位，无法报考，不免遗憾。但是第二年教育部就下发了以同等学力报考博士研究生的文件，其中规定：以同等学力报考博士研究生的考生要有公开发表的学术论文和硕士研究生的学习成绩，而我正符合这些条件。1986 年 2 月，我开始师从齐世荣先生在职攻读博士学位，同时开始为本科生讲授现代国际关系史，后来又开设了战后国际关系史课程。

齐先生是国内世界现代史和现代国际关系史学科的重要奠基者之一，尤其在绥靖政策的研究方面有开创性的贡献。在他的指导下，我的英文阅读大有进步，开始通过阅读大量原著了解国际学术界的研究动态。我发现，从 20 世纪 60 年代后期至 20 世纪 70 年代，国际学术界对 30 年代英国绥靖政策的研究已经从英国对德国和意大利的绥靖政策扩展到英国对日本的绥靖政策，出版了一些重要专著，其中存在着英国的对日政策是“绥靖政策还是绥靖行动”“是否存在远东慕尼黑”等争论；对该政策形成的原因也从“传统派”向“修正派”发展，即从较为简单地论述张伯伦等人“对凡尔赛条约的罪恶之感”“对希特勒所追求的目标的错觉”以及“避战求和”，转向了依据解密档案研究更为复杂的英国的政治、军事、经济、意识形态、民意舆论、英帝国、国际组织等方面，而这些问题，也正是我在教学中遇到的问题。但是国内学术界的研究除了齐先生的几篇重要论文之外，仍然较少涉及这些问题；另一方面，国际学术界关于英国对日本的绥靖政策的研究主要建立在梳理英国方面的原始资料基础之上，相对缺乏日本和中国方面的资料，因而也存在着史料的缺陷。在齐先生的鼓励和指导下，我便以 20 世纪 30 年代英国在日本侵略中国的情况下对日本采取的绥靖政策作为我的博士论文选题。

在职学习期间，系里减少了我的一些教学工作量，让我有更多的时间从事研究。我以英、日、美、中等国的原始资料为基础，借鉴已有的研究成果，从1931～1941年这10年来围绕日本侵略中国所展开的英日关系中的20多个历史事件和历史现象入手，逐一进行个案微观考察，最终写成了约35万字的博士学位论文《英国与中日战争1931—1941》。1989年12月25日，我的论文通过答辩。我还记得答辩委员杨生茂先生因病未能参加我的答辩，但却寄来了他要提的问题，这些问题装在一个密封的信封里，当场拆阅提问，还要在答辩后看看我的回答如何。杨先生的认真与严格，令我既紧张又钦佩。1990年1月我获得了历史学博士学位。此后一年，我一边完成紧张的教学任务，一边修改补充我的博士论文。1991年7月，在当时经费相当紧张的情况下，这本40多万字的专著得到了校长出版基金的资助，得以出版。

第三件事是我作为齐世荣先生的助手，参加了吴于廑、齐世荣主编的六卷本《世界史》的讨论并撰写了凡尔赛—华盛顿体系和20世纪20年代国际关系的一些内容。1987年，受国家教委（即教育部）委托，吴、齐两位先生开始共同主编新的《世界史》，后来人们就将其称为“吴齐本”。在多次倾听两位总主编循循善诱的讲解和说明以及他们与其他前辈学者特别是分册主编刘家和、王敦书、朱寰、马克垚、王觉非、刘祚昌、彭树智、张象以及高等教育出版社的于渊、王方宪等先生的讨论中，我终于理解了这套书的重要性：在阐释人类历史发展为世界历史的过程中，既要重视世界历史的纵向发展，也要重视世界历史的横向联系，也就是说，既要揭示人类物质生产史上不同生产方式的发展演变而引起的不同社会形态的更迭，又要揭示人类历史从各地区之间的相对闭塞到逐渐开放、从彼此相对分散到逐步密切联系，最终发展为息息相关的整体的世界历史的客观过程；与此同时，世界历史的这种纵向发展与横向发展之间又是一种相互交叉的互动关系，从而体现吴于廑先生所给出的关于“世界历史”这门学科的定义：“世界历史是历史学的一门重要分支学科，内容为对人类历史自原始、孤立、分散的人群发展为全世界成一密切联系整体的过程进行系统探讨和阐述。世界历史学科的主要任务是以世界全局的观点，综合考察各地区、各国、各民族的历史，运用相关学科如文化人类学、考古学的成果，研究和阐明人类历史的演变，揭示演变的规律和趋向。”①据此编写的世界史，不同于“周吴本”，不仅将中国放入其中，而且在近代史编和现代史编中，以1500年作为世界近代史的起点，以19世纪末20世纪初作为世界现代史的开端，等等。这些在世界通史编写体例方面的重要变化和创新，不仅更符合世界历史的客观发展过程，也解开了我的困惑，初步回答了上述各种疑问，并提供了更多的至今我都希望进一步深入研究的问题。1993年吴于廑先生突然遁归道山，并未看到这套书的全部出版，令人唏嘘不已。但是他提出的这种整体的全球世界史观，不仅开创了中国的世界通史编纂的新局面，开拓并发展了中国的世界史学科，而且引发了学术界对世界历史理论的新思考和新探索。

在以后的教学与研究中，我继续认真阅读马克思主义的世界历史理论并思考相关问题。我进一步认识到，马克思主义的世界历史理论，实际上就包括两个方面，即世界历史的纵向发展与横向发展。从纵向看，人类历史经历了从原始社会、奴隶社会、封建社会、资本主义社会并将发展到共产主义社会。尽管并不是所有民族、国家和地区的历史都无一例外地按照这个序列向前发展，而是先后不一、形式各

① 这是吴于廑先生为1990年出版的《中国大百科全书·外国历史卷》撰写的“世界历史”条目中的第一段话，该条目也是“吴齐本”教材的总序。

异，但是这个从低级社会向高级社会发展的总过程，仍然具有普遍的、规律性的意义。从横向看，人类的历史是从原始、孤立、分散的人群逐渐发展为全世界成为一个密切联系的息息相关的整体的过程。在历史的横向发展方面，物质生产的发展仍然是其推动力量。人类历史的纵向发展与横向发展，互为条件，相辅相成。纵向的重大历史现象会对横向发展形成制约，横向发展也会对纵向发展产生反作用。

在我撰写博士学位论文的过程中，还有两个有所提及但没有展开的研究课题，一个是美国与中日战争的关系，另一个是美国与英国的关系特别是两国之间的同盟关系，而后一个课题既涉及政治外交，还涉及军事外交和经济外交以及文化与意识形态等方面的问题，这也正是当时国际学术界的研究前沿。于是在我完成了博士论文的修改后，便决定研究第二个课题。1992年8月～1993年7月，通过学校推荐和美方的选拔，我得到美国亚洲高等教育基督教联合董事会的资助，到美国弗吉尼亚州林奇堡学院(Lynchburg College)作高级访问学者。这给了我收集资料并与美国同行交流的便利条件，我先后到马歇尔图书档案馆(位于弗吉尼亚军事学院内)、美国海军历史研究中心(位于华盛顿海军大院内)、美国国会图书馆、罗斯福图书馆等地查找资料，收获颇多，回国后发表了系列专题论文，并着手撰写专著《走向同盟：1937—1942年的美英关系》。

同时，我继续参加一些重要的世界史的研究项目或教材的编写工作，从中得到了更多的锻炼和提高。1997年，齐世荣先生和廖学盛先生开始主持国家社科基金“九五”规划重大课题《20世纪的历史巨变》的研究工作，分配我撰写1900～1990年的国际关系部分。这个任务是对我的一次挑战，因为在此之前，我从来没有写过如此需要宏观把握的问题。于是我停下了正在撰写的专著，转到这个课题领域。在我以往的教学与科研的基础上，我首先进行中观研究，把两次世界大战放在一起进行比较，分析它们在起源方面的共性和个性，找出它们之间的联系，写出论文《战争与和平：两次世界大战的比较研究》作为中期的研究成果，然后再从两次世界大战对20世纪国际格局演变的影响的角度，适当运用国际关系理论，论述这90年的国际关系变化，使研究得到深化。通过这个课题的研究，我对研究工作也有了更多的体会：对历史发展过程中的重大事件基于第一手资料的个案微观研究是十分重要的，它有助于我们对中观和宏观历史更准确的把握，没有这种实证研究的基础，就不可能有真正的宏观考察；但是如果只有微观研究，而缺少站在更广阔的视野上进行宏观考察，就看不清历史发展的整体脉络，也就会影响微观个案研究的深度。因此，只有把两者联系起来，一幅完整的历史画面才会比较清晰地展现在我们面前。2002年，我应邀参加徐天新先生主持的《国际冷战中的大国战略关系研究1949—1972》的研究工作，撰写美苏冷战的基本进程。这些研究工作，为我进一步研究20世纪的战争与和平问题、20世纪国际格局的演变与大国关系的互动研究等课题，提供了前期准备。2000年，“吴齐本”进行修订，修订版改为4卷，总主编齐世荣先生分配我撰写第一次世界大战、凡尔赛-华盛顿体系、20世纪20年代的国际关系、冷战起源和发展演变、冷战结束后的世界等现代卷和当代卷的部分内容，使我得以将多年的教学与科研的点滴成果写进这些教材当中，并为后来我自己主编的教材《世界近现代史1500—2007》奠定了基础。

1993年我开始招收世界近现代史和国际关系史研究方向的硕士研究生，1997年开始招收该方向的博士研究生，但是我仍然对本科教学投入了很大的热情和精力。进入21世纪，本科教学工作越来越受到重视，我也和我的同事们积极进行世界近现代史和国际关系史的课程建设和教学团队建设，并取得了较好地效果。自从教以来，除了出国，我一直为本科生上课，直到今天，我每年至少为本科生上两门课程。我喜欢教学工作的那种与学生之间的真诚互动，享受教学相长的喜悦。

我自知自己在世界史的研究中存在中国历史知识不足的问题，虽经恶补，但由于“文革”而失去的11年时间终归是不能补回来的；我也清楚地知道自己的理论水平也还有待提高，而这两点，正是那些我所崇敬并视为终身学习榜样的学贯中西的前辈大家们之所以成为大家的重要原因。因此，我更寄希望于我的学生们，希望他们心无旁骛、潜心学术，超过老师，真正“青出于蓝而胜于蓝”。

在我的学术生涯中，还有一件重要的至今都在进行的工作，那就是2007年受教育部的委托，参加《义务教育历史课程标准（实验稿）》的修订工作。对我来说，这项工作的挑战性并不亚于开辟一个新的研究领域。尽管作为师范院校的教师，我对中学的教学情况多少有所了解，也曾承担中学教师硕士课程班的教学任务达10年以上，但是对20世纪末21世纪初兴起于世界范围内的义务教育的课程改革和课程标准的制定，以及几乎同步发生在中国的新的基础教育课程改革，并不熟悉。这就需要重新学习。我从什么是课程、课程与学科之间有什么联系和区别；什么是课程标准、它和过去的教学大纲之间有什么联系和区别；世界其他国家的课程标准是如何制定的，包括哪些主要内容；与世界其他各国的中学历史课程标准比较，中国的《义务教育历史课程标准（实验稿）》有什么特点、优点和需要改进的地方；如何使修订后的标准不仅更符合历史学的时序性和系统性特点、而且更符合初中学生的年龄特点、认知水平和能力培养……等等问题学起，逐渐入了门。

经过修订组同仁几年的努力，修订稿《义务教育历史课程标准（2011 年版）》终于公布，我作为执行主编为中学教师更好地理解这个标准而编写的《义务教育历史课程标准（2011 年版）解读》也已经出版。我还作为首席专家主持了我校承担的教育部的国培计划——中小学骨干教师研修项目（初中历史）的培训工作。我作为组长承担的《普通高中历史课程标准（实验稿）》的修订工作和教材编写工作已经于 2013 年开始①。我感到，在继续从事高校的世界史教学与研究工作的同时，为中学的历史教学服务也正是我选择学习历史、讲授历史、研究历史的一个重要而自然的回归。

① 2008 年，受教育部委托，曾经对《普通高中历史课程标准（实验稿）》进行了初步修订，也编写了部分相关教材，但没有使用。2013 年，教育部正式启动了包括历史在内的所有高中课程标准（实验稿）的修订工作，目前这项工作正在进行。

不为一时之名利　不争一日之短长*

——徐蓝教授访谈录

问：徐老师，您是怎样选择世界历史的教学与研究作为您的终生事业的？您是“文革”后恢复高考的第一批大学生，但听说您在高分的情况下进入大学校门还经历了一番坎坷，您能给我们讲讲吗？

答：最初在恢复高考报志愿时，我选择学习历史专业主要是出于现实的考虑。我出生在一个知识分子家庭，从小受到很好的教育。受家庭的影响，我非常喜欢学习，爱好比较广泛，也养成了读书的习惯，各门功课都学得不错，初中毕业时曾获得北京市中学生金质奖章而被保送到高中学习。那时我什么书都喜欢看，中外的古典名著读了许多，但更喜欢数理化的学习，喜欢理性的逻辑思维推理。那时我最想上的是北京大学数学力学系，而且也有能力考上。但“文革”改变了一切。准备了很长时间的高考被取消，我们这些高三的学生在学校参加“文革”两年多，然后上山下乡，各奔南北东西了。当 1977 年恢复

* 原载《历史教学》，2005(9)。提问者为代表历史教学编辑部采访的程文进博士，回答者为徐蓝教授。

高考时，我已经30岁，我知道这早就过了学习数理化的最佳年龄，只好选择文科，我第一、二志愿报了历史，第三志愿报了经济，结果被历史系录取。所以，与其说是我选择了历史，不如说是历史造成了我的选择。你可以看到，对我们这一代人来说，个人的最初愿望和实际的结果之间的阴错阳差是很明显的。

当我得知恢复高考的消息时，十分激动和兴奋，因为党和国家终于给了我与其他人公平竞争的机会，得以圆我自“文革”以来就不再敢想的大学之梦。当时我在北京某县(请原谅不说具体的名字了)参加考试，考得不错，是该县的文科第一名。但是我却没有被录取，后来了解到是该县负责教育的官员以政审不合格为理由而扣下了我的档案(他们后来解释说是为了把我调到该县的一所重点中学当老师，为该县的教育腾飞做贡献)，其理由是我爸爸曾被划为“右派”。我认为这对我十分不公平，但我绝不放弃，于是先后找到北京市和教育部的招生办公室，要求解决我的问题。经过20多天的反复争取，终于在当时教育部领导的批示下，该县将我的档案送到北京市招办，使我能够走进大学的校门。所以，我始终感谢邓小平，感谢党的好政策，也感谢当年那些帮助过我的老师们和领导的同情、理解和支持。从我的经历也可以看到，个人的命运是和祖国的命运紧密连在一起的。

整体上说，1977级的学生是很刻苦的，可以用“如饥似渴地学习”来形容。其中的一个原因，就是这个上大学的机会实在是来之不易。我自己也一样，以致常常为自己没有很好地尽到一个女儿、母亲和妻子的责任而感到内疚，对我的父母、女儿和我的先生对我的充分理解和全力支持而心存感激。

大学期间，正是国家开始实行改革开放政策的时候，随着国人再一次开眼看世界，我对世界史的关注也越来越多，尤其对世界近现代历史和国际关系史感兴趣。我还订阅了《世界历史》《世界史研究动态》和《外国史知识》(后两种杂志后来都停刊了)。现在回想起来，在大学期间的收获之一，是通过一些老师的教学，对历史研究有了一点儿感觉。例如，齐世荣先生讲授的“现代国际关系史”和宁可先生讲授的“中国古代经济史”就给我留下了深刻的印象，初步感觉到对历史的研究不仅要勾勒通史的发展，还要有对许多重要问题的个案深入探讨，而后者正是前者的重要基础和支柱；同时对实证的研究方法也有所了解，“历史研究要用第一手资料说话”这句话可以说是铭记在心了。但是真正开始世界史的研究，还是在留校任教之后。

留校后，我先后讲授过世界近代史，世界通史，美、英、法、德、俄(苏)、日、意等大国的历史，世界现代史，世界当代史，国际关系史，等等。可以说教学的内容是比较广泛的，我喜欢教学工作的那种与学生之间的互动，享受教学相长的喜悦。直到现在，我从未离开本科教学的课堂。另外，这些教学工作，给我的研究工作也打下了比较好的基础。

问：您对30年代英国对中国和日本的外交政策进行过系统研究，集中探讨的是英国在二战前对日本实行的绥靖政策。您能跟我们谈谈您为什么选择这样一个研究课题吗？

答：中国的国际关系史研究起步很晚，从某种意义上说，是“文革”结束后才真正开始的。而有关英国在30年代对法西斯国家的侵略扩张所实行的绥靖政策，是20世纪70年代末和80年代国内世界史学界研究的一个热点问题，这本身就引起了我的注意。当时国内的研究主要集中在英国对纳粹德国和法西斯意大利的绥靖政策，主要包括：具体叙述绥靖政策的实行过程，对这一过程中的重要事件进行个案探讨，分析该政策形成的原因，以及它对第二次世界大战的爆发所产生的恶劣影响。

在这些研究成果中，引起我关注的主要有两个问题：第一，这些研究基本上涉及的是英国对德国和意大利实行的绥靖政策，而没有涉及英国对日本的绥靖政策。但是国际学术界从20世纪六七十年代开始，已经陆续出版了一系列有关30年代英国对日本的外交政策的专著和论文，不少研究认为英国对日本也实行了绥靖政策。中国的研究显然缺少这一部分内容。因此很有必要进行这方面的研究。第二，对绥靖政策形成原因的分析，已经从最初的“祸水东引、避战求和”这八个字的结论向更深层发展，特别是齐世荣先生的几篇很有分量的论文，已经将该政策形成原因的分析涉及政治、军事、经济、英帝国等方面，但是仍有探讨的空间。例如绥靖政策的形成与第一次世界大战及其后果对英国社会及政府决策层的影响，就是一个值得进一步研究的问题。正是基于这种研究现状，在齐先生的指导下，我选择了这样一个研究课题作为我博士论文的选题。通过对20世纪30年代英国面对日本对中国的侵略所实行的政策进行考察，揭示英国对日绥靖政策的整个过程。《英国与中日战争1931—1941》一书，就是在我的博士论文的基础上写成的。

问：通过您的研究，您认为英国在东西方实行的绥靖政策有区别吗？

答：有区别。目前，对绥靖政策的基本内涵已经没有什么争论，最简洁的定义是：绥靖政策是20世纪30年代英法（有时也包括美国）等西方资产阶级民主国家面对德、意、日法西斯国家的侵略扩张和挑战，实行的一种以牺牲其他国家利益为手段，换取与法西斯妥协，从而保住自己既得利益的外交政策。这一政策在东西方都得到了施行，但又是有区别的。在西方，英国对纳粹德国的绥靖政策的顶点是出卖捷克斯洛伐克领土的“慕尼黑协定”；在东方，英国对日本的绥靖政策的顶点是“有田—克莱琪协定”。但后者没有达到把中国的领土出卖给日本的程度，还够不上一个“远东慕尼黑协定”。造成这种不同的原因主要有两个：其一，英国在东西方所处的形势不同。英国在西方处于主动对德国实行绥靖政策的地位，在东方则处于相对被动地对日本实行绥靖政策的地位。其二，英国想要牺牲的对象不同。当年的捷克斯洛伐克是一个工业发达的国家，但是其政府在民族生死存亡的关头放弃民族自卫斗争，而是依赖英法等国解决问题，终于使自己走上了不战而降、任人宰割的道路。但中国则不同。中国虽然贫弱，但是在中国共产党的倡议和领导下建立了抗日民族统一战线，这就决定了中国决不会走投降主义的道路。正是中国共产党领导下的全民抗战，阻止了中国沦为第二个捷克斯洛伐克。

问：那么，您认为绥靖政策形成的原因又是什么？

答：绥靖政策的形成原因十分复杂，而且英国、法国和美国也并不完全相同。对此我们可以概括地加以说明。

对英国来说，第一次世界大战的极端残酷性所引起的战后和平主义的盛行；在地缘政治和意识形态的双重意义上阻止“布尔什维克主义的蔓延”；在保住既得利益的前提下修正凡尔赛条约以平复德国的不满，从而通过英德协调形成英、德、法、意四大国主宰欧洲的局面并恢复欧洲的均势；世界经济萧条和各国以邻为壑的经济政策所造成的英国经济的虚弱，以及当权者无视国际形势的日益恶化而一味削减国防开支；还有不可忽视的英国所面临的全球战略困境，都是绥靖政策在英国形成的重要因素。这里所说的英国的全球战略困境，主要指两个方面：其一是英国受到其自治领和殖民地的有力牵制，前者拒绝为任何欧洲的问题而冒战争的风险，后者则以其方兴未艾的民族独立运动而分散了英国的精力并使之难以招架；其二是英国(包括它的庞大帝国)在东西方同时面对德、意、日三个敌人，形成了英国的战略选择难题并在一定程度上分散了英国的军事力量。

对法国来说，世界性萧条对其经济所产生的恶性影响；政坛斗争的异常激烈而使国家的政治无稳定可言；右翼对左翼强烈的意识形态敌意而导致亲纳粹势力的发展；消极防御战略以及对英国的一味依赖所造成的战略瘫痪，则是法国之所以选择绥靖政策的重要原因。这里所说的法国的战略瘫痪，主要表现在“洛迦诺公约”签订后不久，法国就开始修筑马其诺防线，这一行动不仅强烈地体现了法国在自己的边界内坐等战争到来的消极防御战略，而且使德国可以大举东进而无需顾虑两线作战之险；与此同时法国所依赖的英国却并不可靠。

对美国来说，对第一次世界大战后以“凡尔赛条约”为代表的战后和平安排的强烈不满而导致普遍的孤立主义情绪；战后国内的和平主义与反战运动的高涨；经济大危机使政府不得不将注意力集中于国内经济恢复和社会救济以缓和国内局势；以及担心过于介入欧洲的政治而将美国再次拖入战火，是20世纪30年代中立法被提出并得以实施的主要原因。中立法是美国式的绥靖，这一点是当年的美国总统罗斯福和其国务卿赫尔都承认的。

问：我们知道，今天在国际关系领域，妥协是主权国家处理国际关系的一种常态，那么，“绥靖政策”作为一种妥协政策，它的问题到底出在哪里，您能概括地谈一谈吗？

答：通过外交手段实行必要的妥协，是处理国际争端的一种既古老而又全新的方法，中国古代的所谓“人臣私见诸侯”就包含这个意思。第一次世界大战前，由于欧洲列强各自怀着极大的野心，追求自己的绝对利益，并使用极端的手段，毫不妥协，最终使大战爆发。一战以后，人们在一定程度上接受了教训，使通向二战的道路曲折得多。作为既得利益者的英法等战胜国，既处于衰落之中，又担心再来一次大战将意味着西方文明的毁灭，因此他们的政治家们愿意对凡尔赛—华盛顿体系作出一定调整，以求妥协。但是他们犯了两个极大的错误：第一，他们是在向具有无限侵略扩张本性的法西斯国家做出了让步；第二，他们是在拿其他国家的主权利益不断填进法西斯的无休止要求的胃口之中。这就是绥靖政策的最大问题。然而，这种所谓的妥协与让步虽能牵制法西斯国家于一时，但同时也进一步刺激了后者的欲望，最终未能避免第二次世界大战。

实际上，我们也已经看到，第二次世界大战之后，人们更多地接受了历史的教训，在处理国与国之间的矛盾与危机时表现出更多的谨慎，不仅冲突的双方都给对方留有余地，而且伴随着冷战的发展、缓和与结束，妥协方式也越来越成为解决国际纠纷的常规手段。今天，妥协意味着任何国家都不能以自己的意志强加于人，意味着参加谈判的国家在捍卫自己的核心利益的同时，必须承认和照顾谈判对手的合理利益，意味着谈判双方在各自所希望得到的东西之间实现某种有取有予的平衡，意味着反对和抵制国际关系中的任何霸权主义和强权政治。妥协是斗争结果的另一种形式。二战后的60年来，这种妥协的实例比比皆是。例如，联合国的大多数决议，欧洲联合的进程，从关贸总协定到世界贸易组织的谈判，美日、美欧乃至美中之间一次次“贸易战”的化解，亚太经济合作组织的不断发展，一些地区和国家内部武装冲突的政治解决……这是人类社会在付出了两次世界大战和一次冷战的巨大代价之后，进一步走向文明、走向成熟的标志。

问：我们看到您发表过一系列有关二战之前美英军事同盟发展的文章，感到您的国际关系史的研究已经不限于政治领域，而是向其他领域发展，您能谈谈这方面的研究情况吗？

答：国际关系史的研究领域本来就是十分广泛的，不仅有政治、外交，还包括经济、军事、文化、意识形态、国际组织等各个方面。今天，军事外交和经济外交就是国际关系的非常重要的方面。但是我们以往的国际关系史研究，多集中于政治、外交领域，对其他方面的涉及不多，而国际学术界在其他方面的研究已经相当深入。

实际上，在我写作《英国与中日战争》时，就已经涉及了军事外交的问题，如有关美、英和美、英、中的军事合作的章节。但是，那时的研究还是很初步的。不过也正是这个初步的研究，不仅使我对军事外交领域产生了兴趣，而且感到这是一个新的研究方向。因此，在1991年我完成了《英国与中日战争》一书之后，就开始了二战前到美国参战的这段时期内的美英同盟关系的研究，其中的一个重要方面就是军事同盟建立的过程，而这也是一个军事外交问题。随后我发表了一系列专题论文，包括《评1941年英美参谋会谈》(《历史研究》)、《从"ADB"协定看太平洋战争爆发前英美在远东的军事合作》(《世界历史》)、《评1938年初英格索尔的伦敦之行》(《历史研究》)、《评1939年汉普顿的华盛顿之行》(《首都师范大学学报》)、《从"橙色"计划到"彩虹"计划》(《历史研究》)、《关于1940年"驱逐舰换基地"协定的历史考察》(《历史研究》)等。通过对这些个案的研究，我们可以清楚地看到，军事家们关于军事战略的合作与争论，实际上是从军人的角度出发对国家利益的界定，以及为此而与别国进行的合作与争论。在美国参战之前，无论是美英之间的"驱逐舰换基地"的协定，还是通过ABC－1会谈而确立的"先欧后亚"大战略，都是如此。正如当年美国海军作战部长斯塔克上将在他为美国国防政策制订的"猎犬计划"(Plan Dog，或称为"D计划"，Plan D)中所说，在回答"美国应当在哪儿打这场战争？美国为什么打这场战争?”的问题时，美国应当努力决定“外交与军事方面相互支持的国家政策”，以确保美国可能对任何战争的卷入都将最终“最大地增加美国自己的国家利益”。

我的这个研究课题，很快就得到专家的肯定，被列为国家社科基金“八五”规划的资助项目。不过后来由于参加国家社科基金“九五”规划重大课题《20世纪的历史巨变》的研究工作和国家级教材《世界史》的修订写作，不得不一度停止了这个已经结题的研究工作。目前我正在继续从事这个研究，希望不久能够完成。

问：我们期待着您的这个成果早日面世。从您的其他研究成果看，您除了对国际关系史上的许多重大问题进行了深入的个案研究之外，还把研究的领域扩大到对20世纪的战争与和平问题的宏观探讨和论述，能谈谈您是怎样考虑的吗？

答：我刚才说过，对重大事件基于第一手资料的个案微观研究是十分重要的，它有助于我们对宏观更准确的把握，没有这种实证研究的基础，就不可能有真正的宏观考察；但是如果你只有微观研究，而缺少站在更广阔的视野上进行宏观的考察，那么你就看不清历史发展的整体脉络，也就会影响你的微观个案研究的深度。因此，只有把微观研究和宏观考察联系起来，一幅完整的历史画面才会比较清晰地展现在我们面前。我对20世纪的战争与和平问题的宏观考察就是这样的过程，而参加《20世纪的历史巨变》的研究给我提供了这个研究平台。在这个研究过程中，你会看到，20世纪的前半期，人类经历了两次世界大战，但是第二次世界大战之后，尽管存在长达四十多年的冷战和一些局部热战，但是直到今天，人类在整体上一直维持了世界的大和平状态。这不仅使我们看到了历史的进步，也引起了我们的进一步思考：为什么第一次世界大战和第二次世界大战仅相隔20年，它们之间有什么样的关系？第二次世界大战对战后人类控制战争方面有了哪些进步？这就又使我们的研究向更深的层次发展了。

问：您能不能谈谈在世界现当代史和国际关系史研究中的困难和应当注意的问题？

答：我觉得主要有三点。

第一，材料太多，史家穷一生之力也难达到“竭泽而渔”的高标准。今天关于现当代史和国际关系史的原始资料不是太少，而是太多，多到令人望而生畏的地步。举个例子：英国出版的《英国外交政策文件集 1919—1939》(DBFP)，是经过挑选的仅 20 年的英国外交文件，现已出版三辑，每辑若干卷，已出版 100 多卷，现在还在继续出版。近年来美国出版的《英国外交事务文件集》(BDFA)已出 595 卷，仅 1919—1939 年的欧洲和欧美部分就有 90 卷之多！已经翻译出版的前苏联解密档案也有 34 卷。资料如此之多，史学家即使选择一个范围相当窄的题目，要把有关这个题目的史料看完，也是不可能的。但是从另一方面来说，也给我们的研究提供了极为丰富的资料。

第二，史家离论述的事件所发生的时间太近，事件尚未结束，正在演变，或结束不久，史家所贵的“历史眼光”不易表现出来，对一系列事件的前因后果和意义影响都难以做出充分的分析和恰当的评价。不过我们也应该看到另一方面，我记得法国年鉴学派史学家马克·布洛赫在《历史学家的技艺》中说过：“在大多数情况下，相对而言，时代愈近，事情就愈清晰。”当代史的研究者对时代精神和具体的人物、事件有较深的体会，写出的东西可能更符合历史真相。实际上，许多伟大的历史著作都有当代史的内容，如希罗多德的《历史》，修昔底德的《伯罗奔尼撒战争史》，都是当时的历史；我国的《春秋》、《史记》等，其中的一部分也是当时的历史。

第三，史家与所论述的问题有着比较密切的关系，或涉及国家、民族、集团，或甚至涉及个人的荣辱利害，因而要做到公正客观，不存偏见，殊非易事。这样的例子也是不少的。

问：那么如何克服这些困难呢？

答：其实对任何范畴的历史的研究，都有有利条件和不利条件。只要认识到局限性，掌握正确的研究方法，具有选择最有价值的史料的能力，不断提高理论水平，便能写出接近客观实际的历史著作。就拿对世界现当代史和国际关系史的研究来说，我想有这样一些基本要求：

第一，要不断积累书目知识，这一点非常重要。清代学者王鸣盛在《十七史商榷》中说："目录之学，学中第一紧要事，必从此问途，方能得其门而入。""凡读书最切要者，目录之学。目录明，方可读书；不明，终是乱读。"科学研究具有连续性。任何人开始进行科学研究的时候，都必须利用和借鉴前人和当代人已经取得的成果。研究现当代史，史料浩如烟海，著作和论文也不计其数，看什么，不看什么，先看什么，后看什么，什么书要精读，什么书要粗读，需要目录学的指引。

第二，要尽可能多地掌握大量原始资料，这就需要及时了解目前国内都有哪些已经出版的资料。例如，刚才我所说的《英国外交政策文件集》《英国外交事务文件集》《美国外交事务文件集》(FRUS)《德国外交文件集》(DGFP)《日本外务省档案》《日本外交文书》《苏联历史档案选编》《国民政府外交部档案》等等。因为你主要是在国内研究世界史，所以国内所藏档案就很重要。如果有出国的机会，首先也是要到各档案馆、图书馆收集第一手的原始档案资料。由于各国的档案一般30年解密，有些国家的档案10年以后就可以有选择地解密(当然有些东西是不解密的)，所以我们已经可以看到20世纪60年代末70年代初的档案资料了。只有掌握原始资料，我们才有米下锅，才可以研究原来许多我们由于缺少档案材料而不能深入研究的问题。例如冷战中的许多问题，就可以研究了。要注意的是，对大量的史料，要进行考证工作。中国古代史学家所强调的“孤证不立”，在世界史的研究中同样重要。

第三，要学习史学理论。现在我们的问题不是史料少，而是史料多得看不过来。要找出最有价值的史料，要正确地驾驭史料，除了要多读史料之外，还要有正确的理论指导。任何一个历史学家都有他的历史观，这不以个人的意志为转移。但是有历史观不等于有完整的历史理论。对于我们来说，应当具有系统的理论训练和理论修养，首先要具备马列主义的理论修养，包括吸收当代马克思主义理论的新成果，还要学习和吸收其他史学理论和史学方法的合理部分。

第四，要掌握外语工具。研究世界史和国际关系史，不仅要掌握英语这个工具，还应该掌握第二、第三门外语。我们这一代人，由于“文革”而失去了十多年的时间，这是无论如何努力也补不回来的，所以掌握的外语工具少。但现在的年轻人已不一样，有充分的时间学习，因此掌握2～3门、甚至更多的外语是可能的。

问：说到历史观，我们注意到，随着全球化进程的不断加快以及学术界对全球化研究的开展，对“全球史观”的讨论也成为学术界的热点。与此相联系，对“世界历史体系”的讨论也很热烈。实际上，早在20世纪90年代出版的吴于廑、齐世荣主编的《世界史》(6卷，简称吴齐本)，就力图以“全球史观”来撰写世界通史。当年您基本上从头至尾参与了这套教材的讨论并撰写了它的部分内容，现在又参与它的修订。那么，您能谈谈我国在世界通史的编纂方面有哪些发展吗？

答：这是一个很大的问题。我想先谈谈国际学术界的发展情况。

19世纪是西欧资本主义称霸世界的时代，因此在19世纪的世界历史的写作中，充斥着“西欧中心论”，或可称之为“西欧中心史观”。其代表作品便是由德国历史学家利奥波德·兰克(也译为朗克)晚年编著、身后由其弟子根据其遗稿补足的、以拉丁、日耳曼六大民族为主体的7卷本《世界历史》，而“西欧中心史观”也借着兰克的权威广泛地扩散影响。

20世纪的第一次世界大战，对西欧的世界中心地位造成严重冲击，也开始动摇“西欧中心史观”的根基。一些历史学家对“西欧中心论”提出质疑，并开始以新的眼光看待欧洲以外的历史和文明，于是出现了以德国历史学家奥斯瓦尔德·斯宾格勒的《西方的没落》为其奠基者和代表作品的比较文化形态学，以及其后英国史学家A. J. 汤因比在其巨著《历史研究》中所确立的“文明形态史观”的历史哲学体系。尽管他们在本质上仍然没有摆脱“西欧中心论”，但是他们都是把多种文明相提并论并进行比较，并认为西方文明最终也会衰落，这在一定意义上又是对“西欧中心论”的突破。而且他们的文明(文化形态史观也逐渐发展为“文明多元论”，以文明为研究单位的世界通史的写作从此方兴未艾；他们的宏观视野，为“全球史观”的确立和发展开辟了道路。

实际上，马克思主义经典作家对全球史观早有阐述。马克思和恩格斯在《德意志意识形态》中已经指出，近代资本主义大工业创造了世界市场，从而“首次开创了世界历史，因为它使每个文明国家以及这些国家中每一个人的需要的满足都依赖于整个世界，因为它消灭了以往自然形成的各国的孤立状态”，“各个相互影响的活动范围在这个发展进程中愈来愈扩大，各民族的原始闭关自守状态则由于日益完善的生产方式、交往以及因此自发地发展起来的各民族之间的分工而消灭得愈来愈彻底，历史也就在愈来愈大的程度上成为全世界的历史。”

第二次世界大战后，欧洲地位明显衰落，西方建立的殖民体系土崩瓦解，社会主义意识形态的胜利，使“西欧中心论”的世界史体系受到更严厉的批评。由于资料范围不断扩大，科学技术飞速发展，通信联络四通八达，历史研究不断进步，世界日益密切联系成为一个息息相关的整体。正是世界历史的发展迫使人们去承认“一个世界”的现实。于是历史学家更加意识到要撰写整个世界的历史。在国际学术界，最早系统提出以“全球史观”撰写世界历史的是英国当代著名史学家杰夫里·巴勒克拉夫，他在1955年出版的论文集《变动世界中的历史学》中，提倡史学研究要“跳出欧洲、跳出西方、将视线投射到所有的地区和所有的时代”。于是，西方史学界在20世纪七八十年代掀起了打破“西欧中心论”的世界历史编纂潮流，使世界历史的编纂学在总体上进入了全球文明史或整体历史的时代。

在20世纪的诸多西方历史学家中，运用全球史观撰写世界历史最有代表性的人物和著作是美国历史学家W. H. 麦克尼尔的《世界史》、L. S. 斯塔夫里阿诺斯的《全球通史》和美国社会学教授I. 沃伦斯坦的《现代世界体系》。中国学者对他们的著作是比较熟悉的。无论上述这些世界历史著作的研究体系存在什么样的缺陷，但我们都可以清楚地看到，全球史观在现代西方史学界关于世界历史的撰写中已经有越来越大的影响。

现在来谈谈中国的情况。

中国的历史学家从中外研究世界历史的各种理论与方法的发展中汲取营养。1949年商务印书馆出版了周谷城以其一人之力撰写的《世界通史》，该书反对“西欧中心论”，将各大洲和各民族均视为世界历史的一部分，并强调中华民族对世界文明做出的贡献，具有重要的开拓价值。1962年人民出版社出版了周一良、吴于廑主编的新中国第一部综合性的4卷本《世界通史》，该书以五种社会经济形态作为划分历史阶段的标准，以阶级斗争为纲，以人民群众为主角，比较系统地分时期按国别地叙述了从人类起源到第一次世界大战结束的世界历史的发展，体现了中国学者当时对世界历史的认识和研究水平。它的缺点是受历史条件所限，较严重地受到苏联多卷本《世界通史》的影响，而且缺少第一次世界大战以后的历史。

20世纪80年代以来，"全球史观"在中国的世界历史研究以及世界通史的编纂实践方面得到了进一步的运用与发展，其代表便是吴齐本《世界史》。吴于廑先生认为："世界历史是历史学的一门重要分支学科，内容为对人类历史自原始、孤立、分散的人群发展为全世界成一密切联系整体的过程进行系统探讨和阐述。世界历史学科的主要任务是以世界全局的观点，综合考察各地区、各国、各民族的历史，运用相关学科如文化人类学、考古学的成果，研究和阐述人类历史的演变，揭示演变的规律和趋向。"

但是，目前中国的世界通史编纂并不只是以全球史观为指导的一种体系，而是有几种体系。例如：2004年出版的马克垚先生主编的3卷本《世界文明史》，以文明作为研究单位，根据各文明生产力的发展变化情况，通过全球的视角将各文明的纵向发展与横向交流进行勾勒，从而展示了七千年人类文明发展的宏观历史画卷。我认为这可以看作是"文明多元论"在当代中国的回响。随着中国现代化进程的加速发展，以罗荣渠先生为代表的"现代化史观"也于20世纪80年代异军突起。20世纪90年代他以《现代化新论》和《现代化新论续篇》两部著作，将"现代化史观"具体实践，并因此而成为中国现代化史学的开拓者。钱乘旦先生在《世界历史》2003年第3期发表《以现代化为主题构建世界近现代史新的学科体系》一文，把世界近现代史分为现代化的准备、起动、在西方的成熟和发展、向全球扩张和转型迹象等五个阶段，从而成为现代化史学中的又一个新的体系。

总之，在世界通史的编纂中，并没有单一的史观、体系和方法，我所讲的是挂一漏万。但是无论以什么样的体系和框架撰写世界历史，都要求研究者具有全球的视野，具有历史学和相关社会科学与人文科学的理论和方法论修养，具有深切的现实关怀，具有“板凳要坐十年冷”的刻苦钻研精神，不为一时之名利，不争一日之短长。只有这样，我们撰写的世界历史才会越来越接近历史的真实。

问：在您的研究中，您很强调学者对现实的关怀，能给我们谈谈您的研究实践和体会吗？

答：首先要说明的是，历史研究是一种学术研究，学术有它的自身特性，在进行学术研究的时候，不能人为地、牵强附会地去与现实挂钩，在这方面，我们已经有足够的教训。但是，在世界现当代史、国际关系史的研究中，研究者又应该具有“问题意识”，能够从历史发展的角度，对一些现实问题给以回答。历史研究中的“问题意识”十分重要，是拓宽研究的广度和深度，进行创新研究的重要方面。例如，我们一直强调要“建立国际政治经济新秩序”，但是，什么是“旧秩序”？它是怎样建立起来的？它的问题在哪里？中国在旧秩序中处于什么地位？如果不搞清这些问题，我们所说的“建立国际政治经济新秩序”就是一句空话。正是出于这种“问题意识”，我对这个问题进行了探讨，并写了一篇文章《试论第二次世界大战后国际秩序的建立与发展》发表在《世界历史》上。通过研究，我们发现，第二次世界大战后建立的国际秩序结构在政治上的外在表现，就是反法西斯大同盟在战争即将胜利之时建立的、作为雅尔塔体系重要组成部分的联合国，而它在经济上的体现，则可视为由国际货币基金组织、世界银行以及关税和贸易总协定所组成的布雷顿森林体系的建立。

联合国的建立，反映了战后世界政治的民主化进程，对战后60年来的世界和平和消灭殖民主义做出了重要的贡献；中国作为联合国的常任理事国，在维护世界的和平与发展方面具有重要的责任。因此，在建立国际政治新秩序的过程中，我们应当强调通过联合国的改革赋予它更大的活力，从而充分发挥联合国的作用，才能更好地反对强权政治、霸权主义和单边主义。

布雷顿森林体系的建立，加深了各国的经济联系，为日后的经济全球化创造了条件。在20世纪70年代布雷顿森林体系的“双挂钩一固定”(即美元与黄金挂钩，各国货币与美元挂钩，美元与黄金的比价固定为35美元兑换1盎司黄金，各国货币对美元的汇率上下浮动不得超过1%)的运行机制被彻底取消，并实行浮动汇率制之后，被称之为“经济联合国”的这三大国际经济机构仍然存在。而且为适应经济全球化的发展，关贸总协定被世界贸易组织所取代，国际货币基金组织和世界银行也更多地面向发展中国家。半个多世纪以来的世界经济发展的现实已经证明，虽然这三大国际经济组织在很大程度上仍为西方大国所主导，其运行规则也更多地由发达国家所制定，但是应该承认，在经济全球化的时代，世界各国的确继续需要这些高于国家层次之上的国际组织来系统管理、规范和控制世界经济的运行。另一方面，随着发展中国家广泛参加这些国际经济组织并参与其规则及政策的制定，也必将会使国际经济秩序更加公平化，并向着更有利于全球的方向发展。作为世界上最大的发展中国家，中国加入这些组织不仅将促进自身的进一步改革开放并加快融入世界经济发展的进程，而且表明中国将从自己的实情出发，着眼于国家利益的维护，通过遵守现有规则的方式参与国际经济秩序的制定、修改和不断完善的过程。因此这是中国政府正确的战略选择。

总之，遵守学术规范的正确的问题意识和现实关怀，能够深化我们的学术研究。

问：您一直把“学术规范和史学研究方法”作为研究生的入门课程和入门训练，您能谈谈为什么坚持这样做吗?

答：学术规范本来是学术研究的入门要求，是研究者在接受基本的学术训练时就必须解决的问题。中国的学术有着悠久的优良传统，现代学术的诞生也已经有百年历史。因此，当年我们开始从事学术研究的时候，这个问题好像并不成为问题。但是大约从20世纪90年代开始，不良学风出现在各个研究领域，在历史学中也有反映，这引起了我的思考。我发现，一些学生、包括硕士生和博士生，并不了解什么是学术规范，因此，如果把不遵守学术规范的行为仅仅说成是学术道德问题，也不够客观。学术规范不仅包括学术道德，还包括从业者对学术研究的涵义的理解。也就是说，你要从事学术研究，是要做什么。一个农民，知道他要种植小麦，收获粮食；那么一个学术工作者要做的事情是什么？这就涉及对学术研究的涵义的理解。这更多的是认识问题。作为老师，应当让学生了解什么是学术规范。在这方面，至少要让学生知道：(1)学术研究的涵义是继承与创新，使人类的知识获得有效的积累，使整个人类文化获得不断进步。这对每一个学科都是如此。继承是从事学术活动的开始，是创新的基础；创新是学术研究的目的，没有创新的继承，属于学习，不属于学术研究。(2)就史学研究的创新来说，至少包括：①发现新问题；②运用新史料；③利用新方法；④做出新解释。(3)在开始研究一个问题之前，必须了解所要研究的问题的史学史，并向读者交代已经取得的研究成果，还要从中找到以往研究的不足和自己研究的切入点，从而开始自己的创造性研究。(4)在研究时必须以史料为基础，要能够科学地运用史料收集、考证和鉴别的方法。(5)尊重他人的研究成果，确立知识产权的观念，必须以注释(脚注或尾注)的形式说明自己的史料、观点等的研究依据。(6)通过让学生了解正确的史学研究方法和论文写作的技术上的规定，使学生能够自觉遵守学术规范。所以多年来我一直坚持这样做，并取得了较好的效果。

问：多年来，您一直为北京市中学教师硕士研究生课程进修班上课，也参加过根据《新课程标准》撰写的中学历史教科书世界史部分的一些讨论。您能谈谈对中学历史教学的看法吗？

答：作为师范院校的老师，我给北京市的中学历史教师硕士研究生课程进修班上课大约已有十年了，现在还在继续。我也曾为教育部举办的"中学历史骨干教师国家级培训班"("园丁班")上过课，也曾多次给北京市的中学教师做过讲座。中学教师的工作是十分辛苦的，但是我对他/她们对知识的渴望和继续学习的积极性有真切的感性认识，并且令我十分感动。

中学阶段对形成一个人的人生观、世界观来说是一个相当重要的阶段，中学期间的历史教育对一个人的人格塑造有着重要的潜移默化的作用。人类历史的发展尽管曲折，但最终是一个走向光明，走向进步的过程，通过学习历史，可以使人眼界开阔，乐观豁达，不怕暂时的困难和挫折，从而形成积极的、正确的人生观和世界观。因此，历史教育在一个人的成长过程中是不可或缺的。从这个意义上说，中学历史教师的使命是很神圣的，也是很艰巨的。同时这也给中学教师提出了更高的要求，是他/她们在教学过程中进行科学研究和教学改革的根本目的。

目前许多学校的历史教学采用了根据《新课程标准》撰写的中学历史教科书和新的课程体系，但是如何在应试教育的大框架下解决历史知识的传授、人文素质的培养和成功应试的问题，似乎还是任重而道远。另外，由于教材的相对稳定性，中学教材如何及时反映学术界的新的研究成果，也是一个有待进一步解决的问题。

从这样的现实出发，我认为大学和中学之间“请进来、走出去”的双向互动是相当重要的。有能力的大学应当通过各种形式、包括历史教育硕士、硕士课程进修班、短期培训班(“园丁班”)等形式，解决中学教师的再教育问题；同时中学也可以不定期地邀请一些大学教师介绍学术前沿和新的研究成果。

最后，我还想谈一谈中学的世界史教学问题。听到一些中学教师的反映，由于现在的中学把世界史定为选修课，因此世界史的教学在中学有“弱化”的倾向。我觉得这是有问题的。今天，改革开放的中国正处在世界多极化和经济全球化不断发展的历史大潮当中，应当让我们的中学生不仅更多地了解中国，也要更多地了解世界。因此，世界史的教学在中学的历史教学中应当与中国史拥有同等的地位。

谢谢您接受本刊的采访。

第一辑　绥靖政策研究

英国与"九一八"事变*

关于20世纪30年代英国的绥靖外交，国际史学界大都把英德关系作为研究重点，而对英日关系的研究则比较忽视，直到20世纪70年代才加强起来。但英国的绥靖外交实际上是从东方对日本开始的，而非从西方对德国开始的。对日绥靖是整个绥靖外交中一个重要的组成部分，因此认真分析英国与"九一八"事变的关系，对于认清绥靖外交的推行过程及其反动本质，是十分必要的。

英国、国联与"九一八"事变

1931年9月18日，日军强占沈阳，制造了震惊中外的"九一八"事变。对日本军队的空前进攻，南京政府采取了不抵抗和依赖国际联盟解决问题的误国政策。9月21日，中国代表施肇基根据国联盟约第11条把事变诉诸国联，要求立即采取措施，"阻止危及各国和平形势的进一步发展，

---

* 原载《北京师范学院学报(社会科学版)》，1989(6)。

恢复原状，并决定应向“中华民国”支付的赔偿总额和性质。”①但是国联的注意力这时正集中于遍及世界的经济危机，因此日内瓦在听到沈阳事件的消息时，气氛是“麻木的和完全不相信的”②。9月22日，国联仓促做出决议，要求中日双方停止一切冲突，撤退军队，荒谬地把侵略者和被侵略者同等看待。

英国是国际联盟的领袖，又是西方列强在华拥有最大利益的国家，它的态度是至关重要的。但英国政府这时正为应对国内的各种严重困难忙得不可开交，注意力不在于此。1929年从美国开始的经济危机于1930年春蔓延到英国。危机使旧有的三大工业部门(煤炭、纺织和造船)严重衰落，农业显著萎缩，对外贸易巨减，失业大军急剧膨胀，失业率从1929年的9.7%上升到1931年的22%。③ 危机使英国国际收支逆差激增，外国存户纷纷提款。1931年9月10日，财政大臣斯诺登提出紧急弥补预算赤字的建议并得到内阁批准，它要求一年节约7000万英镑，除了削减失业救济金10%以外，还要削减公务员、教师、现役军人工资的10%～20%。④ 危机期间，军费也被缩减。1931年9月12日，海军大臣宣布降低海军官兵薪金，高级军官

① Irving S. Friedman, *British Relations with China: 1931—1939*, New York: Institute of Pacific Relations, 1940, p. 19；参见 West W. Willoughby, *The Sino-Japanese Controversy and The League of Nations*, Baltimore: The Johns Hopkins Press, 1935, p. 32.

② Christopher Thorne, *The Limits of Foreign Policy: The West, the League and the Far Eastern Crisis of 1931—1933*, London: Hamish Hamilton, 1972, p. 135.

③ M. N. Kirby, *The Decline of British Economic Power Since* 1870, London: George Allen & Unwin, 1981, p. 143 Table 6.

④ Keith Hutchison, *The Decline and Fall of British Capitalism*, New York: Scribner, 1950, p. 208.

仅降低 3.7%，而收入最少的普通水兵却降低得最多，高达 25%。[①]这引起了水兵的强烈不满，1931 年 9 月 15 日到 16 日，大西洋舰队驻因弗戈登基地的水兵发生兵变，拒绝执行出海命令，要求修改削减薪金的决定。这次兵变涉及 9 艘军舰，为英国一百多年所仅见。[②] 然而，政府的节约措施并未能摆脱危机，不得不于 1931 年 9 月 21 日宣布放弃金本位，实行英镑贬值。危机还迫使英国最终放弃了传统的自由贸易政策，于 1932 年 3 月 1 日通过了进口税法。总之，英国统治阶级在遭到经济危机的严重打击后，急于在国内稳定资本主义秩序，把这看作压倒一切的头等大事，因而对远东发生的事件最初不甚措意。

9 月 22 日，英国外交大臣雷丁向内阁报告，他已指示驻国联代表塞西尔完全同意国联决议，并希望让美国了解英国在国联的努力。[③] 9 月 25 日，塞西尔在国联行政院会议上表示支持国联的行动，宣称只有和平得到保障，才能解决实际纠纷。

日本本来就不愿意把这个问题拿到国联解决[④]，现在见国联做出了要求中日双方停止一切冲突这样一个表面上不偏不倚实则袒护日本的决议，便一面继续进行军事行动，一面于 9 月 24 日发表了以“自

---

① Charles Loch Mowat, *Britain Between the Wars 1918—1940* , London: Taylor & Francis, 1955, p. 405.

② 关于这次兵变的极详细的叙述，参见 Stephen Roskill, *Naval Policy Between the Wars*, Vol. 2, London: Collins, 1976, Chap. 4, pp. 89～133.

③ Paul Haggie, Britannia at Bay, *The Defence of the British Empire against Japan 1931—1941* , Oxford: Clarendon Press, 1981, p. 18.

④ 币原外相对芳泽代表的指示，参见日本外務省编纂：《日本外務省外交文書·满洲事变》，第 1 卷第 3 册，157 页，東京，外務省，1977。

卫”“不扩大”和“维护条约权益”为中心的声明①，把冲突的责任推到中国身上，以争取列强同情。日本的声明果然奏效，塞西尔在一封致友人的信中居然认为中国“大大夸大了所发生的事情”②，对中国表示不满。9 月 26 日《泰晤士报》也警告中国，“行政院的提倡和平一点也不意味着它对‘刺激性’的政策抱任何同情，中国政府近年来是过于经常地沉迷于这种政策的。”③次日该报又提醒“国联应正视日本现在不可能撤兵的事态，而且倘若国联试行压迫，使日本没有维持其体面地解决问题的方法，必招致日本与国联的正面冲突”④。日本又一次受到鼓舞。9 月 28 日，当中国代表建议派一个中立代表团去中国了解事实真相时，日本代表断然反对。⑤ 9 月 30 日，国联行政院通过决议，只是呼吁中日两国尽力避免形势的恶化，并未重申撤兵要求，而派调查团一事也由于日本的反对遂作罢论，行政院随之休会。

国联对日本的让步，使日本确信列强“很难采取充分积极的行动”

① 参见日本外務省编纂：《日本外交年表竝主要文書》下卷，181～182 页，東京，原書房，1978。

② Christopher Thorne，*The Limits of Foreign Policy*：*The West*，*the League and the Far Eastern Crisis of 1931—1933*，London：Hamish Hamilton，1972，p. 135.

③ Irving S. Friedman，*British Relations with China*：*1931—1939*，New York：Institute of Pacific Relations，1940，p. 25.

④ 《日本外務省档案》(昭和期)，缩微胶卷，S1110～21，47～48 页，北京，国家图书馆藏。

⑤ 美国也反对参加这个调查团，但却是出于支持外相币原喜重郎反对军方的考虑。参见 Henry L. Stimson，*The Far Eastern Crisis*，New York：Harper & brothers，1936，pp. 36、42～43.

进行干涉①，便继续扩大侵略。10月8日，日军轰炸锦州，英国担心它在京奉铁路的利益受到损害，才做出了较积极的反应。10月9日麦克唐纳首相指示雷丁：“我们在行政院必须在认真制定政策方面能起领导作用”②。同日雷丁指示驻日大使林德利：“我被轰炸锦州的报道扰得非常心烦意乱，这很难同日本向国联行政院做出的关于不使形势继续恶化的保证相一致……请你最强烈地向日本政府强调按照他们对行政院所做的上述声明使事态得到缓和的必要性。你还应提请他们注意英国在京奉铁路线上的巨大财政利益。”③此时美国也担心事态进一步扩大，于是史汀生国务卿在10月9日致电国联行政院，表示愿与国联进行合作，“继续沿着自冲突爆发以来一直遵循的路线”④，并决定以国联邀请的方式让美国代表参加行政院的下次会议，其目的是避免使日本产生美国“正慢慢地使自己进入国联行政院以便煽动反对日本”的印象⑤。但是英国也不愿得罪日本，因此在10月13日行政院再次开会后，英国代表雷丁便极力向日本保证被邀请的美国代表“不是作为一个成员，而只是为了同行政院进行口头联络和通知他的政府的

---

① 日本外務省编纂：《日本外務省外交文书·满洲事变》，第1卷第3册，212页，東京，外務省，1977。

② *Documents on the British Foreign Policy, 1919—1939*, DBFP, Ser. 2. Vol. 8, London, HMSO, 1960, p. 738.

③ DBFP, Ser. 2. Vol. 8, p. 733. 英国在京奉铁路和大连海关的经济利益约为100万英镑，参见 F. S. Northedge, *The Troubled Giant: Britain among the great powers, 1916—1939*, New York: Frederick A. Praeger, 1967, p. 356.

④ *Papers Relations to the Foreign Relations of the United States*, Japan: 1931—1941，以下简写为 FRUS/Japan: 1931—1941, Vol. 1, Washington D. C., GPO, 1943, p. 17.

⑤ Henry L. Stimson, *The Far Eastern Crisis*, New York: Harper & brothers, 1936, p. 62.

目的坐在这里”，并呼吁行政院在中日两国代表的协助下，“运用一切可能的和平手段去阻止可能很快变成战争行动的敌对行动”。[①] 另一方面，英国却对中国代表施加压力，阻止中国要求制裁日本。10 月 14 日，外交部远东司官员普拉特要求施肇基“放弃一切使用武力的打算，纯靠诉诸理性来解决问题”，他还认为“中国政府应该考虑他们能如何最好地使日本政府在不失面子的情况下易于撤退他们的军队”。[②] 英美在行政院的所作所为排除了日本对英美联合干涉的担心，日军继续在“满洲”挺进。10 月 24 日，行政院做出了第三次决议，除重申 9 月 30 日决议外，还要求日本在 11 月 16 日以前将军队撤退到南满铁路区域之内，这是自事变以来国联对日本提出的最强硬的要求，遭到日本坚决反对。值得注意的是，尽管决议限期日本撤军，但仍然没有谴责日本是侵略者，这说明国联仍未改变对日本姑息迁就的立场。

日本为了以“先谈判后撤兵”反对国联的“先撤兵后谈判”的原则，于 10 月 26 日发表了关于“满洲事变”的第二次声明，提出了“中日直接谈判五项原则”，[③] 其主要内容是：“(1)互相否认侵略政策和行动；(2)尊重中国领土的完整；(3)彻底取缔足以妨碍贸易自由及挑拨国际恶感的有组织运动；(4)对在满洲各地从事于和平事业的日本人给以有效的保护；(5)尊重日本在满洲的条约权益。”实际上，这五项原则的宗旨就是用武力迫使中国尊重日本的条约权益。英国出于帝国主义

---

① Irving S. Friedman, *British Relations with China*: *1931—1939*, New York: Institute of Pacific Relations, 1940, p. 20.

② *Documents on the British Foreign Policy*, *1919—1939*, DBFP, Ser. 2. Vol. 8, London, HMSO, 1960, p. 772.

③ 日本外務省编纂：《日本外交年表竝主要文書》下卷，186 页，東京，原書房，1978。

希望维护在华利益的共同心理，对日本外交上的这种强硬态度不但未予谴责，反而给以同情，并坚决主张不制裁日本。林德利在10月30日致雷丁的电报中称：“当前的危机是由于中国人故意采取破坏这些权益和尽其所能地用一切办法鼓励反日情绪的政策造成的。……当日本人相信他们至关重要的利益受到连累时，他们就失去了理智，而且只要暗示一下压力，则非但不能使他们更理智，反而使他们激怒起来。”①普拉特更加明确地指出，英国应当让中国人明白他们不应当继续存在“国联将扮演警察的角色并为了中国的利益把日本驱出满洲”的错觉，同时应当让日本人了解“我们同日本的传统友谊和对日本的钦佩仍然是我们远东政策的主要动力之一……日本应当了解从日本的灾难中英国不能获得任何利益，而日本的繁荣却是英国政策的目标之一。”②11月2日《泰晤士报》发表社论，表示英国“对日本在满洲成就的伟大建设事业……怀抱同情和尊敬之感，因此英国人比其他国家人民更能很好地理解日本在满洲有多么重大的利害关系，而且充分理解日本对支那实行无理排日政策感到愤愤不平的感情。”③美国和法国也表示决不考虑制裁问题。英美等国这种明显偏袒日本的态度，坚定了日本扩大侵略的决心。

自9月22日以后，英国内阁一直为关税、印度骚乱、德国赔款、裁军等问题所困扰，把中日冲突置于次要地位而不予讨论。直到11月11日，内阁感到中日冲突不仅没有解决，反而有拖延不决的危险，

① William Roger Louis, *British Strategy in the Far East*, *1919—1939*, Oxford: Clarendon Press, 1971, p. 181.

② *Documents on the British Foreign Policy*, *1919—1939*, DBFP, Ser. 2. Vol. 8, London, HMSO, 1960, p. 826.

③ 《日本外務省档案》(昭和期)，缩微胶卷，S1110－21，221～222页。

才再次拾起这个问题。内阁做出的结论是："应当维护国联。但内阁私下认为，盟约第16条规定的制裁是不合适的，在目前情况下实际不能得到实行。因此从国联本身的利益考虑，必须做出一切努力避免中国人的申诉从第11条转移到第16条。如果需要，则必须使中国代表团铭记他必须支持国联而不要把责任全推到行政院其他成员国身上。一句话，政策……应当是调解的政策，并避免暗示威胁。"①这成了新任外交大臣西蒙在出席下次行政院会议的行为方针，也决定了在这次会议上英国对日本将采取更加迁就的态度。

11月16日行政院在巴黎召开会议再次讨论中日冲突，日本为拖延国联做出决议，并为自己的武装侵略制造舆论，于11月17日主动提出要求国联派调查团的建议。英国如获至宝，立即使行政院的注意力完全转到派调查团的问题上，不但否定了中国要求制裁日本的想法，而且不再提按时撤兵的要求。当中国代表提出目前最重要的问题是日本应当迅速完全撤兵时，塞西尔却反驳说："时局之确实报告，实为紧要"，"目前再不论其他事项，唯议如何能接受日本提案"。②为此，在短短20几天会期中，行政院竟召开21次秘密会议讨论调查团问题。③ 12月10日行政院通过了派调查团的决议，但对日本撤兵问题却只字未提。不仅如此，塞西尔还对自本次会议召开以来日本多

---

① Christopher Thorne, *The Limits of Foreign Policy: The West, the League and the Far Eastern Crisis of 1931—1933*, London: Hamish Hamilton, 1972, p. 189.

② 中史档案馆，中国第二历史档案馆，吉林省社会科学院合编：《日本帝国主义侵华档案资料选编：九·一八事变》，435页，北京，中华书局，1988。

③ Christopher Thorne, *The Limits of Foreign Policy: The West, the League and the Far Eastern Crisis of 1931—1933*, London: Hamish Hamilton, 1972, p. 172.

次要求行政院承认日军在东三省有剿匪之权①表示理解和支持，他在10日的发言中说：“毫无疑问，满洲的形势是困难而异常的。失去控制的民众将给日本人的生命财产带来危险的形势会在那里出现，这是很可能的。而且一旦这种紧急事件发生，邻近的日本军队采取行动对付土匪等的活动也将变得不可避免。”②在英国的支持下，行政院不顾中国反对，让日本最后以保留发言的形式实际获得了“匪贼讨伐权”，给日本以后的军事侵略提供了“合法”的借口，使之更加有恃无恐。

英国与史汀生声明

1931年12月11日，日本首相若槻礼次郎下台，改由与军方有密切关系的犬养毅为首相，“皇道派”领袖荒木贞夫为陆相，彻底结束了币原“协调外交”的时代。到1932年1月，国联处理中日纠纷已为时三个月，但由于英国与国联采取一味袒护日本的政策，遂使日本的扩张野心大大膨胀，新内阁的第一个措施就是增兵东北，大举南犯。1932年1月2日，日军占领锦州，完成了对整个东三省的占领。美国担心日本继续南进会危及美国利益，希望与英法同时对日本和中国发出照会，表示不承认中日两国达成的任何违反九国公约和非战公约的形式或协定。1月5日，英驻美大使林赛把美国的这一要求通知了外交部，③ 但遭到了远东司官员们几乎一致的反对。史汀生只得在1月7日单独发表了“不承认主义”的声明。声明发表后史汀生仍指望得到

---

① 中史档案馆，中国第二历史档案馆，吉林省社会科学院合编：《日本帝国主义侵华档案资料选编：九·一八事变》，440页，北京，中华书局，1988。

② Irving S. Friedman, *British Relations with China: 1931—1939*, New York: Institute of Pacific Relations, 1940, p. 22.

③ DBFP, Ser. 2. Vol. 9, London, 1965, pp. 81～82.

英国配合，但远东司顾问麦基洛普认为，如果英国跟随美国之后行动将对英日关系造成危险。他指出，史汀生的照会涉及九国公约第一款有关外国在华权利的问题，但如果没有证据证明日本打算不尊重九国公约的尊重中国主权和“门户开放”原则，就不应对日本提出警告。①在日本已经大举侵犯中国以后，他居然还要索取日本未尊重中国主权的证据，对日本的袒护可谓达到了极点。外交部的高级官员奥德还从保护既得利益出发，荒谬地认为日本对整个“满洲”的主权可能实际增加对外国利益的保护，并污蔑中国人不能维持秩序。② 麦基洛普甚至庆幸地认为，史汀生把日本人对外国人的愤怒的沉重压力从英国肩上移到美国肩上，这有助于英日关系的改善。③

英国不但不与美国联合行动，而且为了对付美国，反向应该受到谴责的日本寻求帮助。1 月 8 日西蒙会见日本大使松平恒雄，他对松平说，如果日本能再次重申它在 1931 年 10 月 13 日对国联行政院做出的尊重九国公约的保证，他就能在下院做出使议员们满意的回答，并能以最令人满意的和友好的方式就此问题处理面临的形势。接着他希望日本能在 1 月 25 日的行政院会议上发表重申尊重九国公约的声明，因为“这将使英国政府能够对付美国在其最近照会中要我们与他们联合起来的要求”。④ 次日韦尔斯利对法国大使说得更明白，他说，日本再次保证“门户开放”将加强政府在对付议会批评时的力量，在这

① Robert A. Hecht, *Great Britain and the Stimson Note of January 7, 1932* , Pacific Historical Review, XXXVIII, (May 1969), pp. 177～191.

② Ibid.

③ Ibid.

④ *Documents on the British Foreign Policy, 1919—1939* , DBFP, Ser. 2. Vol. 8, London, HMSO, 1960, pp. 90～91.

种情况下，“我们就能告诉美国政府我们找不出有什么正当的理由把我们自己同美国对东京的抗议联系在一起。”①英国的这种态度，使日本又一次排除了对英美联合反对日本的担心。

1月9日，英国政府对新闻界发表公报，声明“英王陛下政府坚持华盛顿九国公约所保证的满洲国际贸易的‘门户开放’政策。自‘满洲事变’以来，日本在日内瓦国联行政院的代表已于10月13日声明：日本拥护一切国家在满洲经济活动方面的机会均等与‘门户开放’原则。日本首相又于12月28日声明日本遵守门户开放政策并欢迎各国对满洲各项事业的参加与合作”，故“英王陛下政府认为没有向日本政府发出与美国照会相同的任何正式照会的必要，但要求日本大使从他的政府那里得到对这种保证的确认。”②次日，这个公报正式发表，11日英国把上述声明以外交备忘录的形式交给华盛顿，实际上拒绝了美国的要求。同日《泰晤士报》发表了一篇公然袒护日本、污蔑中国的社论，称赞英国政府拒绝按照史汀生照会对中日双方发出通告，是明智之举，声称“捍卫中国的行政完整，在那个完整仅仅是一种理想的时候，似乎不是〔英国〕外交部的当前任务。中国的行政完整在1922年不曾存在，今天也不存在。自九国公约签字以来中国的中央政府没有一个时期对它的巨大领土的过大的不同地区实行过任何真正的管理权威……尽管它对满洲的主权无可争议，但自南京成为中国首都以来没

---

① Robert A. Hecht, *Great Britain and the Stimson Note of January 7, 1932*, Pacific Historical Review, XXXVIII, (May 1969), pp. 177～191.

② *Documents on the British Foreign Policy, 1919—1939*, DBFP, Ser. 2. Vol. 9, London, HMSO, 1965, p. 102; Foreign Relations of the United States: Diplomatic Papers, Volumes on the Far East, 1932, Vol. 3, 以下简写为FRUS/1932, Vol. 3, Washington D. C., GPO, 1948, pp. 22～23.

有任何迹象表明它在那儿行使了任何真正的管理”①等等，公开为日本侵占中国东北提供借口。日本心领神会，15日对“英国政府的友好态度”表示感谢，② 16日便以英国提供的理由为借口发表了一篇向华盛顿体系提出公开挑战的声明，回答史汀生的“不承认主义”。日本首先说明“日本政府将尽力维持在满蒙的门户开放政策与在中国本土无异”，接着对美国声明中所说的不拟承认用违反巴黎公约的方法而获致的任何局势或协定予以驳斥，声称“日本政府根本没有采取任何不正当方法之意，故此种问题在实际上也未发生”，最后以现在中国国情已与订立九国公约时不同为理由，声称“在实际上将使条约适用于现实事态”。③ 实际否定了九国公约的有效性。

英国在史汀生声明问题上采取的不与美国联合反而向日本求援的做法，不但鼓励了日本在侵略的道路上越走越远，而且说明英国在姑息迁就日本的道路上也前进了一步，它已经打算用牺牲中国东北的方法换取与日本的妥协，这种方法在英国处理“一·二八”事变的过程中再次得到体现。

英国与“一·二八”上海事变

1932年1月28日，日本侵略者悍然发动了对上海的进攻，制造了列强震惊的“一·二八”事变，从而使“满洲事变”发展到一个新的

---

① Irving S. Friedman, *British Relations with China: 1931—1939*, New York: Institute of Pacific Relations, 1940, p. 25; Henry L. Stimson, The Far Eastern Crisis, New York: Harper & brothers, 1936, pp. 101～103.

② *Documents on the British Foreign Policy, 1919—1939*, DBFP, Ser. 2. Vol. 9, London, HMSO, 1965, p. 127.

③ 参见日本外務省编纂：《日本外交年表竝主要文書》下卷，195页，東京，原書房，1978。

阶段。

上海是帝国主义列强在中国利益最集中的地方，1931年外国在华投资总额的34.3%集中于上海，约占直接企业投资的1/2，[①] 其中又以英国的投资最多，1931年英国在上海的直接企业投资达7.374亿美元，约占它在中国投资总数的76.5%。[②] 因此日本对上海的进攻使英国产生了要被日本从中国市场排挤出去的强烈危机感。普拉特写道：“如果日本继续得不到控制，英国将必定从远东完全撤退……从远东的撤退可能是从印度撤退的前奏。”韦尔斯利和范西塔特（外交部常务次长）也担忧地写道，“这种形势很可能扩展到中东”。[③] 因此英国采取了与“满洲事变”不同的强硬态度，并且在某些方面希望与美国合作。1月29日英国对日本轰炸闸北提出严重抗议，并要求美国采取同样行动，美国随之向日本表示，对日本“造成的这种爆炸形势”“不能坐视不管”。[④]《泰晤士报》也一改亲日论调，29日该报以评论1927年各国向上海派兵保卫国际租界的方式提出现在也应向上海派遣军队。[⑤] 30日英国再次向日本提出口头声明反对日本利用国际租界进行战争。31日英国首相召开有财政大臣、外交大臣及高级军事当局参

① ［美］雷麦：《外人在华投资》修订版，蒋学楷等译，53页表6，82页，北京，商务印书馆，1959。

② ［美］雷麦：《外人在华投资》修订版，蒋学楷等译，72页表11算出，北京，商务印书馆，1959。

③ *Documents on the British Foreign Policy，1919—1939*，DBFP，Ser. 2. Vol. 9，London，HMSO，1965，pp. 281～282.

④ FRUS/Japan：1931—1941，Vol. 1，Washington D. C.，GPO，1943，p. 167.

⑤ Irving S. Friedman，*British Relations with China：1931—1939*，New York：Institute of Pacific Relations，1940，p. 29.

加的会议，讨论上海形势和派遣军舰问题，① 这与"满洲事变"时内阁直到50天后才正式讨论远东问题形成了鲜明对比。同日美国总统也召开有正副国务卿参加的高级军事会议，决定向上海派遣舰队。② 法国也向上海增兵。到2月4日，英国在上海的陆海军兵力已达6600人，美国6200人，法国3400人，停泊军舰17艘。③ 2月2日，英国在国际联盟要求推迟预定的裁军会议，召开紧急行政院会议处理上海问题。英国代表托马斯在行政院发表了自"满洲事变"以来的最严厉声明：英国政府"认为不能允许当前远东的形势迁延下去……无战争之名的真正战争正在进行，对此种形势国联成员国不能漠不关心。如果任其继续下去，则势必使全世界对国联盟约、巴黎公约及九国公约失去信任"。④ 他还说，四个月来行政院为和平所做的努力已归于失败，英国政府现在要与美国政府协商，决心为结束这种可悲状态做出新的努力。⑤ 一时间英美两国真好像要在上海问题上进行充分合作了。

但是在具体处理"上海事变"的过程中，英美之间的矛盾再次为日本提供了可乘之机。

日本制造"上海事变"的重要目的是为了确保中国东北完全落入日

---

① *Documents on the British Foreign Policy, 1919—1939*, DBFP, Ser. 2. Vol. 9, London, HMSO, 1965, p. 257.

② Ibid, p. 253.

③ ［日］日本外務省编纂：《日本外務省外交文書·満洲事变》，第2卷第1册，96页，東京，外務省，1977。

④ Irving S. Friedman, *British Relations with China: 1931—1939*, New York: Institute of Pacific Relations, 1940, p. 19；参见 West W. Willoughby, *The Sino-Japanese Controversy and The League of Nations*, Baltimore: The Johns Hopkins Press, 1935, p. 237.

⑤ ［日］日本外務省编纂：《日本外務省外交文書·満洲事变》，第2卷第2册，65页，東京，外務省，1977。

本手中。1931 年 11 月关东军高级参谋板垣征四郎就打电报给日本驻上海助理武官田中隆吉，要他“在上海搞出点事来”①，以转移外国的注意力。“上海事变”爆发后，“满洲”独立的工作也在加紧进行，但由于列强对上海问题的强硬态度，使日本统治阶级极其担心在“满洲”计划的失败。2 月 3 日日本驻国联代表沢田就打电报给外相芳泽谦吉，不胜担忧地说：日本在“满洲”的“权益已逐渐得到各国承认，对此尚不满足，又在上海生事，其做法白白引起英美等国反感，失去世界之同情，而且日本在满洲的地位也会丧失”②。日本的元老重臣对此也深感忧虑，内大臣牧野伸显直言不讳地说：“如果我国在上海失败了，则直到现在的满蒙问题也将统统化为乌有。”高桥藏相也忧心忡忡：“如果在各国中孤立了，是否连迄今苦心经营的满蒙结果也会丢得一干二净？真是令人不胜担心。”③因此日本在外交上努力把“满洲事变”和“上海事变”分开解决，坚持“就地解决”方针。而英国为了保住在上海的利益，对日本的要求再次让步。

美国的态度最初是要求连同以前的问题一起解决。1932 年 2 月 2 日，史汀生指示美国驻日大使向日本外相提出五点解决上海问题的建议。2 月 3 日这些建议又由美、英、法大使对中日双方正式提出，其主要内容有：双方停止一切暴力行动，不为敌对行动进行动员，双方

---

① 参看東京广播电台報导部编：《证言·我的昭和史》，第 1 卷，172～176 页，东京，1969。

② ［日］日本外務省编纂：《日本外務省外交文書·滿洲事变》，第 2 卷第 2 册，68 页，東京，外務省，1977。

③ ［日］原田熊雄：《西園寺公と政局》，第 2 卷，201、216 页，東京，岩波書店，1950。

从上海交战地点撤退；设立中立区，双方谈判一切悬而未决的问题。① 中国政府表示同意，而日本则坚决反对接受最后一点。但是当时日本对英美态度是否一致并不清楚，加上中国19路军的空前顽强抵抗，便一面继续向上海增兵，一面反复强调尊重列强在上海的权益，希望列强协助解决上海问题，以达到"分开解决"的目的。史汀生认为第五点是关系到九国公约的关键问题，应该坚持，而英国则开始后退，认为日本接受前四点已"相当令人满意"，让日本控制"满洲"对英国或许更加有利。韦尔斯利在2月1日的备忘录中写道："单从英国利益的观点看，目前满洲的形势不必使我们担忧。相反，只要'门户'继续开放，……那么满洲在日本的控制下越是得到开发，给贸易提供的机会就越大。"②在英国的反对下，史汀生不得不放弃五点建议，但他改变办法，于2月6日向英国提出两国联合对日本发表一个重申九国公约原则的声明的建议，英国再次反对。范西塔特认为"我们在这个关键时刻应拒绝与美国联合进行极严重的起诉"，③ 12日西蒙对联合声明提出种种困难，表示他"厌恶等于是向一方提出起诉的任何事情，因为这将是不审而判的"④。15日内阁远东委员会召开会议，明确制定了放弃"满洲"以保上海的政策。当天西蒙打电报给史汀生，说明如果在上海能很快获得结果，英国怀疑把满洲包括在任何声

---

① FRUS/Japan：1931—1941，Vol. 1，Washington D. C.，GPO，1943，p. 174.

② *Documents on the British Foreign Policy，1919—1939*，DBFP，Ser. 2. Vol. 9，London，HMSO，1965，p. 290.

③ Christopher Thorne，*The Limits of Foreign Policy：The West，the League and the Far Eastern Crisis of 1931—1933*，London：Hamish Hamilton，1972，p. 254.

④ Ibid，p. 255.

明中是否明智，实际否定了这项建议。① 次日，英国通过国联行政院向日本提出呼吁，要求日本在上海问题上注意非战公约和九国公约，并公开承认了史汀生的“不承认主义”，向日本施加压力，但却只字不提“满洲”问题。同时向日本表示不拟对在国际租界中造成的损失提出进一步抗议，避免给日本不必要的刺激。②

2 月 19 日中国依据盟约第 15 条要求把中日纠纷提交国联大会，得到行政院批准。英国为进一步安抚日本使之能坐下谈判，西蒙于 22 日在下院发表讲话，坚决反对制裁日本。他说，英国政府对保护和防御英国的利益负有重任，而且同远东相比，世界上没有一个地方的英国利益可以用“和平与贸易”一词加以概括。英国不寻求通过对别国人民的禁运来保护贸易。③ 尽管如此，日本还是在 23 日拒绝接受行政院的呼吁，但在它提出的声明书中则表示可以考虑在上海设立一“安全地带”，将中日军队隔离，或其他停止冲突之保障④，至于“满洲”问题则完全回避。史汀生对英国的做法感到十分失望，于 2 月 24 日发表了“波拉信件”，再次申明美国的立场，但此时英国已开始在中日之间进行斡旋。

日本在上海并无长期战争的准备，高桥藏相曾在内阁会议上说：“本国之海外信用正急剧减低中，是以此际欲在海外获取资金事几不

---

① Christopher Thorne, *The Limits of Foreign Policy: The West, the League and the Far Eastern Crisis of 1931—1933*, London: Hamish Hamilton, 1972, p. 257.

② Ibid, pp. 260～261.

③ A. Whitney Griswold, *The Far Eastern Policy of the United States*, New York: Harcourt Brace & Company, 1938, p. 431 note 4.

④ West W. Willoughby, *The Sino-Japanese Controversy and The League of Nations*, Baltimore: The Johns Hopkins Press, 1935, p. 241.

可得，而军费又难以继续三个月之久，国内形势令人不寒而栗。”[①]日本既不想扩大战争，又看到英国只议上海事端，便于2月26日提出召开圆桌会议解决上海问题的建议。英国对此并不反对，但提出以停火为条件。28日在英国导演下，中日两国代表在英国旗舰上举行了上海停火谈判，其条件是：双方同时撤退，撤退区域由中国警察维持治安，中国军队退至真茹，以后退至南翔，日本军队退至租界及巡界筑路地段，以后退回舰上。[②]

3月3日，国联大会召开，小国发言态度强硬，要求日本遵守各项条约。但西蒙在3月7日的发言中为了不刺激日本，完全不提日本行为如何，只是要求大会为解决一般性纠纷发一宣言，作为“解决国际纠纷之正当办法”。[③] 事后连他本人都承认当时的讲话是“有点狼狈的”，而日本大使则“对他的友好和有帮助的态度深表感谢”。[④] 3月8日，英国内阁远东委员会再次开会，表示完全同意并祝贺西蒙在3月7日大会的讲演，并认为保证避免提到满洲问题或许是可能的，因为这个问题正在由李顿调查团审查之中，希望“在可能情况下限制由大会重申盟约原则的任何决议。”[⑤]次日内阁同意远东委员会的看法，

① 罗家伦主编：《革命文献》，第40辑，2951页，台北，中央文物供应社，1978；《木户幸一日记》上卷，136页，東京，東京大学出版会，1966。

② 中史档案馆，中国第二历史档案馆，吉林省社会科学院合编：《日本帝国主义侵华档案资料选编，九·一八事变》，608页，北京，中华书局，1988。

③ [日]日本外務省编纂：《日本外務省外交文書·満洲事变》，第2卷第2册，206页，東京，外務省，1977。

④ Christopher Thorne, *The Limits of Foreign Policy: The West, the League and the Far Eastern Crisis of 1931—1933*, London: Hamish Hamilton, 1972, pp. 264～265.

⑤ *Documents on the British Foreign Policy, 1919—1939*, DBFP, Ser. 2. Vol. 10, London, HMSO, 1969, pp. 59～60.

“认为采取对一方进行谴责的态度是有危险的……谴责将毫无疑问地要继之以要求某种形式的制裁，而且不知到哪里为止。”他们还认为根据盟约第16条规定的制裁已完全证明对国联、特别是对那些可能被要求实施制裁的国家，是一种不利因素，故应予以反对。① 在英国操纵下，3月11日国联大会通过决议，尽管宣布“严格遵守条约之原则”，但强调“将彼此间的一切争执以和平手续解决”，并决定“上海立即恢复原状，东省渐次恢复原状”，实际上正式同意了日本“分开解决”的要求。② 大会还决定由19国组成远东委员会解决上海停战问题。3月24日到4月26日进行了停战谈判，4月28日在停战协议交付国联大会审议的前一天，沢田打电报给芳泽外相，劝他在上海问题上采取忍让态度，否则“今后在日支事件上再难得到英国政府的援助”。③ 5月5日，淞沪停战协定签字，在英国的直接参与支持下，使日本自“一·二八”以来处心积虑希望达到的上海与“满洲”问题分开解决的目标终于得以实现。

在列强的注意力集中于上海事变时，日本加紧了炮制伪满政权的活动。1932年3月9日，伪“满洲国”在日本策划下成立。同年10月2日，以英国人李顿为首的国联调查团公布了报告书，它虽然否认“满洲国”是“独立运动”的产物，但又提出了“满洲自治”，聘请外国顾问，立即实行国际共管的荒谬主张。1933年2月24日，国联大会通

---

① *Documents on the British Foreign Policy*, *1919—1939*, DBFP, Ser. 2. Vol. 10, London, HMSO, 1969, p. 60.

② 参见《日本帝国主义侵华档案资料选编，九·一八事变》，604～606页，北京，中华书局，1988。

③ 《日本外務省档案》(昭和期)，缩微胶卷，S1110－21，1788～1789页，北京，国家图书馆藏。

过了报告书。但除此以外，国联并未采取任何积极措施。日本的野心是要独吞中国东北，对于国际共管的计划当然不肯接受，遂于1933年3月27日宣布退出国联。

英国纵容日本的原因及后果

“九一八”事变期间，英国对日本的侵略采取了袒护、纵容乃至做出重大让步的妥协政策。英国采取这种政策的原因是多方面的。首先，英国出于帝国主义的共同利害关系，出于对中国反帝斗争的恐惧，本能地同情日本，认为日本在“满洲”的“合法权益”应当受到保护。事变爆发之初林德利就认为“中国人在满洲遵循了最使人恼怒的政策，在那儿他们一直打算破坏毕竟主要根据条约权利的日本的地位”，并认为“日本在满洲的行动将对英国在满洲〔中国〕的利益起到有利的反应。”[①]普拉特则更加露骨地站在日本一边，认为“在满洲，日本人对生死攸关的基本问题有很多权利，中国人几乎完全是错误的。由于他们的腐败、无能和盲目自大，他们正在促使世界上最富有的区域之一走向崩溃”,[②] 对中国大肆污蔑。

其次，英国出于保住在上海和长江流域以及在远东权益的自私目的，担心与日本争吵会迫使日本南下，因此不惜把在东北的权益让与日本。“上海事变”爆发后，财政大臣张伯伦曾在一封私人信件中忧心忡忡地表示：“如果我们同日本发生真正的争吵，当我们的船只打算驶出黄浦江口时，它能一个接一个地把它们击沉”；林德利则担心“如

① *Documents on the British Foreign Policy, 1919—1939*, DBFP, Ser. 2. Vol. 8, London, HMSO, 1960, p. 667.

② *Documents on the British Foreign Policy, 1919—1939*, DBFP, Ser. 2. Vol. 9, London, HMSO, 1965, p. 265.

果我们同日本争吵，日本能对我们在远东的利益造成无限的损失”。①在上院辩论李顿报告书时，洛西恩勋爵也认为如果不和平解决中日纠纷，则“对东亚的英国自治领地位将产生怎样的后果，也必然甚使人担忧”。②

不仅如此，英国还把日本看作是反对布尔什维克主义的屏障和镇压民族解放运动的斗士。陆军元帅威廉·伯德伍德的话最有代表性，他在给西蒙的信中写道：“尽你所能地在满洲帮助日本！！”他还写道：“当日本藐视国联的时候，我知道这令人觉得是全错了，但1.他受到了很大的挑衅；2.它必须快点在什么地方扩张——千万让（或更鼓励）它在满洲这样做而不走上去澳大利亚的道路；3.它在满洲完全确立它的存在是对布尔什维克进犯的真正障碍。”③海军大臣奥斯温·默里则希望内阁考虑：由日本控制的统一于反共产主义路线下的中国是否比一个无政府主义的和渗透共产主义的中国更为可取。④ 林德利则认为如果日本在满洲遭到反对，英国将失去反对远东骚乱的屏障。⑤

英国在远东军事上的易受攻击的脆弱状态，是它不敢对日本采取

① Christopher Thorne, *The Limits of Foreign Policy: The West, the League and the Far Eastern Crisis of 1931—1933*, London: Hamish Hamilton, 1972, p. 230, 262.

② ［日］日本外務省編纂：《日本外務省外交文書·満洲事变》，第3卷第1册，31页，東京，外務省，1977。

③ Christopher Thorne, *The Limits of Foreign Policy: The West, the League and the Far Eastern Crisis of 1931—1933*, London: Hamish Hamilton, 1972, p. 117.

④ Paul Haggie, *Britannia at Bay, The Defence of the British Empire against Japan 1931—1941*, Oxford: Clarendon Press, 1981, p. 39.

⑤ *Documents on the British Foreign Policy, 1919—1939*, DBFP, Ser. 2. Vol. 10, London, HMSO, 1969, pp. 95～99.

强硬政策的另一原因。1919 年英国曾经制定过一个“十年规则”，要求军事部门在拟定军事计划和预算时，应以十年内不会发生重大战争的假定为依据。二十年代，英国在这一规则的指导下大力削减国防开支；三十年代初，为克服严重的财政危机，进一步削减国防预算，1922 年国防预算仅为一亿零三百万英镑，达到两次世界大战之间的年代中的最低点，① 致使英国在远东的防御处于真空状态。以空军而言，1931 年英国在海外的空军总数为 250 架飞机，其中 96 架在印度，大约 70 架需要控制伊拉克等地，另外 180 架在世界其他地方，而日本有 430 架飞机。② 海军的情况同样糟糕。1932 年 2 月，第一海务大臣雷德里克·菲尔德说明“目前情况下在一个紧急事件中我们在远东将是多么软弱无力。事实上海军能提供保卫新加坡和香港的数量是非常少的。”③在这种情况下，英国生怕由于制裁日本而引起英日之间的战争。第一次世界大战后英国力量的衰弱使它极力避免卷入远东冲突，正如 1933 年 2 月 27 日西蒙在下院所说：“无论我们如何处理这件事，我都不打算使我国因这件事卷入纠纷之中……1914 年和现在存在着巨大的差别，这就是，本届政府绝不允许我国参加这场斗争。”④

英国自身衰弱，又不相信美国，范西塔特在 1932 年 2 月 1 日的

① G. C. Peden, *British Rearmament and the Treasury: 1932—1939*, Edinburgh: Scottish Academic Press, 1979, p. 3.

② N. H. Gibbs, *Grand Strategy, Vol. I: Rearmament Policy*, London: HMSO, 1976, pp. 63～64.

③ Correll Banett, *The Collapse of British Power*, London: Eyre Methuen, 1972, p. 300.

④ F. S. Northedge, *The Troubled Giant: Britain among the great powers, 1916—1939*, New York: Frederick A. Praeger, 1967, p. 356.

备忘录中说：“只要日本确实认真起来并对我们进行估量，我们是没有能力制止它的……因此我们最终必定被毁在远东，除非美国最后准备使用武力……然而目前日本人和我们一样对美国的战斗精神评价很低。”①保守党领袖鲍尔温对内阁秘书托马斯·琼斯说得更明确：“如果你实行经济制裁，你将遇到日本宣战，它将夺取新加坡与香港而我们不能……制止它。你不会从华盛顿那儿得到任何东西，只有空话、大话，而且只有空话。”②

正是上述种种原因错综复杂地交织在一起，使英国在日本侵略之初不是采取针锋相对的强硬政策予以反击，而是幻想用姑息、迁就乃至满足侵略者某些欲望的方法与日本达成妥协，苟安一时。但是，“九一八”事变以及随之而来的“上海事变”，毕竟使英国不能不受到震动。1932 年 3 月 23 日英国内阁提出了废除“十年规则”的设想，并最终于 1933 年 11 月中旬以内阁决定建立国防需要委员会为标志，废除了这个规定。③ 然而，这时的国际形势已经发生了重大变化。纳粹党在德国攫取了政权，并加速了重整军备的过程。德日两国相较，英国感到前者的威胁更大。1934 年 9 月 1 日，财政大臣张伯伦在一份备忘录中指出：今后当英国与德国发生冲突时，如果同时还要在远东同一个敌对的而不是友好的日本进行争斗，那么“不仅印度、香港和澳大利亚将处于严重的危机之中，而且我们自己也将处于被全副武装的和

① *Documents on the British Foreign Policy, 1919—1939*, DBFP, Ser. 2. Vol. 9, London, HMSO, 1965, p. 282～283. DBFP, Ser. 2. Vol. 9, pp. 282－283.

② Ibid, p. 291.

③ Stephen Roskill, *Naval Policy Between the Wars, Vol. 2: The period of Reluctant Rearmament, 1930—1939*, London: Collins, 1976, p. 491, Appendix E.

有组织的德国毁灭的更大得多的危险之中。”①因此他认为最重要的是不能使英国同时面对两个敌人，而应从两个危险中排除一个。在他看来，一切证据表明，“同日本达成协定是比同德国达成协定更容易和更简单的。”②总之，在面对东西方两个敌人的情况下，英国从保卫在远东的既得利益出发，终于把处理一个远东紧急事件时对日本采取的妥协退让政策，发展为明确的对日绥靖政策。

“九一八”事变是日本用武力粉碎华盛顿体系，打破帝国主义国家在远东和太平洋地区均势的重大事件，它标志着战后资本主义相对稳定时期的结束，帝国主义重新瓜分世界的开始。日本在英、美列强的妥协纵容下独占了中国东北，从而有了进一步推行侵略的基地，而“淞沪停战协定”又使日本在上海获得了驻兵权。日本的侵略野心更加膨胀。以后又经过1935年的华北事变和1937年的卢沟桥事变，日本发动了全面侵华战争，并最终挑起了太平洋战争。英国的对日绥靖政策养虎贻害，历史无情地迫使热衷于推行这一政策的英国政治家们为自己的行动付出了沉重的代价。

---

① *Documents on the British Foreign Policy*，*1919—1939*，DBFP，Ser. 2. Vol. 13，London，HMSO，1973，p. 26.

② Ibid，p. 30。

试析1934年英国“政治绥靖”日本政策的提出*

1937年7月卢沟桥事变爆发，日本发动全面侵华战争以后，英国执行了纵容日本侵略的绥靖政策，后来终于自食了恶果。但追本溯源，英国的对日绥靖实际上早在“九一八”事变时已经开始，而在两次事变之间英国甚至曾经企图与日本订立一个互不侵犯条约，并提出了“政治绥靖”日本的政策。这一条约虽然未能签订，但从英国原来对条约所寄予的希望，已足以看出它后来对日本侵华战争的纵容是有深刻历史根源的。

英日互不侵犯条约的提出

20世纪30年代初，日本为渡过经济危机，一方面用武力夺取了中国的东北三省，另一方面在世界市场上采取了以中国和英帝国为主要对象的倾销政策。由于中国的抵制日货运动，日本的倾销在中国未获成功，1930～1932年日

---

* 原载《世界历史》，1990(2)。

本对中国的出口下降了1.2亿日元。但这种损失的大部分在英帝国的市场上得到了补偿。1930～1932年，日本从印度、埃及、澳大利亚、西非及荷属东印度共获利1.25亿日元，其中从英帝国获利0.91亿日元，① 遂使英日贸易战日趋激烈。在这场贸易战中，又以棉纺织业的竞争尤为严重。1927—1933年在世界棉布市场上英国的输出减少了一半，日本却增加了1.5倍，1927年英日分别占世界棉布输出的52％和17％，到1933年分别占38％和39％，② 日本成为世界棉布第一输出国。在棉布出口贸易竞争中，受到最大影响的是印度，1928～1929年度日本和英国在对印度的棉布出口中分别占8.4％和75％，到1932～1933年度两者均占47.6％。③ 尽管英国已高筑关税壁垒，签订渥太华协定，又在1932年11月对重要进口货实行10％的关税，但无论是兰开厦的棉纺织业集团还是印度的纺织工业界都要求进一步采取措施，废除日印通商条约，以应对日本的竞争。

1933年3月29日，英内阁讨论日本贸易竞争问题，商业大臣沃尔特·朗西曼提请内阁注意："形势已经超出了由商人对另一个国家的贸易发动零星进攻的范围，正在接近由日本发动一场国家运动去夺取亚洲和亚洲大陆以外的市场。"④内阁批准了废约要求，但为了不刺

① William Roger Louis, *British Strategy in the Far East, 1919—1939*, Oxford: Clarendon Press, 1971, p. 220. 书中把1.25亿日元印成1.23亿日元，有误。

② 山本满：《日印(英)绵业纷争(1933—34)》，见细谷千博编：《太平洋·アジア圈の国際经济纷争史1922—1945》，9页表2，東京，東京大学出版会，1953。

③ 同上书，13页表5。

④ Great Britain: *Cabinet Office Record*, *Cabinet Minutes* (*Conclusions*), *Microfilm*, CAB23/75, p. 352. 藏于华东师范大学图书馆，首都师范大学世界史资料中心。

激日本，希望同时向日本解释这些措施是由商业困难而不是由政治困难造成的。[①] 4 月 10 日英国通知日本废除日印通商条约，于 10 月 10 日生效，5 月又废除了关于西非英属殖民地的英日通商协定。日本认为英国的决定是真正引起日本“朝野惊愕的一大事件”，[②] 日本纺织业界出现了“日英棉业战”的演说，钟纺社长津田信吾声称日本和英国把世界棉业一分为二，形成了东西对立状况，但“两雄不能并立”，因此将展开无休止的竞争。[③]

英国刚从“满洲危机”中喘过气来，十分担心由于上述措施再次引起两国矛盾的激化。4 月 18 日，英内阁再次讨论了这一问题。由于帝国国防的虚弱状态，内阁同意“尽一切可能改善我们同日本的政治关系。从这种看法出发，有必要尽可能避免任何能被解释为过分无礼的行为。”[④]4 月 25 日英国通知日本希望两国就世界市场的份额分配进行会谈。5 月 24 日日本表示同意。谈判从 1933 年 9 月开始，直到 1934 年 7 月 24 日才就新的日印通商问题达成协定。

在这场贸易战中，日本的右翼势力更加认为日本在中国东北的冒险和投机是正当的，并要求进一步向华北扩张。1933 年初，日军大举进犯热河，3 月 4 日占领承德，到 5 月 31 日《塘沽停战协定》签字，

---

① Ann Trotter, *Britain and East Asia 1933—1937* , Cambridge: Cambridge University Press, 1975, p. 30.

② 山本满：《日印(英)绵业纷争(1933—34)》，见细谷千博编：《太平洋・アジア圏の国際经济纷争史 1922—1945》，17 页，東京，東京大学出版会，1953。

③ 同上书，29 页。

④ Great Britain: *Cabinet Office Record*, *Cabinet Minutes* (*Conclusions*), *Microfilm*, *CAB23/79*, p. 15. 藏于华东师范大学图书馆，首都师范大学世界史资料中心。

日本又吞并了中国一大块领土，其势力已发展到长城脚下，直接威胁英国在华北的利益。英日之间的贸易战和日本在中国的不断扩张，以及 1933 年希特勒在德国的崛起，使英国不得不承认国际形势已经发生了深刻变化，英国必须对它的军备状况和战略敌人做出新的估计，以决定英国今后对日本实行的政策方向。

鉴于日本在远东的扩张，1932 年初，三军参谋长要求取消英国内阁在 1919 年 8 月制定的“十年规则”，即军事部门在拟定军事计划和预算时，应以 10 年内不会发生重大战争的假定为依据。他们忧心忡忡地指出：“我们全部的远东领土以及印度和自治领的海岸线，和我们的巨大的贸易与航运业正处于易受攻击状态。”①3 月，帝国国防委员会接受了三军参谋长的建议。② 但财政部反对增加国防开支，把恢复经济放在第一位。它强调在目前情况下英国在财政上和经济上不能在远东从事一场大规模的战争，认为“我们尤其需要的是一个恢复时期，减少税收、增加贸易和就业”以及“避免军备方面的巨大开支”。③ 内阁虽然对三军参谋长的要求未表异议，但对财政部的看法也很赞同，认为不应以“十年规则”的结束来证明在无视财政和经济形势的情况下扩大国防开支是有道理的。④ 因此从 1932 年 3 月到 1933

① D. C. Watt, *Personalities and Policies, Studies in the Formulation of British Foreign Policy in the Twentieth Century*, London: University of Notre Dame, 1965, p. 84.

② S. W. Kirby, *The War Against Japan*, Vol. 1, The loss of Singapore, London: HMSO, 1957, p. 11.

③ S. W. Roskill, *The War at Sea 1939—1945*, Vol. II: *The Period of Reluctant Rearmament 1930—1939*, London: HMSO, 1976, p. 145.

④ G. C. Peden, *British Rearmament and the Treasury: 1932—1939*, Edinburgh: Scottish Academic Press, 1979, p. 67.

年10月，英国在重整军备方面毫无作为。1933年6月20日三军参谋长委员会主席查特菲尔德指出，到目前为止完全没有打算做什么事能使英国进行一场反对日本的战争，“传统的英国政策就是从不做好准备，而且为此感到很骄傲：我们必须强调这种态度现在是非常危险的。”①总之，尽管英国认为日本是它的主要敌人，但由于担心重整军备将威胁政府计划的财政平衡和经济复兴，因而远东防御的虚弱状态没有任何改变。

但是希特勒在1933年10月退出国际裁军会议、退出国联、加紧重整军备的行动，使英国不能不重新评估它的潜在敌人并开始重整军备。11月10日三军参谋长在国防政策年度报告中指出：“远东仍然是一个潜在的危险区域，而且从帝国国防的观点看它的重要性绝未减少。但是在最近一年中由于……第二个危险区域已经在欧洲本身出现，因此不能再让远东完全吸引住我们的注意力”。该文件还指出：“从海军的观点看，这种〔欧洲的〕形势产生了两个结果。第一，我们不得不认真考虑实际会发生一场洛迦诺战争的可能性；第二，如果我们将不得不派一支舰队去远东，那么在计算我们必须留在欧洲的海军余额时，我们必须考虑到一支不断增加的德国海军的可能性。”②

鉴于国际形势的恶化和英国潜在敌人的增加，内阁于1933年11月15日决定在帝国国防委员会下设立一个名叫国防需要委员会的机构，去调查和制定弥补英国国防不足的计划。但是它刚刚开始调查就受到必须考虑国家财政形势的限制。在1933年11月至1934年2月

① Brian Band, *British Military Policy between the Two World Wars*, Oxford: Clarendon, 1980, p. 19.

② Great Britain: *Cabinet Memoranda*, *Microfilm*, CAB24/244, p. 135. 藏于华东师范大学图书馆，首都师范大学世界史资料中心。

该委员会第一次会议期间，外交部常务次长范西塔特认为："我们的资源……不足以对付同时来自日本和德国的威胁"，而且"这两者中德国是更大的威胁"，所以应该完成新加坡的防御准备，然后使德国成为一切重整军备的目标。① 财政部次长费希尔则在1934年1月30日的一封信中强调，英国的军事生产能力受到它能为进口原料所支付给国外的外汇额的限制。它只有够用的力量对付德国，为此英国应当在太平洋采取守势，并且必须"回到像我们过去同日本关系的"状态。② 1934年2月28日该委员会提出了它的第一个报告，3月5日提交内阁，这个报告尽管仍然把日本排在潜在敌人的首位，但实际上强调"形势的趋势是有点更朝着加重欧洲形势的危险方向发展的"，所以应当"把德国看作是我们'长远'的防御政策必须针对的最终的潜在敌人"。报告还指出：鉴于"我们不能忽视由于我们完全没有能力保卫我们在远东的利益所引起的危险"，因此"应该利用任何机会去改善我们与日本的关系"。③ 正是在内阁对这个报告的讨论过程中，出于上述的基本估计，财政大臣张伯伦首先提出了缔结英日互不侵犯条约的建议。

还在1933年11月三军参谋长要求增加海军开支以对付日本的威胁时，张伯伦就表示反对，他强调："如果可能改善我们同日本的关系，那么整个远东问题将是极其简单的，而且甚至可能在〔防御的〕优

① Stephen E. Pelz, Race to Pearl Harbor: the failure of the Second London Naval Conference and the onset of World War II, Cambridge: Harvard University Press, 1974, p. 104.

② Ibid, p. 105.

③ Great Britain: *Cabinet Office Record*, *Cabinet Minutes* (*Conclusions*), *Microfilm*, *CAB24/247*, p. 383. 藏于华东师范大学图书馆，首都师范大学世界史资料中心。

先次序上把远东降低。"[1]在 1934 年 3 月 14 日内阁讨论国防需要委员会的第一个报告时，张伯伦便明确提出了与日本订立一个互不侵犯条约的建议。他认为废除英日同盟是对日本的重大打击，而英国主动提出进行有关这个问题的新的讨论并打算达成某种双方的协议这一事实本身，就能平复他们的被激怒的感情。因此他建议应当与日本签订一个为期数年的互不侵犯条约，这或许不得不以做出某些保证，例如就日本对中国的态度问题做出某些保证为条件。他还认为英国应当与美国离异，同时告诉日本，英国没有把自己同美国连在一起，以便使日本从对英国可能同美国一道反对它的担忧中解脱出来。如果英国能获得一个令人满意的双边条约，这将使英国能把注意力集中于更靠近本国国土的正在发展的严重形势。[2] 张伯伦得到海军大臣艾尔斯一蒙塞尔的支持，后者着眼于即将召开的海军会议，[3] 认为如能与日本订立这样一个条约，便能使日本不坚持在军备方面与英国对等。[4] 外交大臣西蒙也支持张伯伦，他说，英国从未想过要进攻日本，英国的愿望是他们也不要进攻英国。[5] 这次内阁会议决定，关于这个问题要极其慎重地考虑。

---

① Stephen E. Pelz, *Race to Pearl Harbor: the failure of the Second London Naval Conference and the onset of World War* Ⅱ, Cambridge: Harvard University Press, 1974, p. 103.

② *Documents on the British Foreign Policy, 1919—1939*, DBFP, Ser. 2. Vol. 20, London, HMSO, 1984, pp. 187～188.

③ 1922 年的华盛顿海军条约和 1930 年的伦敦海军条约均于 1936 年到期，将在 1935 年召开伦敦会议讨论废除前者和修改后者问题。英国于 1934 年 5 月建议召开英美日三国预备性会议，美、日都表示同意出席。

④ *Documents on the British Foreign Policy, 1919—1939*, DBFP, Ser. 2. Vol. 20, London, HMSO, 1984, p. 188.

⑤ Ibid.

外交部的许多官员不赞成缔结英日互不侵犯条约这种走得过远的主张。1933到1934年外交部的官员们曾先后写了13份备忘录阐述自己的看法，他们认为“如果大不列颠想保持它在远东的地位和威信，她就必须努力获得并保持中国的友谊与好感，这应当被认为是我们未来整个远东政策的关键”。① 他们主张，英国应当用继续培养与中国的友好关系以避免来自日本的危险，并建议寻找一种国际合作的办法使日本不能独霸外国对中国的技术援助并成为唯一的获利者，② 他们反对恢复英日同盟，③ 也不主张与美国离异。

但是外交部的官员对日本的态度绝非强硬，其实质同样是绥靖主义的。他们认为英国对日本采取的最佳政策应该是“承认日本经济的真正需要，避免任何故意敌对主义的出现”，英国“不应在满洲国反对日本，或不必要地限制它的贸易扩张”，④ 甚至认为尽管日本在满洲的成功发展可能使英国在那里的利益受到损害，但鉴于这些利益相对不太重要(英国在满洲的投资除去贷款外推测不到600万英镑)，所以“用远东形势的全面改善来衡量，这种损失似乎是无足轻重的，远东形势的全面改善来自在满洲满足日本的扩张要求”。⑤ 外交大臣西蒙实际赞成与日本签订互不侵犯条约，只是在提出这一建议的时间问题上与海军大臣不同。他在3月16日的一份《关于帝国国防政策》的备忘录中认为，在海军会议期间应该先不提出签订互不侵犯条约的建

① Great Britain: *Cabinet Office Record*, *Cabinet Minutes* (*Conclusions*), *Microfilm*, *CAB24/248*, p. 68. 藏于华东师范大学图书馆，首都师范大学世界史资料中心。

② Ibid, p. 100.

③ Ibid, p. 107.

④ Ibid, pp. 61、106.

⑤ Ibid, p. 111.

议，如果后来发现可以劝告日本接受较低的海军力量的比例以换取同英国的互不侵犯条约，并可能也同美国签订同英国一样的条约，然后再提出这个建议，那么它就可以服务于更有用的和更实际的目标。①总之，尽管在财政部和外交部之间存在着某种分歧，但他们仍然存在着基本的共同点，那就是都打算用对日本做出重大让步的办法以换取英日关系的改善。

在以后的讨论中，张伯伦一再坚持自己的主张，并进一步提出英日两国在中国划分两个势力和贸易范围的建议。② 1934 年 4 月 16 日，张伯伦在内阁会议上振振有词地说：“你(按指日本)想在中国要什么？是贸易吗？如果是，难道对我们双方不是都有足够的生意可做吗？我们并不想做什么损害你同中国贸易的事情。……当我们在一个地区自由提供资本的时候，我们难道不能让你自由地在另一个地区提供资本吗？”③但是就在张伯伦大声呼吁的第二天，“天羽声明”发表了，它不啻是对张伯伦的当头一棒。

“天羽声明”和英国的反应

1933 年 9 月，与军部有密切关系的广田弘毅出任日本斋藤内阁的外相。为了摆脱日本退出国联以后在国际上的孤立感，阻止日本的国际地位逐渐恶化的趋势，在广田任外相后不久，斋藤内阁就从 10 月 3

---

① *Documents on the British Foreign Policy, 1919—1939*, DBFP, Ser. 2. Vol. 20, London, HMSO, 1984, p. 193.

② Correll Banett, *The Collapse of British Power*, London: Eyre Methuen, 1972, p. 347.

③ Ann Trotter, *Britain and East Asia 1933—1937*, Cambridge: Cambridge University Press, 1976, p. 54.

日到20日连续召开五相会议(首、藏、外、陆、海五相)，制定日本退出国联后的外交政策大纲，决定(1)力求与日本有不可分割关系的满洲国健全发展。(2)通过外交工作确立对各主要国家的友好关系等等。21日内阁同意了五相会议的决定，并商定“在国际关系中，以世界和平为宗旨，并以外交手段来贯彻我国之方针。”①这便是广田标榜的实行与各国减少摩擦的所谓“和协外交”。但是这种“和协外交”的前提条件是确保“满”蒙并以独占中国为最终目的，正如陆军省在1933年10月2日的《帝国国策》的文件中指出的，日本的对外政策是“以帝国的安全和实行对满洲的国策为目标，努力确立与各国间的多边亲善关系。”②因此外务省制定了三项政策。第一，按既定方针建设满洲国。但并不要求中国马上承认，等待时机再行解决。第二，努力推进日华经济合作，进一步实现日华间友好合作方针。第三，极力排除一切助长日华间纠纷的第三国家以及第三势力所采取的行动和政策，对企图扰乱满洲国与中国本土之间关系的共产党势力，采取反共政策相对抗，对企图给中国以武力援助和财政援助的第三国家和第三国人的活动，采取外交手段予以制止。③ 其中的第三点实际上主要是针对英美而言的。1933年4月，国际联盟通过了关于对中国进行技术援助的决定，9月8日国联驻华技术专家拉西曼由英国来华，同年6月中美签订了5千万美元的棉麦贷款协定。日本对国联和美国的行动既不满

① 日本外務省编纂:《日本外交年表竝主要文書》下卷，275～276页，東京，原書房，1969。

② ［日]岛田俊彦、稻葉正夫解说:《现代史资料(8)日中戦争(一)》，11页，東京，みぢぢ書房，1964。

③ 参见天津市政协编译委员会:《重光葵外交回忆录》，128页，天津，知识出版社，1982。

而又担心，认为这是“不承认日本的现实地位，反而硬要使日本回到满洲事变以前状态”。① 因此日本必须要让英美认识到，日本是安定东亚的势力，中国的事情不允许其他国家插手，这便是“天羽声明”的背景。

1934年4月17日，日本外务省情报部长天羽英二对记者发表了一个声明，主要内容有：日本有决心完成维持东亚和平和秩序的使命，如果中国采取以夷制夷的排外政策，日本就不得不加以反对，如果其他国家对中国想采取共同行动，即使在名义上是财政或技术的援助，日本在原则上也表示反对。② 正如4月20日毛泽东深刻指出的，这个声明是“日本帝国主义企图强占中国的最明显的表示”。③ 4月21日《北京晨报》发表社论，指出：“日本久欲以亚细亚门罗主义，驱逐欧美势力于亚洲之外，而独握宰制亚洲弱小国家之权，故其外交政策，无一非从此基点出发，今兹宣言，不过更明确声明其亚细亚门罗主义而已。”(《北京晨报》，1934年4月21日)。鉴于声明发表后国际舆论的反应，4月20日天羽再次对记者发表声明，虽然声称“日本无意侵害中国独立利益，无意侵害第三国在华利益”，但仍然强调“日本反对扰乱维持东亚和平秩序的外国的共同行动”，“其他外国或国际联盟对中国实行利己本位政策的时代已经过去了。”④

---

① 参见天津市政协编译委员会：《重光葵外交回忆录》，129页，天津，知识出版社，1982。

② 外務省百年史編纂委员会编：《外務省百年史》下卷，269页，東京，原書房，1979。

③ 袁旭等编著：《第二次中日战争纪事1931.9—1945.9》，64页，北京，档案出版社，1988。

④ 外務省百年史編纂委员会编：《外務省百年史》下卷，511～512页，东京，原書房，1979；日本外務省編纂：《日本外交年表竝主要文書》下卷，285～286页，東京，原書房，1979。

“天羽声明”发表后，英外交部北欧司长劳伦斯·科利尔认为这是东京“警告其他国家离开中国”，而英国是要求“保持现状”的，因此我们“可以同日本保持过得去的日常关系……但不能指望最终做比这更多的事”。① 但由于英国政府把经济复苏放在第一位，以及远东的无防御状态，就使以张伯伦和费希尔为代表的要求积极与日本和解的看法占了上风。4 月 19 日费希尔在一份备忘录中仍大谈他的主张，认为存在着一种关于英帝国防御的不说自明的真实情况，即“我们不能同时与日本及最强大的欧洲海军强国进行战争”。由于危险在于“德国的威胁”，所以英国“不仅不能再承受同日本的离异，而且对我们来说绝对迫切需要的是实现同它的真正持久的和解。”②加之，英日关于贸易问题的谈判这时正陷入僵局，英国生怕再刺激日本。因此在这些思想指导下，英国对“天羽声明”的态度是消极忍让的。4 月 19 日，当西蒙在下院受到工党议员约翰斯顿就这一问题的质询时，他回答说：“日本外务省情报部长的声明只停留在口头上，其内容有点微不足道，因此是否真是具有权威性的发言尚未可知，所以在接到更详细的报道之前不能发表任何意见。”③西蒙担心英国单方面向日本提出照会会激怒日本人，便首先试探美国的态度，希望与美国联合行动。④ 在等待美

① Wm Roger Louis, The Road to Singapore, in Wolfgang J. Mommsen and Lothar Kettenacker eds., *Fascist Challenge and the Policy of Appeasement*, London: George Allen & Unwin, 1983, p. 355.

② *Documents on the British Foreign Policy, 1919—1939*, DBFP, Ser. 2. Vol. 13, London, HMSO, 1973, p. 928.

③ 岛田俊彦、稻葉正夫解说：《现代史资料(8)日中戦争(一)》，41 页，東京，みぢぢ書房，1964。

④ *Foreign Relations of the United States: Diplomatic Papers 1934*. 简写为 FRUS/1934, Vol. 3, Washington D. C., GPO, 1954, pp. 122～123.

国回答的过程中，西蒙再次受到下院质询而不得不给以回答。4 月 23 日他发表了关于“天羽声明”的第一次声明，否认日本的声明是打算在远东获得垄断权，而是由于“担心可能来自其他在华列强的某种行动而引起的对和平、对中日友好关系或对中国主权的某些危险”，以此为日本开脱。他同时向日本保证，“在这些危险中没有一种能认为是来自英王陛下政府的政策，实际上，他的政策是旨在避免这些危险的。”①当天，西蒙才指示驻日大使林德利，要他“本着最友好的精神”提请日本注意英国应当继续享有的在华权利，并希望日本保证天羽声明决不打算减少其他国家在中国的共同权利。②

次日英国收到了美国的回答。由于自“满洲危机”以来美国国内孤立主义情绪更加严重，因此美国企图避免增加美日关系中已经存在的危险。美国务院远东司长助理汉密尔顿认为美国应该避开对天羽声明的任何注意，而只应该“像通常那样继续做生意”，美国没有理由“伸长它的脖子”并成为一个针对日本人的运动的带头人。他说，美国在中国的利益并不比英国、俄国和法国的利益更重要，而且在对付像日本人这样的军国主义民族时语言将不会起更有效的作用，除非语言伴随着一旦需要就予以厉行的明确决心。但美国既不准备也不应该准备在这个时候对日本使用武力。③ 因此在 4 月 24 日美国务院远东司长霍恩贝克(另译为亨培克)在同英国大使的会见中，尽管认为日本的政策是“极离奇的”，而且是“其他政府不可能勉强同意的事情”，但他还是

---

① *Documents on the British Foreign Policy, 1919—1939* , DBFP, Ser. 2. Vol. 20, London, HMSO, 1984, p. 210.

② Ibid.

③ Dorothy Borg, *The United States and the Far East Crisis of 1933—1938* , Cambridge: Harvard University Press, 1964, p. 79.

相当清楚地说明美国政府不会带头向其他国家建议采取任何行动，实际拒绝了英国的建议。

英国本来就不打算为此事而引起英日关系的进一步恶化，现在又得知美国的不积极态度，内阁遂于4月25日做出决定，关于天羽声明问题，除了日本以外不再与任何其他国家交换意见，并指示商业大臣尽可能本着诚恳的、友好的和有帮助的精神与日本谈判英日贸易问题。① 当天西蒙打电报给林德利，说明目前英国也不赞成与美国联合抗议，要他采取单独行动。② 25日林德利走访日本外相并提交了英国政府的声明。26日美国大使格鲁也向日本提交了声明。

英美对"天羽声明"迟迟不做正式表态使日本心中有了底，因此当26日广田回答英美大使的询问时，他首先说明4月20日天羽第二次声明大体上说明了帝国政府的立场，而后口气强硬地宣称："日本不仅从未侵犯过中国的独立性和利益，而且也没有加以侵犯的意图"，"日本没有侵犯第三国在中国的任何权益的意向"，"但是日本对于采取任何形式违反维持东亚和平及秩序的行动不能置之不理"。③ 对日本这种公然否定侵占中国东北是侵犯中国独立主权和利益的行动，英国政府不仅未予驳斥，反而给以默认。为了安抚日本人，西蒙甚至在4月27日就把他要在4月30日在下院做关于"天羽声明"的第二次声明的内容提前告诉了日本人。④ 4月30日，西蒙在下院做了关于"天

---

① *Documents on the British Foreign Policy, 1919—1939*, DBFP, Ser. 2. Vol. 20, London, HMSO, 1984, p. 218.

② Ibid.

③ 参见日本外務省编纂：《日本外交年表竝主要文書》下卷，285～286页，東京，原書房，1978。

④ *Documents on the British Foreign Policy, 1919—1939*, DBFP, Ser. 2. Vol. 20, London, HMSO, 1984, p. 224.

羽声明”的第二次声明，竟然对广田的回答表示满意。他说明日本已经表明他们遵守九国公约的态度，这与英王陛下政府的看法一致，并认为天羽声明并不打算对公约的规定表示异议，日本政府还重申他们承认在中国的“门户开放”政策，① 因此他声明英国政府目前打算让这个问题维持现状。② 日本对西蒙的声明感到满意。5月7日，外务次官重光葵对英国驻东京临时代办多德说，他对西蒙提前告诉他声明的要点深表感谢，并对西蒙关于整个声明的处理方式也深表感谢。③ 英国对“天羽声明”的软弱态度，实际起到了鼓励日本进一步侵略的作用，正如多德所说：“问题的核心是如果日本政府认为他们的在华利益受到威胁，他们是否可以在不违反他们的条约义务的情况下自由采取他们选择的措施去保卫他们的在华利益，甚至可以无视九国公约的其他签字国。”④日本达到了这个目的。

然而，“天羽声明”对英国来说只是在力图与日本达成和解的过程中出现的一个插曲，尽管这个声明对那些主张英日互不侵犯条约的人来说是一个打击，但是他们并未猛醒，相反却希望用更妥协的政策换取日本的“友谊”。

英国“政治绥靖”日本政策的形成

“天羽声明”后，张伯伦等人暂时受挫，内阁对国防需要委员会的

---

① *Documents on the British Foreign Policy, 1919—1939*, DBFP, Ser. 2. Vol. 20, London, HMSO, 1984, p. 224.

② Ann Trotter, *Britain and East Asia 1933—1937*, Cambridge: Cambridge University Press, 1975, p. 81.

③ *Documents on the British Foreign Policy, 1919—1939*, DBFP, Ser. 2. Vol. 20, London, HMSO, 1984, p. 238.

④ Ibid, p. 243.

报告的讨论便集中于是否批准该委员会提出的为弥补不足的5年(1934—1939)军费预算问题上。财政大臣张伯伦在1934年6月20日的一份备忘录中认为建议的数字太大，这可能使政府的整个财政计划遭到失败。他还认为英国人民的真正忧虑集中于欧洲，而非集中于远东。真正的威胁在于空中，一支强大的空军将能保卫本土并控制低地国家，因此陆军应该等待。① 既然发展空军抵御德国成为优先需要，“我们肯定受不了同时重建我们的战斗舰队”，② 所以当我们必须“继续完成新加坡和它的基本工事的时候，我们必须考虑它目前作为潜艇和轻型舰只基地的作用，而且必须把向新加坡派出一支在战斗中能遏制日本舰队或在战斗中与之对抗的主力舰队的想法放在次要地位。”③结论是海军也要削减。因此尽管海军大臣抱怨以潜水艇和轻型舰只守卫新加坡基地等于“有剑鞘而没有剑”，④ 但张伯伦不顾这种反对，仍然坚持把要求的“7600万英镑预算减少到5000万英镑(不包括造舰经费)。”⑤到7月底，内阁的成员们逐渐取得了一致意见，支持张伯伦削减军备预算。麦克唐纳首相提醒国防需要委员会“记住国民政府致力于在他们的下次预算中恢复削减的工资(1931年强行实行的)，并

---

① Stephen E. Pelz, *Race to Pearl Harbor: the failure of the Second London Naval Conference and the onset of World War Ⅱ*, Cambridge: Harvard University Press, 1974, pp. 108～109.

② Keith Feiling, *The Life of Neville Chamberlain*, London: Macmillan, 1946, p. 258.

③ Paul Haggie, *Britannia at Bay, The Defence of the British Empire against Japan 1931—1941*, Oxford: Clarendon Press, 1981, p. 57.

④ Ibid, p. 58.

⑤ Keith Feiling, *The Life of Neville Chamberlain*, London: Macmillan, 1964, p. 258.

进一步削减所得税。”另外国民政府正面临将在 1935 年或 1936 年举行的选举，而且在补选中已表明形势对他们极为不利。因此 7 月 31 日内阁批准了经过严格修改的报告，它把空军经费增加了一倍，陆军经费减少了一半，而海军的命运更糟，一切都需等到即将召开的海军会谈之后决定。最后的报告再次强调：“在远东我们应该继续我们的努力以确保同日本的永久友谊。”①内阁的注意力再次转到了英日互不侵犯条约的问题。

由于“天羽声明”的发表，英国内阁对英日互不侵犯条约的讨论暂时中断，英国也没有向日本提出这一建议。但 1934 年的整个夏天，张伯伦一直在不断考虑英日互不侵犯条约问题。甚至对张伯伦削减预算感到不满的第一海务大臣查特菲尔德也从维持现状出发希望与日本改善关系，他在 6 月 4 日给费希尔的信中写道：“我们处在不想与任何人争吵的不寻常地位，因为我们已经获得了这个世界的大部分，或这个世界的最好部分，我们只希望保持我们已经获得的部分，并阻止其他人从我们手中夺走它们。”②因此内阁为即将举行的海军会议制定的基本方针是：在取得日本的某些补偿时可以同意日本比例的增加。③

---

① Great Britain: *Cabinet Office Record*, *Cabinet Minutes* (*Conclusions*), *Microfilm*, *CAB23/79*, p. 372. 藏于华东师范大学图书馆，首都师范大学世界史资料中心。

② Lawrance R. Pratt, *East of Malta*, *West of Suez*, *Britain's Mediterranean Crisis*, *1936—1939*, London, New York: Cambridge University Press, 1975, p. 3.

③ Stephen E. Pelz, *Race to Pearl Harbor*: *the failure of the Second London Naval Conference and the onset of World War* Ⅱ, Cambridge: Harvard University Press, 1974, pp. 116, 119.

同年5月英国向日、美提出了在伦敦召开海军预备会议的建议，日本同意出席。但是日本早已决心要与英美的海军力量对等，海军方面甚至不惜冒与裁军会议决裂的风险。为了达到这个目的，冈田启介内阁在7月20日制定的内阁十大政纲中强调国防要根据国际形势的发展并适应时代的要求而加以充实，并规定了日本参加即将召开的伦敦会议的根本方针是“确保国防安全为第一重要”，① 实际确认了海军要求与英美对等的主张。广田外相也配合海军力图通过外交手段使英美对日本的要求让步，遂于7月3日主动向英国提出日本打算与英美签订互不侵犯条约。② 听到这个消息后，英国喜出望外，参加预备会谈的英国代表罗伯特·克莱琪说，如果“一个互不侵犯条约有助于日本减少它的比例要求，为什么不接受这个建议呢?”③西蒙写道：“至于互不侵犯条约，为什么不呢？我们应该为整个帝国来订约(或者各自治领应单独签约)。什么是日本希望的回报呢？是等于承认满洲国的某种东西吗？……我将愿意看到一个英日互不侵犯条约的想法以书面形式落实下来。”他还认为这个条约“可能成为反对日本海军自由发展的宝贵的缓冲器”。④ 张伯伦的态度最为积极，他刚刚用重整军备不得妨碍经济复兴的大刀把弥补不足的预算砍掉约1/3，现在又重弹由于没有能力与日本对抗而需要日本“友谊”的老调，而且比过去的调门更高。8月27日，他在一封家信中写道：“我本人相信我们正好有

---

① 日本国際政治学会太平洋戦争原因研究部编：《太平洋戦争への道》，第1卷，157页，東京，朝日新闻社，1963。

② DBFP, Ser. 2, Vol. 13, pp. 15～16. 在此之前，日本已对美国提出了这一要求，但为美国拒绝。参见 DBFP Ser. 2, Vol. 21, pp. 259～260.

③ Ann Trotter, *Britain and East Asia 1933—1937*, Cambridge: Cambridge University Press, 1976, p. 97.

④ *Documents on the British Foreign Policy, 1919—1939*, DBFP, Ser. 2. Vol. 13, London, HMSO, 1973, p. 16.

一个极好的机会去取得一大成功，而且我非常希望不要错过这个机会。”[①]9 月 1 日他给西蒙写了一封信，并让西蒙第一个阅读他将提交给内阁的一份《关于海军会议和与日本关系》的备忘录，其中他再次强调了主张签订英日互不侵犯条约的理由：由于在今后 2～10 年中对英国的威胁来自德国，所以当英国与德国发生冲突时，“如果我们不得不在远东同一个敌对而不是友好的日本进行这样一场争斗，如果我们不得不考虑分散我们的力量，以便在从事欧洲战争的同时保卫我们在远东的利益，那么不仅印度、香港和澳大利亚将处于严重的危机之中，而且我们自己也将处于被全副武装的和有组织的德国毁灭的更大得多的危险之中”。[②] 他主张为了保卫英国和帝国的安全而又不破坏财政资源，至关重要的是不能使英国在几年时间内同时面对一个敌对的德国和一个不友好的日本，而应排除这两个危险中的一个。一切证据表明，“同日本达成协定是比同德国达成协定更容易和更简单的。”他建议同日本订立 10 年的互不侵犯条约。[③] 为了获得日本同意，他第一次提出可以在“满洲国”问题上对日本让步的想法，尽管他承认日本在满洲国的行动不受欢迎，但又争辩说，就满洲国事件而言，除了它有损国联的名誉以外，至今并没有伤害英国，而且只要门户继续开放，实际上是可能有利于英国的出口商的。他鼓励西蒙采取行动，在他的任期内建立西蒙—广田条约的“特殊功勋”。[④]

9 月 25 日，内阁讨论英日互不侵犯条约问题，西蒙便表示，如果

---

① *Documents on the British Foreign Policy，1919—1939*，DBFP，Ser. 2. Vol. 20，London，HMSO，1984，p. 292.

② *Documents on the British Foreign Policy，1919—1939*，DBFP，Ser. 2. Vol. 13，London，HMSO，1973，p. 26.

③ Ibid，pp. 27、30.

④ Ibid，pp. 24、26.

不向日本进一步询问有关这一条约的问题，将是极大的错误。张伯伦则提出，由于日本的这个建议无论是对大不列颠未来的整个政策还是对自治领都是如此重要，因此在内阁达成任何最后决议以前，应当对这个问题做一番详细审查，他主动要求与西蒙写一个关于这个问题的联合备忘录。① 当天，西蒙就指示英国大使克莱夫与广田进行有关英日互不侵犯条约的非正式讨论，② 以后便与张伯伦一道考虑他们的联合备忘录。

尽管张伯伦和西蒙积极主张借日本提出与英美签订互不侵犯条约建议的机会与日本达成妥协，但到 1934 年 9 月广田对他自己曾经提出的这个建议已不积极。其原因是在这两个月中，由于海军强烈主张废除华盛顿海军条约并得到陆军和右翼团体以及政党的支持，日本内阁已于 9 月 7 日决定单方面废除华盛顿海军条约。③ 当天元老西圆寺公望询问广田外相，如果西方国家同意日本代表团提出的每一个要求，日本是否还打算停止现存的海军条约时，广田回答说，“我们必须废除它们而不管其他国家多么同意我们的意见。”④这就意味着日本决心不受限制地发展海军而不是仅要求与英美对等，这也就必然导致

---

① *Documents on the British Foreign Policy，1919—1939*，DBFP，Ser. 2. Vol. 20，London，HMSO，1984，pp. 291～293.

② *Documents on the British Foreign Policy，1919—1939*，DBFP，Ser. 2. Vol. 13，London，HMSO，1973，p. 42.

③ ［日］信夫清三郎：《日本外交史》下册，天津社会科学院日本问题研究所译，608 页，北京，商务印书馆，1980。

④ James B. Crowley，*Japan's Quest for Autonomy，National Security and Foreign Policy 1930—1938*，Princeton：Princeton University Press，1966，p. 199.

海军会议的失败，日本对此早已有所准备。① 在这种情况下，广田最初提出与英美订立互不侵犯条约的目的已不存在。因此当克莱夫在 9 月 23 日与广田会谈中询问他对所提出的互不侵犯条约的建议有什么明确想法时，广田不做正面回答，只是反复说明日本希望与英国达成某种形式的谅解，克莱夫得出的印象是“我甚至不相信他(对此)有明确的想法。”②当 10 月 8 日西蒙会见日本大使时，也发现东京并未就此事作出进一步的指示。③

但张伯伦和西蒙仍一厢情愿地希望事情有所进展。10 月 16 日他们两人提出了一份《关于英日关系前途》的联合备忘录，正是在这份备忘录中，他们第一次明确提出了在远东“政治绥靖”日本的政策。他们认为，英国“毫无疑问地会从与日本的有保证的友谊中获得巨大利益”，④ 而获得这些利益的方法是对“满洲国”的事实上的承认。尽管他们不得不承认满洲国的历史很少表明日本在长城以外的中国四个省份遵守了有关中国条约的规定，但声称“这主要是过去的历史，对中国和我们来说重要的事情是日本的侵略和渗透不得越过长城并侵犯和独占中国本部。”他们还认为，“如果日本准备做出新的特殊保证确保中国本部的完整”，并且“在一个由日本和我们自己双方签订的文件中包括一个明确要求停止日本向中国渗透的协定”，那“将对中国和英日

---

① 9 月 28 日，广田对克莱夫说，日本政府非常希望即使海军会议失败，也不致破坏日本同英国的友好关系。当克莱夫问广田是否预见到海军会议将失败时，广田笑而不答。参见 DBFP，Ser. 2，Vol. 13，p. 43.

② *Documents on the British Foreign Policy，1919—1939*，DBFP，Ser. 2. Vol. 13，London，HMSO，1973，p. 44.

③ Ibid，pp. 52～53.

④ Ibid，p. 61.

贸易有最大的实际价值，并将对远东的和平做出重大贡献”。① 然而作者也知道用不承认满洲国和不放弃迄今为止国联对这个问题采取的路线是很难得到这种保证的。② 但是他们从完全利己的目的出发，甘冒违反自己条约义务的风险，坚持用允许日本在中国东北为所欲为的妥协办法保住自己在长江流域的巨大权益。同时为了阻止日本的无休止造舰计划，作者打算“用谈判互不侵犯条约作为一个杠杆去减少日本的海军计划”，并断言“在这个能采用政治绥靖的方案中日本的海军要求就有可能减少。”③当天内阁决定，关于英日互不侵犯条约问题应推迟到英日海军会谈取得进展后再行考虑。④ 10 月 23 日，英美日开始了海军预备会谈，由于日本已拿定主意废除华盛顿海军条约，故日本代表山本五十六态度强硬。在这种情况下，英国内阁于 10 月 25 日重申了上述决定。⑤

这份联合备忘录标志着英国绥靖日本的外交政策已初步形成。20 世纪 30 年代，当英国面对东西方的敌人时，虽然自觉软弱，但又把保住资产阶级经济利益放在第一位而不肯花更多的钱去重整军备，因此便企图通过对日本的绥靖外交弥补远东防御的虚弱状态，达到保卫英国远东利益的目的。尽管英日互不侵犯条约的建议由于日本于 1934

① *Documents on the British Foreign Policy, 1919—1939*, DBFP, Ser. 2. Vol. 13, London, HMSO, 1973, p. 63.

② Ibid.

③ Ibid, p. 65.

④ Great Britain: *Cabinet Office Record*, *Cabinet Minutes* (*Conclusions*), Microfilm, CAB23/80, p. 89. 藏于华东师范大学图书馆，首都师范大学世界史资料中心。

⑤ *Documents on the British Foreign Policy, 1919—1939*, DBFP, Ser. 2. Vol. 20, London, HMSO, 1984, pp. 291～293.

年12月29日单方面宣布废除华盛顿海军条约和1936年1月16日宣布退出伦敦裁军会议而未能实现，但是英国“政治绥靖”日本的政策方向已经确定。以后英国仍不断寻找机会试图以出卖中国利益换取同日本达成妥协。1936年7月～1937年7月英日之间进行的长达一年的谈判便是这种政策的体现。关于这个问题，本文作者将另撰专文论述。

1936～1937 年英日谈判中的对华关系问题*

1934 年英国曾企图与日本签订一个互不侵犯条约，后因日本于同年 12 月单方面废除华盛顿海军条约和 1936 年 1 月退出伦敦裁军会议而未能实现，① 但英国并未因此放弃其牺牲中国利益以绥靖日本的政策。1936～1937 年英日之间又进行了长达一年的谈判，本文试图对这次谈判中的对华关系方面做一说明，以就教于读者。

英国重整军备的状况和对日绥靖外交的再次提出

1935 年是国际形势严重恶化的一年。希特勒于 3 月 16 日宣布废除《凡尔赛和约》中关于解除德国武装的条款，重新实行征兵制，使西方国家感到震惊。尽管英、法、意三

* 原载《世界历史》，1991(2)。

① 参见拙作《试析 1934 年英国“政治绥靖”日本政策的提出》，载《世界历史》1990(2)，35～45 页。已收在本书中。

国于 4 月组成了对付德国的斯特莱沙阵线，但即使这个徒有虚名的“阵线”，也在两个月以后因英国与德国单独订立的海军协定而被破坏了。英德海军协定为德国重建海军开了绿灯，而德国海军的增强就意味着英国舰队的大部分将留在国内水域而不能顾及远东的形势。10 月，意大利大举进犯阿比西尼亚（今埃塞俄比亚），使地中海的局势骤然紧张，并直接影响了英国通往远东的海上交通要道的安全。在中国，日本大搞华北自治运动，并在中国的币制改革问题上采取与英国不合作的政策，使英国更加感到日本的威胁。在国际形势日益恶化的情况下，英国不得不重新审查它的重整军备状况。

1935 年春，三军参谋长在国家与帝国防御年度检查报告中强调，由于不断的条约限制和经济需要，已经大大减少了皇家海军的相对力量，使国家安全到了严重危险的程度。① 鉴于国际形势的恶化和重整军备的不力状况，7 月 24 日国防需要委员会提出了它的第二个报告，即“中间报告”，其主要内容有两点：第一，委员会估计了德国重整军备的速度，并认为到 1939 年 1 月 1 日英国的安全将不复存在，因此英国必须在此之前做好战争准备。第二，只有在政府放宽财政限制，并以贷款和收入为国防费用提供资金的情况下才能做好充分准备。② 由于意大利侵犯阿比西尼亚而造成的欧洲形势的紧张，该委员会于 11 月 21 日提出了它的第三个报告，即所谓重整军备的“理想方案”，它不但要求大量增加对付德国的空军和陆军力量，而且提出了新的海军

① N. H. Gibbs, *Grand Strategy*, Vol. I: Rearmament Policy, London: HMSO, 1976, p. 376.

② M. Howard, *British Military Preparations for the Second World War*, in David Dilks ed., Retreat from Power, Studies in Britain's Foreign Policy of the Twentieth Century, Vol. 1: 1906—1939, London: Macmillan, 1981, p. 111.

力量标准，即“D. R. C. 标准”。它明确指出：“我们应当能够向远东派出一支足以提供‘掩护’以对抗日本舰队的舰队：在这样的掩护下我们还应有足够的补充力量去保卫我们的领土和商船免遭日本的进攻，同时我们应当而且能够在欧洲水域保持一支力量，它足以作为一种威慑力量而行动，并能阻止欧洲最强大的海军国家控制我们极重要的国内致命地区”。① 1936 年 2 月，内阁批准了这个报告，要求在今后五年内为国防预算再增加 4 亿英镑②。从此英国的重整军备才初具规模。海军也开始了使旧军舰现代化和替换过时军舰的计划。③

但是从重整军备一开始，政府的政策就是不得干扰正常的工商业活动，正如财政大臣张伯伦在 11 月的一封家信中所说：“我不相信〔战争〕即将来临。我相信通过小心谨慎的外交活动，我们可以避免战争，也许可以无限期地避免。但是如果我们现在听从温斯顿〔丘吉尔〕的建议并且牺牲我们的商业去制造武器，我们将给我们的贸易带来某些损害，从这种损害中恢复过来将需要几代人的时间。”④国防协调大臣英斯基普也对下院说明：“在当前的情况下，正确的做法是按我们现在的样子进行，并努力尽可能地满足这个国家的需要而不停止我国

① Great Britain: *Cabinet Memoranda*, *Microfilm*, CAB24/273, p. 270. 藏于华东师范大学图书馆，首都师范大学世界史资料中心。

② N. H. Gibbs, *Grand Strategy*, Vol. I, p. 275; M. Howard, British Military Preparations for the Second World War, p. 112，该页的数字是 39400 万英镑。

③ B. A. Lee, *Britain and Sino-Japanese War, 1937—1939*, *A Study in the Dilemmas of British Decline*, London, Stanford: Stanford University Press, 1973, p. 20.

④ G. C. Peden, *British Rearmament and the Treasury: 1932—1939*, Edinburgh: Scottish Academic Press, 1979, p. 66.

财政形势所依靠的出口贸易。"①这种政策一直继续到 1938 年 3 月，内阁才正式予以取消。② 因此英国重整军备的速度十分缓慢。

为了弥补国防力量的不足，英国政府企图以加强绥靖外交来维护国家的安全。1935 年 11 月 21 日国防需要委员会的第三个报告指出："我们认为我国和帝国安全的主要需要是：我们的外交政策应当运用得可以避免这样一种形势的可能发展，在这种形势中我们可能同时面临远东的日本，西方的德国和介于东西方之间交通要道上的任何国家的公开的或隐蔽的敌对行动。"报告在谈到日本时说："在我们过去的报告中我们已有力地强调了同这个国家和解与和睦相处的基本政策的重要性。近来的事件又加重了实行这种政策的可取之处，尽管实行起来可能是困难的。"③

1936 年 1 月 16 日，日本正式退出伦敦海军会议，决心在海军方面同英美公开竞争，使英国更加希望用改善英日关系的办法缓和竞争。就在日本退出会议的第二天，陆军大臣达夫·库帕写了一份"关于英日友好关系的重要性"的备忘录，强调说明：从战略上看，"欧洲和地中海的危险、海军会议的结果以及保卫在华利益"的需要，是提出"保持与日本友好关系的最重要的原因"。他认为："由于日本通过和平渗透而不放一枪的方法，使我们面临逐渐失去我们在远东的整个贸易地位的前景。然而，同日本的政治协定似乎仍然能提供一个保住

① N. H. Gibbs, *Grand Strategy*, Vol. I: Rearmament Policy, London: HMSO, 1976, p. 302.

② Ibid, p. 315.

③ Great Britain: *Cabinet Office Record*, *Cabinet Minutes* (*Conclusions*), *Microfilm*, *CAB*24/259, p. 53. 藏于华东师范大学图书馆，首都师范大学世界史资料中心。

我们的大部分地位的机会，并且也是用和平手段，但愿我们能够抓住这个机会就好了。”尽管他承认存在许多困难，例如“承认满洲国和可能承认日本在华北的权利”，但是鉴于英国“在远东军事上的极其虚弱”，仍应尽一切努力去克服这些政治上的困难，而与日本达成妥协。①

1936 年 3 月希特勒宣布废除洛迦诺公约并重新占领莱茵兰，5 月意大利吞并了阿比西尼亚，而日本自“二·二六事件”以后军部势力更为膨胀，因此英国更加担心同时面临三个敌人，希望与日本改善关系的要求更为迫切。6 月 8 日国防需要委员会主席汉基在“关于外交政策与帝国方针”的备忘录中写道：“我们必须不惜一切代价避免同时与德国、日本和意大利敌对，必须永远记住我们同三国之中的任何一国处于敌对状态时，其他两国就很容易寻找机会去实现它们的野心。”②为此，英国必须寻找机会继续安抚日本。当 1936 年 7 月日本首先向英国提出谈判的建议时，英国便立即予以响应。

英日谈判的第一阶段

从 1936 年 7 月到 1937 年 7 月初，英日之间断断续续地进行了将近一年的谈判，这次谈判是由日本主动提出的，是日本侵略政策进一步发展的产物。

“二·二六事件”之后，日本的军部势力终于达到了决定国家政策的程度，最突出的表现是日本政府在决定对内对外政策方面要以军部

---

① Great Britain: *Cabinet Office Record*, *Cabinet Minutes* (*Conclusions*), *Microfilm*, *CAB24/259*, p. 54. 藏于华东师范大学图书馆，首都师范大学世界史资料中心。

② Paul Haggie, *Britannia at Bay*, *The Defence of the British Empire against Japan 1931—1941* , Oxford: Clarendon Press, 1981, p. 101.

的国防方针为依据。1936 年 4 月海军部制定了《国策要纲》，主张“确保帝国在大陆地位的同时，向南方发展”的方针，明确提出要“利用欧洲的微妙政局和英国殖民地的政情，乘英国在东亚的权益变化之机尽力扩张我国势力，并加强对英国领地的经济、文化联系，努力牵制其对日政策”，即所谓的“北守南进论”，① 最终以美国为敌。而陆军则仍然坚持“北进”方针，但这种“北进论”并非单纯北进，而是要在苏联屈服之后再“驱逐英国在东亚的势力”。② 因此从根本上说，陆海军的目标并无根本不同。8 月 7 日广田弘毅内阁在五相会议上通过的《国策基准》，确立了“外交与国防互相配合，在确保帝国在东亚大陆地位之同时，向南方海洋发展”的侵略方针，囊括了海军的南进论和陆军的北进论。③ 在当天的四相会议上，又决定了实现这一方针而应该采取的《帝国外交政策》，指出为达到《国策基准》的目的，目前日本对中国的政策应当“重点在于首先使华北迅速成为防共、亲日满的特殊地区”，以巩固在华北地位，对英国则承认“英国在利害关系上与帝国有矛盾的地方并不在少，但鉴于在东亚方面英国是欧美列强中占有最大权益的国家，并且欧美各国的趋向大部分视英国的态度而定”，所以“目前帝国姑且采取这种态度，即主动积极地增进与英国的亲善关系”，“应当采取适当措施使英国尊重帝国在华的特殊而重要的利害关系。”④日本为了首先确立自己在中国的独占地位，并使之得到英国的承认，便主动提出了与英国谈判的要求。

---

① ［日］岛田俊彦、稲葉正夫解说：《现代史资料(8)日中戦争(一)》，354～355 页，東京，みぢぢ書房，1964。

② 同上书，357 页。

③ 参见日本外務省编纂：《日本外交年表竝主要文書》下卷，344 页，東京，原書房，1978。

④ 同上书，346 页。

但英国也不是被动的。还在 1936 年春天英国就向日本表示了作为日本同意保留英国在华利益的交换条件。4 月 17 日，日本驻天津总领事川越茂曾致电有田八郎外相，向他汇报了与英国驻华大使卡多根的谈话。卡多根表示，英国在华北的政策“宗言”是“保持我们现在所拥有的东西”，上海和长江流域是英国权益的重点，如果不与此相违，则对其他方面权益的放弃并不反对，希望日本务必了解此意。① 日本既得知了英国的意图，便指示驻英大使吉田茂向英国提出谈判建议。

7 月 17 日，吉田大使向英外交大臣艾登建议，作为英日在华合作的基础是，英国负责管理中国的水利灌溉和防治洪水，而日本负责中国的法律和秩序。② 这种如此轻视英国的建议自然被艾登拒绝了。7 月 31 日吉田得到日本政府的指示再次向艾登提出此项建议，又一次碰了钉子。③ 但吉田并不灰心，他认为“日英提携作为实际问题似乎处于非常困难的境地……但由于有保守党的日英亲善的主张，所以也许这次可以成功。”④8 月 7 日他在给其岳父牧野伸显的信中说，他会见了老朋友张伯伦和霍尔，对方主张日英友好，他们对他说明“废除日英同盟是英国外交的一大失败”，“若不在保守党内阁时期恢复日英

① 《日本外務省档案》(昭和期)，缩微胶卷，S1200—1，180 页。

② S. O. Agbi, *The Foreign Office and Yoshida's Bid for Rapprochement with Britain in 1936—1937, A Critical Reconsideration of the Anglo-Japanese Conversation*, The Historical Journal, 21, I, (1978), pp. 173～179.

③ S. L. Endicott, *Diplomacy and Enterprise: British China Policy 1933—1937*, Manchester: Manchester University Press, 1975, p. 146

④ ［日］原田熊雄：《西園寺公と政局》，第 5 卷，119 页，東京，岩波書店，1950。

邦交，那就没有时间了。”①他决定越过外交部直接向张伯伦等人提出要求。根据外务省的指示精神，他向张伯伦提出了他个人拟定的关于《日英协定》的十点提示的备忘录，② 张伯伦在 10 月 26 日把这份备忘录交给了外交部，并希望外交部接受这些建议。这份备忘录的内容涉及两国对华政策、世界贸易与市场分配、海军及对苏关系等问题。在对华关系方面的主要内容有：两国完全尊重长江以南的中国领土主权，完全支持在中国的“门户开放”原则、尊重签有条约的港口的中国海关主权；承认并尊重外国在华利益，希望双方就向中国提供必要的财政援助和政治支持的可能性进行坦率协商，同中国政府签订的协议有必要包括有助于抑制共产主义扩张的问题；希望南京政府同日本政府就日本提供长期信贷问题达成协定；希望中央政府雇用适当数量的日本尉级以上军官作顾问等等。总之，日本的要求说到底就是不但要永远占有“满洲国”并要求英国给以承认，而且要在政治、军事、经济上控制中国，并由英国给以帮助。

外交部对这份备忘录进行了广泛讨论。鉴于刚刚于 10 月发生了在台湾的英国水兵被日本警察拘留并殴打的基隆事件，③ 英日关系进一步恶化，因此外交部反对这些建议。远东司长奥德认为：一旦日本达到了它的目的，就不要指望它去尊重英国的利益，而且同日本的合

---

① ［日］猪木正道：《吉田茂传》下册，吴杰译，262 页，上海译文出版社，1984。

② 十点提示的具体内容，参见 *Documents on the British Foreign Policy, 1919—1939*，DBFP，Ser. 2. Vol. 21，London，HMSO，1984，pp. 4～8；［日］猪木正道：《吉田茂传》下册，吴杰译，263～266 页，上海，上海译文出版社，1984。

③ 1936 年 10 月英国海军“梅德韦”号访问台湾，三个英国水兵由于争执出租车费而被警察拘留并殴打，前去营救水兵的官员也遭侮辱。

作可能引起俄国的对抗，削弱俄国作为一个牵制德国的力量而行动，从而增加德国的力量。① 远东司官员普拉特则警告说，英国不能承认日本迫使中国从日本购买武器、只从日本人中雇佣军事顾问的任何权利，并强调吉田的目的是使中国成为日本的属国。② 但是驻日大使克莱夫同意与日本妥协，他认为答应日本的要求会得到下述回报："日本可能准备同我们签订一个太平洋的海军协定去全面保证我国在华既得利益的安全，甚至承认英国在华南利益的某种优势。"③克莱夫的想法同张伯伦等人的主张是一致的。

就在外交部和财政部对这份备忘录进行讨论的过程中，11 月 25 日德国和日本签订了《反共产国际协定》。日本签订这个协定的目的不仅是针对苏联的，也是针对英国的。正像昭和研究会的委员们所说："这次的日德协定显然是英国外交的大失败"。④ 在此以后他们还建议日本在中国的对英政策应该是"把在华北英国拥有的利权逐步收到日本手中，在长江乃至上海的中心地区进行纯经济的竞争"等等。⑤ 对日本的意图，英国自然明白，它担心日本"在一种特别微妙和危险的阶段介入欧洲事务的轨道，并且在一定条件下增加德国和日本将立即

① Ann Trotter, *Britain and East Asia 1933—1937* , Cambridge: Cambridge University Press, 1976, p. 193.

② S. O. Agbi, The Foreign Office and Yoshida's Bid for Rapprochement with Britain in 1936—1937, A Critical Reconsideration of the Anglo-Japanese Conversation, The Historical Journal, 21, I, (1978), pp. 173－179.

③ *Documents on the British Foreign Policy, 1919—1939* , DBFP, Ser. 2. Vol. 21, London, HMSO, 1984. p. 10.

④ [日]木户日记研究会:《木户幸一关係文書》, 221 页，東京，東京大学出版社，1978。昭和研究会是日本首相近卫文麿控制下的一个智囊团。

⑤ 同上书，228 页。

联合行动的可能性。”[①]因此外交部更不能同意财政部关于它们应当接受吉田备忘录的建议了。

但是即使在这种情况下，要求与日本进行政治、经济、军事合作的声音仍然存在。12 月在一份半官方的日本刊物《当代日本》上发表了一篇论文，作者声称他在 8 月份看到了一份确实由海军大臣塞缪尔·霍尔制订的关于英日合作的广泛计划。这份计划设想英日之间进行政治、经济和军事方面的合作。日本承认中国的领土完整，同意接受门户开放原则，并允诺不侵犯英国在华权益。作为回报，英国将承认“满洲国”以及日本在华北的既得权益。还将重开英日贸易谈判并降低关税，使更多的日本货物进入英帝国的市场。日本方面则加入英、美、法三国于 1936 年缔结的海军条约。这份计划的对日妥协态度十分明显，但是无论是英国新闻界还是议会都没有否定这个建议已由海军大臣提出这一事实。[②] 因此外交部为回答吉田的备忘录颇费周折，它与有关各部、司进行了广泛商议之后才提出了一份备忘录作为对吉田的回答。这份备忘录在经过张伯伦和政府首席财政顾问李滋-罗斯的修改后，于 1937 年 1 月 18 日由艾登交给了吉田。它也有十点内容，在有关中国的问题上只是泛泛地提到了英国希望日本重申中国的领土完整原则、门户开放原则和中国海关主权，保证在修改现有的关于中国的条约之前与日本进行协商，重申英国愿在恢复中国秩序和开发资源方面与其他国家在财政方面进行合作，并希望“所有的国家在

---

① B. A. Lee, *Britain and Sino-Japanese War, 1937—1939* , A Study in the Dilemmas of British Decline, London, Stanford: Stanford University Press, 1973, p. 12.

② Freda Utley, *Japan's Gamble in China*, London: Secker & Warburg, 1938, pp. 192～193.

面临偶然失望时实行巨大的忍让与克制”等等。艾登并向吉田表示：“我们诚挚地希望能够促进我们双方的会谈”。① 英国政府的态度和舆论倾向使日本政府十分乐观，1月22日广田对元老西圆寺公望的秘书原田熊雄说到英国的回答，并认为“照此发展下去，看来整个形势有很大好转”。② 但是由于日本国内的严重政治危机，广田在第二天就下了台，会谈也随之进入了第二阶段。

英日谈判的第二阶段

1937年春，由于日本国内的政治危机，使英日谈判暂时处于“间歇”状态，但双方并未就谈判一事停止接触。相反，出于不同的目的，双方都希望继续进行关于缔结一个“政治协定”的会谈。

日本在广田内阁辞职后，由于军部的反对，宇垣一成的组阁也告失败，代之而起的是林铣十郎组成的内阁。这是一个完全由军部占主导地位的内阁，其法西斯化特征更加鲜明。但是就在日本国内处于政治危机之时，中国却发生了具有历史意义的变化。1936年12月爆发的“西安事变”就是这种变化的标志。日本原以为这是有利于日本扩大侵略的中国内乱，然而由于中国共产党的正确引导，事变得以和平解决。在1937年2月15日召开的国民党五届三中全会上，国民党的对内对外政策都有了重要改变。对内方面，确定了“和平统一”的方针，对日方面，表示如果让步“超过忍耐之限度”，只有“出于抗战”。中国共产党倡导的抗日民族统一战线正在逐步形成。面对中国的这种发展

① 这份备忘录的全文见 *Documents on the British Foreign Policy, 1919—1939*, DBFP, Ser. 2. Vol. 21, London, HMSO, 1984, pp. 61～62.

② ［日］猪木正道：《吉田茂传》下册，吴杰译，277页，上海，上海译文出版社，1984。

动向，日本统治集团一方面担心中国亲日派的处境将更加不稳，抗日势力得到增强，于日本扩大侵略不利，另一方面担心英国利用这种形势加强在华势力，从而对日本采取强硬态度。因此他们不得不重新研究对华政策，在策略上进行一些改变。3 月 3 日佐藤尚武就任外相时提出的四点要求，就是这种改变的一种反映：1. 日本极力避免与任何国家发生战争，这对于退出国联后的日本极为重要；2. 要与中国在平等立场上进行和平交涉，调整国交，使两国利害冲突得以缓和；3. 避免与苏联发生武装冲突，维持和平关系；4. 调整对英国外交。① 为贯彻四点精神，4 月 16 日四相会议决定了《对中国实施的策略》，规定“对华北措施的重点在于使该地区实质上成为防共亲日满的地带，同时有利于获得国防资源和扩充交通设备。一方面借此防备赤化势力的威胁，一方面借此成为实现日满华三国合作互助的基础。……对地方政权采取措施的主要目的，在于设法和这些局部地区的政权取得实质性合作，以求扩大我方权益，同时由此酿成整个中国的总的亲日倾向。”② 尽管其中声称“主要依靠促进各项经济工作，不进行谋求华北分治”来达到上述目的，但实际上这个文件是在中国国内形势发生重大变化时，日本为破坏中国的抗日民族统一战线和达到占领华北的实际目的所准备采取的策略。

为了表示对华“亲善”，日本还派出了以日华贸易协会会长、正金银行总经理儿玉谦次为团长的经济访华团在 1937 年 3 月访问中国，并继续进行日本驻华大使川越茂和中国外长张群之间的关于“满洲”、

① ［日］臼井勝美：“佐藤外交と中日關係，1937 年 3 月—5 月”，見入江昭、有贺贞编：《戦間期の日本外交》，242 页，東京，東京大学出版会，1984。

② 日本外務省编纂：《日本外交年表竝主要文書》下卷，360～361 页，東京，原書房，1978。

上海及塘沽停战协定、华北非法政府以及今后避免摩擦等问题的会谈。但这些措施不过是日本侵华手法的一些改变。就在林铣内阁向中国表示“友好”的同时，内阁总预算中的直接军费所占的比例却由上届内阁的43%增加到49%。[①] 这就充分说明了日本根本没有改变扩大侵略的政策。

佐藤从巩固日本的侵略成果出发，主张继续进行对英交涉。4月30日他训令吉田大使，要求他向英国说明中国近来的对日政策，希望特别指出与英国交涉的必要性，[②] 表明了希望继续与英国谈判的意向。

日本的想法与英国的想法一拍即合。尽管英国在1月拒绝接受吉田提出的十点要求，但并未关上英日谈判的大门，到1937年春天，由于下述原因，英国也更加希望与日本谈判。首先，到1937年春天英国战略防御的优先次序发生了重大变化。由于欧洲形势的发展，远东已不再居于首位。1937年2月，三军参谋长为5月召开的帝国会议准备了一份关于国家和帝国防御的年度报告，这个报告对英国防御先后顺序的安排是：“保卫我们帝国通向全世界的交通线，保卫联合王国免遭德国侵略；保卫帝国在远东的利益免遭日本侵略；保卫在地中海和中东的利益；保卫印度免遭苏联侵略。”[③]英国的防御顺序现在变成了德国、日本、意大利和苏联。他们在这份文件中再次提到了外交

① ［日］远山茂树等：《昭和史》，吴文译，91页，生活·读书·新知三联书店，1958。

② ［日］臼井勝美：“佐藤外交と中日關係，1937年3月—5月”，見入江昭、有贺贞编：《戦間期の日本外交》，259页，東京，東京大学出版会，1984。

③ N. H. Gibbs, *Grand Strategy*, Vol. I: Rearmament Policy, London: HMSO, 1976, p. 410.

与帝国安全的关系，强调目前“帝国的两端正处于来自两个强大的军事国家—德国与日本的威胁之中，而在中心地区又失去了在地中海的传统安全”，因此“如果不能运用外交手段加以解决而使这种形势继续存在，那么只有极其强大的军事和财政力量才能保证帝国安全。”然而他们沮丧地指出：“这种军事和财政力量并不存在，而且绝不可能存在。”①他们设想了可以说成是“战略绥靖”的建议，希望把目前因保卫地中海和远东的义务而过分分散的资源集中起来对付德国，而强调同日本达成协定的重要性。②

英国希望与日本谈判的第二个原因是对中国自“西安事变”以后发生的重大变化感到不安。出于维护在华利益的自私心理，英国始终不愿意中国认真抵抗日本，担心这种行动可能对英国的利益带来灾难性后果。因此无论是在 1936 年 10 月张群—川越会谈时，还是在 11 月日军开进绥远时，艾登都打电报要求南京政府节制，希望中国本着“友好与理智的精神”使所有争议问题迅速得到解决。③ “西安事变”之后，英国更加认为中国抗日力量的发展增加了英国对日讨价还价的困难，当时的外交部代理次长卡多根在 1937 年 3 月 16 日的一份备忘录中写道：“如果中国变得自高自大并对日本采取鲁莽的政策，这将是十分致命的。”他认为中国的唯一方针应当是“对日本的任何蛮横要求采取消极的……抵抗”，④ 唯恐中国的强硬态度破坏英日谈判。不仅

---

① Correll Barnett, *The Collapse of British Power*, London: Gloucester, 1972, pp. 439～440.

② Ibid, p. 444.

③ S. L. Endicott, *Diplomacy and Enterprise: British China Policy 1933—1937*, Manchester: Manchester University Press, 1975, p. 156.

④ Ibid, p. 160.

如此，英国还深怕中国要求英国援助，这将使他们更难与日本达成妥协。英国官员们认为，所有关于抵抗日本侵略的大胆谈论都是中国领导人为了“挥霍我们的财富”而制造的假象，所以他们竭尽全力“使我们毛骨悚然”。[①] 4 月 27 日艾登指示驻华大使许阁森，要他劝告中国呼应日本的新的对华政策。[②]

第三个原因是英国对日本国内变化的错误估计。首先英国认为日本不可能发动全面的中日战争。陆军部在 1936 年 11 月的“关于中日战争的可能进程的评价”中认为，在战略上日本在中国的目标是保卫“满洲国”的两侧免遭共产主义的渗透，在经济上它希望控制中国的原料资源，并把中国发展成为日本工业品的可靠市场，而且经济目的比战略目的更重要。如果日本被迫诉诸武力，这些经济目的就会遭到破坏。[③] 1936 年任驻华大使的纳奇布尔-许阁森也持同样的看法。他在 11 月 4 日给外交部的信中乐观地写道，日本人可能认为，“由于世界其他地区处于这种不安定的状态，他们在欧洲的形势明朗化以前，最好不把自己太紧地系在中国的冒险上。”[④]其次，英国乐观地认为日本要依靠英国的钱袋，所以希望与英国和解。李滋-罗斯在 1937 年 2 月 22 日的一份备忘录中认为日本缺少金钱，面临公众的不满，不可能计划“一场危险的大陆战争”。在这种情况下，日本“渴望同我们有更

---

① S. L. Endicott，*Diplomacy and Enterprise*：*British China Policy 1933—1937* ，Manchester：Manchester University Press，1975，p. 155.

② ［日］臼井勝美：“佐藤外交と中日關係，1937 年 3 月—5 月”，見入江昭、有贺贞编：《戦間期の日本外交》，259 页，東京，東京大学出版会，1984。

③ S. L. Endicott，*Diplomacy and Enterprise*：*British China Policy 1933—1937* ，Manchester：Manchester University Press，1975，pp. 151～152.

④ Hughe knatchbull-Hugessen，*Diplomat in Peace and War*，London：Murray，1949，p. 103.

好的关系”。他表示英国将提供日本缺少的资金，以便使中国“繁荣”，并因此有利于“日本感兴趣的计划”。张伯伦对这份备忘录很感兴趣，2 月 23 日他在这份备忘录上作的旁注写道，这是“一个非常有趣的文件，我愿意按照这些方针继续这个题目。”①

由于上述种种原因，英国甚至在日本内阁发生危机的时候，也向日本表示愿意以承认日本在华“特殊地位”为代价换取与日本的协定。3 月 3 日，《泰晤士报》发表社论，表示“英国完全准备承认日本在中国的‘特殊地位’的明显事实”，并表示在经济领域“日本将不缺少来自我国的同情和援助”。《星期日泰晤士报》也表示英国承认日本“在华北的特殊经济和战略利益”。② 吉田大使立即向佐藤报告了英国的亲日主张，他在 3 月 10 日的电报中说明：“英国显然对保护它在中国的权益以及对远东的前途予以极大的关注，但回顾目前欧洲政局，以我为敌，并不能稳操胜算。这是其对我国近年来的行动感到某些不快，但亲日主张仍经常出现在政治家特别是保守党领袖头脑中的缘故。”③所以他希望继续进行英日谈判。4 月 30 日吉田告诉艾登，日本政府将很快提出旨在使英日关系得到改善的建议。④ 从 6 月开始，英日谈判渡过了“间歇期”而进入第二阶段。

5 月初，英国政府同意外交部和吉田大使之间进行预备性会谈，

---

① S. L. Endicott, *Diplomacy and Enterprise*: *British China Policy 1933—1937* , Manchester: Manchester University Press, 1975, p. 163.

② Freda Utley, *Japan's Gamble in China* , London: Secker & Warburg, 1938, pp. 193～194.

③ ［日］猪木正道：《吉田茂传》下册，吴杰译，286 页，上海，上海译文出版社，1984。

④ *Documents on the British Foreign Policy, 1919—1939* , DBFP, Ser. 2. Vol. 21, London, HMSO, 1984, p. 112.

张伯伦十分支持谈判继续进行，认为这是他早就提倡的签订英日协定的好机会。他在5月的帝国会议上担忧地说："现在始终存在的危险是，欧洲的烦恼可能是日本在远东采取对我们不利措施的机会，而目前我们却完全不能抵抗这种行动"。因此他十分留恋昔日的英日同盟，认为这个同盟的结束"大大增加了我们的不安"，然后他问道："难道我们现在不能获得即使不是一个联盟，也是一个同日本的协定吗?"①张伯伦的态度使吉田很受鼓舞，他在5月给牧野的信中说："我的意见在英国，特别得到尼维尔·张伯伦一派的赞成与共鸣，会谈有了很大进展。现今就看我方的态度，英方一再催促我方提出方案。"②

在谈判过程中，英国政府为向日本表明谈判诚意，拒绝了来自各方面的要求缔结旨在联合对付侵略的太平洋条约的建议。这种建议最初来自中国。自1936年以来蒋介石就表示他正在考虑与俄国的联盟，并询问英国对其他国家联合缔结一个保持远东和平的共同协定的意见，1937年5月蒋再次提出这些建议。但是英国外交部的官员们不愿予以考虑。他们认为，为了英国的利益，"在俄国和日本的互不信任中存在着某些有利条件"，③ 这种敌对既能起到在欧洲阻止德国反对英国的作用，也将阻止日本转向南方。艾登写道："我倒希望改善英日关系从而使东京和柏林分手，而不愿俄日关系获得改善；俄日关系的改善，不能使东京和柏林分离，却能使东京和柏林在新的领域放手

① Correll Barnett, *The Collapse of British Power*, London: Gloucester, 1972, p. 445.

② [日]猪木正道：《吉田茂传》下册，吴杰译，280页，上海，上海译文出版社，1984。

③ S. L. Endicott, *Diplomacy and Enterprise: British China Policy 1933—1937*, Manchester: Manchester University Press, 1975, p. 164.

地反对我们。我们所要求的三角关系是我们自己、日本和中国这个三角关系，同时与美国经常接触。”①英国还拒绝了罗斯福总统于 4 月提出的关于缔结太平洋中立条约的建议，因为美国对此只打算负“道义责任”。② 而对澳大利亚总理莱昂斯于 5 月提出的缔结太平洋互不侵犯条约的建议，艾登认为这是莱昂斯为了即将到来的澳大利亚大选为自己捞取“政治资本”。③ 他强调，如果对维持现状做出任何保证，都将使英国“承担一种新的、明确的和极其沉重的义务”，而且经验说明，“美国几乎肯定不可能参加这样一个协定，但如果没有美国参加，这个计划将失去它的大部分价值。”④因此正像恩迪科特所说，“艾登不费力气地就把澳大利亚的建议连同其他关于太平洋公约的建议扫到地毯下面去了。”⑤

为了实现英日谈判，英国还拒绝了中国的贷款要求。1937 年 6 月参加英王乔治六世加冕典礼的中国代表团再次向英国提出了两千万英镑的贷款要求，张伯伦和艾登则以四国银行协定为理由，拒绝在没有日本参加的情况下借款，并且声明，万一中日交战，英国立即远避，中国不可空望帮助。⑥

---

① ［英］艾登：《艾登回忆录·面对独裁者》下卷，武雄等译，949 页，北京，商务印书馆，1977。

② S. L. Endicott, *Diplomacy and Enterprise: British China Policy 1933—1937*, Manchester: Manchester University Press, 1975, p. 164.

③ Ibid.

④ *Documents on the British Foreign Policy, 1919—1939*, DBFP, Ser. 2. Vol. 21, London, HMSO, 1984, p. 128.

⑤ S. L. Endicott, *Diplomacy and Enterprise: British China Policy 1933—1937*, Manchester: Manchester University Press, 1975, p. 165.

⑥ 翁文灏：《1937 年访问英、德和苏联的回忆》，见中国政协文史资料研究委员会编：《文史资料选辑》第 1 辑，58 页，北京，文史资料出版社，1960。

6月2日吉田向英国外交部递交了他草拟的另一份关于英日关系的备忘录。他提出英日之间应当讨论的主要问题是：(1)在重新把中国建成一个可靠的世界市场方面两国进行合作；(2)日英贸易竞争问题；(3)日英之间密切的财政联系问题。这份备忘录特别提到日本在中国问题上对英国的六点要求：1. 日本政府无条件地重申他们并不打算把华北与南京政府分离开来，或排除这一地区的外国利益，但由于华北与“满洲”领土相连，所以日本不能对华北的任何无秩序状态或当地政府对日本和“满洲国”的任何不友好行为漠不关心。2. 日本政府希望与中国谈判所有悬而未决的问题，希望英国在时机到来之时以劝告中国的方式帮助日本。3. 为排除在中国的投资竞争，在以任何形式的财政援助中国方面英日应当相互协商。4. 日本支持中国海关现有机构的完整，但希望英国能与日本海关代表合作。5. 希望英国在修改中国海关关税方面与日本合作。6. 日本希望中国的“和平与繁荣”，为此目的愿与英国讨论，为此日本尊重英国在华的所有权利和利益，并不打算限制英国经济发展，希望英国帮助日本停止反日禁运和任何危及日本利益的事情。① 以上六点，实际上是要求英国承认日本在华北应占有特殊地位，同意日本分享英国对中国的海关管理的独占权，并协助日本共同对付中国。

但是英国首相张伯伦(1937年5月28日就任)却认为这份备忘录说明“日本似乎比过去处于更理智的心情之中”，② 对新的近卫内阁抱有幻想。外交部的官员们也不再坚持反对态度，而且对这份备忘录中

① *Documents on the British Foreign Policy, 1919—1939*, DBFP, Ser. 2. Vol. 21, London, HMSO, 1984, pp. 136～138.

② S. L. Endicott, *Diplomacy and Enterprise: British China Policy 1933—1937*, Manchester: Manchester University Press, 1975, p. 151.

的一些提法表示赞同，并准备承认"满洲国"。卡多根说："即使满洲国的形势保持不变，我们当然也不能在任何协定中关于满洲国说三道四。另外，我们也像日本人一样觉得中国的关税是太高了。"[①]至于联合财政援助中国问题，这是英国在中国币制改革时就一再要求的事。6 月 17 日内阁会议决定，鉴于当前日本的和解态度，只要英日都不涉及放弃在中国的治外法权问题，英国就准备在这个备忘录的基础上与日本进行谈判。[②] 6 月 25 日艾登乐观地告诉下院："在远东的国际形势中存在着令人鼓舞的改善迹象"。[③] 但是卢沟桥事变的爆发使英国的一切希望都落空了。

历时将近一年的英日谈判终于无果而终。但是英国企图通过谈判签订一个绥靖日本的"政治协定"的事实却不容否认。英国希望通过这个协定承认日本在"满洲"的势力范围和在华北的"特殊地位"，即承认并帮助日本巩固已经获得的侵略成果，希望以此换取日本尊重其在华中和华南的利益范围，阻止日本进一步南下，从而保住在远东的巨大的领土与财产安全，这无疑是打算与日本缔结一个"远东霍尔—赖伐尔协定"。[④] 只是由于日本扩大侵略的野心和中国人民坚决抵抗日本侵略的决心，才使这个协定未能成功。但是日本企图吞并全中国并最终夺取英国在华全部权益的野心并未使英国改弦更张，相反，在中日战争全面爆发之后，英国的对日绥靖政策仍在继续。

---

① *Documents on the British Foreign Policy, 1919—1939*, DBFP, Ser. 2. Vol. 21, London, HMSO, 1984, p. 138.

② Great Britain: *Cabinet Office Records*, *Cabinet Minutes* (*Conclusions*), CAB23/88, p. 273. 藏于华东师范大学图书馆，首都师范大学世界史资料中心。

③ S. L. Endicott, *Diplomacy and Enterprise*: *British China Policy* 1933—1937, Manchester: Manchester University Press, 1975, p. 151.

④ William Roger Louis, *British Strategy in the Far East, 1919—1939*, Oxford: Clarendon Press, 1971, pp. 241～242, note 8.

简评1937年美英关于罗斯福和平计划的秘密谈判*

1937年，面对德意日法西斯的侵略扩张政策，美国和英国曾就罗斯福政府提出的召开一次国际和平会议以维持世界和平的倡议，进行了长达8个月的断断续续的秘密接触和谈判。这是美国在中立法束缚下企图在国际事务中发挥主导作用的第一次尝试，但以德国和英国拒绝合作而受到挫折。本文拟对美英两国的这次秘密谈判过程和失败原因进行初步探讨，以就教于读者。

一

1935年8月美国国会在意埃战争爆发前通过的有效期为6个月的强制性中立法案，以及1936年2月通过的有效期为14个月的第一次中立法修正案，表明了美国要置身于欧洲事务之外的决心。但1936年3月希特勒重新占领莱茵非军事区的行动，7月爆发的西班牙内战，以及意大利和德

* 原载《首都师范大学学报》，2000(4)。

国对这场内战的干涉而导致的欧洲局势再度紧张，使美国总统罗斯福并不相信在一旦欧洲发生战争的情况下，美国真的能够置身事外。因此，他于 8 月 14 日在肖托夸的演说中，一方面强调美国要"避免承担可能使我们卷入国外战争的政治义务"，"维护美国的中立"，另一方面也指出美国不应忽视"对合众国的未来大概会有重大影响的一些问题和争端"，并暗示美国有被拖入战争的危险①。

国际形势的发展很快证明罗斯福的担忧并非没有道理。1936 年 10 月德国和意大利建立了柏林—罗马轴心，一个月后德国便与日本签订了反共产国际协定，至此，三个法西斯国家已经结成了初步联盟。

面对不断恶化的国际形势，罗斯福也在考虑美国在当前的世界事务中可能扮演什么角色的问题，并逐渐形成了一个想法，即在他重新当选总统之后，将召开各国首脑会议，讨论和平裁军、排除贸易障碍和普遍降低关税壁垒等问题，以缓和国际紧张局势②。他希望"通过为德国人民提供生存空间而使局势平静下来，并制止希特勒发动战争"③。如果"强盗国家"拒绝参加，或在会上不做出令人满意的保证，

① 全文见[美]富兰克林·德·罗斯福：《罗斯福选集》，关在汉编译，129～135 页，北京，商务印书馆，1982。

② 这一想法是通过《纽约时报》在 8 月 26 日透露出去的。参见[美]罗伯特·达莱克：《罗斯福与美国对外政策 1932—1945》上册，伊林等译，185～186 页，北京，商务印书馆，1984；C. A. Macdonald, *The United States, Britain and Appeasement, 1936—1939*, Hong Kong: The Macmillan Press LTD, 1981, pp. 2～3.

③ C. A. Macdonald, *The United States, Britain and Appeasement, 1936—1939*, Hong Kong: The Macmillan Press LTD, 1981, p. 9.

爱好和平的国家之间就应订立秘密协定①。与此同时，美国国务院也在考虑同样的问题。1937 年 1 月 18 日，国务卿科德尔·赫尔在一份关于美国可能对欧洲和解做出贡献的备忘录中，设想了一个欧洲问题的全面解决方案，它将包括军备限制、政治保证和殖民地的重新调整。美国不会参与政治方面的缓和，但准备在经济领域做出重大贡献。进出口银行可以对柏林提供商业信贷，并给予贷款以重建经济。美国还准备与第三帝国签订贸易协定，并讨论平等地获得原料的问题。作为交换，将要求德国放弃自给自足的经济体制和扩充军备②。

总之，美国希望通过召开世界和平会议的方法，在美国不承担政治义务的前提下，通过满足德国在经济、军备限制和殖民地的重新调整等方面的要求，使欧洲的紧张局势缓和下来。另外罗斯福还认为，要召开这样的会议，除了取得德国的同意之外，更重要的是获得英国与美国合作的保证。为此，罗斯福首先派美国驻苏联大使约瑟夫·E. 戴维斯(Joseph E. Davies)作为总统的代表到柏林进行探询，“就德国与法、英的关系和欧洲和平之间的形势问题”，草拟“一份综合调查”，查明希特勒是想要战争，还是真正想要和平③。然而美国的打算并没有得到德国的积极响应。尽管德国经济部长、德意志银行总裁沙赫特在 1 月 20 日对约瑟夫·E. 戴维斯说，他希望罗斯福在华盛顿召开一次世界和平会议解决德国对殖民地的要求，但是外交部长牛赖特在 3

① 这是 1936 年 11 月美国驻德国大使威廉·多德对英国大使埃里克·菲普斯爵士的谈话。见[英]艾登：《艾登回忆录·面对独裁者》下卷，武雄等译，942 页，北京，商务印书馆，1977。

② C. A. Macdonald, *The United States, Britain and Appeasement, 1936—1939*, Hong Kong: The Macmillan Press LTD, 1981, pp. 9～10.

③ Ibid, pp. 8～9.

月 4 日会晤美国驻德国大使威廉·多德时却强硬地表示，“只有其他国家同意裁减军备，我们才会同意这样做”，和平会议不能达到任何目的①。

在询问德国意见的同时，美国更希望了解英国对美国倡议的态度，并争取和英国采取一致行动。为此，从 2 月到 9 月美英两国断断续续进行了 8 个月的秘密接触和谈判。

二

为了获得英国对美国倡议的支持，美国政府同时通过几条渠道展开工作。

首先是罗斯福通过美国财政部长亨利·摩根索向当时任英国财政大臣的尼维尔·张伯伦发出呼吁。其次是罗斯福指示无任所大使诺曼·戴维斯(Norman Davis)在去伦敦开会期间探明英国政府高级官员的反应。另外，美国驻英国大使罗伯特·宾厄姆也根据总统的特别指令，在 3 月 20 日向英国外交大臣艾登询问对罗斯福总统打算提出一些力求改进当前国际局势的和平倡议的看法②。

1937 年 2 月 11 日，摩根索同即将返回伦敦的英国驻美商务参赞肯尼思·比尤利会谈。摩根索首先说明，他的谈话是机密的，而且是受到罗斯福的委托的。他要比尤利带一封信给张伯伦，信的大意是：摩根索对国际财政前景甚感忧虑。他认为军备开支是困难的根源，希

① Foreign Relations of the United States: Diplomatic Papers 1937. 以下简写为 FRUS/1937, Vol. 1, Washington D. C., GPO, 1954, pp. 29～30、640～641.

② [英]艾登：《艾登回忆录·面对独裁者》下卷，武雄等译，946～948 页，北京，商务印书馆，1977。

望了解张伯伦能否就此问题提出任何建议。在第二次会晤时，摩根索说，他曾和总统讨论过欧洲局势。他认为，如果美国和英国提出大胆倡议，也许可以挽回局势。他想了解英国能否提出什么倡议。并强调除总统外，其他人均不知道这个想法①。

但张伯伦并不认同摩根索的想法。他在 3 月 26 日给摩根索的复信中明确表示，英国不考虑召开裁军会议，并指出欧洲动荡不安的责任在于德国。至于美国的行动，信中指出，美国禁止输出武器和弹药"成了对侵略者间接的却有力的鼓励"；美国对世界和平所能做出的"最大的惟一贡献"就是修改现有的中立法。此外张伯伦还认为美国能够在远东助英国一臂之力。他说，德日协定表明，如果英国深深卷入欧洲，它甚至不能指望日本会保持中立。美国只要能使"远东的局势稳定在目前这种程度"，就将大有裨益。张伯伦还表示英国愿与美国签订贸易协定②。因此摩根索的呼吁没有得到张伯伦的响应。

几乎与摩根索采取行动同时，罗斯福会见了即将出席 4 月在伦敦召开的国际糖业会议的美国代表诺曼·戴维斯，要他去考察欧洲各国政治家对世界形势发展趋势的看法，并看看是否能够找出使欧洲各国

---

① ［英］艾登：《艾登回忆录·面对独裁者》下卷，武雄等译，944 页，北京，商务印书馆，1977。

② 这封信的全文(未署日期)，见 FRUS/1937，Vol. 1，pp. 98～102；另可参见 John Morton Blum，*From the Morgenthou Diaries*，Vol. 1：Years of Crisis，1928—1938. Poston：Houghton Mifflin，1959，p. 464. 这封信是由艾登起草并与张伯伦进行了讨论，最后由张伯伦签署的，关于德国对欧洲的动荡不安负有责任的一段是张伯伦亲笔写的。参见［英］艾登：《艾登回忆录·面对独裁者》下卷，武雄等译，945 页，北京，商务印书馆，1977。

共同努力以阻止迅速恶化的国际局势的办法①。

2月16日国务院西欧司为诺曼·戴维斯的伦敦之行草拟一份关于欧洲形势的秘密备忘录，权衡了美国“对于一项和平解决方案做出贡献的可能性”。该备忘录认为，美国在欧洲的政治解决中当然只能具有“间接的利益”，而在解决远东的动乱中却有着“直接的利益”。现在德国正处于战争与和平的中心，有利于和平的解决办法在于对下列问题做出答案：是否能找到一个既不通过战争、又不让德国在欧洲大陆上称雄、从而能满足德国人民经济方面的要求这样一个妥协办法，或是否能为此而付出代价？如果能找到，战争就可避免；如果找不到，战争如果不是或许就要发生，也是有可能发生。该备忘录指出：可以通过让德国获得原料的办法避免战争，并认为德国人民对军国主义和纳粹激进主义的支持是由于在经济上没有保障。因此“并没有把德国对殖民地的要求看成是完全不合理的要求而加以拒绝，而且正在考虑保证德国经济复兴的可能性，对此美国应尽一份责任”。它强调，美国干预欧洲事务的目的，“将在于推动一场运动，以达成一项全面的政治和经济解决方案，该方案将使德国不必再为从市场上获得德国领袖认为保持德国人民生活水平所必须的原料来源而奋力拼搏”。该备忘录还说明，美国首先要与联合王国达成协议，从而说服与德国问题“最直接有关”的英国“成为这一〔和平会议〕倡议的发起人”，并能在满

① Dorothy Borg, *The United States and the Far Eastern Crisis of 1933—1938* , Cambridge: Harvard University Press, 1964, p. 374. 罗斯福还希望诺曼·戴维斯探明欧洲的政治家们对可能重组国际联盟以使其放弃政治职能并转变为一个经济委员会的反应；以及他们对签订一个关于太平洋区域“中立化”的全面协定的看法。

足德国要求方面进行合作①。

根据罗斯福的指示和国务院上述备忘录的精神，诺曼·戴维斯于4月10日首先与艾登举行了会谈。诺曼·戴维斯指出，尽管美国“非常关心经济复兴和裁减军备，也愿意为此目的而进行合作，但是，在任何争取恢复经济与和平的有效步骤中，英国都是不可缺少的因素。如果他们不愿意支持任何人为达到这一目的而作出的任何努力……那么所有尝试都将是徒劳的。”他还反复说明，罗斯福总统绝不允许他自己卷入欧洲国家的政治纷争，但他愿意全心全意地加入到协调一致的努力当中，找到解决经济问题以及由于越来越激烈的军备竞赛而引发的问题的办法。但是艾登却认为，英国不能对一个全面的国际协议提出任何计划，因为这样做将被人们认为是英国衰弱的表现，并将有损于英国针对日本、德国和意大利的重整军备的努力；他还说明，采取实际行动以达成国际协议的建议必须首先来自罗斯福总统，但他并不认为采取这个行动的时机已经成熟②。因此会谈没有取得任何进展。

诺曼·戴维斯逗留英国期间还于4月29日与即将成为英国首相的尼维尔·张伯伦举行了会谈。尽管张伯伦表示对美国试图把欧洲的极权国家和民主国家拉到一起达成全面协议的想法很感兴趣，但对于召开一次会议来解决欧洲尚未解决的问题的前景更加不抱希望，同时

---

① 参见[美]奥夫纳：《美国的绥靖政策，1933—1938年美国的外交政策与德国》，陈思民等译，226～227页，北京，商务印书馆，1987；C. A. Macdonald，*The United States*，*Britain and Appeasement*，*1936—1939*，Hong Kong：The Macmillan Press LTD，1981，p. 14.

② Dorothy Borg，*The United States and the Far Eastern Crisis of 1933—1938*，Cambridge：Harvard University Press，1964，p. 375.；C. A. Macdonald，*The United States*，*Britain and Appeasement*，*1936—1939*，Hong Kong：The Macmillan Press LTD，1981，p. 25.

他强烈地表明了希望按照他自己的方式追求这个目标。张伯伦说，在他看来"政治绥靖"必须先于"经济合作"和军备限制，"同时全面解决政治、经济和裁军问题是不可能的，需要分阶段进行……必须先进行政治磋商并达成初步协议，然后再采取使经济得以复兴的实质性步骤……包括……取消外汇管制和减少贸易限制"。他还认为裁军必须放在最后解决，并暗示说，必须"先使英国的重整军备达到一个较高阶段，然后再使之停下来，这才是现实可行的"①。

诺曼·戴维斯与英国政府官员进行的会谈，使他对召开一次国际会议的前景并不感到乐观，因此他写给罗斯福的关于这次试探结果的报告调子十分低沉。他说："英国人不想采取任何主动行动来停止重整军备，也不希望其他任何人发起这种倡议。"②

罗斯福对德国和英国的态度感到失望，但这并没有使他放弃提出一项和平倡议的想法，现在他集中力量争取英国的合作。在罗斯福的授意下，诺曼·戴维斯于 6 月 10 日写信给新任英国首相张伯伦，信中说，总统"非常希望有机会结识他并与他就共同利益和共同关心的问题坦率地交换意见"，他还认为"在几个月内做出广泛一致的努力以达到经济复兴，财政稳定，限制军备乃至和平将是可能与可行的"，而这将主要取决于美英合作的开明政策。诺曼·戴维斯代表总统邀请张伯伦在 9 月下旬访问华盛顿，并说总统准备立即做出安排草拟出会

① Dorothy Borg, *The United States and the Far Eastern Crisis of 1933—1938* , Cambridge: Harvard University Press, 1964, pp. 375～376; C. A. Macdonald, *The United States*, *Britain and Appeasement*, *1936—1939* , Hong Kong: The Macmillan Press LTD, 1981, pp. 25～26.

② C. A. Macdonald, *The United States*, *Britain and Appeasement*, *1936—1939* , Hong Kong: The Macmillan Press LTD, 1981, p. 26.

谈的议程①。但7月8日张伯伦以条件不成熟为由拒绝了这次邀请。他明确表示不同意美国所持的很快就能达成全面协议的看法。他指出，现在英国与德国人会晤的时机甚至尚未成熟，如果与德国人的会晤得以实现，它们也许会形成"指导向前发展的有价值的方针，并为总统和我本人之间的会谈提供有益的准备"②。

但是，7月7日日本悍然发动了侵华战争，使远东形势骤然紧张。在这种情况下，罗斯福感到更有必要与张伯伦会晤。于是，7月28日他又亲自给张伯伦写信，希望能邀请他在秋初访问华盛顿，罗斯福强调"英美合作促进经济稳定与世界和平的重要性"，并欢迎张伯伦"另外提出一些能够使我们在最近的将来促进我们希冀的目标的准备步骤"③。然而，张伯伦在两个月之后才回复总统的信件。他在9月28日的回信中说，鉴于目前的国际局势，他不能提出任何建议加快他的访问，"尽管欧洲的局势并不比几个月前更危险，但是离恢复极权国家和民主国家之间的真诚关系还差得很远……另一方面，远东的形势

① William R. Rock, *Chamberlain and Roosevelt: British Foreign Policy and the United States, 1937—1940*, Columbus: Ohio State University Press, 1988, p. 28; Dorothy Borg, *The United States and the Far Eastern Crisis of 1933—1938*, Cambridge: Harvard University Press, 1964, pp. 376～377.

② 参见 Dorothy Borg, *The United States and the Far Eastern Crisis of 1933—1938*, Cambridge: Harvard University Press, 1964, p. 377. 根据罗斯福在7月28日给张伯伦的另一封信所说，张伯伦对6月10日的信件所写的回信时间是7月8日，见 FRUS/1937, Vol. 1, Washington D. C., GPO, 1954, p. 113. 因此 C. A. Macdonald, *The United States, Britain and Appeasement*, p. 30 中所说日期为6月28日，有误。另外可参考 William R. Rock, Chamberlain and Roosevelt, p. 30.

③ *Foreign Relations of the United States: Diplomatic Papers* 1937. Vol. 1, p. 113.

已经证明我们所有的最坏的担忧都是有道理的，而且目前我也看不出只靠西方国家的行动就能取得任何改善的希望”。于是张伯伦再次拒绝了罗斯福的邀请①。至此，罗斯福希望与英国合作召开一次国际和平会议缓和世界紧张局势的计划受到挫折。

三

作为在东西方都拥有重要的安全与经济利益的英国，在欧洲、地中海和远东局势都在恶化的情况下，是希望与美国合作形成对法西斯国家的威慑力量的。1936年11月艾登在得悉罗斯福打算召开世界和平会议的消息时表示支持，并在一份外交部备忘录中写道：“也许它不会成功，但只要作了努力，并能使独裁国家遭到挫折，那么就有益于对世界舆论(特别是对美国舆论)的教育。无论如何，不赞成总统的主张(如果这是他本人的主张)，显然是我们的一大错误。”②但是要按照美国既不承担政治义务又要在其他领域发挥主导作用的条件进行合作，就产生了障碍。

首先，美国通过了中立法并不断声称绝不介入欧洲政治问题，使英国对美国极不信任。当时英国政界上层人物往往把美国看成是无可救药的孤立主义者，而且直到张伯伦就任首相时，他们仍然认为美国

① *Foreign Relations of the United States: Diplomatic Papers* 1937. Vol. 1, pp. 131～132. 然而，张伯伦的这封回信一直拖到10月14日才最后发出，参见FRUS/1937, Vol. 3, p. 608 note 24.

② [英]艾登：《艾登回忆录·面对独裁者》下卷，武雄等译，942页，北京，商务印书馆，1977。

的政策是迟疑不决和混乱的①。正如 20 世纪 30 年代曾多次担任英国政府大臣的塞缪尔·霍尔所说："不管是对还是错，我们确实不是对美国的良好意愿，而是对美国是否准备把它的那些令人鼓舞的言辞付诸实施，表示深深的怀疑。"②即使是主张与美国合作的艾登也认为，"美国对世界和平所能做出的一项最大贡献就是修改现行的中立法"。首相张伯伦则认为，只要中立法继续存在，美国就不能对欧洲的稳定做出什么贡献③。中日战争爆发后，张伯伦把未能阻止战争爆发的原因归于美国的政策，他在 8 月 29 日的信中写道："美国人还要做出很大努力才能成为世界事务中有益的伙伴。我曾设法试图使他们干预中国和日本问题，但是他们太害怕自己的人民了——虽然我认为，如果他们愿意发挥作用的话，是有足够的机会可以制止战争的。"④在这种情况下，英国对美国和平倡议的价值大加怀疑。张伯伦认为，罗斯福也许会召集会议，但是在孤立主义者的压力下又可能被迫退出会议，从而使英国单枪匹马地对付德国。他曾在 7 月 28 日对美国代办说，"如果事情只是〔美国人〕参加进来然后再扬长而去，他宁愿〔他们〕干脆永远也别参加进来"⑤。

---

① D. C. Watt, *Personalities and Policies, Studies in the Formulation of British Foreign Policy in the Twentieth Century*, London: Longmans, 1965, pp. 39～40, 42.

② Viscount Templewood, *Nine Troubled Years*, London: Collins, 1954, p. 263.

③ John Morton Blum, From the Morgenthou Diaries, Volume 1, p. 457.

④ [英]基思·米德尔马斯：《绥靖战略》上册，复旦大学国际政治系译，91～92 页，上海，上海译文出版社，1978。

⑤ C. A. Macdonald, *The United States, Britain and Appeasement, 1936—1939*, Hong Kong: The Macmillan Press LTD, 1981, p. 26.

实际上，英国的担心并非没有道理。经济大危机带来的各种国内问题和国会中严重的孤立主义情绪，对美国政府的外交决策形成了很大的制约力量。罗斯福总统曾经在1937年9月承认，美国对外交问题的反应建立在“24小时的基础之上”①，就是对当时美国外交政策处于混乱和临时性的真实写照。

第二个也是更为重要的原因是张伯伦担心按照罗斯福的设想行事，会破坏他所设计的英国对德国的绥靖政策。在张伯伦看来，由于英国地位虚弱，必须与德国这个欧洲最强大的和最不友好的国家保持良好关系。早在1935年，时任财政大臣的张伯伦就向当时的外交大臣西蒙建议：“同希特勒对话的方式就是对他说，获得安全与和平只有两种办法。一是根据洛迦诺路线签订区域性条约；二是建立联盟和均势。我们希望采取第一种办法，但是没有他参加，我们无法做到这一点。假如他不干，我们将被迫采取第二种办法。”②1937年初，他又对即将出任英国驻德国大使的内维尔·亨德森说：“如果有可能，就采取同德国合作的路线……别国选择什么政府形式英国不必干涉。”③张伯伦出任英国首相后，马上开始逐步推行他的绥靖德国的路线，他在1937年7月对苏联大使伊凡·迈斯基说：“我们可以同德国人坐在一张桌子旁，用一支铅笔把他们所有的抱怨和要求统统记下来，这会

① A. Whitney Griswold, *The Far Eastern Policy of the United States*, *New York*: *Harcourt Brace & Company*, 1938, Yale University Press, 1962, p. 456.

② [英]基思·米德尔马斯：《绥靖战略》上册，复旦大学国际政治系译，88页，上海，上海译文出版社，1978。

③ 同上。

大大缓和紧张气氛。”①他认为，要使英国度过危险时期，就要实行“双重政策”，这就是绥靖政策和重整军备（Rock，Chamberlain and Roosevelt，p. 11.）。不过，张伯伦对英国的重整军备有自己的解释，他更加关心重整军备的财政负担，并希望使重整军备不再承诺建立能够承担欧洲大陆义务的大规模的军事力量，而是转向建立仅以保卫英国和英国至关重要的利益不受直接进攻的有限防御力量。这样重整军备就不至于危及他的对德国和意大利的绥靖计划②。

另外，张伯伦确信绥靖政策要取得成功，取决于他作为首相的领导地位。1937 年 8 月 8 日张伯伦在给他的妹妹艾达的信中得意地写道：“首相的职务给了我一种令人惊奇的权力。作为财政大臣，我几乎不能移动一个小石子；现在我只要伸出一个手指头，整个欧洲的面貌就会改变！”（Rock，Chamberlain and Roosevelt，p. 32.）因此张伯伦打算由他本人在欧洲对德国和意大利进行绥靖，而不希望罗斯福或者其他什么人介入进来。

还必须指出的是，正如上文所说，在张伯伦看来，在做出一切经济让步、军备限制和殖民地的调整之前，必须首先解决政治问题，这是进行绥靖的最好方法。任何其他办法，诸如罗斯福所说的一揽子解决贸易、裁军和殖民地问题的方法，都将会使英国失去宝贵的讨价还价的筹码；英国不能让华盛顿对英国政策发号施令，美国应当在英国要求它参与的时候再参加进来。例如，在 1937 年 4 月 6 日内阁外交

---

① Martin Gilbert and Richard Gott，*The Appeasers*，London：Houghton Mifflin，1963，p. 52.

② 关于张伯伦在 30 年代英国重整军备中的作用，参见齐世荣：“30 年代英国的重整军备与绥靖外交”，载齐世荣主编：《绥靖政策研究》，3～26 页，北京，首都师范大学出版社，1998。

政策委员会的会议上，张伯伦赢得了一项同意考虑德国获得殖民地要求的决定。英国将要求法国考虑把多哥兰①和法属喀麦隆移交给德国，英国将考虑放弃自己在西非的委任统治地，同时也不排除另外做出使德国获得原料的某种保证②。这实际上就是 1938 年 2 月英国向希特勒提出的计划的雏形，该计划设想把英国、法国、比利时和葡萄牙在“非洲中部地区”的领地合并为一个德国可以加入的新刚果盆地体系，并要求美国为这一解决方案提供财政支持③。但是张伯伦想用满足德国获得殖民地的要求换取对欧洲安全的保证，即只有在德国同意参加一项新的洛迦诺公约并确实保证在中欧检点自己的行动之后，才会向希特勒提供殖民地。正如张伯伦 1937 年 5 月 10 日强调指出的：“明智的做法是，在现阶段我们不要把〔有关殖民地的问题〕说得太死。我们应该确切搞清楚德国究竟准备在多大程度上满足我们在政治上的迫切需要。”④因此，张伯伦出任首相后采取的第一个行动就是邀请德国外长牛赖特访问伦敦，就悬而未决的政治问题举行会谈。然而，牛赖特先是毫无热情地接受了邀请，随后又以西班牙共和政府海军的一枚鱼雷在奥兰附近的水域攻击了德国巡洋舰“莱比锡号”为由，匆匆取

---

① 一战前非洲西部原德国殖民地，现在其东部已成为多哥共和国，其西部曾为英国的托管地，现为加纳的一部分。

② C. A. Macdonald, *Economic Appeasement and the German Moderates 1937—1939* , *Past and Present*, Vol. 56 Issue 1 August 1972, pp. 105～131.

③ John Harvey ed. , *The Diplomatic Diaries of Oliver Harvey, 1937—1940* , New York: Collins, 1970, p. 85; C. A. Macdonald, *The United States, Britain and Appeasement*, p. 17.

④ C. A. Macdonald, *The United States, Britain and Appeasement, 1936—1939* , Hong Kong: The Macmillan Press LTD, 1981, p. 18.

消了这一访问①。

另外，即使在具体的军备限制和经济合作方面，双方也存在着分歧。在军备限制问题上，尽管张伯伦和艾登对英国重整军备的侧重点有所不同，但是都认为决不能在德国对其他问题做出让步之前就讨论这个问题。1937年3月11日艾登在与美国驻英大使宾厄姆的会谈中，对英国重整军备的进展还不够大表示担忧，认为"尚不足以使英国能够冒参加一次裁军会议的风险，因为他感到独裁者们将会把这样做看成是英国虚弱的表现，并视为英国没有能力去实现他们的计划"；在他看来，召开裁减军备的会议应该在英国完成重整军备之后②。张伯伦也曾说过，能使德国放弃侵略计划的惟一办法，就是使德国确信，"它获得武力优势的努力，注定要遭到失败，因为如果它打算发动侵略，那么更强大的武力将与它相对抗"③。

在经济方面，自大危机以来，英美在经济领域的摩擦始终不断，美国的经济政策总是引起伦敦的怀疑与不满，特别是那些与帝国特惠制度利益攸关的集团，他们认为赫尔坚持降低关税的主张不过是美国谋求经济霸权的手段而已④。但是美国国务院的经济顾问菲斯却认为，英国通过修改"造成巧取豪夺和危机的限制性的橡胶和锡的生产计划"和放宽英帝国内部的特惠关税制度，全面降低贸易壁垒，从而

---

① Keith Middlemas, *Diplomacy of Illusion: The British Government and Germany, 1937—39*, London: Gregg Revivals, 1972, p. 115.

② *Foreign Relations of the United States: Diplomatic Papers* 1937. Vol. 1, p. 60.

③ John Morton Blum, *From the Morgenthou Diaries*, Volume 1, p. 464.

④ Richard N. Gardner, *Sterling-Dollar Diplomacy: the origins and the prospects of our international economic order*, New York: McGraw-Hill Book Co., 1969, pp. 31～32.

"会得到更多的好处"①。因此，在英美之间的经济政策没有得到调整之前，要召开一个国际会议去讨论英美对德国的经济让步与合作问题，是极不现实的。

总之，在美国国会仍然坚持孤立主义立场而美国政府也重申中立法的情况下，在英国对美国的合作充满怀疑和戒心，以及张伯伦政府决心以绥靖希特勒的方式重建欧洲和平的时候，罗斯福做出的寻求和平的姿态和召开世界和平会议以安抚德国的倡议，是既不可能使德国认真对待，也不可能得到英国响应的。美国和平会议计划的受挫，不仅表明美国的民主制度是多么不足以应付纳粹的挑战，更表明民主国家在面对法西斯侵略时又是多么的软弱无力。

---

① 参见[美]奥夫纳：《美国的绥靖政策，1933—1938年美国的外交政策与德国》，陈思民等译，230页，北京，商务印书馆，1987。

布鲁塞尔会议与中日战争*

一　会议召开的背景及会前各国制定的方针

1937 年 7 月日本发动全面侵华战争以后，英、法一再阻挠中国向国际联盟提出申诉，但 9 月 12 日中国代表团长顾维钧仍然根据盟约第 10、第 11、第 17 条向国联秘书长提出了申诉①，要求行政院采取必要措施。10 月 6 日，国联大会通过了远东顾问委员会的两个报告书和一个决议。第一报告书承认日本在中国的军事行动“不能依据现行合法约章或自卫权以资辩护”，并违背了九国公约与巴黎公约，但是没有明确宣布日本是侵略者②。第二报告书则建议九

---

* 原载《民国档案》，1990(1)。

① Tsien Tai, *China and the Nine Power Conference at Brussels in* 1937, New York: St. John's University Press, 1964, p. 1.

② 白皮书第 56 号(民国二十七年七月)《国际联合会关于 1937 年 7 月 7 日卢沟桥事变以后中日争议所通过之决议案及报告书》;《国民政府外交部档案》，全宗号十八，卷号 1371。中国第二历史档案馆藏。以下所引《国民政府外交部档案》均藏于此馆，不再注明。

国公约签字国举行会议，“并与其他在远东有特殊利益之国家联合工作，寻求以彼此同意之方式结束此次争议之方法”(《国民政府外交部档案》，全宗号十八，卷号 1371)。决议要求各会员国“应勿采取足以减弱中国抵抗力量以致增加其在此次冲突中之困难之任何行动，并应就各该国对于中国之个别援助究能达如何程度一节，予以考量”(《国民政府外交部档案》，全宗号十八，卷号 1371)。国联大会没有通过任何具体援助中国的措施，制裁日本更完全不敢涉及，而是将问题推给了九国公约会议。

召开九国公约签字国会议的建议，是英国代表克兰伯恩在 10 月 4 日的远东顾问委员会小组会议上首先提出的。这个建议一提出，就使在场的人都大吃一惊。据顾维钧回忆说，“克兰伯恩的建议，像从天而降的炸弹，这个意想不到的显然是将责任推卸给美国的巧妙手段，一时惊呆了所有在场的人”①。英国确有卸责之意，它出于防止单独承受日本报复的心理，希望美国在前台扮演主要角色。1937 年 10 月 6 日英国外交大臣艾登在内阁会议上说，这是能够采取的最好步骤，而且它将给美国最充分的机会去提供他们能提供的任何合作。在罗斯福总统的演说后，美国政府几乎不能拒绝这个建议②。美国作为当年

① 顾维钧：《顾维钧回忆录》，第二分册，中国社会科学院近代史研究所译，506 页，北京，中华书局，1985。

② Great Britain: *Cabinet Office Records*, *Cabinet Minutes* (*Conclusions*), Microfilm, CAB23/89, p. 255. 藏于华东师范大学图书馆，首都师范大学世界史资料中心；*Documents on British Foreign Policy*, *1919—1939*，简写为 DBFP, Ser. 2, Vol. 21, London: HMSO, 1984, p. 375. 罗斯福演说指 1937 年 10 月 5 日他在芝加哥发表的有名的“防疫”演说。他不指名地谴责了法西斯国家的侵略行为，把他们比作正在蔓延的“无法无天的流行症”，应当予以隔离，以“防止疾病传染”。

华盛顿会议的发起国，自然不能拒绝参加会议，但反对担任领导角色。英、美都不愿会议在自己国家召开，最后好不容易才说服比利时充当东道主，会议地点在比京布鲁塞尔。

从10月6日国联大会结束到11月3日布鲁塞尔会议开幕的将近一个月的时间，是各国制定参加会议的方针的阶段。中国作为被侵略国，希望会议能根据国际公法和维护世界和平的原则，宣布日本是侵略者，并在物质上得到各国的援助。10月19日国民政府特派驻法大使顾维钧为团长，并以驻英大使郭泰祺、驻比大使钱泰为成员，组成了出席九国公约会议的代表团。24日国民政府外交部部长王宠惠以部长名义向他们发出亲拟的电报，通知政府为参加会议制定的方针如下："(一)依照目前形势，会议无成功希望，此层我方须认识清楚。(二)但我方对各国态度须极度缓和……并须表示会议成功之希望，我方求在九国公约规定之精神下谋现状之解决，此系我方应付之原则……(三)我方应使各国认识会议失败责任应由日本担负……(四)上海问题应与中日整个问题同时解决，切不可承认仅谋上海问题之解决。(五)我方应付会议之目的在使各国于会议失败后对日采取制裁办法。(六)我方同时应竭力设法促使英美赞成并鼓励苏联以武力对日"(《国民政府外交部档案》，全宗号十八，卷号1289)。25日国防最高会议第26次会议又对中国代表在会议之外进行活动所应遵循的原则做了决议："(一)继续运动各参加国政府及社会加紧对日一致之经济压迫(积极的排斥日货，消极的不以财力物力帮助日本)，务使国联谴责日本之决议事实化。(二)向参加各大国请求战费借款及军械贷款，尽量予以满足之条件，关于运输事项，尤须随时予中国以最大之便利，务使国联不减少中国抵抗力并帮助中国之决议具体化"(《国民政府外交部档案》，全宗号十八，卷号1289)。

中国政府不但在会前制定了行动原则和详细具体的行动方针，而且在极恶劣的条件下坚持淞沪抗战，希望以此打动列强。淞沪战起之后，中国军队在国民党第九集团军总司令张治中率领下实行攻势作战，一度有所进展。但由于上海地狭而又近海，敌人以陆海空军联合作战，致使反攻未能奏效。9月中旬以后，蒋介石亲临上海指挥战事，但由于日本大量增援，中国军队受挫，白崇禧、李宗仁等曾向蒋介石建议淞沪之战应当适可而止，退至有利地带，诱敌深入，以达消耗战之目的。蒋介石最初答应考虑，但后来又幡然变计说，现在准备邀请九国公约会议，中国如在沪持久作战，将会引起国际的干涉①。10月25日大场失陷，蒋介石又同意撤退，但到11月1日晚他突然召开有白崇禧、顾祝同等参加的紧急军事会议，说明即将召开九国公约会议，这次会议对中国命运关系甚大，要求各部队尽最大努力，在上海至少再坚持两个星期，以便在国际上获得同情与支持。于是改变了撤退部署②。但是英美等国看不到中国人民的浴血奋战对它们自己的切身利害关系，既不想援助中国，更不敢制裁日本。

英国的第一个方针是反对制裁日本。英国认为欧洲形势危急，在远东决不可再开罪日本。10月13日政府各部门召开会议，讨论外交部准备交给美国的一份关于经济制裁可能产生什么影响的电报草稿，其大意是只有由英、美、苏、法和其他一些国家对日本的进口和出口

① 程思远：《政坛回忆》，105页，南宁，广西人民出版社，1983。

② 史说："八一三淞沪抗战记略"，见《八一三淞沪抗战：原国民党将领抗日战争亲历记》，98页，北京，中国文史出版社，1987。

两方面都实行联合禁运，才能充分有效地在六个月内使日本失去战斗力①。与会的财政部、印度事务部、陆、海军各部代表都认为经济手段是既无效而又危险的，其中财政部代表的态度最为激烈，说“对这封草拟电报的几乎每一个字都不同意”，认为“它对施加制裁的困难没有足够的强调”②。在当天的内阁会议上，自治领事务大臣马尔科姆·麦克唐纳也坚持认为：“欧洲的形势是如此危机，以致我们在远东冒任何风险都是没有道理的”③。首相张伯伦是最坚决反对制裁日本的中心人物。10月6日他在内阁会议上说，有效的制裁可能容易引起战争，而且“不能设想在目前欧洲形势已变得如此危险的时刻，还有什么事情比寻求同日本的争吵更是自杀性的了。如果我国卷入远东，那么独裁国家就可能抵抗不住在东欧或在西班牙采取行动的诱惑”。在10月13日的内阁会议上，张伯伦再次概述了他对经济制裁的看法：无效的制裁达不到目的，但将激怒日本。有效的制裁不可能拯救中国，而且“不能保证日本不会在德国和意大利的可能怂恿下进行某些报复性的进攻，例如进攻印度的某些石油供应，或进攻香港和菲律宾”。10月20日他又在内阁会议上宣称，布鲁塞尔会议的宗旨应当是绥靖，“如果这作为宗旨而予以宣布，就没有必要讨论失败的可

① B. A. Lee, *Britain and Sino-Japanese War, 1937—1939*, A Study in the Dilemmas of British Decline, Stanford: Stanford University Press, 1973, p. 66.

② *Documents on the British Foreign Policy, 1919—1939*, DBFP, Ser. 2. Vol. 21, London, HMSO, 1984, p. 390.

③ Great Britain: *Cabinet Office Record*, *Cabinet Minutes* (*Conclusions*), *Microfilm*, CAB23/89, p. 301.

能性或提出制裁问题”①。21日张伯伦在下院正式宣布：“我认为，到这个会议上去谈论经济制裁、经济压力和武力，是完全错误的。我们是在这里缔造和平，而不是在这里扩大冲突”②。

英国的第二个方针是“和美国齐步前进，步伐一致，不前不后”③。海军部曾坚决表示，除非美国事先给以明确保证：在可以预料到的随之而来的远东骚乱状态的整个时期，它将对英国人提供“最充分的军事援助”，英国才准备考虑对日本的制裁④。一向主张与美国进行合作的艾登也在10月13日的内阁会议上表示，“如果美国和其他中国条约(按指九国公约)签字国没有达成关于一旦需要就使用武力支持这些制裁的协定，他本人将永远不同意实行制裁”⑤。在这样两个方针指导下，英国内阁根本没有对会议议案和议程提出过具体建议⑥。

美国也有自己的打算。它同样不打算制裁日本和援助中国，决不肯被英国推到前台充当领袖。罗斯福的“防疫”演说虽然是对日本的警告，但也含有试探国内舆论的意图。美国的孤立主义势力对这篇演说

---

① Great Britain: *Cabinet Office Record*, *Cabinet Minutes* (*Conclusions*), *Microfilm*, *CAB23/89*, p. 297, pp. 257～258, p. 345. 藏于华东师范大学图书馆，首都师范大学世界史资料中心。

② Neville Chamberlain, *The Struggle for peace*, London: Hutchinson & Company, 1939, p. 42.

③ [英]艾登：《艾登回忆录·面对独裁者》下卷，武雄等译，960页，北京，商务印书馆，1977。

④ *Documents on the British Foreign Policy, 1919—1939*, DBFP, Ser. 2. Vol. 21, London, HMSO, 1984, p. 366.

⑤ Ibid, p. 392.

⑥ 顾维钧：《顾维钧回忆录》，第二分册，中国社会科学院近代史研究所译，576页，北京，中华书局，1985。

十分不满，《华尔街日报》在演说发表的第二天，就在头版刊登了题为“停止对外干涉，美国要和平”的社论。《商业日报》则警告经济制裁将产生“严重后果”，而且支持制裁的封锁将是“迈向战争的一大步”。美国六大和平组织联名发起一场征集 2500 万人的签名运动，要求避免使美国卷入战争。罗斯福赶快缩了回去，说“‘制裁’是一个极端的字眼”，它应当被“抛出窗外”①。10 月 12 日罗斯福发表炉边谈话，明确说明九国公约会议的“目的是通过协议求得当前中国情势的解决。……我们的宗旨是要同包括中国和日本在内的其他签字国合作”②，从而排除了制裁日本的可能性。为了进一步明确美国不搞制裁，罗斯福在美国参加布鲁塞尔会议的代表团团长戴维斯启程前召见他并指示说，“重要的是我们试图在布鲁塞尔激起一种和平与友好精神”，有一件可以考虑的事，就是在日本拒绝所有调解努力的情况下，其他国家将会同意给中国以获得武器的一切便利，即使如此，美国也“不能做什么事，因为我们的法律不会允许”，另一种选择是“排斥日本，断绝关系”，但这是不实际的。罗斯福还特别强调：戴维斯必须明确，在九国公约会议自始至终的每一个阶段，政府都不希望“被推到前台去充当未来行动的带头人或建议者”，但也不希望在美国人民眼中看起来像是“英国风筝上的尾巴”③。总之，美国参加会议的方针是不与英国联合制裁日本和援助中国，只是通过所谓的“和平调解”以

① Dorothy Borg, *The United States and the Far East Crisis of 1933—1938*, Cambridge: Harvard University Press, 1964, pp. 383, 391.

② [美]富兰克林·德·罗斯福：《罗斯福选集》，关在汉编译，163 页，北京，商务印书馆，1982。

③ Dorothy Borg, *The United States and the Far East Crisis of 1933—1938*, Cambridge: Harvard University Press, 1964, pp. 406～407.

求中日双方达成协定。至于会议会有什么结果，美国心里十分明白，正像美国驻日大使格鲁在10月9日的日记中所写到的："打一阵大雷，而效果只等于在日本下一场小冰雹"①。

根据上述原则，美国极力劝说日本参加会议，但遭到拒绝。另一方面，美国又对中国提出了极其无理的要求。10月28日戴维斯和霍恩贝克(另译为亨培克，美国代表团成员，国务院远东事务顾问)对顾维钧建议："中国代表团在会议席上应做一种适当之演说，待会议决定首先试行调解时，中国代表团即提请退出会议，稗调解者不致受其影响，在进行讨论时得有完全之自由"(《国民政府外交部档案》，全宗号十八，卷号1289)。这一建议的目的十分明显，就是怕那些主张牺牲中国利益的人在有中国代表在场的情况下不好开口说出他们的看法，故要中国主动退场。美国不仅坚决反对谴责和制裁日本，而且荒谬地要求被侵略者中国首先做出让步。戴维斯在10月29日对钱泰说，国联"盟约有制裁办法尚且不能实行，九国公约无制裁办法，中国岂可奢望?"他认为，中国"应由事实著想不能空言恢复原状"，"中国或先办几种事件，如取消抵制日货、保护日侨生命财产等等"(《国民政府外交部档案》，全宗号十八，卷号1289)。直到开会的前一天，他还紧紧追问顾维钧，中国为了和日本达成解决的办法，愿意做出什么让步②。至于调停失败后将采取什么积极措施，英美都根本不予考虑。中国政府为了争取英美的支持，答应了美国的建议，但要求保留随时出席权和对问题的最后参与决定权(《国民政府外交部档案》，全

① [美]约瑟夫·C. 格鲁：《使日十年——1932至1942年美国驻日大使格鲁的日记及公私文件摘录》，蒋相泽译，224页，北京，商务印书馆，1983。

② 顾维钧：《顾维钧回忆录》，第二分册，中国社会科学院近代史研究所译，605页，北京，中华书局，1985。

宗号十八，卷号1289)。

法国虽然赞同召开会议，但由于内部政局动荡，又忙于应付西班牙内战，无力顾及远东，因此唯英美马首是瞻，也坚决反对讨论制裁问题。法外交部次长在10月30日对顾维钧说："此次会议全系外交政治会议，与国联大会纯属两事，……如其不成，则仍可回国联另议其他办法，即采取制裁等事亦属国联范围，不能在比京会议讨论"(《国民政府外交部档案》，全宗号十八，卷号1289)。法国还于10月中旬决定答应日本的无理要求，禁止军用物资经由印度支那运往中国，在日本已封锁中国海岸的情况下，实际帮助了日本的侵略。法国要求在布鲁塞尔会议上英美保证一旦法国由于为中国军火提供过境便利而受到日本攻击时，给以支援和帮助。如此，才能改变上述决定。否则，只能允许通过10月13日以前已经订购的物资①。

在被邀请出席九国公约会议的国家中，只有苏联主张制裁日本，但它以为德意日的联盟对苏联的东西方都造成了威胁，所以主张集体安全，否则自己也不准备对日采取强硬行动②。

日本作为九国公约的签字国，本应参加会议，但是它始则持观望态度，继则坚决拒绝。日本已经认定，"唯参加国以了事为目的。国联已对日严厉谴责，不致在会议中再予日本以难堪"③。10月27日，日本正式决定拒绝参加会议，声称国联10月6日决议是对日本的"非

---

① 顾维钧：《顾维钧回忆录》，第二分册，中国社会科学院历史研究所译，633、640～641页，北京，中华书局，1985。

② H. L. Moore, *Soviet Far Eastern Policy 1931—1945*, Princeton: Princeton University Press, 1945, pp. 91～92.

③ 台湾"中华民国外交问题研究会"编：《中日外交史料丛编(四)：卢沟桥事变前后的中日外交关系》，377页，台北，1965。

友谊的决议"①，并坚决要由中日两国直接交涉解决争端(《国民政府外交部档案》，全宗号十八，卷号1289)。在此期间，日本一面继续增派军队到上海，妄图在会议之前占领上海，这样"可在大会席上挽回国际声誉"②，一面也做出在中日直接交涉方面愿意列国调解的姿态，并选中德国作为调解人。

德国借口不是九国公约签字国，拒绝了邀请，但表示愿意充当调解人。意大利虽为签字国，决定参加会议，但对中国曾经在阿比西尼亚问题上参加制裁表示不满③，又因即将加入德日反共产国际协定(11月6日参加)决定在会上为虎作伥。在会议召开之前，德驻英大使、日驻德大使和意大利政府曾开会秘密协商，决定："(一)意大利在九国公约会议决定助日；(二)柏林罗马枢轴推展至东京；(三)中日军事终了，日本于新拓领域内给予意大利特种商务权益及最惠国待遇"(《国民政府外交部档案》，全宗号十八，卷号1289)。为此意大利代表马柯迪在会前宣布他不打算在会上谴责冲突的任何一方。他对顾维钧说，会议的唯一作用，不过是把双方约到一起进行直接谈判，自己达成解决④。这完全是日本的声音。

总之，三个法西斯国家的行动是互相配合的，而英美等西方民主

---

① 台湾"中华民国外交问题研究会"编：《中日外交史料丛编(四)：卢沟桥事变前后的中日外交关系》，383页，台北，1965。

② 这是中国军事委员会第一部作战组情报的分析；中国第二历史档案馆编：《抗日战争正面战场》上册，281页，南京，江苏古籍出版社，1987。

③ 1937年10月12、25日蒋介石特使蒋百里分别拜会齐亚诺和墨索里尼。他们指责中国参加对意制裁。见陶菊隐：《蒋百里传》，142、144页，北京，中华书局，1985。

④ 顾维钧：《顾维钧回忆录》，第二分册，中国社会科学院历史研究所译，607页，北京，中华书局，1985。

国家却互不协作，并在会前已抱定了安抚日本的宗旨。一些小国则从一开始就希望会议快点结束。

二 会议的第一阶段

11 月 3 日会议开幕，与会 19 国，英、美、法谁也不愿担任主席，而把比利时外长斯帕克推举出来。美国代表戴维斯第一个发言。他首先说明美国参加会议的“目标是和平”。在他的通篇演讲中，没有一句区分侵略者和被侵略者的话，却提倡“日本与中国的合作”，说什么中日关系问题的解决必须建筑在“对每一方公平和双方可以接受”的基础之上①。艾登在发言中表示完全同意戴维斯所说的每一句话，给人以追随美国的印象。他说与会各国应在一起磋商，“看看是否有什么办法使我们有助于冲突的更早停止和恢复稳定状态”。他对日本缺席感到遗憾，认为“这种缺席必定阻碍我们的和平努力”②。法国外长德尔博斯发言附和英美两国，大谈和平问题。意大利代表则完全替日本讲话。

中国代表顾维钧顶着英美等国的沉重压力，在会上叙述了从 1931 年到 1937 年日本对中国的侵略过程和当前中日冲突的实况，并强调说：“我们希望和平，但我们知道，在面临日本侵略的情况下我们不能得到和平。只要那种侵略继续存在，我们就决心继续我们的抵抗。”他还发出警告：如果日本的猖獗武力得不到有效的制止，那么它们不仅要蹂躏中国的疆土，而且必将把“整个世界投入一场没有一个重要

① U. S. Department of State, *The Conference of Brussels*, Washington D. C., GPO, 1938, pp. 24、27.

② Ibid, p. 28.

国家最终能够避开的普遍战争”[①]。

在开幕式上，除中国外，只有苏联外长李维诺夫要求集体安全制止侵略。他强调说：“当侵略国家越来越联合并巩固它们的力量，从而给越来越多的国家造成威胁时，一切爱好和平的国家的团结一致是尤其重要的”[②]。但他的观点未被大会接受。

在会议开幕的第一周，根本没有进行实质问题的讨论。艾登、戴维斯等人所做的第一件事就是要求中国代表公开声明，同意当承担调停的代表们开会讨论斡旋和解决方案的时候，中国代表主动退席。他们多次找顾维钧面谈，施加压力。顾维钧表示，如果会议要求，愿在自愿的基础上退席，但保留在任何时候重行参加会议讨论之权[③]。会议接着考虑的是组成一个小组委员会，以迎合日本的要求。日本在拒绝邀请的回答中，曾强调布鲁塞尔会议由一些在远东没有直接利益的国家出席，必然使形势更加复杂，因此一些国家尤其是英国认为日本可能同意参加一个小型委员会。但大国在讨论委员会的组成时出现了矛盾。美国认为只应由美、英、比参加，这样可以因法国不参加而把意大利拒之门外，但法、意都不同意。后来又在苏联是否参加的问题上发生了更大争执。美、英都反对苏联参加，李维诺夫极为气愤，他对戴维斯说，要让一个大国的代表团站在会议门外等什么时候用得着他才叫他进去开会，这简直是荒唐[④]。11 月 9 日美国撤回意见，小组

---

① U. S. Department of State, *The Conference of Brussels*, Washington D. C., GPO, 1938, pp. 44～45.

② Ibid, p. 34.

③ 顾维钧：《顾维钧回忆录》，第二分册，中国社会科学院历史研究所译，612～613 页，北京，中华书局，1985。

④ 同上书，622 页。

委员会终于流产。

无论英美等国如何想在会上只谈调解而不谈其他问题，但在日本拒不出席的情况下，他们也不能不谈到是否制裁日本的问题。戴维斯对日本无视九国公约和大国一再让步的态度十分不满，因此在开幕当天就在与艾登会晤时提出："如果日本继续对以恢复和平为出发点的任何建议采取顽抗态度"，罗斯福政府"准备考虑行动的可能性"。但艾登回答说，制裁分做两种：无效制裁和有效制裁，前者是"一个空洞的姿态"，而后者则可能"驱使受害者去进行铤而走险的行动"。他强调由于英国在欧洲的担心，它不能单独承担因远东而引起的冲突的主要压力。他要求美国合作，但戴维斯拒绝做出明确的声明①。5日，两人再次会晤，戴维斯密告艾登，美国不会采取制裁行动，"我们只是不买日本货……我们不会不准我们的船只装运日本货或不向他们运货，我们只是不买"②。但艾登仍然大吃一惊，并再次表示3日的看法。6日艾登回到伦敦，与张伯伦就制裁问题交换看法，张伯伦对他大声说："我决不搞制裁"③！

9日艾登回到布鲁塞尔，再次与戴维斯会谈。戴维斯指出，如果日本政府最终拒绝合作，我们可以采取以下几种步骤：(1)双方向中国出售武器；(2)声明决不承认日本在中国本部或"满洲"的侵略，而且双方都不借钱给日本去开发它用武力占领的那些领土；(3)英美都拒绝买日本产品。但艾登一个也不同意。对于(1)，他说："没有一个

---

① *Documents on the British Foreign Policy, 1919—1939*, DBFP, Ser. 2. Vol. 21, London, HMSO, 1984, pp. 424～425.

② ［英］艾登：《艾登回忆录·面对独裁者》下卷，武雄等译，963页，北京，商务印书馆，1977。

③ 同上书，965页。

政府能够被指望去参加能导致危险的集体行动，除非有相互支持的集体保证”。对于(2)，艾登只是原则上说英美的某些共同决定“的确是我们全都希望从这次会议中得到的一项坚实的成就”。至于(3)他表示“这是国联在阿比西尼亚争端时反对意大利所采用过的行动，但它没有成功”。尽管他答应研究这些建议，但强调没有一个人在经历了阿比西尼亚争端后会希望在目前重犯当时已经犯过的错误，重申在目前欧洲的情况下让英国单独在远东事务中采取行动，显然是不可能的①。

日本再次拒绝了会议 7 日发出的邀请信，回信于 12 日到达布鲁塞尔。日本声称：“中日行动不在九国公约范围之内”，“目前事件既发生于远东特殊之情势，故最适当公允之解决惟有于直接利益关系之双方努力商谈中得之”②。因此会议的注意力立即由讨论制裁转到如何回答日本的问题上。戴维斯建议宣布出席布鲁塞尔会议的各国不承认由日本的行动所造成的任何改变，并不向日本提供任何贷款③。但英国外交部的主要官员都反对这一建议，远东司长奥德说：“如果我们把自己同妨碍与日本进行任何公平交易的教条主义原则联系在一起，我们在对付日本人在上海的要求时将受到严重阻碍”④。外交部代理次长卡多根则担心美国可能企图“拖着我们，或推着我们进一步

---

① *Documents on the British Foreign Policy，1919—1939*，DBFP，Ser. 2. Vol. 21，London，HMSO，1984，pp. 458～459.

② 台湾“中华民国外交问题研究会”编：《中日外交史料丛编(四)：卢沟桥事变前后的中日外交关系》，387 页，台北，1965。

③ *Documents on the British Foreign Policy，1919—1939*，DBFP，Ser. 2. Vol. 21，London，HMSO，1984，p. 473. Note3.

④ Ibid.

沿一条危险的道路往前走”①。

美国国内早已对戴维斯在布鲁塞尔的表现不满，11 月 12 日副国务卿韦尔斯在会晤英驻美大使林赛时说戴维斯走得太远了，并指出美国当前所要求于会议的只是任命一个常务委员会来研究将来行动的可能性②。到 13 日美国代表团已收到国务院一系列指示，要他“除了平凡的套话以外”什么也不要在会上提出来，因为政府“希望这次会议至少不要采取任何积极的步骤”③。

在 13 日讨论日本第二次拒绝信的会议上，顾维钧驳斥了日本拒绝的理由，并表示“中国决心抗战到底”，要求“各国决不能承认既成事实”，希望各国“停止日本财政军火原料之接济，予中国以精神实质经济之援助，并宜从速，否则范围日广，非世界战争外无可遏止”。④艾登、戴维斯相继发言，但内容都很空泛。随后由霍恩贝克起草会议对日本第二次拒绝的声明，并经由英法修改，于 15 日由大会通过。(意大利反对，斯堪的纳维亚三国弃权。)声明最后一节说：“当一项国际条约的一方坚持反对所有其他各方的观点，认为它所采取的行动不涉及此项条约的范围，并对其他各方认为在此情况下应属有效的条约置之不顾时，出席布鲁塞尔〔会议〕的上述各国必须考虑，在此局势之

---

① Aron Shai, *Origins of the War in the East*: *Britain*, *China and Japan*, *1937—1939* , London: Croom Helm, 1976, p. 97.

② [英]艾登:《艾登回忆录·面对独裁者》下卷，武雄等译，966 页，北京，商务印书馆，1977。

③ Nancy H. Hooker ed. , *The Moffat Papers*, *Selections from the Diplomatic Journals of Jay Pierrepont Moffat*, *1919—1943* , Cambridge, Mass: Harvard University Press, 1956, pp. 181～182.

④ 台湾“中华民国外交问题研究会”编:《中日外交史料丛编(四)：卢沟桥事变前后的中日外交关系》，399 页，台北，1965。

下他们的共同态度应该是什么”[1]。然后会议便宣布休会一周，理由是以便代表们能同他们的政府商量所持的“共同态度”和以后要采取的步骤。艾登和德尔博斯回国后，再未出席以后的会议。

布鲁塞尔会议的第一阶段就以这样一个声明而告结束。正像《泰晤士报》驻布鲁塞尔记者伯查尔在声明通过的当天所指出的：会议在休会前通过的这个声明显然是“天鹅临终前的美妙歌声”，并且它只能作为一个证据，证明民主国家并不准备采取任何反对独裁者的行动[2]。同日，该报社论也指出：会议第一阶段的成果是“少得可怜的”，而且指望从第二阶段获得的成果将更少[3]。

三　会议的第二阶段

从 11 月 15 日到 22 日是会议的休会期。17 日英国内阁召开会议制定重开会议时应采取的路线。艾登提出有三条路线可以采取：第一是“用一个对日本不能合作表示遗憾的不冷不热的决议结束，如果可能则同时任命一个分委员会去注视形势，然后休会”；第二是“推荐英国人和美国人向双方进行斡旋”；第三是“谴责日本人，拒绝给他们贷款，拒绝承认他们的占领地”。艾登认为第一条路线会激怒中国，并使它要求国联重新考虑全部问题，其后果将使英美十分为难。内阁的其他成员则极力反对第三条路线，他们提醒说，“我们在远东的军事地位是极其虚弱的，而且估计这个建议将使日本目前的愤怒更加激

---

① U. S. Department of State, *The Conference of Brussels*, Washington D. C., GPO, 1938, p. 67.

② Dorothy Borg, *The United States and the Far East Crisis of 1933—1938*, Cambridge: Harvard University Press, 1964, p. 432.

③ Ibid.

化，并带有不能预见的后果”①。会议最终批准了由英国安排英美进行调解的方针。

美国在这一周中已完全改变了会议之初戴维斯一度表现得比较强硬的态度。15日国务卿赫尔要求他只能在会上“强调地重申构成国际关系基础的那些原则”②，不要涉及具体问题。休会之后，国会中的孤立主义分子要求让戴维斯回国的呼声甚高，其中以参议员刘易斯的发言最有代表性。16日他在国会中批评戴维斯参加了谴责日本的声明，声称总统派一个代表团去布鲁塞尔的打算是进行调解而不是使美国卷入一场冲突。如果日本真正认为美国参加了对它的攻击，它的报复行动可能是进攻菲律宾或夏威夷，或进攻美国的船只。他担心其他代表团将“采取把美国推到文明世界面前”作为对在布鲁塞尔发生任何事情负责的国家，因此总统召回他的代表团的最适当的时刻已经到来③。与刘易斯的话相呼应，《芝加哥论坛报》于17日发表了题为“立即回国”的社论；《旧金山考察家报》则攻击说，由于美国把自己和英、法、苏结合在一起反对日本，它正在“同死亡结成联盟”④。为了不使日本对15日声明中的“共同态度”理解为“联合行动”，赫尔于17日打电报给格鲁，让他向日本解释布鲁塞尔通过的声明中无“联合行动”一词，并说美国并未倡议此会，而且会议不过是分担交换意见的共同任

① Great Britain：*Cabinet Office Record*, *Cabinet Minutes* (*Conclusions*), *Microfilm*, *CAB23/90A*, pp. 131～133. 藏于华东师范大学图书馆，首都师范大学世界史资料中心。

② Foreign Relations of the United States：Diplomatic Papers 1937. 以下简写为FRUS/1937, Vol. 4, Washington D. C., GPO, 1954, pp. 187～188.

③ Dorothy Borg, *The United States and the Far East Crisis of 1933—1938*, Cambridge：Harvard University Press, 1964, p. 434.

④ Ibid, p. 433.

务，谁也没有做过超出这个范围的事情，并希望保持美日友好关系。赫尔的这一表示使日本外相广田弘毅大悦，以致忙将此事电告一些驻外使节①。根据华盛顿的指示，戴维斯不再提制裁问题，23 日他对英国代表麦克唐纳说：赫尔来电，对罗斯福使用“隔离”一词表示遗憾，并解释说罗斯福不希望使用任何“似乎表明敌对行动是一种可能行动”的字眼②。

休会期间讨论了几个主要问题，即援华问题，对中国军事物资通过印度支那提供过境便利问题和英美法海军示威问题。

11 月 11 日上海失守后，日军分三路向南京方向推进，中国的军事形势愈益严重。11 月 20 日国民政府已向中外宣布将迁都重庆。在这种形势下中国更加需要得到武器援助，因此中国代表希望英美讨论援华问题。但是英国反对在会议上公开讨论这一问题。20 日麦克唐纳对顾维钧说：最理想的是停战，如果提出援助问题，而且日本也知道要给中国援助，就可能扼杀停战的前景③。英国除拒绝在会上讨论援华问题外，也拒绝向中国提供具体援助，借口是自己需要重新武装，甚至还要从国外购买武器。实际上英国是担心激怒日本。17 日的内阁会议决定，私人公司对中日双方出口战争物资的申请执照，应尽可能长久地坚持“巧妙消极”的政策，同时不应批准向中国和日本出

---

① [美]约瑟夫·C. 格鲁：《使日十年——1932 至 1942 年美国驻日大使格鲁的日记及公私文件摘录》，蒋相泽译，232 页，北京，商务印书馆，1983。

② [英]艾登：《艾登回忆录·面对独裁者》下卷，武雄等译，967 页，北京，商务印书馆，1977。

③ 顾维钧：《顾维钧回忆录》，第二分册，中国社会科学院近代史研究所译，683 页，北京，中华书局，1985。

售多余的政府战略物资[①]。但内阁在做出这一决定时有一个重要的例外，即当时内阁批准了出口卖给日本的200挺计划装在飞机上的机关枪，其理由是这个出口执照是在冲突爆发前签发的[②]。英国在拒绝中国的同时，却在帮助日本人。另外在17日的内阁会议上还在是否仍然允许通过香港运送武器给中国的问题上发生了争论。尽管最后决定仍然暂时保持香港对中国出口武器的安排，但拒绝批准中国关于在香港建立一个飞机装配仓库的要求[③]。至于向中国提供贷款一事，英国只答应"可以考虑"，而这种考虑却直到1938年底才得出了"同意"的结论。

美国的态度也不比英国积极。11月16日霍恩贝克就对顾维钧说，根据现行的中立法，如果同意向中国提供贷款，倘若日本也提出要求，则美国必须同样对日本这么办[④]。21日他又说，如果美国得知戴维斯参加考虑援助中国的会议，他首先将会得到华盛顿将他召回国的电报[⑤]。戴维斯更直截了当地说，任何帮助中国的问题都不可能得到会议通过。至于提供军火问题，他说在封锁的情况下，即使要给中国

---

① Great Britain: *Cabinet Office Record*, *Cabinet Minutes* (*Conclusions*), *Microfilm*, *CAB23/90A*, pp. 127～129. 藏于华东师范大学图书馆，首都师范大学世界史资料中心。

② Aron Shai, *Origins of the War in the East*: *Britain*, *China and Japan*, *1937—1939* , London: Croom Helm, 1976, pp. 170～171, note104.

③ Great Britain: *Cabinet Office Record*, *Cabinet Minutes* (*Conclusions*), *Microfilm*, *CAB23/90A*, pp. 127～128 藏于华东师范大学图书馆，首都师范大学世界史资料中心。

④ 顾维钧：《顾维钧回忆录》，第二分册，中国社会科学院近代史研究所译，665页，北京，中华书局，1985。

⑤ 同上书，687页。

以军事供应，如何能够运送呢[1]？总之，在会议的第二阶段，援华问题毫无结果。

关于中国的军事物资通过印度支那的过境便利问题，中国代表团在整个会议期间不断要求英、美、法予以解决。早在9月27日日本驻法大使馆参赞内山岩太郎就向法国政府提出了禁止经由法属印度支那向中国输送武器的要求[2]。法国担心日本进攻印度支那及滇越铁路会给法国带来巨大损失，遂于10月16日答应了日本的要求。这不仅违反了1930年5月中法协定第6条关于凡属中国政府的武器弹药和军用品在印度支那过境时免征一切关税的决定，而且违反了国联大会关于不得削弱中国抵抗力量的决议，因此顾维钧要求法国政府重新考虑。如上所述，法国要求从英美方面得到保证：一旦法国由于为中国军火提供过境便利而受到日本攻击时，这两个大国将予以支持和帮助。但在会议的第一阶段，英国表示，如果美国同意，英国愿意做出这种保证，把球踢给了美国。但霍恩贝克说，美国的一贯政策是不使自己承担义务，法国应该知道这一点[3]。在华盛顿，罗斯福也于11月6日对法驻美临时代办亨利说，他认为进攻印度支那是一个“假想问题”，“一个遥远的可能事件”，而在远东有领土利益的某些大国的行动却像“吓坏的兔子”，法国总理肖唐则于10日对美驻法大使反唇相讥：“法国和英国以及其他一些民主国家的行动是像‘吓坏的兔

① 顾维钧：《顾维钧回忆录》，第二分册，中国社会科学院近代史研究所译，686页，北京，中华书局，1985。

② 日本国際政治学会太平洋戦争原因研究部编：《太平洋戦争への道》，第6卷，17页，東京，朝日新聞社，1963。

③ 顾维钧：《顾维钧回忆录》，第二分册，中国社会科学院近代史研究所译，635页，北京，中华书局，1985。

子’”，但“以最被吓坏了的方式行动的那只兔子就是美国，因为没有枪口对准它”①。休会期间，中国代表多次重提军事物资过境印度支那问题，但英国表示要等会议重开时再谈，实际采取拖延态度。美国再次拒绝给以保证，戴维斯甚至说，美国在远东没有多少利益，它已决定放弃菲律宾。他还反问道：如果法国自己不愿保卫印度支那殖民地，如何能指望别国替他来保卫呢②？

中国为了抗战事业而向列强寻求有效支持这样一个严肃的问题，在布鲁塞尔却变成了大国之间互相踢皮球的一场游戏。法国以英美保证为前提，英国又要以美国保证为前提，而美国坚决不作保证，结果直到会议结束，问题也未得到解决。

休会期间中国还提出由英、美、法增援在远东的舰队进行海军演习的问题，用以表示三国的密切合作，并可警告日本不得随意干扰中国军需物资的运输，保证海路安全。但英国表示反对，海军部第一海务大臣查特菲尔德认为将两艘主力舰调到远东只会削弱英国国内力量，并不能形成对日本的压倒优势，艾登表示同意③。美国也表示它不可能办到。法国则认为美国拥有一支并无紧急任务的强大舰队，美国应该成为演习主力，英、法只派少量舰只进行道义支持④，又把球踢给了美国。另外中国还要求苏联对日本进行陆上示威，但苏联也要

① Dorothy Borg, *The United States and the Far East Crisis of 1933—1938*, Cambridge: Harvard University Press, 1964, p. 421.

② 顾维钧：《顾维钧回忆录》，第二分册，中国社会科学院近代史研究所译，644、663页，北京，中华书局，1985。

③ [英]艾登：《艾登回忆录·面对独裁者》下卷，武雄等译，967页，北京，商务印书馆，1977。

④ 顾维钧：《顾维钧回忆录》，第二分册，中国社会科学院近代史研究所译，686、672～673页，北京，中华书局，1985。

求英、美保证，它们予以拒绝。中国关于海军演习的要求，同样由于英、美、法等国的互相推诿，未能实现。

休会期间，英美关心的根本不是如何挫败日本的侵略和鼓励中国抗战，而是如何赶快结束会议而又使他们自己能够保住面子。美国草拟了会议的最后报告和声明，希望在这些文件中暗示将来可能对日本施加压力，但英国认为使用强烈的语言但不准备做任何事情是危险的，坚决主张从宣言中清除诸如拒绝承认在中国现状的任何改变，或拒绝借款给日本的措辞①。

22日会议重开，讨论英、美起草的宣言和报告。24日会议通过了报告和宣言。报告只概述了会议工作的几个主要阶段，宣言则重申了一般原则，不分是非地要求"停止敌对行动，求助于和平程序"，并为无限期休会(实际上是结束会议)找了一个理由，即"为了让与会各国政府有时间交换意见，并进一步对……一切和平方法进行探索②"。至此，布鲁塞尔会议以夭折告终，中国对会议抱有的希望终成泡影。

对于会议的无所作为，英美各国都直认不讳。11月24日麦克唐纳在致内阁的报告中说，会议的结果是"有点不光彩的"③。张伯伦则

① B. A. Lee, *Britain and Sino-Japanese War, 1937—1939*, *A Study in the Dilemmas of British Decline*, Stanford: Stanford University Press, 1973, p. 77; Aron Shai, *Origins of the War in the East: Britain, China and Japan, 1937—1939*, London: Croom Helm, 1976, p. 100.

② U. S. Department of State, *The Conference of Brussels*, Washington D. C., GPO, 1938, pp. 76～80.

③ Great Britain: *Cabinet Office Record*, *Cabinet Minutes* (*Conclusions*), Microfilm, CAB23/90A, p. 174. 藏于华东师范大学图书馆，首都师范大学世界史资料中心。

认为这次会议完全是白费时间①。而戴维斯在12月16日向国务卿报告会议成果时，虽然列举了六点之多，但也不过是各代表团“交换意见”，“证明日本不愿使用调解方法”、“与会国家重申九国公约原则”等而已，毫无实际内容②。

四　会议失败的原因及其后果

布鲁塞尔会议失败的原因何在呢？对英国来说，一个重要原因是在整个会议期间它的注意力都集中于欧洲，张伯伦正在企图实现他的绥靖德国的计划，因此极不愿意此时在远东惹怒日本。会议开幕的当天，他在伦敦市政厅发表演说，要求改善与独裁者们的关系，贬低民主国家的团结，并表示希望看到与轴心国的关系“建立在相互的友谊与谅解的基础之上”③。接着他又于11月19日派枢密院长哈里法克斯去德国拜见希特勒，企图缔结一个以英、德为核心的欧洲四强(英、德、法、意)协定。张伯伦与哈里法克斯十分重视这次会晤，认为即使德国人得出印象：反共产国际三国协定刚一宣布，英国人就急于追求他们，也在所不顾④。另一个原因是英国幻想凭借英国的雄厚资本，可以实现英日妥协。11月18日克莱琪在给艾登的电报中说明日本需要财政援助去开发“满洲”和华北，如果这种帮助能灵活地作为一

① ［英］艾登：《艾登回忆录·面对独裁者》下卷，武雄等译，964～965页，北京，商务印书馆，1977。

② U. S. Department of State, *The Conference of Brussels*, Washington D. C., GPO, 1938, p. 82.

③ ［英］C. A. 麦克唐纳：《美国、英国与绥靖1936—1939》，何抗生等译，53～54页，北京，中国对外翻译出版公司，1986。

④ John Harvey ed., *The Diplomatic Diaries of Oliver Harvey 1937—1940*. New York: Collins, 1970, p. 59.

种武器来运用，将带来有希望的结果①。再一个原因是英国抱着“坐山观虎斗”的态度。艾登和教育委员会主席斯坦诺普都希望坐等事态发展，一方面不援助中国，一方面使日本重演1812年拿破仑侵俄的失败，使中日两败俱伤，由英国出来收拾局面②。更有甚者，驻中国临时代办罗伯特·豪居然认为，战争拖长的结果将使共产主义在亚洲大陆的影响巨大增长，英国应当迫使蒋介石达成协议，即使条件非常有利于日本也在所不惜③。

对美国来说，孤立主义势力固然是造成它行动消极的一个重要原因，但美国的商业利益也使它在制裁日本方面却步不前。美国是日本最大的贸易伙伴，1937年在日本输入的总额中美国占33.6%④。仅1937年上半年日本就从美国购买了130万吨废钢铁，大大超过以前购买的数量。同年日本石油的80%也来自美国⑤，使美国商人获利丰厚。中日战争爆发后，纽约的外贸集团对有关实施中立法的谣传惊恐万分，他们指出日本已成为美国的最大顾主，实行这一法案将“对美

---

① Aron Shai, *Origins of the War in the East: Britain, China and Japan, 1937—1939*, London: Croom Helm, 1976, p. 53.

② 参见 Great Britain: *Cabinet Office Record*, *Cabinet Minutes* (*Conclusions*), *Microfilm*, *CAB23/90A*, pp. 300～301 藏于华东师范大学图书馆，首都师范大学世界史资料中心；[英]艾登：《艾登回忆录·面对独裁者》下卷，武雄等译，964～965页，北京，商务印书馆，1977。

③ B. A. Lee, *Britain and Sino-Japanese War, 1937—1939*, *A Study in the Dilemmas of British Decline*, Stanford: Stanford University Press, 1973, p. 785.

④ 日本历史学会：《太平洋戦争史(3)日中戦争(2)》，36页，東京，青木書店，1972。

⑤ [美]赫伯特·菲斯：《通向珍珠港之路——美日战争的来临》，周颖如等译，10、284页注释2，北京，商务印书馆，1983。

国的出口商是一个严重打击”①。会议期间，霍恩贝克明确表示：“在对日贸易感兴趣的人们认为，如果与日本交战，生意就做不成了。南方棉花种植者害怕禁止棉花输日会使他们倾家荡产”②。

英美之所以态度消极，还有一个共同因素，就是他们都错误地认为即使采取制裁措施，也无济于事，英国尤持此种看法。哈里法克斯在1939年1月23日给英国驻华盛顿大使馆顾问马立特的电报中，提到英国在布鲁塞尔会议上不能制裁日本的七条原因，其中四条都是讲这一问题，即日本能在不进口的情况下坚持军事行动几个月；英美禁运在没有世界范围内的定量限制的情况下，日本可以从第三国转运；禁运不能在可估量的时间内对日本产生决定性影响；其他国家与英美合作也不能阻止日本获得所需要的原料，等等③。但是这些理由真能成立吗？厄立特指出：日本的石油有90%需要进口，铁矿只能满足30%，铅则全部需要进口，否则无法制造子弹④。在日本的全部进出口贸易中，英帝国分别占29.5%和32%，美国分别占20.1%和34%⑤。在日本主要出口品生丝和棉针织品中，前者的85%销往美国，后者的50%以上销往英帝国。厄立特还列举了大量日本需要进口

---

① John W. Masland, *Commercial influence upon American Far Eastern Policy, 1937—1941* . Pacific Historical Reviews, XI, (October, 1942) pp. 281～299.

② 顾维钧：《顾维钧回忆录》，第二分册，中国社会科学院近代史研究所译，658页，北京，中华书局，1985。

③ *Documents on the British Foreign Policy, 1919—1939* , DBFP, Ser. 3. Vol. 8, London, HMSO, 1960, p. 412.

④ Freda Utley and David Wills, *Japan can be Stopped*, London: News Chronicle Publications Dept., 1938, pp. 20～21.

⑤ Freda Utley, *Japan's Gamble in China*, London: Secker & Warburg, 1938, p. 297. table1.

的原料。她令人信服地指出："日本实际上在经济压力下是极其脆弱的，比世界上任何其他重要国家都脆弱得多"。正是西方世界喂养了日本侵略者，"如果外部世界希望制止日本，随手可得的武器就是经济抵制"①。

布鲁塞尔会议是一次彻底失败的会议。英、美等国顽固推行绥靖政策，带来了一系列严重后果。

首先，它助长了日本的侵略气焰。会议召开时，日本看起来似乎胜利在望，但在军事方面和经济方面都已出现了困难。战端初起时，日本扬言在一个月内征服中国，但战争进行了将近四个月后，淞沪仍在激战，日本不得不一再增兵，到 1937 年底一共向中国战场派遣了 16 个师团，约 60 余万人，相当陆军总兵力 24 个师团、95 万人的三分之二。战费极其庞大，9 月召开临时议会，通过了二十亿七千五百万日元的临时军事费②。因此，日本对布鲁塞尔会议的召开是有一定顾忌的。它一方面拒绝出席会议，害怕对它进行谴责和制裁，另一方面多次请求德国调解中日冲突，以便早日结束战争。11 月 2 日，即布鲁塞尔会议召开的前一天，日本外相广田向德国驻日大使狄克逊递交了一份日本议和的条件：(一)内蒙古建立"自治政府"；(二)在华北建立一个新的行政机构；(三)扩大上海的非武装地带，由国际租界巡捕队实行管理；(四)停止抗日政策；(五)共同反对共产主义；(六)降低

① Freda Utley and David Wills, *Japan can be Stopped*, London: News Chronicle Publications Dept., 1938, pp. 19、25～26、48.

② [日]守屋典郎：《日本经济史》，周锡卿译，334 页，北京，生活·读书·新知三联书店，1963。

对日本人的关税，等等[①]。但是布鲁塞尔会议的失败，使日本看清了英美等国处理中日冲突的软弱无能。日本人讥讽地称这次会议是"在乱闹的猫的脖子上挂上铃铛但没有老鼠的会议"[②]。1937 年 12 月 13 日日本占领南京后，气焰更加嚣张，要价也大大提高了。12 月 21 日，日本内阁会议决定了《为日华和平谈判事项给德国驻日大使的复文》，其中包括基本条件四项和细目九项。基本条件是：(一)中国应放弃容共和反抗日、"满"的政策，对日、"满"两国的防共政策予以协助。(二)在必要地区设置非武装地带，并在该地区内的各个地方设置特殊机构。(三)在日、"满"、华三国间签订密切的经济协定。(四)中国应对帝国赔款[③]。23 日广田复文递交狄克逊。26 日德国驻华大使陶德曼把日方的条件交给了孔祥熙。当天蒋介石在日记中写道："倭所提条件如此苛刻，决无接受余地"[④]。1938 年 1 月 15 日日本宣布"陶德曼调停工作结束"。16 日近卫发表了第一次对华声明："帝国政府今后不以国民政府为对手，期待真能与帝国合作的新兴中国政权的成立与发展"，采取了十分强硬的态度。18 日日本政府又发表了补充声明，说明"所谓'不以国民政府为对手'，较之否认该政权更为强

---

① 日本国際政治学会太平洋戦争原因研究部编：《太平洋戦争への道》，第 4 卷，125～126 页，東京，朝日新聞社，1963。

② [日]石射猪太郎：《外交官の一生・对中国外交の回想》，258 页，东京，太平出版社，1973。

③ 日本外務省编纂：《日本外交年表竝主要文書》，下卷，380～381 页，東京，原書房，1978。

④ サエケイ新闻社：《蒋介石秘錄》第 12 册，100 页，东京，サエケイ新闻出版局，1976。

硬"①。

其次，英、美在布鲁塞尔会议上推行的绥靖政策也打击了中国的抗战。如上所述，蒋介石原对这次会议抱有很大希望，故令中国军队坚守上海。当 1937 年 11 月 5 日陶德曼向蒋介石转达了日本的议和条件时，蒋介石说，他不能承认日本的要求，"因为中国现在正是布鲁塞尔会议列强关切的对象，而列强是有意要在华盛顿条约的基础上觅致和平的"②。这时英美如果积极援华，即使仅给以经济和军火援助，情况就将有很大不同。但在布鲁塞尔会议失败后，蒋介石一度动摇，12 月 2 日他会见了陶德曼，表示中国接受日本 11 月 2 日提出的条件作为和平谈判的基础，但中国在华北的主权和行政权不得改变，必须维持其完整。只是后来由于日本的条件越来越苛刻，更由于以中国共产党为中流砥柱的抗战力量决不投降，蒋介石政府才拒绝了日本的要求。早在会议召开以前，中国共产党中央的机关报《解放周刊》就发表了题为"关于九国公约会议"的文章，主张利用这一机会加强有利于中国的外交活动，但指出要使这种外交活动成为"抗日的革命外交活动，就首先要巩固坚决抗战到底的决心，否则将容易屈服于有利于敌人而断送祖国的妥协"(《解放周刊》第 21 期)。蒋介石也深深认识到"共产党是从来不投降的"③。于是，1938 年 1 月 18 日国民政府发表了《维护领土主权及行政完整声明》，表示"全力维护主权与行政之完整，任

---

① 日本外務省编纂：《日本外交年表竝主要文書》，下卷，380～381 页，東京，原書房，1978。

② サエケイ新闻社：《蒋介石秘錄》第 11 册，92～94 页，东京，サエケイ新闻出版局，1976。

③ 同上书，98 页。

何恢复和平方法如不以此原则为基础，决非中国所能忍受”①。20日，中国召回了驻日大使许世英。

最后，英、美、法自己最终也身受纵容日本之害。1937年11月13日，中国代表顾维钧在会议上发出警告，说“国际和平也像一国的国内和平一样，如要持久，就得保卫。目前远东和平的恢复与维护，要求其他与会各国采取道义上的、物资上的、财政和经济上的具体行动。这类行动还必须及时进行，因为如果因犹疑而耽误得太久，那么，肆虐于远东的暴力和动乱，不久就会达到不经受另一次世界大战的考验和磨难，就不可能制止和控制的程度”②。他的话不幸言中了。英、美、法妄想用让步的办法换取与日本的妥协，以保全自己在远东的利益，结果反使日本对它们更加蔑视，更加无所顾忌地放手侵略。1940年9月23日日军进驻法属印度支那北部，迈出了南进的第一步。1941年12月7日，日本偷袭珍珠港，太平洋战争爆发。日本的屠刀终于砍到了英、美、法帝国主义自己的头上！

① 袁旭等编著：《第二次中日战争纪事(1931.9—1945.9)》，140页，北京，档案出版社，1988。

② 顾维钧：《顾维钧回忆录》，第二分册，中国社会科学院近代史研究所译，696～697页，北京，中华书局，1985。

对“罗斯福—韦尔斯和平计划”的历史考察*

1937年底到1938年初，美国总统富兰克林·D.罗斯福及副国务卿塞姆纳·韦尔斯曾共同设计过一个缓和国际紧张局势，和平解决国际争端以维持世界和平的方案，史称“韦尔斯计划”或“罗斯福—韦尔斯和平计划”。但是这一计划从未获得过实施，甚至除了当时的美英两国最高决策层之外，外界完全不了解这个计划。尽管如此，该计划作为第二次世界大战爆发前美英关系的一个典型事例，仍然引起了政治家和历史学家的重视。很多历史学家也从不同的角度探讨了这一课题①。但这些成果仍然或多或少存在某

* 原载《世界历史》2001(4)。

① 关于西方学者研究，可参见 William L. Langer and S. Everett Gleason, *The Challenge to Isolation, 1937—1940*, New York: Harper and Brother, 1952; Arnold A. Offner, *American Appeasement, United States Foreign Policy and Germany, 1933—1938*, New York: Norton, 1976; C. A. Macdonald, *The United States, Britain and Appeasement, 1936—1939*, HongKong: Macmillan, 1981; David Reynolds, *The Creation of the Anglo-American Alliance, 1937—1941: A Study in Competitive Co-operation*, London: Europa Publications, 1981; William R. Rock, *Chamberlain and Roosevelt: British Foreign Policy and*

些语焉不详之处，某些结论也值得进一步商讨。本文将从美英关系的角度，依据原始档案及当事人的回忆录等第一手资料，并参考有关这一问题的研究成果，对“罗斯福—韦尔斯和平计划”进行深入的探讨，力图基本理清这一计划的来龙去脉，以就教于读者。

一

1937年10月5日，罗斯福在孤立主义的大本营芝加哥发表了他的“防疫”演说①。从罗斯福的演说中可以看出：他已经看到了战争的实际威胁，并出现了对侵略者要实行遏制的想法，但是这种遏制绝不是制裁，充其量是采取某些道义的做法呼吁和平。与此同时，副国务卿萨姆纳·韦尔斯也形成了一个企图恢复世界和平的计划。

10月6日，韦尔斯起草了一份和平计划备忘录。他建议总统去询问世界各国政府是否愿意出席由总统准备召开的世界会议，并就下列问题达成共同协议：1. 在国际关系中应当遵守的基本原则(例如不干涉其他国家内政的原则)。2. 陆战法则及惯例。3. 海战法则及惯例。4. 中立国在陆上和海上的权利和义务，除了它们受到现有的国际条约

(接上页注)*The United States, 1937—1940*, Columbus: Ohio State University Press, 1988; Ronald E. Powaski, *Toward An Entangling Alliance, American Isolationism, Internationalism, and Europe, 1901—1950*, New York: Greenwood Press, 1991. 关于中国学者的研究，可参见陈兼、倪培华：《1938年罗斯福的“和平倡议”与英国内阁危机》，载《世界历史》1985(7)，40～47页；金卫星：《美国对德绥靖的“韦尔斯计划”》，载《历史研究》1995(4)，85～95页。

① 全文见[美]富兰克林·D. 罗斯福：《罗斯福选集》，关在汉编译，150～155页，北京，商务印书馆，1982。

的限制之外。5. 所有民族自由获得原料的权利。韦尔斯认为，他的建议旨在达成有关国际行为准则的共同协定，而不包括政治、经济或财政方面的调整①。

罗斯福对韦尔斯的计划相当欣赏，认为这个计划"将给他一个机会去要求美国人民和所有其他民主国家的人民支持一个维持和平的新尝试……将向欧洲独裁者表明美国并不是像他们过去所倾向于相信的那样对他们征服世界的计划漠不关心"，而且在使美国公众舆论关注维护和平的同时，又不会对流行的孤立主义情绪构成直接的挑战②。但是罗斯福还是希望更加谨慎行事，并提出了具体的四步程序：(1)美国政府通过正式外交渠道向其他各国政府说明应当根据 10 月 6 日备忘录所列的 5 条达成国际协议。(2)如果各国同意，美国将领导一个少数国家参加的小组具体拟定出国际关系和国际行为准则。(3)美国将通过外交途径把该小组的决议通知其他国家。(4)如果其他大多数国家同意这些决议，将通过召开一次国际会议达成正式协议③。

韦尔斯进一步概括了总统的想法，并于 10 月 26 日向罗斯福提出了以总统的口气写成的"为进行协调一致的国际努力以达成有关维护

---

① The U. S. Department of State ed., *Foreign Relations of the United States: Diplomatic Papers*, 1937, FRUS/1937, Vol. 1, Washington D. C., GPO, 1954, p. 666；全文见 pp. 665～666.

② Sumner Welles, *Seven Decisions That Shaped History*, New York: Harper, 1950, p. 22; Ronald E. Powaski, *Toward An Entangling Alliance*, p. 73. Ronald E. Powaski, Toward An Entangling Alliance, *American Isolationism, Internationalism, and Europe, 1901—1950*, New York: Greenwood Press, 1991.

③ The U. S. Department of State ed., *Foreign Relations of the United States: Diplomatic Papers, 1937*, FRUS/1937, Vol. 1, Washington D. C., GPO, 1954, p. 667.

世界和平所必需的国际行为准则的建议草案”。该草案主要包括以下内容：

第一，说明目前形势的危险以及各国重新达成国际关系基本原则的重要性。

第二，提出以下具体原则并建议达成协议：1. 在国际关系中应当遵循的必要的基本原则。2. 各国人民根据平等与有效的条件实践他们获得原料与其他生活必需品的权利的方式。3. 能够和平修改国际协定的方式。4. 一旦不幸的战争爆发，中立国在陆地和海上的权利和义务，除了某些国家受到现有的国际协议束缚的情况之外。

第三，在各国政府同意上述建议并向美国提出要求的情况下，美国将与其他国家一道立即制定试验性的建议细则，并将召开所有国家的会议向它们提出这些建议。

第四，说明美国支持修改凡尔赛条约，但表示美国坚持对欧洲事务的不干预政策。

该草案强调，在建立持久和平之前，有必要对国际关系进行某种调整，以便消除那些由于第一次世界大战结束时达成的某些解决方案的性质所决定的目前依然存在的不平等现象；但是美国政府已经坚持并将继续坚持不干预(欧洲)政治的传统政策，在决定政治调整中美国不能起任何作用。然而，如果所有国家事先就国际关系所基于的准则达成一致意见，那么要做出这些调整可能就更容易了①。

在提交这份“草案”的同时，韦尔斯建议总统在 11 月 11 日，即第

① The U. S. Department of State ed., *Foreign Relations of the United States: Diplomatic Papers, 1937*, FRUS/1937, Vol. 1, Washington D. C., GPO, 1954, pp. 668～670.

一次世界大战停战日邀请驻华盛顿的各国外交代表在白宫东厅召开会议，并向他们宣读草案中提出的建议。在韦尔斯看来，之所以选择停战纪念日，不仅是由于停战日本身具有的意义将对世界舆论产生影响，而且到那时解决中日冲突的布鲁塞尔会议已经进行了8天，而“一项上述性质的建议肯定能够加强那些谋求防止世界走向无政府状态的大国的地位”，韦尔斯强调“草案中提到的可能必须重新调整第一次世界大战所达成的安排的建议，几乎肯定会在德国产生良好的反应”，他还谈到国务卿科德尔·赫尔也认为这个草案“完全可行”①。

但是，罗斯福并没有在11月11日提出这个计划。究其原因，主要有以下几点。

第一个直接的因素是原来对这个计划并未表示异议的赫尔转而坚决反对这个计划。他认为该计划“既不合理也不可能实现”。他向罗斯福勾勒了整个形势：“在1937年的最后阶段，德国、日本和意大利已经极大地加快了重整军备的步伐，毫无疑问他们这是打算进攻而不是力图防御，是为了征服而不是为了和平。当民主国家最需要做出实际的努力去武装他们自己以进行防御之时，召开一次和平会议而使他们产生一种虚幻的平静之感，这对他们来说是致命的。”赫尔还认为，英国和法国正在与德国和意大利进行微妙的谈判，因此不事先就韦尔斯的“多少有点儿天花乱坠的”和平会议计划征求英国和法国的意见是不

① FRUS/1937，Vol. 1，p. 668. 这封信的全文见 pp. 667～668. 最后交给罗斯福总统的计划本身包括三个文件：其一是总统在停战纪念日对世界各国的一个呼吁；其二是由美国向被选出来的包括美国在内的10个国家组成的首届执行委员会提出议程；其三是组成该执行委员会的国家名单，包括拉丁美洲、欧洲的一些小国，以及近东和远东的代表。参见 Sumner Welles，*Seven Major Decisions*，London：Hamish Hamilton，1945，p. 35.

明智和不可靠的，更何况张伯伦已经在9月拒绝过罗斯福的访美邀请①。

第二个因素是韦尔斯所寄予希望的布鲁塞尔会议在尚未召开之前就已经呈现失败的征兆。10月27日，日本正式拒绝参加布鲁塞尔会议，同时继续增派部队到上海作战。因此，国务院的官员已经开始担心由于“日本人拒绝参加九国公约会议，这使韦尔斯计划看起来情况不妙”②。11月3日布鲁塞尔会议虽然按时召开，但是会议在最初几天采取的唯一行动是再次向日本发出邀请信，而日本人则再次给以回绝。在这种情况下，正如助理国务卿阿道夫·A. 伯利在11月8日的日记中所说：“布鲁塞尔会议已陷入麻烦之中，我并不认为总统推进塞姆纳的关于召开一个国际会议的计划是明智的。”③

第三个原因是美国政府担心公众舆论。韦尔斯在制订这一计划时认为，由于该计划并不涉及直接或间接的军事义务，而且其目的主要是运用美国的影响去阻止国际法和国际秩序的崩溃，所以他希望这个建议会获得国会和大多数美国人民的支持④。然而实际情况是当时美

---

① Cordell Hull, *The Memoirs of Cordell Hull*, Vol. 1, New York: The Macmillan Company, 1948, pp. 547～549. 关于张伯伦拒绝了罗斯福的访美邀请，参见拙文：《简评1937年美英关于罗斯福和平计划的秘密谈判》，载《首都师范大学学报》2000(4)，52～58页，已收在本书中。

② Beatrice Bishop Berle and Travis Beal Jacobs eds., *Navigating the Rapids 1918—1971*, from the Papers of Adolf A. Berle, New York: Harcourt Brace Jovanovich, ING, 1973, p. 145.

③ Beatrice Bishop Berle and Travis Beal Jacobs eds., *Navigating the Rapids 1918—1971*, from the Papers of Adolf A. Berle, New York: Harcourt Brace Jovanovich, ING, 1973, p. 146.

④ Sumner Welles, *Seven Major Decisions*, London: Hamish Hamilton, 1945, p. 34.

国的公众舆论并不赞成美国政府提出任何倡议，尤其是不赞成看起来要使美国卷入与英国的合作中去的那种倡议。在布鲁塞尔会议开幕后，赫斯特报业集团已经对英国外交大臣安东尼·艾登在布鲁塞尔的所作所为吵吵嚷嚷，声称英国在玩弄手段使美国来保卫大英帝国。甚至出席会议的美国代表团的一些成员也持这种看法①。罗斯福担心如果这一计划在此时提出，必将遭到舆论的抨击，并可能为他的政治反对派所利用②。

第四个原因与韦尔斯计划本身的目的和欧洲形势的变化有关。据韦尔斯所说，他最初制订这个计划的目的之一，是希望它能够推动英法为防止欧洲事态的任何进一步恶化而努力，是唤起支持欧洲大大小小的民主国家的愿望，而只有清楚地表明美国将在一场为解决日益严重的危机的国际努力中给以帮助，才能达到这个目的③。但是现在英国首相尼维尔·张伯伦已经采取了主动。10 月中旬，在张伯伦的支持下，英国枢密院长哈里法克斯勋爵接受了德国方面要他去参加 11 月在柏林举行的狩猎展览会的邀请。张伯伦对这次即将进行的访问十分重视，期望它成为绥靖总过程的第一步，因此他授权哈里法克斯在

---

① Nancy H. Hooker ed., *The Moffat Papers: Selections from the Diplomatic Journals of Jay Pirrepont Moffat 1919—1943*, Cambridge, Mass: Harvard University Press, 1956, pp. 182～183; Dorothy Borg, *The United States and the Far Eastern Crisis of 1933—1938*, Cambridge: Harvard University Press, 1964, pp. 433～434.

② Sumner Welles, *Seven Major Decisions*, London: Hamish Hamilton, 1945, p. 24.

③ Sumner Welles, *The Time of Decision*, New York: Harper & Brothers, 1944, p. 66; Sumner Welles, *Seven Major Decisions*, London: Hamish Hamilton, 1945, p. 31.

这次柏林之行的同时去伯希特斯加登拜见希特勒①。在这种情况下，美国需要等待哈里法克斯的访问结果，而且韦尔斯计划的目标也必须有所改变，正如伯利所指出的："现在韦尔斯计划的目标是，一旦在巴黎、伦敦和柏林之间拟订出任何解决办法，则将努力使之付诸实施。"②

鉴于以上原因，罗斯福暂时搁置了这个计划。

二

然而，美国所关心的欧洲的形势并没有由于哈里法克斯对德国的访问而得到改善。在会谈中，哈里法克斯遵从张伯伦的旨意，说明他这次来访的目的是"以求英德两国达成更好的谅解"，以便为西欧四大国英、法、德、意建立持久的欧洲和平奠定基础，并表示英国人"比其他人更加确信，凡尔赛条约酿成的一些错误，必须加以纠正……英国所关注的，是任何变更都应该通过和平演进的方法"。而希特勒则对德国仍然承受凡尔赛条约的道义与物质耻辱愤愤不平，并大谈德国的生存需要，表示"德国不会永远处在凡尔赛条约所规定的状态之下"。会谈没有取得任何实际结果③。

另一方面，亚洲的形势也在继续恶化。日本不但拒不出席布鲁塞尔会议，还在12月12日制造了炸沉炸伤美英战舰"帕奈号"、"蜜蜂

---

① 参见[英]约翰·惠勒一贝内特：《慕尼黑——悲剧的序幕》，林书武等译，19页，北京，北京出版社，1978。

② Beatrice Bishop Berle and Travis Beal Jacobs eds., *Navigating the Rapids 1918—1971*, *from the Papers of Adolf A. Berle*, New York: Harcourt Brace Jovanovich, ING, 1973, pp. 145、150.

③ 这次会谈的记录，详见李巨廉、王斯德主编：《第二次世界大战起源历史文件资料集》，68～79页，上海，华东师范大学出版社，1985。

号”和“瓢虫号”的重大恶性事件①。

与此同时，美国的公众舆论仍然为孤立主义所左右，这在12月众议员们纷纷支持印第安纳州众议员路易斯·勒德洛在1935年提出的要求把宣战权力从国会移交给人民的典型的孤立主义提案中表现得极为突出。尽管1938年1月10日众议院终于以209∶188票的微弱多数否决了这一提案，但是该议案几乎取得胜利本身便可以看出孤立主义的势力之大②。

鉴于国际国内形势的这种状况，美国政府在不得不考虑对日本进一步损害美英在远东的利益采取某些事先的防范措施的同时，也希望在不刺激国内舆论的前提下对已经开始的英德接触给以一定的助力。于是，这导致罗斯福总统做出了一系列重大决定，其中的一个决定就是继续做出外交努力，促使欧洲的民主国家和法西斯国家之间达成协议。这便是重提韦尔斯和平计划，尽管由于事态的变化使原计划必须做出修改。此时的赫尔也不再反对这个计划，但前提是必须事先咨询张伯伦的看法，如果张伯伦表示同意，那么在白宫采取任何行动之前也要与法国、德国和意大利协商③。

---

① 关于这一事件，参见Alvin D. Coox, *Year of the Tiger*, *Tokyo and Philadelphia*: *Orient/West*, Inc., 1964, pp. 84～97; Irving S. Friedman, *British Relations with China*: *1931—1939*, New York: Institute of Pacific Relations, 1940, pp. 112～114. 对这一事件的概括论述，参见拙著：《英国与中日战争，1931—1941》，第7章第1节，北京师范学院出版社，1990；首都师范大学出版社，2010。

② Robert A. Divine, *The Illusion of Neutrality*, Chicago: University of Chicago Press, 1962, pp. 219～220.

③ Sumner Welles, *Seven Decisions That Shaped History*, New York: Harper, 1950, p. 25.

于是，韦尔斯在1938年1月10日向罗斯福递交了一份关于解决欧洲问题的新的和平计划备忘录，并得到了后者的同意。它与1937年10月26日建议草案的不同之处是：

第一，在向各国通报之前，首先将这一建议秘密通知英国，以确保后者的支持。

第二，说明现在这个建议的目的是对英德谈判给以帮助，即帮助英国与德国“就殖民地和安全方面，以及在欧洲的调整方面达成切实可行的谅解基础”；并设想“如果这种切实可行的重新调整得到谈判并得以实行，同时在美国政府建议下所拟订的规则得到明确肯定，那么，这两个平行谈判中的每一个谈判显然都会部分地受到另一个谈判达成的协议所指导”，而美国“将可能对这两个平行谈判中有关限制军备的问题发挥有帮助的作用”。

第三，强调该计划的实行对美国在世界上的领导作用，以及对欧洲和远东形势将起到的积极影响。韦尔斯写道：“如果德国和意大利未能与英国和法国达成实际谅解……他们可能也不会承认那些根据美国政府的建议所制订的原则。在这种情况下……美国政府至少会得到世界上所有其他国家——除了坚决与柏林-罗马轴心站在一起的国家——对将确保世界和平和保卫现代文明的那些建议的支持。”他还认为：“如果德国和意大利与英国和法国解决了他们的实际问题，将可能大大削弱目前它们对日本的支持——至少足以迫使日本在不违背九国公约原则的条件下与中国议和。”①

① *The U. S. Department of State ed.*, *Foreign Relations of the United States*: *Diplomatic Papers*, 1938, FRUS/1938, Vol. 1, Washington D. C., GPO, 1954, pp. 115～117.

1月11日韦尔斯以总统的名义草拟了给张伯伦的秘密信件，向他通报上述建议。在这封信中，罗斯福更为概括而明确地说明了美国建议的实施步骤、内容和目的。该建议的实施分为两步：第一步，首先与瑞典、荷兰、比利时、瑞士、匈牙利、南斯拉夫、土耳其和包括美国在内的三个美洲国家共10个国家的代表就下列问题进行协商：(1)国际关系中必须遵循的基本原则；(2)最有效地达成限制和裁减军备的方法；(3)促进平等地获得原料和其他生活必需品的方法；(4)中立国的权利和义务，以及中立国有权要求遵守的战争法则及其惯例。第二步，将协商的结果提交其他国家，以获得批准。在这封信中，罗斯福提到凡尔赛条约中有某些不公正之处，可能要进行修改。美国政府虽然不能背离其“传统的不介入政治纠纷的政策”，但总统认为，如果各国在如何处理它们之间的关系方面取得一致意见，他准备将政策作一些调整。现在他希望在根据上述时间表采取行动之前，能够首先获得张伯伦首相的迅速而表示支持的回答①。

从新的和平计划和罗斯福给张伯伦的密信中可以看出，现在罗斯福并不打算干扰张伯伦与德、意法西斯国家进行的谈判，而是希望“这个建议本身能够推动英法为防止欧洲事态的任何进一步恶化而做出的努力”②，正如历史学家兰格和格里森所说：“尽管它并不包括对英国绥靖政策的赞同，但实际上却暗含着接受这项政策的意思。而且一旦这一政策遭到失败，这个计划至少也会对激励世界舆论产生道义

① William R. Rock, *Chamberlain and Roosevelt*, pp. 55～56；[英]《艾登回忆录·面对独裁者》下卷，武雄等译，981～982页，北京，商务印书馆，1977。

② Sumner Welles, *Seven Major Decisions*, London: Hamish Hamilton, 1945, p. 66.

影响。”①

为了保密，当天韦尔斯便到英国大使馆去会见雷诺·林赛大使，请他将这个计划秘密转达英国政府。韦尔斯说明：总统打算在1月23日在白宫会见驻华盛顿各国外交使节，并向他们提出上述建议；如果总统能够在1月17日以前得到张伯伦的保证，表明“英王陛下政府热情同意并衷心支持”这项计划，那么罗斯福就往下进行了，否则整个计划就将作罢②。

1月12日，林赛大使的电报到达英国外交部，此时艾登正在法国休假，张伯伦则在契克斯。外交部常务次官亚历山大·贾德干爵士(另译为卡多根)立即把全部材料呈送张伯伦，并附有一份他自己写的建议与美国密切合作的短函③。他认为，在艾登回国之前不要作出答复。

但是张伯伦却根本就不喜欢总统的这个建议。他一直认为美国是孤立主义的，而罗斯福在这封电报中再次提到的美国不介入政治纠纷更加强了他的这一看法；同时他认为这个计划将使他自己要同希特勒和墨索里尼达成解决办法的努力化为泡影。因此他把这个建议说成是“晴天霹雳”和“一颗炸弹”，并在日记中写道：“这项计划有点异想天

① William L. Langer and S. Everett Gleason, *The Challenge to Isolation, 1937—1940*, New York: Harper and Brother, 1952. pp. 25～26.

② [英]艾登：《艾登回忆录·面对独裁者》下卷，武雄等译，981页，北京，商务印书馆，1977；Sumner Welles, *Seven Major Decisions*, London: Hamish Hamilton, 1945, pp. 26～27. 韦尔斯所说的总统打算召见各国驻华盛顿使节的日期为1月22日。

③ 参见[英]艾登：《艾登回忆录·面对独裁者》下卷，武雄等译，984页，北京，商务印书馆，1977；C. A. Macdonald, *The United States, Britain and Appeasement, 1936—1939*, HongKong: Macmillan, 1981.

开，很可能会遭到德国和意大利的嘲讽。他们甚至会以此为借口拖延与我们的会谈。而且，如果我们公开支持这一计划，他们会认为这是民主国家集团又一次企图把独裁国家置于被告席上的行动。”①在他看来，罗斯福总统可能在某个有利的阶段帮助制定有关某些欧洲问题的协定，但是许多事先要进行的工作必须首先在伦敦完成②。

于是，张伯伦未等艾登回国，便于1月14日给罗斯福发回了一份冷冰冰的回答。张伯伦希望“总统将会了解英王陛下政府正在进行的绥靖方案”，并通报了英国即将与意大利重开谈判，还说明“如果能够获得国联的同意，英王陛下政府将准备在法律上承认意大利对埃塞俄比亚的征服”；至于德国方面，张伯伦表示“在各方都能够而且应当做出他们的贡献的同样基础之上，英王陛下政府将着手研究哈里法克斯勋爵访问柏林所显现出的形势，其目的是寻求采取什么样的措施能够满足德国的要求，以便使他们也能对普遍的缓和做出贡献”。在这种情况下，张伯伦要求总统考虑“是否总统的建议冒了把英国在这里的努力拦腰切断的危险”，因此他要求总统“暂时住手，看看英国人在开始解决那些具体问题的时候会取得什么进展”③。

---

① Viscount Temlpewood, *Nine Troubled Years*, London: Collins, 1954, p. 270; Keith Feiling, *The Life of Neville Chamberlain*, London: MacMillan, 1946, p. 336; [英]伊恩·麦克劳德:《张伯伦传》，西安外语学院英语系译，200页，北京，商务印书馆，1990。

② William R. Rock, *Chamberlain and Roosevelt: British Foreign Policy and The United States, 1937—1940*, Columbus: Ohio State University Press, 1988, p. 59.

③ *The U. S. Department of State ed.*, *Foreign Relations of the United States: Diplomatic Papers*, 1938, FRUS/1938, Vol. 1, Washington D. C., GPO, 1954, pp. 118～120.

对美国来说，张伯伦的答复“简直就是浇了一盆冷水”①。美国人大失所望，怀疑张伯伦是想把美国完全排除在欧洲的和解之外；而且英国如此热衷于双边谈判，也使美国人怀疑这种谈判达成的协议将不会有利于美国的利益。于是1月17日罗斯福给张伯伦发出回信，表示他同意“暂缓”提出他希望提出的建议，但同时说明，他担心“英国要在法律上承认意大利对埃塞俄比亚的征服，特别是在此时走出这一步”，不仅“将会对远东的事态造成有害的影响”，而且“英王陛下政府放弃不承认原则”，也将对美国的公众舆论产生严重影响。总统强调指出，“承认对埃塞俄比亚的征服——这在某个适当时候，可能不得不被视为一个既成事实——在我看来这是一个影响到所有遵守不承认原则的国家的问题，因此这一问题应当作为世界绥靖措施的一个组成部分来看待，对此，世界上所有国家应该预先表现出共同的兴趣并愿意在其中承担他们各自的责任。”接着罗斯福希望英国人将他们与德国和意大利的谈判情况见告，因为“本政府和其他政府一样同那些与条约权利以及涉及经济和财政的问题直接有关”。当然罗斯福也没有忘记说明，“美国当然与这些谈判的政治方面无关”②。

赫尔和韦尔斯则更明确地向林赛表达了美国政府的态度。赫尔说，美国无意要求在英意讨论中加入美国的意见，但是“如果任何像英国这样重要的国家突然放弃不承认原则而走到承认意大利征服埃塞俄比亚的地步，那么无赖国家就会把它看成是对他们明目张胆地撕毁

① Sumner Welles, *The Time of Decision*, New York: Harper & Brothers, 1944, p. 66.

② *The U. S. Department of State ed.*, *Foreign Relations of the United States: Diplomatic Papers*, 1938, FRUS/1938, Vol. 1, Washington D. C., GPO, 1954, pp. 121～122.

条约和用武力夺取领土的政策的实际认可”；而且这种承认“在太平洋地区的影响可能相当严重”。他还认为即使要修改不承认原则，也将“由世界上所有的国家或大多数国家通过某种普遍的安排有条不紊地进行修改”①。韦尔斯则根据总统的指示告诉林赛，法律上承认意大利的征服问题关系到美国在远东的物质利益(这与英国的物质利益并无不同)和人民的思想情绪，“这样做将会激起厌恶的情绪；将会使人们对火中取栗的做法再度产生并增加恐惧情绪；而且将表明，在欧洲做成的这一桩肮脏交易是以牺牲与美国密切相关的远东利益换来的”②。

因此可以看出，美国并非坚决反对承认意大利对埃塞俄比亚的征服，而是如英国史学家 C. A. 麦克唐纳所说：“罗斯福认为这种承认应该是一个集体的行动，应该是作为美国和平计划的一部分而作的让步。在做出这一让步时必须同时就确立新的国际法体系达成协议。而张伯伦则似乎在宽容意大利破坏国际法的同时却没有坚持确立新的行为准则。”③

三

但是，同年 1 月 15 日艾登的回国使形势有所变化，也使英国政府内部的分歧趋于表面化。艾登认为张伯伦的做法是错过了“一个与

---

① Cordell Hull, *The Memoirs of Cordell Hull*, Vol. 1, New York: The Macmillan Company, 1948, pp. 580～581.

② [英]艾登：《艾登回忆录·面对独裁者》下卷，武雄等译，995～996 页，北京，商务印书馆，1977。

③ C. A. Macdonald, *The United States, Britain and Appeasement, 1936—1939*, HongKong: Macmillan, 1981, p. 69.

美国合作的前所未有的机会”。在艾登看来，总统倡议的目的在于用他目前所能采取的唯一手段来在希特勒和墨索里尼前进的道路上设置障碍，而且即使在最坏的情况下，总统的倡议也能使我们赢得时间，并使美国向四分五裂的欧洲靠拢一步。因此英国应该“立即接受罗斯福的建议，同时对声明草稿提出一些文字上的修改意见”。艾登还对张伯伦在没有和他商量的情况下就给总统发出回信表示不满①。艾登的私人秘书奥利弗·哈维也认为罗斯福的计划提供了英国长期以来所谋求的与美国合作的机会，他在给艾登的一份备忘录中写道：“对我们来说唯一致命的危险是与美国相对抗。没有罗斯福的支持，我们就会在一场战争中遭到毁灭。”②

于是艾登于1月17日和18日多次与张伯伦讨论这一问题。艾登的基本思想是：英国不能单独对付联合在一起的德意日三国，而总统的倡议是一个增进英美合作的机会；英国与意大利的谈判即使取得成功，但同时又拒绝美国的建议，也会使总统退而采取更为孤立主义的态度，这种情况是对世界和平的最大灾难，并且会破坏英国鼓励美国进行合作的努力。他还认为，英国必须做出的抉择是：或是通过英美合作来保卫世界和平，或是通过与墨索里尼达成没有把握的协议来取得零打碎敲的解决办法；而且与美国的合作并不一定损害英国与德国谈判的前景，“实际上，美国和我们之间的感情愈一致，合作愈加强，我们与德国打交道的地位就愈加强”。但是张伯伦坚持要求罗斯福收回他的建议，并继续英国与意大利的谈判，不惜一切代价与意大利达

① [英]艾登：《艾登回忆录·面对独裁者》下卷，武雄等译，979、987页，北京，商务印书馆，1977。

② John Harvey ed., *The Diplomatic Diaries of Oliver Harvey, 1937—1940*, New York: Collins, 1970, pp. 69～70.

成协议，包括法律上承认意大利对埃塞俄比亚的征服。德国的问题则可以等一等再说①。

1月19日和20日，英国内阁外交委员会对这一问题进行了两天辩论。张伯伦、哈里法克斯等人均以美国不会在实际上进行帮助为理由，激烈反对罗斯福的计划。张伯伦拿出一份他要发给罗斯福的电报草稿，再度向总统解释他希望在法律上对意大利征服埃塞俄比亚予以承认，并请总统运用他对意大利的影响帮助英国达成协议。国防协调大臣托马斯·英斯基普认为：“艾登的联合美英法三国的政策，将引起战争。”英国政府首席工业顾问、张伯伦的密友霍勒斯·威尔逊态度更为激烈，认为罗斯福的倡议是“含糊不清的废话”，并尽力劝说首相向美国的倡议泼冷水，同时继续进行他自己的与独裁者进行和解的计划②。艾登则坚持支持罗斯福的建议，至少不能离开罗斯福的声明来讨论承认的问题。

经过两天的激烈辩论，艾登终于取得了张伯伦的妥协。现在张伯伦打算采取双管齐下的方针：英国继续与墨索里尼打交道，罗斯福继续进行他的计划。1月21日张伯伦给罗斯福发出两封电报，表示他现在热诚欢迎并支持总统提出他的倡议，并进一步详细说明了英国打算在法律上承认意大利对埃塞俄比亚的征服③。

1月22日，林赛将张伯伦的电报交给韦尔斯。后者对英国政府保

① ［英］艾登：《艾登回忆录·面对独裁者》下卷，武雄等译，989～999页、1091～1093页附录2，北京，商务印书馆，1977。

② 同上书，1000～1002、1005页。

③ William R. Rock, *Chamberlain and Roosevelt: British Foreign Policy and The United States, 1937—1940*, Columbus: Ohio State University Press, 1988, p. 65.［英］艾登：《艾登回忆录·面对独裁者》下卷，武雄等译，1008页，北京，商务印书馆，1977。

证“法律上的承认只能和与意大利达成总的解决办法一并解决”感到满意，并说明“总统把这种承认当作我们双方都必须吞服的一粒苦药。他希望我们双方要吞就一起吞”；他还说，“英王陛下政府希望在与意大利全面和解时吞它，而总统则希望在取得包括全世界缓和在内的全面和解时才吞这粒药丸。”①这再一次证明，美国并非坚决反对承认意大利对埃塞俄比亚的征服，只是这种承认应该是一个集体的行动，应该是作为美国和平计划的一部分而作的让步。但是，在这次会谈中，韦尔斯表示总统当前不大可能在一周或更多的时间内提出他的倡议。随之而来的德国的事态发展，则使罗斯福—韦尔斯和平计划的前途更加暗淡。

1938 年，希特勒决心在国内排除影响他开拓“生存空间”的几个障碍。2 月 4 日，希特勒宣布陆军元帅、战争部长和武装部队总司令冯·勃洛姆贝格辞职，而由他本人担任武装部队的总司令；同时陆军总司令冯·弗立契也被免职，接替他的是冯·勃劳希契将军。第二天，原驻英大使冯·里宾特洛甫接替冯·纽赖特成为外交部部长，而经济部长雅尔玛·沙赫特则在 1937 年 12 月就被迫辞职。美国政府对德国的这些变化感到担忧，认为德国“稳健派”的失势，表明了德国政府正在向“更加激进的方向发展的趋势”。在这种情况下，如果罗斯福仍然提出和平倡议，那么这种做法就如美国驻法国大使威廉·C. 布利特在给总统的信中所说：“尽管这样一个(讨论国际法的)会议能够被美国公众舆论所接受，但是对世界的其他地区来说却是一种逃避现实的行动。这看起来就像是在艾尔·卡彭(按指芝加哥的大匪徒)横行

① ［英］艾登：《艾登回忆录·面对独裁者》下卷，武雄等译，1010～1011 页，北京，商务印书馆，1977。

不法嚣张之时，你却在华盛顿召开全国心理分析家会议，研究犯罪的心理原因。”①因此，当2月9日林赛向韦尔斯问起美国的倡议时，后者回答说：“由于近来在德国出现了严重的局势，总统已经再次拖延了对他的计划采取行动，并认为在形势进一步明朗化之前，贸然前进是不明智的。”②

但是，随后欧洲发生的事件的确使“形势进一步明朗化”了。2月20日，艾登由于与张伯伦的分歧而辞职，英国将继续沿着绥靖法西斯的外交方向走下去，而在此之前，英国与德国的会谈已在进行。3月13日，纳粹德国正式完成了对奥地利的吞并。在这种情况下，正如韦尔斯后来所说，“要想取得体现在总统倡议中的那些建设性和预防性的补救措施，已经是机不可失，时不再来了。”③因此，3月13日，罗斯福在给英国政府的电报中说，他的计划已经无限期地推迟，实行这一计划的时机“将不会再出现了”④。

1937—1938年初美国希望与英国采取联合行动并通过战争以外的方法维持世界和平的罗斯福—韦尔斯计划，最终夭折。究其失败原因，不仅在于张伯伦政府坚持推行绥靖政策，还在于美英之间的互不信任。美国担心英国将与欧洲的独裁者达成某种秘密交易，从而破坏

---

① Frederick W. Marks Ⅲ, *Wind Over Sand, The Diplomacy of Franklin Roosevelt*, Athens & London: University of Georgia Press, 1988, pp. 139～140.

② *The U. S. Department of State ed., Foreign Relations of the United States: Diplomatic Papers*, 1938, FRUS/1938, Vol. 1, Washington D. C., GPO, 1954, p. 124.

③ Sumner Welles, *The Time of Decision*, New York: Harper & Brothers, 1944, pp. 68～69.

④ Viscount Templewood, *Nine Troubled Years*, London: Collins, 1954, p. 273.

体现在罗斯福计划中的美国的世界贸易体系和公平获取原料的要求与愿望。英国尽管希望美国的帮助，但是不仅对后者是否会提供有效的帮助充满怀疑，更担心美国会把这种援助作为索取报酬的筹码，最终导致美国在广泛的领域，特别是在经济和海军领域取代英国的世界领导地位。另外，该计划的目的在于助张伯伦在欧洲的绥靖行动一臂之力，但是奥地利的命运已经表明，张伯伦的绥靖政策已经出师不利，英国新任外交大臣哈里法克斯在 3 月 11 日希特勒进军奥地利的前一天给罗斯福的电报中承认，“英王陛下政府在为绥靖铺设的道路中急于做出的两项努力之一（按指对德国的绥靖努力）已告失败。”①因此，罗斯福—韦尔斯和平计划本身的非现实性与实际发展的国际形势的现实之间所形成的巨大反差，是把该计划置于死地的另一个根本因素。

① *The U. S. Department of State ed.*, *Foreign Relations of the United States: Diplomatic Papers*, 1938, FRUS/1938, Vol. 1, Washington D. C., GPO, 1954, p. 132.

英国与滇缅公路危机*

1940年7月17日，英国同日本签订了关于封闭滇缅公路的协定，这是中日战争爆发以来英国对日本所采取的一系列绥靖行动中的最后一次，但却更使日本蔑视英国，加快了南进的步伐。英国封闭滇缅公路的行动，有害于中国的抗战，但丝毫无补于自己在远东的失败，就连苟安一时的作用也未能起到。

一

第二次世界大战爆发后，日本阿部内阁曾发表“不介入”声明，采取观望风向的态度。1939年12月28日，日本外、陆、海三相签署了《对外政策的方针纲要》，正式规定了日本在新的国际形势下打算集中力量解决中国问题，并准备向南方发展的战略方针。但是欧洲战局急转直下，1940年5月12日德军越过马斯河，只过了一个多月，法国就于6月22日战败投降了。法国的迅速崩溃使日本得到了

* 原载《北京师范学院学报》，1990(5)。

进一步排除英、法在远东势力的良机。日本首先从法属印度支那开刀。在法国败降的前夕，日本于6月19日要求法国与法印当局暂时封锁印度支那与中国的边界，禁止过往交通，并要求法国当局同意日本向印度支那派去检查员，以保证永远禁止任何可能助长重庆作战能力的过境运输。6月22日法国正式同意日本派遣检查团，29日以西原一策陆军少将为团长的检查团到达河内，并证实封锁已按照约定的办法进行了。

滇越铁路关闭后，中国只剩下滇缅公路和西北公路两条运送外来军用物资的通道，而滇缅公路的月输入量为1940年6月份的月输入总量的16%，① 所以它对中国抗战的重要性立即突出出来。滇缅公路的作用不仅在于它是今后运送军需物资的主要线路，而且对鼓励中国士气方面也有一定的作用。因此日本在要求法国关闭滇越铁路的同时，也向英国提出了关闭滇缅公路的要求，企图迫使英国在本国形势危机的情况下做出让步。

1940年6月19日，日本陆军参谋本部情报部长土桥勇逸对英国驻东京武官说，避免日本对英国宣战的唯一办法是：1. 关闭滇缅公路；2. 关闭香港边界；3. 英军从上海撤退。② 他还措辞强硬地说："英国行将灭亡，已不在日本心目之中。日本外务省软弱无能，不能代表日本的实力，只有日本陆军才真正代表今天日本的实际力量，英国必须尊重日本的要求。"③第二天，外相有田八郎正式提出了土桥的

① 日本国際政治学会太平洋戦争原因研究部编：《太平洋戦争への道》，第6卷，27页表，東京，朝日新聞社，1963。

② 同上书，37页。

③ 天津市政协编译委员会编译：《重光葵外交回忆录》，176页，北京，知识出版社，1982。

要求，并强调说，如果这条道路不被关闭，他将不能控制日本的极端派。① 当天夜里，英国外交大臣哈里法克斯立即指示英驻日大使克莱琪与日本交涉，要求克莱琪向日本人说明：德国正在企图使日本进入同美国的战争。德国关于日本在共同的胜利中将取得和保有战利品的保证，是不值钱的。德国的真正目的是希望日本由于同民主国家的战争而被削弱。另外封锁民主国家和中华民国政府的任何交通线都将迫使蒋介石依靠俄国，而俄国人将充分利用这种形势来伤害日本。6月22日克莱琪报告说，日本的极端分子认为日本能够永久控制它能夺取的任何领土，而且如果蒋介石失去了所有的海外物资供应，他的地位将是维持不住的。他们还认为美国不能做任何有效的事情去反对日本在太平洋地区的任何推进。②

6月24日，日本外务省通过正式外交途径要求英国政府采取措施，停止通过滇缅公路运送武器弹药以及诸如燃料、卡车及铁路器材等物资，并声称如果继续让这些物资过境运输，将对英日关系产生严重影响。为了加重这种威胁的力量，日本在毗连九龙租界地的边界上集结了5千日军。③ 在这种情况下，英国政府不得不对这一问题进行讨论，并最终做出了关闭滇缅公路三个月的决定。

---

① E. L. Woodward, *British Foreign Policy in the Second World War*, Vol. 2, London: HMSO, 1971, p. 93.

② Ibid, pp. 93～94.

③ 阿诺德·托因比等编：《国际事务概览1939—1946年，轴心国的初期胜利》，下册，许步曾等译，931页，上海，上海译文出版社，1983；日本国際政治学会太平洋戦争原因研究部编：《太平洋戦争への道》，第6卷，37页，東京，朝日新聞社，1963。

二

在日本正式提出关闭滇缅公路的要求之后，克莱琪便力劝外交部妥协。他在6月25日致外交部的电报中说明，鉴于欧洲的严重局势，以及维希政权建立之后英法关系的恶化，英国在远东冒不必要的风险，非其时机。他承认这将冒犯中国并将招来美国的批评，但对于避免与日本冲突这个最重要的目的来说，这毕竟是次要的。所以他毫不怀疑自己的看法，即“在某个更难接受的事件发生之前”，英国“应该同意日本的要求并迅速地这样做。”①

但是内阁没有马上接受克莱琪的看法。在目前，英国不能不同美国商量就决定他们的政策。外交部决定首先寻求美国的支持。6月25日外交部指示驻美大使洛西恩向美国政府解释英国的态度。这个指示首先说明，日本现在对英国的压力已严重到足以削弱英国在西方的地位，而且由于英国不能独立无援地在两个半球进行战争，因此阻止在远东对英国的进攻，肯定是有利于美国的。然后指出英国在滇缅公路上的进退两难的处境：如果英国关闭这条公路，便会引起美国人和中国人的不愉快；但如果不予关闭，英国又不能在没有美国支持的情况下面临拒绝关闭它的后果。② 接着英国提出了两种选择办法：其一是美国通过全面禁运对日出口物资，以增加对日本的压力，否则就派遣美国军舰到新加坡。如果美国采取禁运措施，英国将乐意予以配合。其二是美国和英国联合向日本提出解决远东问题的建议，这些建议将

① Peter Lowe，*Great Britain and the Origins of the Pacific War*，Oxford：Oxford University Press，1977，p. 141.

② E. L. Woodward，*British Foreign Policy in the Second World War*，Vol. 2，London：HMSO，1971，pp. 94～95.

以让中国单干为基础，使西方在远东的权益得到尊重，使日本在欧洲战争中保持中立。如果日本准备同意这些条件，那么美国和英国就可向它提供金融和经济援助，只要日本对盟国政府做出保证，不把供应日本的任何物资重新出口到轴心国。至于外国人在中国境内管辖区的前途问题，待欧洲和亚洲恢复和平以后再行解决。① 显然，第二种选择实际上是要以英美与日本签订一个全面协定的方法绥靖日本。

从英国外交部的这个指示中可以清楚地看出，英国希望把处理滇缅公路危机的责任推给美国，从而使美国在远东扮演主要角色。但是美国在此时并不想为了英国的利益使自己与日本的关系更加恶化。自1939年7月美国宣布废除日美通商条约后，日美关系便处于比较紧张的状态。此后，美国曾于1940年3月7日对中国政府贷款两千万美元，于3月30日发表不承认汪伪政权的声明，又于4月发表了与日本对立的关于荷属东印度的声明，因此美日紧张关系一直未得到缓解。加之美国刚刚开始大规模重整军备，也不希望在此时与日本发生直接冲突，更何况罗斯福正处于大选前夕，他必须以保证美国的中立与和平而使自己再次当选。因此美国不能采取强硬措施支持英国。但是美国也清楚地知道，如果对日本采取绥靖政策，便会怂恿日本进一步提出新的要求，美国遂决定采取中间立场。

6月27日洛西恩向美国国务卿赫尔提出了英国的建议。28日赫尔与洛西恩会谈，并把一份写好的回答交给了洛西恩。赫尔认为，美国不能派舰队到新加坡，因为这样做将可能使美国在大西洋的海岸线

---

① Cordell Hull, *The Memoirs of Cordell Hull*, New York: The Macmillan Company, 1948, Vol. 1, pp. 896～897; William L. Langer and S. Everett Gleason, *The Challenge to Isolation, 1937—1940*, New York: Harper and Brother, 1952, pp. 599～600.

受到攻击。美国本身在远东并没有什么实质的东西可以奉献给日本，同时它也不愿意牺牲第三国的利益来向日本做出让步。赫尔提出的办法是：既不向日本做出重大让步，也不采取任何反对它的行动，惹它发动战争。他认为日本还不准备打仗，只要英国继续顶住德国，美国舰队留在太平洋，日本就将继续“蚕食它所能吃掉的东西”，而不致冒发动一场大战的风险。①

鉴于美国的态度，外交部建议对日本实行部分妥协。6月29日外交部草拟了一份交给战时内阁的备忘录，提出了对日本三个要求的看法。对于英军从上海撤退问题，该备忘录指出：在天津和北京的驻军已经减少。完全撤退驻军将不受中国人欢迎，但对中国人来说也不是一个重要问题。因此如果意大利在上海的驻军也被撤退，而且如果得到英国人的生命财产将得到尊重的保证，并得到在未同有关各方协商前日本人不改变上海租界的地位的保证，英国就可以同意撤退。对于关闭香港边界问题，该文件指出：日本人已经在1939年1月切断了香港到中国的直接通路。他们正要求英国做什么还不清楚。他们可能在考虑〔取消〕转口贸易或某些在香港的中国海关关员的存在。至于关闭滇缅公路问题，该文件认为，除了从西伯利亚到新疆的道路外，关闭滇缅公路将切断通向中国的最后的主要道路。在滇缅公路上运输的物资主要是美国的，1939年这些物资只有21965公吨。然而关闭这条公路的政治影响可能大大高于实际的经济影响，蒋介石可能被迫同日本妥协或依靠苏联。英国的行动将对美国的舆论产生相反的影响，并

---

① Cordell Hull, *The Memoirs of Cordell Hull*, New York: The Macmillan Company, 1948, Vol. 1, pp. 896～897; William L. Langer and S. Everett Gleason, *The Challenge to Isolation, 1937—1940*, New York: Harper and Brother, 1952, p. 600.

减少美国对日本禁运出口战争物资的可能性。① 因此外交部主张对日本做有限的让步，但不关闭滇缅公路。

7月1日战时内阁考虑了这份备忘录，基本同意外交部的这些结论。② 当天中国大使郭泰祺也就此事访问外交部政务次长巴特勒，"重申缅运与我抗战及英自身利害关系之重大，在道义上及现实政治各方面而论，万不可不维持"，指出"英方愈决心，日本愈不敢犯"，并再次表示了中国的抗战决心，③ 希望英国拒绝日本要求。

但是三军参谋长主张妥协。7月1日，三军参谋长召开会议，认为欧洲的局势相当严重，英国面临同维希政府就法国舰队问题开战的危险，以及德国就要入侵英国本土的前景。陆军上将约翰·迪尔建议，正确的方针应该是同日本在最广泛的条件下讨论一个远东的全面协定的可能性，这样的协定将包括从上海撤走英国驻军和甚至撤销香港的武装。④ 总之，在他们看来，在英国不能派一支舰队去远东的时候，最重要的是避免同日本的战争。

三军参谋长的意见暂时未使战时内阁改变主意，它通知克莱琪政府决定拒绝关闭滇缅公路，同时向日本人说明大量的战略物资并未通

---

① E. L. Woodward, *British Foreign Policy in the Second World War*, Vol. 2, p. 96.

② Ibid.

③ 秦孝仪主编：《中华民国重要史料初编—对日抗战时期。第三编：战时外交(二)》，113页，台北，中央文物供应社，1981。

④ Peter Lowe, *Great Britain and the Origins of the Pacific War*, pp. 141～142; S. Woodburn Kirby, *The War Against Japan*, Vol. 1: The Loss of Singapore, London: HMSO, 1957, p. 34.

过此路运输。[①] 但是克莱琪反对这一决定，他在7月2日致外交部的电报中口气强硬地说："我认为我有权利询问英王陛下政府是否实际上准备在这个问题上冒同日本进入战争状态的风险？……这当然是英王陛下政府决定的问题，但如果我不以强调的语气说明危险是相当大的，说明我们将使德国人直接占便宜，并且归根到底我们将较少地服务于我们自己的至关重要的利益而更多地服务于蒋介石和他的政府的利益，那我就是失职。"[②]

日本对英国的拖延表示不满，7月4日克莱琪紧急报告日本陆军省再次通知英国陆军武官助理沃兹少校，英国拒绝关闭这条公路将肯定引起战争。[③] 这使英国再次讨论这一问题。印度事务大臣埃默里反对向日本让步，他在7月4日给印度总督的一封信中说："关于缅甸——中国公路的问题，我在内阁中采取了强硬路线反对任何对日妥协，因为我相信这只会引出新的要求，而且恰恰因为我们处于一种困难的地位，我们唯一要做的事情就是向世界表示我们的勇敢态度并拒绝威胁"。他还认为，"日本面对俄国或美国，在中国毕竟并不处于一种很称心如意的地位，以至于愿意冒同我们战争的风险。"[④]但三军参谋长委员会下属的联合计划委员会主张妥协，他们认为在英国衰弱的情况下，应该指示克莱琪去同日本寻求一个目的在于带来远东和平的全面协定；洛西恩应当要求美国给以外交支持，并应立即同意关闭滇

① Peter Lowe, *The Dilemmas of an Ambassador: Sir Robert Craigie in Tokyo, 1937—1941*, Proceedings of the British Association for Japanese Studies, Vol. 2 (1977), History and International Relations, pp. 34～56.

② 同上。

③ Peter Lowe, Great Britain and the Origins of the Pacific War, Oxford University Press, 1977, p. 145.

④ Ibid, 142, note 16.

缅公路。[①] 三军参谋长同意联合计划委员会的建议，并提醒内阁，如果在远东采取涉及战争冒险的政策，那么在太平洋各自治领已经得到英国不可能在新加坡提供一支舰队的警告的情况下，它们便极不可能为海外军队提供更多的力量。[②] 战时内阁的普遍看法是：反对采取可能使英国卷入同日本战争的行动。如果英国不得不接受日本的关闭这条公路的要求，那么以屈服于不可抗拒的力量为根据，将是更可取的。但是哈里法克斯建议，应该试试看日本人真正打算把它们的要求提到什么程度。另一方面，为了了解美国的态度，7 月 5 日洛西恩会见了赫尔。赫尔希望讨论达成一个广泛的远东协定的可能性，但不希望在日本的命令下正式答应关闭一条公路。[③]

根据内阁会议的决定和美国的态度，7 月 6 日外交部指示克莱琪，对 6 月 24 日日本人提出的要求做出英国政府的正式回答。外交部的指示有四点内容：第一，对撤退驻军问题，外交部要求克莱琪暂时不作回答，只说明当地的指挥官们正在做出避免冲突的安排。第二，关于香港问题，应当说明日本人的要求似乎已被满足。第三，关于滇缅公路问题，外交部指示克莱琪应当向日本人说明这条公路的运输量并不能支持这条供应路线正在提供给中国许多军事资源的观点。过去一段时间几乎没有运输来自英国的物资，这方面的情况不可能变化。因此英国不能同意英国对中国国民政府的战争物资供应是使冲突推延的一个直接原因。接着外交部提出了三个理由说明不能关闭这条公路：

---

① Paul Haggie，*Britannia at Bay*，*The Defence of the British Empire against Japan 1931—1941* ，Oxford：Clarendon Press，1981，pp. 174～175.

② Ibid，p. 175.

③ Peter Lowe，*Great Britain and the Origins of the Pacific War*，Oxford：Oxford University Press，1977，p. 145.

(1)英国不能理解日本要求停止供应石油、卡车和铁路器材的理由。通过滇缅公路运输的物资来自缅甸、印度以及其他国家，如果关闭此路，即使这些国家的贸易不被打乱，也会从根本上造成供应的停止。(2)如果我们答应日本的要求，我们将背离中立主义并歧视中国。在严格的中立意义上，切断对中国的物资供应也将涉及切断对日本的供应，但我们不打算这样做。(3)我们正在努力获得日本同意停止某些对德国的供应；但日本政府除了对在英帝国购买的某些货物的再出口之外，拒绝达成任何协议，甚至也不愿意讨论经由西伯利亚出口日本和满洲国生产的商品的限制。出于上述三个原因，英国不能关闭滇缅公路。第四，外交部希望在不关闭滇缅公路的情况下与日本讨论一个关于中日战争和平解决的全面协定。该指示说明，英国希望看到日本同中国的冲突以“一种双方可以接受的公平和公正的和平”结束，而且为了达到这个目的，英国准备提供合作，并表示英国为此将准备满足日本的经济需要。①

7月8日克莱琪根据外交部的指示正式回答了日本的要求。但是有田外相态度强硬地说：“帝国政府极不满意英国政府的回答，担心推迟解决本问题将引起国民感情的恶化，并对日英两国友好关系产生严重影响。”接着他对克莱琪下了最后通牒：“我方要求英国政府在一周或10天之内解决此问题。”②当克莱琪提到英国愿协助结束中日战争时，有田回答说：“谈论这个问题目前是困难的，如果英国不对蒋

① E. L. Woodward, *British Foreign Policy in the Second World War*, Vol. 2, London: HMSO, 1971, pp. 97～98.

② 鹿岛和平研究所编：《日本外交史·22·南進问题》，90页，东京，鹿岛和平研究所出版会，1973。

介石政权施加压力，就不能解决日华和平问题。”①

在这种情况下克莱琪更加希望对日本让步，但是为了不使英国过于丢面子，他想出了一个暂时关闭三个月的办法。7月9日他向外交部建议，英日双方可以达成下列协定：英国同意暂时停止在滇缅公路上运输战争物资三个月，在这三个月里英日双方努力在远东达成一个“公正与公平的和平”。如果这些努力失败了，英国政府将在三个月结束时自由决定是否对战争物资重开这条道路。② 这个建议实际上是为英国政府找了一块遮羞布，以掩饰英国对日本的绥靖。

果然，第二天战时内阁没有进行什么讨论就同意了克莱琪的建议。当天洛西恩也向美国通报了这一消息，据洛西恩所说，美国对英国因大西洋的令人担心的形势而决定对日本让步表示更多的理解③。11日，战时内阁会议正式决定接受克莱琪的建议，并通知他向日本说明这一决定。第二天日本也同意了这一方案，17日有田与克莱琪达成了《英日关于封闭滇缅公路的协定》，决定：一、由香港向中国输出武器、弹药一事，自1939年1月以后已经禁止，但日本政府所重视之任何军需资材，现在亦不由该地输出，将来亦不输出，即以后禁止缅甸输出之货物，在香港亦禁止输出，自不待言。二、英国政府，本年7月18日起以后三个月间，禁止武器、弹药及铁路材料通过缅甸输送。三、在香港及仰光的日本官员为使本件禁运有效起见，关于

① 鹿岛和平研究所编：《日本外交史·22·南進问题》，90页，东京，鹿岛和平研究所出版会，1973。

② E. L. Woodward, *British Foreign Policy in the Second World War*, Vol. 2, London: HMSO, 1971, p. 99.

③ Peter Lowe, *The Dilemmas of an Ambassador: Sir Robert Craigie in Tokyo, 1937—1941*, Proceedings of the British Association for Japanese Studies, Vol. 2 (1977), History and International Relations.

应采取的措施，与英国官员保持密切联系。① 这个协定由首相丘吉尔于18日在下院宣布，20日通知了中国政府。但是在达成这个协定的同时，英日双方还签订了一个秘密备忘录，其内容是：在这三个月中双方做出特别努力在远东达成公平与公正的和平协定，在这个时期结束时，英国将自由决定是否延长这种关闭。日本方面说明，日本政府已经做出并将做出每一种努力去获得英王陛下政府要求的那种和平。② 这个秘密备忘录的内容只通知了美国。

英日签订的这一协定，断绝了中国最重要的国际通道，切断了外部世界对英勇斗争的中国人民提供军需品和其他必需品的供应，完全违背了国联曾多次做出的不得削弱中国抵抗力量的决议。正如7月25日《群众》杂志的社论所指出的：这个协定是“助桀为虐的协定，不管以后是不是可以改变，但从当前看来，分明是在帮助日寇，迫胁中国投降的”，英国的行动是“损人利己、弃信背义的行动”，“是英国更进一步出卖中国的行动。”③7月15日中国大使郭泰祺向英国提出了书面抗议。16日国民政府外交部对此发表声明，认为英国的“此种举动，不独极不友谊，且属违法”，“缅甸运输之继续维持，对于中国之抵抗侵略，至关重要，自不待言。英国接受日本之要求，已经予侵略者以巨大利益，故英国之举动，无异帮助中国的敌人。英国政府再三宣称对华政策决不变更，而现在所采步骤，无论如何，断难认为与其所称

① 复旦大学历史系中国近代史教研组：《中国近代对外关系史资料选辑》，下卷第二分册，145～146页，上海，上海人民出版社，1977。

② E. L. Woodward, *British Foreign Policy in the Second World War*, Vol. 2, London: HMSO, 1971, pp. 99～100. Peter Lowe, *Great Britain and the Origins of the Pacific War*, Oxford: Oxford University Press, 1977, p. 150.

③ 复旦大学历史系中国近代史教研组：《中国近代对外关系史资料选辑》下卷，第二分册，135～136页，上海，上海人民出版社，1977。

之政策相符合。”①

英国在滇缅公路上的对日妥协，是中日战争爆发以来英国在远东对日本采取的一系列绥靖行动中的最后一次重大行动，是英国在20世纪30年代实行绥靖政策的必然结果。绥靖政策使英国在大战来临时军备状况严重不足，而远东的防御更是相当虚弱，于是在大战爆发之后，极力避免日本借欧战之机在远东挑起战争便成了英国在远东政策的重要目标，日本成了英国更加拼命安抚的对象。滇缅公路危机爆发之时，又正是不列颠之战正酣之际，因此英国希望用对日本让步的办法避免远东发生战争。丘吉尔在8月11日给澳大利亚和新西兰的总理的电报中解释为什么关闭滇缅公路时，承认“我们极力设法避免与日本作战”②。张伯伦也在一封私人信件中表示希望并相信这一做法“使我们摆脱了一场严重危机”③。这是英国之所以向日本的要求让步的最重要原因。另外美国对英国要求在远东给以援助所采取的不痛不痒的态度，也是使英国做出对日妥协决定的原因之一。早在二战爆发前英国就希望获得美国援助的保证，二战爆发后这种要求便更加紧迫，尤其是在远东方面。但是美国在这时还未下决心这样做。赫尔在得知英国的决定后，曾在7月16日的记者招待会上指责这个强制的关闭行动是“对世界贸易设置难以容许的障碍”④。但正如美国驻英大

① 复旦大学历史系中国近代史教研组：《中国近代对外关系史资料选辑》，下卷第二分册，143～144页，上海，上海人民出版社，1977。

② ［英］温斯顿·丘吉尔：《第二次世界大战回忆录》，第二卷下部第三分册，韦凡译，645页，北京，商务印书馆，1975。

③ Peter Lowe，*Great Britain and the Origins of the Pacific War*，Oxford：Oxford University Press，1977，p. 149.

④ W. N. Medlicott，*The Economic Blockade*，*Vol. 1：1939—1941*，London：HMSO，1952，p. 476.

使约瑟夫·肯尼迪在7月17日对哈里法克斯所说，他的政府"宣传道义已经达到了向全世界宣传的地步，但并没有准备给以实际帮助"①。

协定签订后，丘吉尔曾在议会中进行解释，说英国的目的是"希望在此时间内，可以觅致一种公允之解决办法，使双方均可自由接受，吾人不愿与远东任何国家发生争议。"②但是英国的这一行动却促使日本最后下定了南进的决心。正如当时的日本驻英大使重光葵在其回忆录中所说，英国的行动"表明丘吉尔承认了哈里法克斯等为代表的纯粹保守党的政策，对日本来说，这是最大的也是最后一次好机会。"③

三

滇缅公路关闭后，根据秘密备忘录，英日之间本来应该着手进行有关缔结远东和平协定的谈判，但无论是从英日双方对和平协定的态度来看，还是从中国战场及远东形势的发展来看，都没有达成这一协定的可能性。

在英国政府内部存在两种意见。一种意见主张以对日妥协的办法达成远东和平协定，这种意见以外交部为代表。巴特勒在7月23日的一份备忘录中写道："彻底打败日本只能由一个头等国家参加战争才能实现。我们去承担这个任务将是不明智的，而且我怀疑俄国人和美国人是否愿意承担这个任务。所以我认为我们应当尽可能为在远东

① Peter Lowe, *Great Britain and the Origins of the Pacific War*, Oxford: Oxford University Press, 1977, p. 151.

② 复旦大学历史系中国近代史教研组：《中国近代对外关系史资料选辑》，下卷第二分册，146页，上海，上海人民出版社，1977。

③ 天津市政协编译委员会编译：《重光葵外交回忆录》，177页，北京，知识出版社，1982。

得到一个好的协定而工作，……在我看来，在远东存在两种可供选择的发展。或者我们把我们的协定政策推行到其逻辑上的必然结果，并产生一个在远东保证秩序和中国独立的美国、日本和英国的共同条约；或者我们让日本闯入美国和我们自己当中继续它的政策去取得它所需要的和更多的东西。”①为了使远东形势沿着第一条道路发展，巴特勒希望运用经济手段，他说：“我们和美国人有对付日本的经济武器。在这些武器的掩护下，我们应努力使近卫的条件得到修改”②。外交部远东司长斯滕代尔·贝内特仔细考虑了与日本达成全面协定的条件，包括日本、中国和调解国的要求。8月8日他提出了一份“与日本的全面协定”的备忘录，他的结论是：要使日本来到谈判桌前，需要特殊的诱因，这些诱因将是政治的、经济的，而且最可能是财政性质的。鉴于在日中之间进行调解的条件极为困难，处于调解地位的一个国家或几个国家的行动必须劝诱双方，直到各自逐渐做出妥协为止。尤其重要的是对日本提供经济诱因并必须取得美国的帮助。③

但是英国还存在着另一种意见，即根本不主张中日之间达成和平协定，也不想为此进行调解，这种意见的代表就是丘吉尔。大战爆发之后，英国远东政策的目标之一是努力避免日本南进。出于资产阶级的损人利己的打算，丘吉尔认为保持日本专注于中国从而使中日战争继续推延下去是达到这一目标的不花钱的办法。7月20日他在给外交

① Peter Lowe, *Britain and the Opening of the War in Asia, 1937—41* , in Ian Nish ed., *Anglo-Japanese Alienation 1919—1952* , Cambridge: Cambridge University Press, 1982, pp. 109～110.

② Peter Lowe, *Great Britain and the Origins of the Pacific War*, Oxford: Oxford University Press, 1977, p. 154.

③ Ibid, p. 157.

大臣哈里法克斯的电报中说："关于中日之间达成全面的、公允的和体面的和平一事，你是否认为我们不必操之过急？蒋是不要这种和平的；亲华人士也无一人赞成；这不仅无助于我们解决滇缅公路的难题，反而使它愈加糟糕。我认为，让日本人摆脱他们现在所纠缠的事，对我们是不利的。把这件事暂时搁置一个来月，看一看情况如何，岂非善策？"①当天他还致电蒋介石，表示他"永不强请"蒋介石接受违反中国利益或中国政策的和平。② 战时经济部也认为结束中日战争是不符合需要的，任何调解的打算都可能被日本看作是软弱无力。③ 至于在三个月期满之后英国将采取什么政策，丘吉尔认为"一切要看那时的情形而定"。④ 洛西恩则认为要看不列颠之战的结果，如果英国打赢，英国在远东的威信便会增加。英国如能得到美国的足够支持，就可以重开滇缅公路。在大选期间，美国政府不可能承担卷入战争的义务，但仍拥有施加经济压力的可怕手段。⑤

但是外交部认为洛西恩的想法过于简单，因为到 10 月中东的形势可能是一个更严重的因素，所以英国应该向日本提出履行协定义务问题。9 月 2 日，外交部提交给内阁一份备忘录，其中建议：英国应

---

① ［英］丘吉尔：《第二次世界大战回忆录》，第二卷下部第三分册，韦凡译，959 页，北京，商务印书馆，1975。

② 秦孝仪主编：《中华民国重要史料初编—对日抗战时期。第三编：战时外交(二)》，116 页，台北，中央文物供应社，1981。E. L. Woodward, *British Foreign Policy in the Second World War*, Vol. 2, London: HMSO, 1971, p. 100.

③ Peter Lowe, *Great Britain and the Origins of the Pacific War*, Oxford: Oxford University Press, 1977, p. 96.

④ ［英］丘吉尔：《第二次世界大战回忆录》，第二卷下部第三分册，韦凡译，964 页，北京，商务印书馆，1975。

⑤ E. L. Woodward, *British Foreign Policy in the Second World War*, Vol. 2, London: HMSO, 1971, p. 106.

该对东京、日本驻英大使馆以及在伦敦的日本记者强调协定的临时性质，以及它不是无条件的这个事实，要求日本方面履行义务。① 9月4日战时内阁基本同意了外交部的建议，并决定让克莱琪去询问日本政府，他们正在做什么去履行他们对滇缅公路协定的义务，并说在英国能同中国政府接触之前或决定我们自己对这个全面和平协定做出贡献之前，英国希望确切了解日本打算同中国签订的条约的基础。② 这样，直到滇缅公路关闭了一个半月后，英国才向日本提出了有关远东和平协定的问题。

然而日本虽然希望从中国拔出泥足，却根本不打算以停止侵略来结束中日战争。就在滇缅公路关闭五天之后，日本大本营便向中国派遣军发出了大陆命第439号，要求“迅速摧毁敌人继续抗战的企图”，并且“为了处理事变，对第三国进行必要的作战准备”，③ 毫无进行和平协定谈判的意思。与此同时，日本一面积极扶植汪精卫，准备公开承认汪伪政权，一面在“桐工作”没有进展的情况下又开始了“钱永铭路线”，企图通过交通银行董事长钱永铭和金城银行董事长周作民重新开始与重庆政府间的直接谈判，④ 使汪蒋合流，把中国并入大东亚

---

① E. L. Woodward, *British Foreign Policy in the Second World War*, Vol. 2, London: HMSO, 1971, p. 106.

② Ibid, p. 107.

③ ［日］臼井勝美、稲葉正夫解说：《现代史资料(9)日中战争(二)》，459页，東京，みぢぢ書房，1964。

④ “桐工作”是1939年12月～1940年9月日本对蒋介石政府进行诱降工作的称谓。通过一个自称宋子文之弟宋子良的人(实际上是军统特务曾广冒充)进行，三国同盟成立后宣告停止。“钱永铭路线”也于1940年11月失败。详细情况参见［日］今井武夫：《今井武夫回忆录》，天津市政协编辑委员会译，第二章第二、三节，北京，中国文史出版社，1987。

共荣圈。不仅如此，当9月5日克莱琪向日本外务省提出日本打算做什么去履行滇缅公路协定时，日本已在前一天同法属印度支那当局达成了日军进驻其北部的协议。在这种情况下，日本更加不愿讨论这一问题。9月17日克莱琪再次向日本提出这个问题。外相松冈洋右答到日本政府正努力同汪精卫政府达成一个协定，这将有助于同中国的全面和平，并说他还在尽最大努力通过一个中国的中间人同蒋介石将军达成一个谅解。最后他表示没有任何其他可以有效采取的步骤，而且在目前情况下英国政府也不能有任何帮助。[①] 实际上拒绝了英国的要求。

英日双方都不想达成解决中日战争的"和平"协定。更重要的是，中国人民绝不允许以出卖中国主权利益作为取得和平的条件。1940年中国共产党领导的八路军对日军频频展开出击，据日方统计，华北方面军在1940年全年共与八路军交战20123次[②]。为了进一步打击敌人，反对投降倾向，增强抗战胜利的信心，八路军于1940年8月20日发动了著名的百团大战，予敌人以重创。日本天皇甚至在12月1日忧虑地对参谋总长杉山元说："侵入莫斯科的拿破仑就是败在消耗战和游击战上，日本军队在中国是否感觉到无法对付了？"[③]由于中国人民的坚决抗战，蒋介石最终未敢向日本投降。

总之，在滇缅公路关闭的三个月中，英日之间根本没有进行关于

---

① E. L. Woodward, *British Foreign Policy in the Second World War*, Vol. 2, London: HMSO, 1971, p. 107.

② ［日］白井勝美、稻葉正夫解说：《现代史资料(9)日中战争(二)》，470～471页，東京，みぢぢ書房，1964。

③ ［日］防卫厅防卫研修所戦史室编：《中国事变陆军作戦》，第3卷，322页，東京，朝雲新闻社，1975。

达成远东全面和平的谈判，英国在犹豫、等待、观望，而日本在此期间却下定了与英美开战的决心，并以签订《德意日三国同盟条约》为其南进做了进一步保证。

1940年上半年德国在欧洲的暂时胜利，使日本认为英国的崩溃已指日可待，日本迎来了一个千载难逢的南进好时机。于是在日本国内流行着“不要耽误了公共汽车”的说法。然而欧洲的形势也引起了日本新的担忧，即如果最后胜利属于德国，那么英、法、荷等国的殖民地便会落入德国之手。为此，日本必须在战争胜负尚未决定之前，与德国签订协约，确定战后的势力范围，否则日本将不得安宁。①

德国方面也由于国际形势的变化，对缔结三国同盟热心起来。到1940年9月，德国计划的对英登陆作战已告失败，美国加强了对英国的援助。9月2日英美签订了一项重要的联防决定，美国以50艘逾龄舰移交英国，换取租借英国的纽芬兰、百慕大、巴哈马群岛等军事基地99年。德国担心美国的行动，认为有必要借助同日本的结盟加速使英国屈服，并用来牵制美国，阻其参战。② 于是德国决定派特使斯塔玛到日本，重开德、日谈判。

9月27日，即美国宣布对日禁运废钢铁的第二天，《德意日三国同盟条约》正式签字。条约的主要内容是：日本承认并尊重德国和意大利在欧洲建设新秩序的领导地位；德国和意大利承认并尊重日本在大东亚建设新秩序的领导地位；日、德、意约定，对上述方针所做的努力，互相协助，并进一步约定，三缔约国中任何一国遭到现在尚未

① 参见[日]重光葵：《昭和の動乱》，140页，東京，中央公論社，1968。

② 参见鹿岛和平研究所编：《日本外交史·21·日德意同盟·日苏中立条约》，243页，东京，鹿岛和平研究所出版会，1971。

参加欧洲战争及日华纠纷的一国攻击时，三国须用所有政治、经济和军事手段相互援助。这个条约，无疑是针对美国的。德、日都希望它能起到威慑美国的作用。德国的目的在于阻止美国站在英国一边参战，日本的目的则在于使美国不继续援华并在日本夺取英、法、荷在远东的殖民地时不进行干涉。

但是英国是日本要直接打击的对象。9月27日松冈在致德国大使的信中说："鉴于现在大东亚地区及其他地方所存在的情势"，英日之间存在着战争的危机。① 第二天外务省便制定了直接针对英国的对外政策纲要，内称"利用英国通过滇缅公路供应物资援助蒋介石作为借口，还利用我们推说不能容忍驻在新加坡的英国武装力量威胁东方和平这种局面作为借口，日本要求所有的英国军队撤出太平洋，如果英国拒绝这项要求，就发动战争。"②10月4日，日本首相近卫文麿向新闻界发表了更强硬的声明，宣称"如果美国拒绝理解日、德、意三国的真实意图，继续自己的挑衅性行动并坚持自己的挑衅性立场，那就证明，无论是美国还是英国是要强行同日本作战，这就意味着，日本将被迫投入同他们的这场战争中去。"③

直到这时，美国才感到战争在向它逼近。三国同盟签字的当天，赫尔告诉洛西恩，他对国际形势的变化持严重看法，似乎感到不需很久美国本身将不可避免地卷入战争，④ 但表示美国将继续向英国提供

---

① 每日新闻社：《东京裁判判决——远东国际军事法庭判决书》，133页，东京本社，1949。

② ［苏］斯米尔诺夫、伊扎采夫：《东京审判》，李执中等译，387页，军事译文出版社，1987。

③ 同上。

④ W. N. Medlicott, *The Economic Blockade*, Vol. 1: 1939—1941, London: HMSO, 1952, pp. 485～486.

军火。英国对三国同盟又气又恼，用克莱琪的话说，就是“在我们最困难的时刻在背后刺了一刀”①。但到此时英国无论在欧洲还是在远东都更加依赖美国的帮助，因此洛西恩认为，英国和美国的正确路线应当是建立一个对日本的“镇静的不屈服的战线”，而且英国不应当重订滇缅公路协定，否则它将渐渐失去美国人的支持，② 洛西恩建议重开滇缅公路。为了得到美国支持的保证，9 月 30 日他询问赫尔，一旦重开此路引起日本的进攻，美国是否帮助英国。但赫尔仍未给以保证，不过说美国打算继续反对日本侵略，特别是使用经济手段，还询问英国、澳大利亚与荷兰是否愿意同美国就涉及共同防御行动的技术问题举行参谋会谈。③

外交部研究了洛西恩的建议，并于 10 月 2 日就滇缅公路问题草拟了一份提交内阁的备忘录，建议在三个月期满之后重开此路。第二天战时内阁接受了外交部的看法，自治领政府也表示同意。④ 当天丘吉尔会见郭泰祺，告诉他英国将于 8 日向国会宣布在滇缅公路关闭期满之后重新开放。4 日英国把这一决定通知了美国。7 日巴特勒向郭泰祺发表了决定重开此路的正式声明。8 日丘吉尔在下院做了宣布。当天克莱琪对日本外相作了一个口头声明：英王陛下政府所考虑的 7 月 17 日协定的目的是给以时间，在这个时间内可能做出真诚的努力

---

① 这是克莱琪在 1941 年 8 月 25 日与日本外相丰田贞次郎会谈中说的话。参见《日本外務省档案》(昭和期)，缩微胶卷，IMT573，252 页。藏于国家图书馆。

② W. N. Medlicott, *The Economic Blockade*, Vol. 1：1939—1941, London：HMSO, 1952, p. 486.

③ E. L. Woodward, *British Foreign Policy in the Second World War*, Vol. 2, London：HMSO, 1971, p. 112.

④ Ibid, pp. 109～111.

去达成一个全面协定，这个目的并未达到。另一方面，日本政府已经获得了派军队进入印度支那的便利条件，以便对中国发动新的进攻，而且已同轴心国签订了一个政治、军事和经济的条约。在这种情况下英国政府决定重开此路。① 10月18日，滇缅公路和香港道路同时重新开放。

10月16日松冈对克莱琪的声明给以口头回答，声称日本在关闭期间对和平进行了努力，指责英国重开此路是对东亚和平的障碍；并说日本军队进入法属印度支那是为了促进东亚和平，而日德意三国条约是为了防止战争扩大，加速世界和平。② 随后日本开始轰炸滇缅公路，并对英国提出的抗议置若罔闻。

到这时，无论是美国的对日禁运废钢铁的制裁措施，还是英国重开滇缅公路的决定，对日本都不再具有威慑作用。日本继续南进，在进驻印度支那北部之后，接着就利用泰国与法属印度支那的边界纷争，挑起了一场远东危机。

---

① E. L. Woodward, *British Foreign Policy in the Second World War*, Vol. 2, London: HMSO, 1971, p. 111.

② 鹿岛和平研究所编：《日本外交史·22·南進问题》，98页，东京，鹿岛和平研究所出版会，1973。

第二辑　军事外交研究

评 1938 年初英格索尔的伦敦之行*

1938 年初美国海军战争计划局长、海军上校罗亚尔·E. 英格索尔秘密访问伦敦，与英国同行进行了为期 13 天的英美海军参谋会谈，双方达成的“会谈记录”，是关于一旦与日本发生战争时两国海军采取联合行动的非正式协议，它探寻了双方在远东及太平洋地区协同战略的初步基础，揭开了英美在未来的反法西斯战争中进行军事合作的序幕。

一

20 世纪 30 年代，英美希望在未来的反法西斯斗争中进行合作的意图始于卢沟桥事变之后。面对日本列强对在华权益的直接进攻和柏林—罗马轴心的强化，以及英美在远东防御的空虚状态，双方都表达了与对方合作反对日本扩张的愿望。1937 年 11 月在布鲁塞尔召开的九国公约签字国会议，为英美讨论联合对日行动提供了第一个机会，但由于双方自始至终在是否制裁日本的问题上各有打算，互不

* 原载《历史研究》，1994(4)。

配合，互不信任，终于导致了会议的彻底失败。此后日本继续扩大侵略并加紧破坏以中国海关为代表的列强利益①。在这种情况下，英国外交大臣艾登感到，除非英美采取某种“显示武力”的威慑手段，否则必将造成“日本人事实上夺取了我们的财产而我们却没有力量去抵抗”②的后果。于是根据内阁会议精神，11月27日英国正式向美国提出了两国在远东进行“压倒一切的海军示威作为最后支持对日本抗议的手段”，并希望为此进行海军参谋会谈的建议③。

然而美国当时认为英国建议的真正目的是让美国提供“压倒一切的”海军力量，因为在目前欧洲的形势下，英国根本不可能把大量的海军部队集中于远东水域，遂断然拒绝了海军示威的建议，仅同意考虑参谋会谈问题④。但双方经过半个月的交涉，美国未对此做出答复，直到“帕奈号”事件发生，才使这个问题的解决有了新的转机。

12月12日侵华日军在长江制造了击沉美国炮舰“帕奈号”、击伤英国炮舰“瓢虫号”的重大事件。事件发生后，英美舆论哗然，反日情绪激化。英国认为这是促使英美在远东合作的良机，便接连向美国重提海军示威或海军动员及参谋会谈的建议⑤，并强调英美合作不仅在

---

① 参见拙著《英国与中日战争1931—1941》，六、七、九章，北京，北京师范学院出版社，1991；首都师范大学出版社，2010。

② *Documents on the British Foreign Policy*，*1919—1939*，DBFP，Ser. 2. Vol. 21，London，HMSO，1984，pp. 529～530.

③ Ibid，p. 543.

④ Ibid，p. 545.

⑤ 参见[英]艾登：《艾登回忆录·面对独裁者》下卷，武雄等译，969～971页，北京，商务印书馆，1977；*Documents on the British Foreign Policy*，*1919—1939*，DBFP，Ser. 2. Vol. 21，London，HMSO，1984，pp. 568～569、573、575～576.

远东而且在欧洲都会产生影响，只有这样做“才能不费一枪一弹保证世界和平”①。

美国对这一事件的愤怒情绪并不亚于英国，事件发生次日罗斯福总统就向日本天皇提出抗议，要求赔偿并保证以后不再发生类似事件②。但他对这一事件做出的最重要反应是决定与英国进行海军参谋会谈。主要原因是：第一，罗斯福认为“帕奈号”事件是日本决心把西方国家最终排挤出中国的明证，因此必须与英国海军就联合封锁日本的行动做出战略安排，为一旦事态的发展真正需要在太平洋上对日本采取已经考虑许久的“隔离”日本的行动做好准备③。第二，为美国发展“大海军”排除障碍。意大利加入反共产国际协定之后，罗斯福出于对两洋战争的担心，便寄希望于加快海军建设从而使轴心国家不敢实施它们的扩张计划。这个想法最早是在 12 月初的一次内阁会议上提出来的④，“帕奈号”事件的发生促使罗斯福决心采取行动。12 月 14 日，他要求海军作战部长李海提出他的关于把 1938 年的海军造舰计

---

① 参见[英]艾登：《艾登回忆录·面对独裁者》下卷，武雄等译，973～974 页，北京，商务印书馆，1977。

② The public papers and Addresses of Franklin D. Roosevelt，以下简写为 PPA，Vol. 1937：The Constitution Prevails，Harper，New York：Macmillan，1941，p. 541.

③ 卢沟桥事变爆发后，罗斯福就曾与副国务卿韦尔斯讨论过与英国联合封锁日本的问题。Sumner Welles，*Seven Decisions that Shaped History*，New York：Harper，1950，pp. 71～72.

④ Harold L. Ickes，*The secret Diary of Harold L. Ickes*，Vol. 2：The inside Struggle 1936—1939，New York：Simon and Schuster，1954，p. 269.

划扩大到超过1936年伦敦限制海军军备条约所规定的限制程度的意见①。该条约规定英美法三国的主力舰不得超过标准排水量35000吨，舰上装置的大炮口径最大限度为16英寸②。因此在做出正式决定之前，美国必须设法使英国海军部同意放弃上述限制。

12月16日，“帕奈号”事件中的生还者带来了有关这一事件的详细情况，证明日本的行动是蓄谋已久的③。当天夜里，罗斯福便在国务卿赫尔的陪同下与英国驻美大使林赛举行了秘密会谈。总统主要谈了以下几个问题：首先是双方举行海军参谋会谈的问题。他希望安排一个如同第一次世界大战期间英美海军部之间曾进行过的那种会谈，当时靠这种会谈两国海军之间建立了有系统的秘密情报交流，收到了很大效果。他认为会谈要十分保密，并主张在伦敦举行，参与会谈的有关人员必须充分了解他们各自部门的计划，并表示如果决定这样做，他将在短期内物色一名合适的人员去伦敦。其次，这次参谋会谈的目的将是对日本实行封锁，并说明了封锁的目的、路线和时机。总统使用了他在芝加哥讲演时的用词“隔离”来表示封锁。他否认封锁将意味着战争，说明封锁的目的是切断日本的原料来源，它将在18个月后见到效果。接着他具体说明了封锁的路线应当从阿留申群岛、通过夏威夷、中途岛到菲律宾，然后到达香港，美国的责任区域到菲律宾，英国的责任区域是菲律宾以西。封锁的任务将由巡洋舰执行，而

---

① 参见 Lawrence Pratt, *The Anglo-American Naval Conversation on the Far East of January* 1938, International Affairs, Vol. 47, No. 4, (October, 1971) pp. 745～763.

② 参见《国际条约集1934—1944》，63页，北京，世界知识出版社，1961。

③ PPA, Vol. 1937: The Constitution Prevails, Harper, New York: Macmillan, 1941, p. 541～542 note. 这份罗斯福总统亲自写的注释是对“帕奈号”事件的最简洁的说明。

以战列舰殿后，但明确反对美国舰队以新加坡为基地。至于封锁的时机，总统认为必将是在下一个日本的严重暴行之后。第三，明确拒绝英国再次提出的海军示威或动员的建议，理由是这不仅对美国海军是不可取的，而且也不会对军人控制的日本当局产生任何效果。但他建议把预定于 3 月 14 日在夏威夷开始的海军演习提前两个月，并最终同意派一支巡洋舰中队访问新加坡。第四，考虑到欧洲的形势，总统不同意林赛主动提出的英国准备派 8～9 艘主力舰去远东的想法，认为这些军舰应当留在欧洲。第五，向大使通报了美国舆论正在好转。在会谈过程中赫尔只作了一次插话，表示在伦敦进行的任何关于英美联合行动的谈判都是不可取的，总统极为赞同①。这次会谈表明，目前美国坚决反对进行英美联合的海军示威或动员，也不打算立即进行罗斯福建议的对日本的"隔离"行动，而仅仅希望双方举行海军参谋会谈，建立有系统的秘密情报交流并为将来的联合封锁行动做出必要的安排。

在这次会谈的基础上，两国政府对即将举行的海军参谋会谈决定了他们各自的立场。

罗斯福的谈话在伦敦引起了强烈反应。外交部、财政部和海军部都表明了自己的态度。艾登对总统的长距离封锁日本的消息感到震惊，因为正如他在 16 日给林赛的电报中所说，他只希望进行海军示威或动员向日本显示武力，从而防止冲突，而绝不是一个战争行动②，但"隔离"意味着制裁，制裁则可能导致战争。于是 12 月 21 日他在下院讲演中重申所谓无效制裁和有效制裁的主张：前者不值得采

① *Documents on the British Foreign Policy, 1919—1939*, DBFP, Ser. 2. Vol. 21, London, HMSO, 1984, pp. 589～592.

② Ibid, p. 588.

取，后者则意味着战争危险，即使不一定是战争。他声称没有一个人能在远东采取制裁行动，“除非他们确信他们有压倒一切的力量支持其政策”，但是“对每一个人来说，完全清楚的是不存在压倒一切的力量”①。他仍然主张说服美国同意当前能与英国采取海军示威行动，哪怕“平行地”进行，也足以制止日本并使它多少尊重外国的权利和利益。因此他支持海军参谋会谈，希望会谈能对某些立即的行动细节进行研究②。为了会见美国谈判代表，艾登推迟了他的假期。外交部的另一位官员罗纳德也与艾登持同样看法，认为这个由总统拟定的计划或许其本身就是一个不可能实现的奇想，但英国应当欢迎会谈，并考虑如果产生了对总统计划的需要，如何能把它变成现实的问题。外交部常务次长贾德干(另译为卡多根)则认为当美国处于一种积极情绪之中时，双方相互的接触是基本的③。

财政部也反对制裁，常务次长费希尔的话最有代表性。他在 12 月 18 日的一份备忘录中警告说：“除了经济封锁的愚蠢之外，我们将发现我们自己或早或晚由于美国人(他偶然地在亚洲没有特殊利益关系)而陷于困境，而且日本将抢先占领香港。那么难道我们应该再加上同日本作战的致命的愚蠢行为并因而在欧洲自杀吗?”④

---

① Irving S. Friedman, *British Relations with China: 1931—1939*, New York: Institute of Pacific Relations, 1940, p. 115.

② *Documents on the British Foreign Policy, 1919—1939*, DBFP, Ser. 2. Vol. 21, London, HMSO, 1984, p. 598, pp. 604～605、p. 613.

③ Peter Lowe, *Great Britain and the Origins of the Pacific War*, Oxford: Oxford University Press, 1977, p. 34.

④ Bradford A. Lee, *Britain and Sino-Japanese War, 1937—1939, A Study in the Dilemmas of British Decline*. London: Oxford University Press, 1973, p. 92.

与罗斯福的建议最直接有关的是海军部，但他们对封锁的反应也并不令人鼓舞。海军参谋长查特菲尔德连对自己的政府提出的派舰队去远东进行海军示威的建议都不赞成，他曾在 12 月 30 日写给有可能被派到远东的地中海舰队司令庞德的信中谈道："当前关于舰队去东方的整个形势是极不确定的；实际上我也厌恶派遣它……但我正尽可能地做好一切准备。……显然你将必须率领的舰队是极为不能令人满意的，但如果它一定要出发，我认为我们应当肯定也有美国的舰队在一起，这将使〔形势〕变得极为不同……然而美国对任何行动的一切谈论都是禁忌的和极为保密的，……无论如何我们也从未能确定他会做什么，因此我们也决不能绝对依靠他们。"①但是海军对美国现在同意某种形式的参谋会谈感到高兴，因为如果没有对信号、部队调动、巡逻编制以及夜间舰队行动的情报交换达成协议，要想在任何针对日本的紧急事件中使用压倒一切的兵力都是不可能的②。

作为内阁首相，张伯伦直截了当地反对制裁日本。他在 12 月 21 日的下院讲演中声称他不准备成为"世界警察"。在 22 日召开的内阁会议上，张伯伦欢迎美国舰队访问新加坡，因为他觉得这也许能够镇住日本人，但再次反对制裁。他认为罗斯福所谓的实施制裁而又不至于冒战争风险的想法是一种幼稚的幻想。尽管他承认西方的威信正在中国受到损害，但表示除非日本人发动严重的侵略，英国派军舰去远东就是一个错误，而英美同时显示武力将对全世界起到持续稳定的作用。他同意举行参谋会谈，但却希望通过会谈来教育和抑制美国人，

① Paul Haggie, Britannia at Bay, *The Defence of the British Empire against Japan 1931—1941*, Oxford: Clarendon Press, 1981, p. 118.

② J. R. Leutze, Bargaining for Supremacy, *Anglo-American Naval Collaboration, 1937—1941*, Chapel Hill: University of North Carolina, 1977, p. 21.

让他们明白："战略形势的现实状况"以及不能指望实行一种封锁而又不准备用武力来支持它。于是内阁会议最后决定欢迎美国代表团并举行海军参谋会谈，同时希望劝说美国人采取"某些立即的行动作为对另一个'紧急事件'的一种威慑"①。这便是英国为会谈准备的立场。

12 月 17 日罗斯福向内阁成员说明了他在头天夜里同林赛谈到的将来实行海上封锁以"隔离"日本的计划②，立即在政府中引起了热烈反响。内政部长伊克斯赞成对日本采取强硬态度，他在 12 月 18 日的日记中很有见地地说明了给日本一个预防性打击的必要性。他写道："尽管我是个和平主义者，但现在我正在受到这种思想的影响，即如果世界上的民主国家要生存下去，他们或早或晚将不得不与法西斯国家产生争执——武装争执。这将意味着美国与日本会处于战争之中，然而要是这种情况发生的话，那么在日本加强了它的军事力量和用在中国掠夺的战利品补充了它的钱袋之后，我们现在在战略上不是比那时处于更好的地位吗？如果我们现在就打击他们，我们难道不是能用比以后任何时候所付出的更小的生命和财产代价使日本不敢越轨吗？"③财政部长摩根索也支持以经济制裁日本，并希望使用与英国一同对日本实行外汇管理的方法，但为英国拒绝。韦尔斯赞成以海军提前进行军事演习和派巡洋舰访问新加坡的方式对日本施加压力，甚至

① Great Britain: *Cabinet Office Records*, *Cabinet Minutes* (*Conclusions*), CAB23/90A, Microfilm, pp. 327～329. 藏于华东师范大学图书馆，首都师范大学世界史资料中心。

② 参见 John M. Blum, From the Morgenthau Diaries, Vol. 1, *Years of Crisis*, *1928—1938* , Poston: Houghton Mifflin, 1959, pp. 486～487; Harold L. Ickes, *The Secret Diary of Harold L. Ickes*, Vol. 2, p. 274.

③ Harold L. Ickes, *The Secret Diary of Harold L. Ickes*, Vol. 2, p. 276.

对新加坡或许可以作为某些美国战舰的一个可资利用的基地感兴趣①。赫尔则认为“封锁是一个非常遥远的可能事件，它必须要求仔细的和技术方面的研究，而且除非在某种进一步暴行的情况下才可能被实行，但即使在那时也不能指望这一点”②。

军方的反应也很不一致。自 1935 年底陆海军联合委员会要求其下属的联合计划委员会从两洋战争的角度出发，重新修改针对日本的作战计划(“橙色计划”)以来，直到现在陆海军仍未取得一致意见。双方的观点反映在 12 月 27 日递交给联合委员会的报告中。陆军坚持防御战略。陆军计划者们考虑到欧洲可能出现的形势，希望保持防御态势东到 180°子午线，即夏威夷链条的最远界限。他们强调陆军的任务是保卫美国和它的领土，尽管并没有排除菲律宾，但由于它位于 180°子午线以东，他们也不打算增援这个群岛，因此他们在原则上反对在这条线以西的进攻行动。但海军继续热衷于渐进穿过太平洋的旨在打败日本的进攻行动，而且认为既然美日必定早晚一战，那么现在就是对美国最有利的时刻③。海军部长克劳德·斯旺森在 17 日的内阁会议上甚至建议以讨论赞成战争开始会议，“至少他希望把我们的海军从大西洋调到夏威夷水域”④。另外，由于在海军的计划中已把与英

① *Documents on the British Foreign Policy, 1919—1939*, DBFP, Ser. 2. Vol. 21, London, HMSO, 1984, p. 595.

② Ibid, p. 606.

③ Louis Morton, War Plan ORANGE, *Evolution of a Strategy*, *World Politics*, Vol. 11, No. 2, (January 1959), pp. 221～250.

④ Harold L. Ickes, The Secret Diary of Harold L. Ickes, Vol. 2, p. 274.

国皇家海军在太平洋的合作作为自己计划的组成部分①，加上它已被授权去研究扩大美国自己的造舰计划达到或超过1936年伦敦海军条约的规定，因此如果不深入地了解英国海军的形势并取得英国对超过条约限制的造舰规模的认同，那么不管是未来任何一种形式的英美联合行动，还是美国的重整军备计划，都不能进行。由此可见，在陆海军仍然没有制定一个为双方认可的“橙色计划”之前，除了能够派海军人员去进行不会导致约束自己行为的参谋会谈之外，任何调动舰队的想法都是不现实的。于是在罗斯福的批准下，海军作战部长李海决定派作战部计划局长、海军上校英格索尔去伦敦与皇家海军举行会谈。

12月22日美国政府收到了从美国驻华大使馆二秘艾奇逊发来的有关击沉“帕奈号”的正式调查报告②，使美国政府第一次从正式的文件中得知日本人的放肆进攻和毫无怜悯之心地追杀美国生存者是极明显的事实③。作为对这封电报的反应，罗斯福第二天便在赫尔、摩根索和李海陪同下亲自接见英格索尔，对他去伦敦与英国海军进行会谈

① 在美国海军上层官员中，始终存在着一旦出现新的麻烦便将导致两国海军的新的合作的设想。在修改“橙色计划”过程中，1937年11月底海军正式把在太平洋上的与英国合作作为自己计划的一部分。Mark S. Watson, Chief of Staff, Prewar Plans and Preparations, Washington D. C., The War Department, 1950(1970 reprint), p. 92. 参见 Louis Morton, *War Plan ORANGE*, *Evolution of a Strategy*.

② 这封电报首先通过海军无线电从上海发给海军部，该部于22日收到，所以李海首先看到了它。通过政府发送的这份报告是1938年1月5日才被国务院收到的。John Mcvickar Haight Jr., *Franklin D. Roosevelt and a Naval Quarantine of Japan*, *Pacific Historical Review*, Vol. 40, No. 2, (May 1971), pp. 203～226.

③ FRUS/Japan: 1931—1941, vol. 1, Washington D. C., GPO, 1943, pp. 532～541.

的任务作了明确指示。根据 1946 年 2 月 12 日在美国国会调查珍珠港事件的听证会上此时的英格索尔所做的证词，以及 1962 年 3 月 26 日他对这次会晤总统的情况的说明，可以知道，对美国来说，他将要进行的海军会谈有两个目的：第一，为英美两国将来的联合行动尤其是长距离的海上封锁日本做出技术方面的安排。英格索尔说道，“当时每一个人都知道，或早或晚我们都要卷入一场在太平洋的战争，这场战争包括荷兰人，或许还有中国人、俄国人、英国人和我们自己，因此我们必须做出事先的安排去探寻我们能为双方相互的通讯方式、建立联络、情报和其他事情做些什么，以便一旦战争来临，在我们走到一起之前的几个月中不至于使我们手忙脚乱。”①第二，与英国人商谈处理关于放弃 1936 年伦敦海军条约规定的对战列舰规模的限制问题。② 在这些指示中并没有讨论海军示威或动员问题。这便是美国在会谈前采取的基本立场。

24 日日本政府以对击沉“帕奈号”正式道歉并答应满足美国所有要求的方式回答了罗斯福早期给天皇的抗议信。圣诞节那天美国收到

---

① 英格索尔的证词，见 Unites States Government Printing Office：*Pearl harbor Attack：Hearing Before The Joint Committee on the Investigation of the Pearl Harbor Attack Congress of the United States*，以下简写为 PHA，Part 9，pp. 4277，4273. 在他的证词中没有总统关于长距离封锁日本的字眼，这种说法于 1962 年 3 月 26 日出现在他的一次对此事的说明之中，见 John Mcvickar Haight Jr.，*Franklin D. Roosevelt and a Naval Quarantine of Japan*. 从这次参谋会谈的最后结果“会谈记录”来看，为以后的长距离封锁日本做出安排的确是这次会谈的目的之一。

② Unites States Government Printing Office：*Pearl harbor Attack：Hearing Before The Joint Committee on the Investigation of the Pearl Harbor Attack Congress of the United States*，pp. 4273、4276.

了日本的照会，“帕奈号”事件到此结束①。但是总统对日本的态度并不满意，26日他正式批准英格索尔带着他23日的指示前往伦敦；并让海军部做好准备，如果消息泄露海军部将以第二个目的对公众做出解释②。

二

1937年12月31日英格索尔到达英国。在南安普敦他对前来接他的美国驻英代办约翰逊说明，他此行主要目的是“获得关于计划和基地决定的情报，而且一旦需要就将用于未来的行动”③。第二天一早他便同约翰逊前往外交部会晤艾登，艾登在贾德干的陪同下与英格索尔进行了预备性会谈。会谈主要涉及两个问题，一是英格索尔此行的目的，二是目前双方将对日本采取什么行动。对于第一个问题英格索尔回答说，美国海军部对太平洋上的海军行动是以英国做出某些安排为前提条件的，他设想英国的计划也是如此。总统和海军上将李海都认为现在应当进行情报交换，以便更密切地协调我们的计划。他可以说明美国的计划并愿意了解英国的计划。另外还应当在太平洋的任何合作行动之前对许多纯技术方面的问题做出安排。对于第二个问题英格索尔答道，美国海军部认为除非对一切不测事件包括战争在内的充分准备业已完成，而且除非宣战，美国海军在太平洋上就不能采取任何行动。因此他不能说现在是否有什么行动正在考虑之中，但在进行

---

① 参见 FRUS/Japan：1931—1941，vol. 1，Washington D. C.，GPO，1943，pp. 549～552.

② 见 John Mcvickar Haight Jr.，*Franklin D. Roosevelt and a Naval Quarantine of Japan*，Pacific Historical Review，Vol. 40，No. 2，(May 1971).

③ Ibid.

了技术方面的交换意见之后，或许更容易考虑能做出什么政治上的决定①。在这里英格索尔实际拒绝了当前英国希望在太平洋采取海军示威或动员的行动。这次会谈使艾登感到失望，他确信以后的会谈也不会对当前的行动做出任何决定。但他继续鼓励英美合作，认为只有通过在远东的联合显示武力才能使英国保持它的大国地位并在世界的这个地区保持“白种人的权威”②。

从1月3日开始，英格索尔与皇家海军进行正式会谈。会谈是在极其秘密的情况下进行的③。英格索尔的主要谈判对手是英国海军战争计划局长、海军上校菲利普斯，但海军参谋长查特菲尔德和副参谋长詹姆斯对会谈给以极大的关注。1月3日上午，英格索尔在美驻英海军武官威尔森陪同下首先会见了查特菲尔德和詹姆斯并举行了会谈。这次会谈实际上为以后的会谈定下了基调。首先，双方实际都同意除非宣布“国家紧急状态”，舰队将不被动员。英格索尔告诉查特菲尔德美国的舰队大部分仅保持处于85％的准备状态，而且在动员预备役之前，总统必须宣布“国家紧急状态”，查特菲尔德认为这是一个“非常相似于我们自己动员的步骤”。其次，美国反对当前的海军示威行动，英国也担心它在远东的行动会受到欧洲形势的影响。英格索尔说明即使宣布国家紧急状态，美国海军的第一个行动也是准备保卫西海岸和夏威夷群岛，而不可能把一支完整的先遣舰队派往超过这个地

① DBFP. Ser. 2, Vol. 21, pp. 628～629；参见[英]艾登：《艾登回忆录》，武雄等译，975～977页，北京，商务印书馆，1977。

② Lawrence Pratt, *The Anglo-American Naval Conversation on the Far East of January* 1938, International Affairs, Vol. 47, No. 4, (October, 1971).

③ Paul Haggie, *Britannia at Bay*, The Defence of the British Empire against Japan 1931—1941, Oxford: Clarendon Press, 1981, pp. 116～117.

理位置的地方。查特菲尔德则表示，尽管他的舰队比美国处于“更有准备的状态”，而且到1月中旬便能准备起航，但他强调有“极重要的后门要去保卫”，这可能限制英国在远东的努力。英格索尔还认为，由于日本深陷于中国，所以现在既不会立即出现英国担心的日本进攻香港的形势，也不会出现美国忧虑的日本威胁菲律宾的形势。第三，双方同意在战术上两支舰队将相互支持而不采取联合行动。第四，双方同意考虑在长距离的封锁或“隔离”日本的战略方面进行合作。英格索尔通报了美国关于这个问题的看法，即美国海军用以支持在太平洋封锁的方法是：把他们的舰队基于火努鲁鲁、沿阿留申群岛—夏威夷的桑威奇与约翰逊岛一向西南实行长距离巡逻。查特菲尔德赞同美国的考虑，并表示英国将试图在太平洋的西南方实行这种封锁。这个问题成为英格索尔和菲利普斯进一步具体讨论的重要问题之一①。

当天下午英格索尔与菲利普斯举行了会谈。虽然英格索尔告诉后者他没有得到“明确的指示”，只是奉派来“交换一般的情报”，但菲利普斯仍然首先希望能劝说美国人同意当前两国舰队在太平洋上的示威活动是必要的，这将使日本记住英美利益在于中国的命运，并因此在中日战争结束时能获得更可以接受的对华和平条件。为了表示英国的示威决心，菲利普斯向英格索尔通报了英国准备派到远东的舰队规模和准备时间。但他承认，如果一场全面的欧洲战争爆发，这支舰队的数量将不得不大大减少。英格索尔则再次坚决反对目前采取这种激烈

① 参见 Lawrence Pratt, *The Anglo-American Naval Conversation on the Far East of January 1938*；Peter Lowe, *Great Britain and the Origins of the Pacific War*, p. 35，但日期有误；Paul Haggie, *Britannia at Bay*, p. 117.

步骤，于是在这次参谋会谈中关于海军示威问题的讨论到此结束①。

接着双方开始转入具体考虑罗斯福提出的长距离“海上隔离”日本的计划，他们对封锁部队涉及的可能的基地和责任区域进行了大量讨论。虽然当天没有达成明确的协定，但双方基本同意，英国准备负责从新加坡到菲律宾南部至少向东远到新赫布里底群岛，美国则负责到斐济以东、萨摩亚、夏威夷和美国。英国人对以马尼拉作为一个基地使用感兴趣，因为他们担心香港过于虚弱以致经不起日本进攻；另外他们还提出美国应负责巴拿马运河地区以及南美西海岸以“反对任何沿东太平洋悄然驶来的日本船只”②。

经过两天的考虑之后，两位计划局长再次进行会晤，继续对长距离封锁日本作进一步的讨论。英国认真研究了封锁计划，并划定了他们的责任区域，同时希望美国能影响南美共和国在隔离中进行合作，办法是不与日本交往、禁运和抵制日货等③。双方还一致同意，一旦要求联合行动，两国舰队应使用共同的通讯与密码体系并为此做出安排。

从 6 日到 12 日，双方继续制定具体的联络办法，并拟定了一致

① Stephen Roskill, Naval Policy Between the Wars, Vol. 2: *The period of Reluctant Rearmament, 1930—1939* , Annapolis: Naval Institute Press, 1976, p. 367; J. R. Leutze, *Bargaining for Supremacy*, pp. 23～24; Peter Lowe, *Great Britain and the Origins of the Pacific War*, pp. 35～36; John Mcvickar Haight Jr. , Franklin D. Roosevelt and a Naval Quarantine of Japan.

② J. H. Herzog, *Closing the Open Door, American-Japanese Diplomatic Negotiations 1936—1940* , Annapolis, Naval Institute Press, 1973, p. 24; John Mcvickar Haight Jr. , Franklin D. Roosevelt and a Naval Quarantine of Japan; J. R. Leutze, Bargaining for Supremacy, p. 24.

③ John Mcvickar Haight Jr. , *Franklin D. Roosevelt and a Naval Quarantine of Japan*, Pacific Historical Review, Vol. 40, No. 2, (May 1971).

同意的"会谈记录"，经第一海务大臣批准后，13 日"会谈记录"最后签字。英格索尔于 1 月 18 日离英回国①。

这次英美海军参谋会谈达成的"会谈记录"，包括下述七个部分，涉及的内容相当广泛。

第一，双方舰队的组成、准备状态和舰队的最初行动。对美国舰队来说：(1)申明使舰队进入全额满员的能力取决于总统宣布国家紧急状态。(2)目前服役中的美国舰队准备情况：在太平洋沿岸，除潜艇和飞机外，其他船只均未达到满员而仅为 85%；在大西洋沿岸的舰队仅达到 50%。(3)美国将把主要舰队力量部署在火努鲁鲁。如果宣布国家紧急状态，海军部设想舰队在太平洋采取利用日本托管岛屿的渐进行动，但目前不打算派舰队去远东。就英国来说：(1)申明海军部的政策是派往远东一支部队，它在正常的战术和战略条件下足以对付日本舰队。(2)当前打算组成的远东舰队兵力如下：战列舰 8 艘，战列巡洋舰 1 艘，航空母舰 3 艘，8 英寸炮巡洋舰 8 艘，6 英寸炮巡洋舰 11 艘，巡洋舰布雷舰艇 1 艘，驱逐舰小舰队 7 艘，潜艇 25 艘，以及必要的供应与维修舰只和一些小战舰。远东舰队的准确组成取决于随时间推移而进行的修改。(3)英国舰队将部署在新加坡，该基地于 18 个月后才能完工。

第二，关于一般的政策。(1)双方同意在原则上政治行动将与海军形势保持一致，但承认达到这一点可能是困难的。双方还同意每一个国家的政治和海军措施应同另一个国家的政治及海军措施保持一致。为达到这个目的，双方认为：英国舰队到达新加坡和美国舰队到

① *Documents on the British Foreign Policy, 1919—1939*, DBFP, Ser. 2. Vol. 21, London, HMSO, 1984, p. 642.

达火努鲁鲁应尽可能同时发生。但双方承认主要影响一国而不是影响两国的任何事件，都可能使实行上述政策发生困难。(2)双方确认：英联邦的所有水域包括自治领的水域允许美国海军自由行动，美国的所有水域包括菲律宾的水域允许英国海军自由使用。(3)对英国来说，一旦证明德国是一个敌手，将产生最严重的问题，他们极为担心英国在大西洋的贸易路线；在英国的大部分舰队开往远东以后，如果与意大利的敌对也同时发生，甚至会出现更严重的形势。因此在这样一场广泛的欧洲战争情况下，肯定会引起英国远东力量相当大的减少。在这种情况下，英国将要求进一步考虑可能产生的美国与英国舰队之间的直接战术合作问题。

第三，关于目前在远东部队的政策。对美国来说，双方认识到美国海军部很希望现在撤退华北的驻军，而且一旦出现紧急情况，美国的亚洲舰队将从北部中国水域撤退。对英国来说，英国海军部也关心英国在华北的驻军。如果决定两支主要舰队的行动是平行的，应该着重考虑英国在华北的驻军撤退到香港的准确时间，以及英国在中国舰队的大部分也将不得不撤退到香港或新加坡。

第四，关于在英国和美国舰队之间相互联络的安排。(1)双方同意，由于两国舰队最初以及可能在某段时间内是各自独立的，因此在不久的将来他们不可能在战术和战略方面有统一的指挥，但战略合作将是必要的，这样的合作将要求共同的通信设施。(2)双方对两国海军的联络程序、相互承认的信号、使用的密码以及情报交换做出了具体安排。

第五，关于通讯人员的交换。为设置两支舰队之间的通信设施，双方同意有必要相互交换在无线电方面的专业人员。规定在两国的远东舰队之间、主力舰队旗舰之间以及两国首都的大使馆内互相交换通讯人员。

第六，关于一般的联络。双方同意目前没有必要为广泛的联络目的制定进一步措施。但如果两国政府决定采取平行行动，双方将有必要各自任命一个了解战争计划的官员并互派到对方首都。

第七，关于战略政策。(1)一旦两国决定实行一个长距离的封锁，英国海军将负责阻碍大致从新加坡经荷属东印度群岛通过新几内亚和新赫布里底群岛到澳大利亚与新西兰以东的日本贸易。(2)美国海军将负责整个南北美洲的西海岸，包括巴拿马运河和穿过合恩角在内的反对日本的贸易活动。美国海军还将确保对加拿大西海岸的广泛的海上防御负有责任。(3)双方同意，目前阶段在两支舰队将活动的区域之间没有必要划定严格而固定的分界线①。

从上述内容可以看出，通过这次会谈，两国海军不仅第一次就当时各自的舰队力量、详细准备情况和目前政策等机密情报进行了交换，而且为后来两国在太平洋的合作制定了战略战术原则。

三

1938年初访问英国的英格索尔代表团，是处于孤立主义势力包围之中的罗斯福总统担心世界形势的恶化，并决心开始与这种恶化进行斗争的第一个明确举动，也是对英国在第二次世界大战爆发前要求与美国合作制止日本继续侵犯列强在华权益的第一次回答。因此它对美国、英国及美英关系都带来了不同程度的影响。

对美国来说，英格索尔完成了他的使命：为英美与日本的未来的

---

① *Documents on the British Foreign Policy*, *1919—1939*, DBFP, Ser. 2. Vol. 21, London, HMSO, 1984, pp. 651～656.

战争准备联合行动的战略战术基础，并取消了对美国扩大造舰计划的限制。通过这次会谈，美国军方第一次明确了在太平洋上由“蓝色加红色打败橙色”的战略思想①，从而导致了陆海军联合委员会放弃一直在修改的原有的“橙色计划”，而决定制订一个新的“橙色”战争计划。1938 年 1 月 19 日，两位太平洋事务专家，当时的陆军少将恩比克和海军少将理查森②接到指示，对太平洋问题做进一步的研究，从而制订一个新计划。经过近一个月的努力，两人于 2 月 18 日提交给联合委员会一份新的“橙色计划”，21 日被该委员会接受，并分别于 26 日和 28 日为海军部长和陆军部长所批准。

虽然这个新的计划保留了陆海军各自的观点，即陆军坚持由阿拉斯加、瓦胡岛和巴拿马组成的战略三角对保卫美国具有第一重要性，而海军仍主张渐进穿过太平洋对日本发动进攻，但与以前的历次修改意见所不同的是双方都接受了对方的主要观点。新计划规定，在对日本的战争爆发时，美国将首先确保有准备的态势以对付可能发生的所有意外事件。在最初时期，陆海军将把优先次序定为保卫西海岸、战略三角和美国沿岸防御以及它的海外领土。同时海军将做好准备与陆军联合尽早开始进攻行动。如果没有任何情况发生，海军便能用针对日本托管岛屿并逐渐向西前进直到穿过太平洋的军事行动对日本发动进攻。计划者们相信，这些军事行动和经济压力(封锁)结合起来，将

① J. H. Herzog, *Closing the Open Door, American-Japanese Diplomatic Negotiations 1936—1940*, Annapolis: Naval Institute Press, 1973, p. 25；在当时美国的战略计划中，以颜色为各国武装力量的代号。蓝色代表美国，红色代表英国，橙色代表日本，黑色代表德国，绿色代表墨西哥。

② 同上。

导致日本的失败和一个能确保美国在远东利益的和平与安全的协定①。从这些规定中，人们不难看到在远东获得英国的合作已列入了计划人员的考虑范围。就在制订新计划的过程中，李海写信给他的两支舰队(美国舰队和亚洲舰队)的指挥官们，要他们准备与大不列颠的战略与战术合作，并准备与皇家海军交换联络人员②。

不仅如此，这次会谈还使美国深感自己在舰队力量和准备方面都远逊于英国，为此新的"橙色计划"要求增加海军力量，扩大造舰规模和兵员人数。这个要求与卡尔·文森领导的众议院海军事务委员会的想法不谋而合③。英格索尔访问之后这个问题便容易地得到了解决。1938年1月3日罗斯福向国会领导人介绍了第二个文森—特拉梅尔海军造舰计划，它将使美国舰队的规模第一次突破1936年条约的限制并增加了20%。5月该提案被国会通过，成为《1938年海军法》，计划耗资11亿美元建造3艘战列舰、2艘航空母舰、9艘巡洋舰、23艘驱逐舰和9艘潜艇。另外国会还批准将海军航空兵飞机的数量增至3000架，比现有的飞机数量几乎翻了一番④。同年6月30日，英美法三国在伦敦签订了《修改1936年关于限制海军军备条约的议定书》，正式

---

① Louis Morton, *War Plan ORANGE*, *Evolution of a Strategy*, World Politics, Vol. 11, No. 2, (January 1959).

② J. H. Herzog, *Closing the Open Door*, *American-Japanese Diplomatic Negotiations 1936—1940*, Annapolis, Naval Institute Press, 1973, p. 27, p. 30.

③ 文森委员会曾于1934年提出第一个"文森—特拉梅尔法案"，规定建造和更新舰艇的数量应达到1922年和1930年分别在华盛顿和伦敦签订的两个海军军备限制条约规定的最高限额。见[美]罗伯特·达莱克：《罗斯福与美国对外政策》上册，伊伟等译，108页，北京，商务印书馆，1984。

④ [美]阿伦·米利特、彼得·马斯洛斯金：《美国军事史》，军事科学院外国军事研究部译，394页，北京，军事科学出版社，1989。

批准将 1936 年 3 月 25 日条约对主力舰吨位的限制 35000 吨改为 45000 吨，大炮口径维持不变。该议定书在签字当天生效(《国际条约集 1934—1944》，75 页)。

在英国看来，英格索尔的访问多少偏离了它的初衷。英国政府成员对会谈的最初打算并不完全一致：他们本来希望通过会谈来商讨两国立即对日本采取海军示威或动员的威慑性行动，或者通过会谈教育美国人不能指望封锁日本而又不用武力去支持它。但是他们得到的却是双方为遥远的不能确定的长距离隔离日本的行动而制定的一个初步联合战略。对英国来说，这个远水不解近渴的“会谈记录”既没有解决英国当时在中国面临的种种困境，也没有解决它在太平洋的帝国防御问题。但是这次会谈并非使英国一无所获，它至少部分地消除了英国海军自第一次世界大战以来近 20 年的对美国海军野心的怀疑。因此当参谋会谈结束后美国建议在伦敦定期进行秘密的技术信息的相互交流时，英国表示赞同。虽然英国认为在这种交流中皇家海军在技术上的优势将使自己给予对方的比从对方获取的更多，但正如查特菲尔德预见到的那样，由于罗斯福总统已经派英格索尔把“问题置于一种实际的基础之上”，因此如果英国能更密切地与美国海军合作，那么“他们就更可能去影响美国政府在困难的时期走向国际合作”①。显然英国在这种交流中看到潜在的政治收获是远比技术上的得失更为重要的。另外由于英国政府内部对当前是否采取海军行动本来就存在不同看法，因此参谋会谈对这个建议的否定正合了绥靖主义者的心愿。

英格索尔的伦敦之行给英美关系带来的直接的积极成果正是双方

---

① J. R. Leutze, *Bargaining for Supremacy*, *Anglo-American Naval Collaboration*, *1937—1941* , Chapel Hill: University of North Carolina, 1977, p. 32.

情报交流的开始和舰队之间对建立联络的准备工作。但是这种交流的深度和广度在当时不能过分夸大。由于两国海军都担心，为了将来的联合行动成为可能而交换详细的技术情报，就意味着相互告知有关制海权的至关重要的秘密，所以初期的情报交流仍很困难。这种困难明显地反映在1938年5月由美驻英海军武官威尔逊要求皇家海军提供有关新加坡防御情报而引起的讨价还价上。威尔逊提出上述要求后，英国海军表示同意，但要以美国人同意提供美国海军视为极宝贵的Norden轰炸瞄准器的某些数据为交换条件，遭到美国的反对。接着威尔逊又要求了解英国港口防御的详细情况，如栅栏网、潜水艇网等，但皇家海军又以美国提供它的航空母舰上用来制止降落的飞机继续滑行的装置为条件，再次被美国拒绝①。尽管如此，两国海军之间的情报交流仍然开始缓慢地进行，无论如何是走向合作的第一步，虽然是小小的一步。

显然，这次参谋会谈关于两国海军合作的讨论是极初步的，它的长距离封锁日本仍然仅仅是一种设想，并没有解决两国在太平洋及远东地区遇到的防御难题。究其原因，主要有两点。其一，两国的战略重点不同。1937年英国的战略重点开始向欧洲转移。面对三个法西斯国家的挑战，英国认为自1931年以来把日本作为自己第一个潜在敌人，把德国和苏联作为第二个和第三个潜在敌人的战略防御顺序对自己已不适用，于是在三军参谋长于1937年2月准备的关于国家和帝国防御的年度报告中，已把保卫联合王国免遭德国侵略放在保卫帝

① J. R. Leutze, *Bargaining for Supremacy, Anglo-American Naval Collaboration, 1937—1941*, Chapel Hill: University of North Carolina, 1977, pp. 32～33.

国的远东利益免遭日本侵略之前①。同年 12 月，帝国国防委员会下属的国防需要委员会在考虑未来年代的国防费用时，再次修改了国家防务的优先顺序，把保卫地中海的交通要道免遭意大利进攻放在了保卫帝国的远东利益之前，从而使英国的潜在敌人顺序实际变成了德国、意大利和日本②。因此到 1938 年初，英国首先考虑的是欧洲、大西洋和地中海的安全。但是美国不断修改“橙色计划”，直到 1938 年 2 月制订一个新的“橙色计划”，从中可以看出，当时美国的战略重点仍在于太平洋。不管陆军的防御战略还是海军的进攻战略都是针对日本的，而涉及更为广泛的大西洋与欧洲战略还远远没有得到足够的考虑。在这种情况下双方不可能制定统一的战略，也谈不上战斗部队的联合行动。

其二，两国的国内政治和外交政策阻止了双方立即对日本采取联合行动。在美国孤立主义势力的巨大影响下，从 1935 年到 1939 年国会多次通过不同内容的中立法案，到 1938 年初政府已在一系列局部战争中宣布保持“中立”。“帕奈号”事件发生后，孤立主义者不仅以此事攻击政府③，而且进一步支持印第安纳州众议员路易斯·勒德洛于 1935 年提出的要求把宣战权力从国会移交给人民的典型孤立主义提案，使之终于达到了提交国会讨论的法定票数 218 票。尽管 1938 年 1

① N. H. Gibbs, *Grand Strategy*, *Vol*. 1: *Rearmament Policy*, London: HMSO, 1976, p. 410, pp. 287～288.

② 1939 年 5 月英国正式决定了德、意、日的战略防御次序。参见 N. H. Gibbs, *Grand Strategy*, Vol. 1: Rearmament Policy, p. 426; S. W. Kirby, *The War Against Japan*, Vol. 1, The Loss of Singapore, London: HMSO, 1957, p. 19.

③ Dorothy Borg, *The United States and the Far East Crisis of 1933—1938*, Cambridge: Harvard University Press, 1964, p. 503.

月 10 日众议院以 209：188 的微弱票数否定了这个提案[①]，但该议案几乎取得胜利本身便使政府当时不敢公开与英国采取任何实际的军事行动。在英国，张伯伦政府正在通过绥靖意大利和德国而达到一种普遍的欧洲绥靖的目的，来解决帝国在欧洲和地中海的安全问题，因此根本不愿意真正考虑在远东与美国联合采取任何实际行动。关于这一点查特菲尔德的话很有代表性。他说："就帝国来说我们是极其虚弱的，如果在当前时刻，或在即将到来的许多年中，我们不得不派一支舰队去远东，即使与美国联合，我们在欧洲也将是如此虚弱以至于使我们易遭敲诈勒索或者更糟。"[②]在英国看来，对付日本的时间必须是在完成重整军备并在欧洲局势达到稳定之后，但不幸的是，这样的时刻从未到来。可以断言，双方在上述政策指导下，即使在当时"蓝色加红色"强于"橙色"，他们也绝不可能去壮胆一试。由此可见，在错综复杂的国际关系中，即使两个国家面对一个共同的敌人，双方之间存在着相互依赖的利害关系，要想达成一项协议，哪怕是非正式协议，也是十分困难的。

然而 1938 年初的英美海军参谋会谈对英美关系的未来具有不可忽视的影响。它第一次认真探寻了两国海军在远东及太平洋地区合作的战略基础，成为推动进一步战略讨论的动力；它为两国一旦在太平洋实行长距离封锁日本的行动而初步划定的责任区域和双方可以相互

---

① 1935 年勒德洛提出此案，直到 1937 年 8 月众议员中的签名者一直远远低于能将此案提交国会讨论的最低票数。到 11 月初特别国会召开，由于担心美国卷入战争，签名者开始增多，12 月初为 205 人。"帕奈号"事件的发生又使 13 个众议员同意了此案。Robert Divine，*The Illusion of Neutrality*，Chicago：University of Chicago Press，1962，pp. 219～220.

② Lawrence Pratt，*The Anglo-American Naval Conversation on the Far East of January* 1938，International Affairs，Vol. 47，No. 4，(October，1971).

利用对方水域和基地的规定，成为以后关于亚太地区一系列防御计划讨论的基础和起源；它开始的两国海军之间的情报交换从此不断进行下去，不但使他们逐渐相互了解对方，也使他们不断改变着自己。随着双方战略重点的日益接近和军事力量的不断增长，两国终于把它们的协同战略从海洋扩大到陆地和天空，从太平洋伸展到大西洋，最终形成了一个全球合作的大战略。因此我们可以说，这次英格索尔的伦敦之行是 1941 年早春 ABC 参谋会谈的先声。

评 1939 年汉普顿的华盛顿之行*

1939 年 6 月英国海军计划局官员、海军中校 T. C. 汉普顿和美国海军作战部长、海军上将李海进行的有关两国海军在未来的反法西斯战争中采取联合行动的会谈，是继 1938 年 1 月英格索尔—菲利普斯会谈之后①两国军方之间进行的又一次重要接触，是英美军事合作进程中的重要一环。本文拟对这次会谈的背景、过程及影响作一初步探讨，以就教于读者。

一

1938 年是张伯伦政府对法西斯国家的侵略扩张行动推行全面绥靖政策的一年。然而，当慕尼黑协定签订后，张伯伦回到伦敦，得意地向欢迎他“凯旋”的人群宣告，他从德国带回了“我们时代的和平”的时候，英国军方首脑却并

---

* 原载《首都师范大学学报》，1995(4)。

① 关于这次会谈的情况以及下文中提到的“会谈纪录”等内容，参见拙文《评 1938 年初英格索尔的伦敦之行》，载《历史研究》1994(4)，137～151 页，已收入本书中。

没有感到那种如释重负的欢快。一年来欧洲和地中海形势的恶性发展，英日在华利益的尖锐冲突，德意日关于缔结三国同盟的谈判，以及英国军事力量的严重不足，迫使三军参谋长再次考虑英国是否有能力同时在欧洲、地中海和远东打一场三线战争问题。1938 年 10 月，三军参谋长准备了一份关于一旦在不久的将来英国与德国作战的情况下的形势报告，其中明确指出，如果意大利站在德国方面参战，而日本也介入战争，英国就不可能在派出一支足够有力的舰队前往远东的同时，仍能在东地中海保持任何海军力量，这就意味着英国不再能控制地中海的海上交通线。① 鉴于早在 1937 年 12 月，英国军方便把保卫地中海的交通要道免遭意大利的进攻放在了保卫帝国的远东利益之前，② 上述文件的含意便十分明显，那就是，一旦发生英国在三条战线上作战的情况，英国不可能向远东派出如 1938 年 1 月英美两国海军之间达成的"会谈记录"中所规定的那样一支舰队。根据该"会谈记录"，两国军方曾商定，在上述情况发生时，"英国将要求进一步考虑可能产生的美国与英国舰队之间的直接战术合作问题。"如今，三线作战的阴影已隐约在现，英国需要重开两国的海军会谈，向美国通报英国的变化，以求得美国的军事援助。

此时的美国，也同样感到了两洋作战的威胁。尽管罗斯福总统对 1938 年欧洲形势的发展甚感担忧，但在慕尼黑会议之后，他还是和许多政府官员一样，因和平已经保住而怀有一种"大家都觉得松了一

① N. H. Gibbs, *Grand Strategy*, Vol. 1: Rearmament Policy, London: HMSO, 1976, p. 421.

② Ibid, pp. 287～488.

口气”的宽慰之感。[①] 然而，慕尼黑协定的墨迹未干，希特勒便于 10 月 9 日提出了一个新的军备计划，这不仅证明了欧洲的形势并未缓和，而且预示着美国的安全终将受到威胁，它使刚刚获得的解脱感顿然消失。10 月 11 日罗斯福便宣布他将增加 3 亿美元以加强美国的军备[②]。接着，他要求军方制订一项旨在保卫美国本土和援助英法等国的大力扩充美国空军的计划。[③]

更为重要的是，面对来自两洋的威胁，罗斯福和军方首脑都感到美国旧有的只针对日本的橙色战争计划已不适用。于是，罗斯福批准军方在一个小范围内对战争计划进行重新考虑，研究德国在意大利（或许还有西班牙）支持下采取军事行动，以及日本同时采取行动时对美国的安全可能造成的影响。[④] 根据这一精神，陆海军联合委员会于 11 月 12 日向它下属的联合计划委员会正式发出指示，要求该委员会“对一旦在(a)由一个或更多的法西斯国家侵犯门罗宣言的情况下，以

---

① [美]罗伯特·达莱克：《罗斯福与美国对外政策》上册，陈启迪等译，246 页，北京，商务印书馆，1984。

② [美]威廉·爱洛滕堡：《罗斯福与新政，1932—1940》，朱鸿恩等译，328 页，北京，商务印书馆，1993。

③ 关于罗斯福要求首先大力扩充美国空军的看法，他与军方尤其是陆军希望平衡发展武装力量之间的争论，以及罗斯福最终接受了陆军的意见，参见 F. C. Pogue, George C. Marshall, Vol. 1: *Education of A General 1880—1939*, New York: Viking Press, 1963, pp. 322～323；[美]罗伯特·达莱克：《罗斯福与美国对外政策》上册，伊伟等译，247～250 页，北京，商务印书馆，1984。关于罗斯福要求大力发展空军以援助英法的意图，参见 H. H. Arnold (General of the Air Force), *Global Mission*, New York: Harper & Brothers, 1949, p. 173, pp. 177～178.

④ M. Matloff and E. M. Snell, *Strategic planning for Coalition Warfare, 1941—1942*, Washington D. C., The War Department, 1953 (1970 reprint), p. 5.

及(b)同时日本打算扩大其在菲律宾的影响的情况下，对美国陆海军的不同的实际行动方针进行调查研究与评估”。该指示进一步说明：“这些研究与评估将基于下述设想：(a)德国、意大利和日本可能结成联盟；(b)这些法西斯国家中的任何一个或两个国家的行动都将获得其他国家的富有同情心的支持；(c)只要民主国家在西半球的领地不受干扰，他们就将保持中立。”①

计划人员们很快开始了工作。到 1939 年 1 月，他们得出了下述初步结论：第一，承认美国的敌人，即德、意、日结成盟国的现实可能性；第二，怀疑在美国受到它的敌人的攻击，而英国的贸易或领土却未受到影响之前，英国会对美国给以积极援助。② 在这种情况下，美国必须了解英国的态度，这是它制订新的战争计划的重要前提条件之一。因此重开英美参谋会谈，同样提到了美国军方的议事日程。

1939 年 1 月，美国驻英国的海军武官、海军上校拉塞尔·威尔逊在回国述职之前，向英国海军部非正式建议重开英格索尔—菲利普斯会谈，这个建议正合英国海军部的心意。③ 在会谈中英国人告诉威尔

① The Joint Board of the Army and Navy，简写为 JB325，Ser634，Microfilm，in Virginia Military Institute (VMI)，Marshall Research Library and Archives，Lexington，Virginia，USA. 以下所引 JB 档案，均藏于该图书馆，不再注明。

② M. S. Watson，Chief of Staff，*Prewar Plans and Preparations*，Washington D. C.，The War Department，1950 (1974 reprint)，p. 95.

③ 新任第一海务大臣、海军上将达德利·庞德对该建议没有什么热情，因为他认为“美国政府已经证明是极不愿意做出任何一种可能使他们承担战争行动的保证”的，而且他怀疑美国人会很快改变他们的态度。但无论如何这次会谈是使美国了解英国变化的一个机会，因此会谈仍得以进行。参见 J. R. Leutze，*Bargaining for Supremacy*，*Anglo-American Naval Collaboration*，*1937—1941*，Chapel Hill：University of North Carolina，1977，p. 33.

逊，尽管英国仍然暂时打算派一支舰队去远东，但在规模上将有所减少①。他们还明确表示，除非英国皇家海军能得到来自美国太平洋舰队大规模增援部队的支援，他们根本不打算在新加坡以北采取进攻行动。这就是说，两国海军应当准备在战术上进行合作。但是当威尔逊要求英方说明他们对两支海军战术合作计划是什么的时候，英国人的回答却混乱不清；而威尔逊也并未表示美国海军将承担任何义务。②尽管这次会谈拉开了下一次英美海军参谋会谈的序幕，但正式会谈的到来还需要相当一段时间。

二

鉴于欧洲和远东形势都在继续恶化，而美国的援助又不能确定，英国三军参谋长迫切感到必须正式修改英国战略防御的优先顺序，才能集中兵力保卫英国最重要的利益。为此，1939 年 2 月他们向帝国国防委员会提交了一份草拟的《1939—1940 年欧洲评价》报告，其中再次强调：如果英国与德意开战，而日本也站在德意一方加入战争，如果根据过去正式规定的德、日、意的优先顺序，英国就“必须派一支舰队去远东，并必定要大大减少英国在地中海的本已不足的海军力

① D. C. Watt, *How War Came: The Immediate Origins of the Second World War 1938—1939*, New York: Pantheon, 1989, p. 259. 根据 1939 年 1 月 16 日英国海军部的一份备忘录，英国目前认为它向远东派出的舰队规模最多为 7～8 艘战列舰，2 艘航空母舰，20 艘巡洋舰，几艘驱逐舰，以及 20 艘潜水艇。这个数字与 1938 年 1 月 13 日的“会谈记录”相比有所减少。参见 J. R. Leutze, *Bargaining for Supremacy*, p. 34.

② J. R. Leutze, *Bargaining for Supremacy, Anglo-American Naval Collaboration, 1937—1941*, Chapel Hill: University of North Carolina, 1977, p. 34.

量”，这将意味着把东地中海的海上交通线的控制权交给意大利。①三军参谋长的看法是，在目前的情况下，英国“派驻在新加坡的舰队力量将必定取决于我们的后备舰队和欧洲战场的战争状况。”②2 月 24 日帝国国防委员会讨论了这一文件，但未提出意见，只是决定把它交给战略评价分委员会和三军参谋长继续研究，并提出报告。随后，海军副总参谋长安德鲁·坎宁安向战略评价分委员会提出一份备忘录，明确指出，英国当前拥有的和预期可以拥有的海军力量不足以对付三线战争，他认为，现在“不可能明确说明在日本介入之后多久才可以派出一支舰队去远东，也不可能精确地列举我们能派出的舰队的规模。”③但帝国国防委员会对战略优先次序的问题暂未做进一步讨论。

与此同时，美国的战争计划者们也在继续他们的研究，并于 1 月 25 日提出了一份评估草案。它的中心思想是：现有的美国军事力量不可能同时保卫两洋，而美国国家的更大利益在于保卫大西洋和加勒比地区；尽管美国的传统考虑是强调对太平洋的防御，但失去关岛和菲律宾并不涉及目前美国的任何至关重要的利益。④

就在英美两国军方对各自的战略分别进行研讨的时候，国际紧张局势再次升级。3 月 15 日，当德国军队开进捷克斯洛伐克，希特勒又

---

① N. H. Gibbs, *Grand Strategy*, Vol. 1: *Rearmament Policy*, London: HMSO, 1976, pp. 421～422.

② Ibid, pp. 422.

③ Ibid, pp. 424～425.

④ *The Joint Board of the Army and Navy*, 简写为 JB325, Ser634, Microfilm, in Virginia Military Institute (VMI), Marshall Research Library and Archives, Lexington, Virginia, USA. 这份报告主要由陆海军计划委员会的陆军成员 F. S. 克拉克上校拟定，因此更多地代表了陆军的看法，但海军方面的意见也得到了适当考虑。

一次自食其言，夺他人之国的时候，英美两国政府都已经明白，欧洲的战争即将来临。但是在此期间，日本在建立“东亚新秩序”的口号下，在中国大陆进行的与德意在欧洲的行动相互呼应的继续损害英美利益的行动，尤其是占领海南岛和直指南沙群岛的军事推进，同样使两国政府忧心忡忡。因此英国政府在海军部的催促下，于 3 月 19 日正式指示驻美大使林赛爵士，要他探明美国是否准备“继续进行”自上一年开始的“海军的意见交换”，并要求他向美国人强调，如果英国卷入欧洲的战争，英国将不可能增援它自己在远东的舰队。① 林赛立即向美国通报了英国的想法。

英国的态度引起了美国的高度重视，罗斯福总统亲自过问此事。为了不影响修改中立法的讨论，3 月 21 日副国务卿韦尔斯秘密来到英国大使馆，传达了罗斯福对英国要求的回答。韦尔斯说明，罗斯福总统对进一步会谈的所有问题都是满腔热忱的，但这次会谈的安全性应当比 1938 年更能得到保证，因为 1938 年英格索尔的代表团曾不幸为新闻界所知晓，因此需要协商一种更保密的方式，而且有关这些会谈的文件必须一律销毁。总统建议，或许英国可以派一位新的海军武官到华盛顿，他拥有指导会谈的自主权。至于这些会谈涉及的内容，罗斯福建议与 1915～1917 年由英国海军武官、海军准将冈特和美国海军上校普拉特进行的两国海军之间的长期的全面情报交流的内容与方

① J. R. Leutze, *Bargaining for Supremacy*, *Anglo-American Naval Collaboration, 1937—1941*, Chapel Hill: University of North Carolina, 1977, p. 34.

式相类似。① 由此可以看出，罗斯福想通过这次会谈，使英美军方建立起绝对保密的、有系统的全面交流包括双方战争计划在内的各种情报的长期联系。

但英国海军部对反馈回来的信息并不满意。海军计划局长丹克沃茨在 3 月 24 日的一份备忘录中评论说，罗斯福总统提到的会谈方式，意味着他希望确立一种情报交流的程序而不是举行关于“联合行动”的参谋会谈。但建立密切的联络关系将要冒不断泄密的危险，而任何一种泄密都可能产生严重后果，“甚至可能使我们失去我们选择我们自己的政治路线的能力。”他认为 1938 年的英格索尔—菲利普斯会谈已经包括了一个在太平洋的战略合作的广泛计划，现在需要的是来自美国方面的保证，即“在一旦决定阻止日本进入战争或阻止它向南方推进的行动的情况下”，美国将行动或将准备行动，而这样一个战略保证将更可能来自 1938 年那种形式的会谈。他承认这样一种保证是一个“政治问题而不是一个海军问题”，而这正是最困难的，因此他认为政治部门应当做出他们的决定。② 海军情报部长同意丹克沃茨的看

---

① J. R. Leutze, *Bargaining for Supremacy, Anglo-American Naval Collaboration, 1937—1941*, Chapel Hill: University of North Carolina, 1977, pp. 34～35. 关于冈特—普拉特会谈，参见 p. 20. 1915—1917 年英美两国海军之间存在着有系统的秘密情报交流，这种交流通过当时的英国驻美国的海军武官、海军准将盖伊·冈特和美国海军上校普拉特来进行，因此又称冈特—普拉特会谈。据罗斯福总统所说，当时他作为海军部长助理，曾深深地介入此事，并了解这个交流过程已远远超出战争计划的交流范围，它包括所有情报的交换。因此当 1917 年 4 月美国进入战争时，全面的战争计划已被详尽制定。罗斯福在 1937 年 12 月 16 日夜里会见林赛谈到即将进行的 1938 年初的英美海军参谋会谈时，就曾希望该会谈成为冈特—普拉特那种形式的会谈，但最终未被英国接受。

② J. R. Leutze, *Bargaining for Supremacy, Anglo-American Naval Collaboration, 1937—1941*, Chapel Hill: University of North Carolina, 1977, p. 35.

法，他在3月27日的一份备忘录中同样认为这个问题从根本上来说是政治上的，除非英国政府肯定美国介入太平洋，否则讨论海军计划就没有什么价值。他进一步指出，英国不能派大规模部队去远东，但美国海军能确保英国领土的安全，并对澳大利亚和新西兰的安全做出保证，只要美国选择这样做。他认为，美国在太平洋承担责任将使英国部队在大西洋和地中海自由行动并带来“无论怎样夸大也不过分”的结果。因此他催促英国的大臣们做出一个政治决定，一旦一条政治路线得以制定，海军的协调就能进行。①

但这时的英国政府正被德、意、日在各自地区制造的紧急事态，以及围绕捷克斯洛伐克的灭亡而引起的国内舆论的强烈不满情绪而搞得手忙脚乱。在仍然从绥靖政策为其外交指导方针的情况下，英国政府根本不可能提出指导军事行动的政治路线，而只能疲于应付不断发生的国际事件。

1939年3月底到4月初，英国相继对波兰、希腊、罗马尼亚和土耳其提供安全保证，但意大利于4月7日入侵阿尔巴尼亚，使地中海形势骤然紧张。没过两天，远东又生事端，4月9日在天津英租界内新任伪政权海关监督程锡庚被暗杀，给本已恶化的英日关系火上浇油。② 英国政府难于招架，在法国的压力下，英国又不能把在地中海

---

① J. R. Leutze, *Bargaining for Supremacy*, *Anglo-American Naval Collaboration*, *1937—1941*, Chapel Hill: University of North Carolina, 1977, pp. 35～36.

② 关于英国与日本在中国租界的冲突，参见拙著《英国与中日战争1931—1941》第12章，北京，北京师范学院出版社，1991；首都师范大学出版社，2010。

的舰队调往远东。① 于是外交大臣哈里法克斯赶忙于 4 月 11 日请求罗斯福不要拖延地把美国在大西洋的舰队调到太平洋以牵制日本，强调鉴于英国行将在地中海承担新义务，必须加速进行此事。② 法国也对美国施加压力，达拉弟总理警告美国驻法大使布利特，如果英国舰队驶往远东，“法国就将撤手不管中欧和东欧的抵抗。”③当天下午，李海接到罗斯福关于把舰队调动到太平洋的命令，并于 4 月 15 日开始实行。

美国的行动鼓舞了英国人，丹克沃茨认为与美国的会谈实属必要。在这种情况下，军方对英国战略优先次序做出最后的决定更成为当务之急。5 月 2 日，帝国国防委员会研究了坎宁安的报告和战略评价分委员会对该报告的看法，并做出决议：“鉴于许多易变因素，在当前不可能估计在反对日本的敌对行动爆发后，可能派到远东的舰队的规模，也不能明确它能被派出去的时间。”④这个决议不仅标志着英

① 在 1939 年 3 月英法举行的参谋会谈中，法国为了自身的安全，坚持认为打败意大利应放在增援远东之前，并明确表示，如果远东的形势需要撤走英国在东地中海的舰队，法国将别无选择，只有从大西洋撤走他们的两艘现代化战列巡洋舰并把它们派到地中海。关于英法参谋会谈，参见 N. R. Clifford, *Retreat from China, British Policy in the Far East 1937—1941*, Washington: University of Washington Press, 1967, p. 132; Arthur J. Marder, *Old Friends, New Enemies: The Royal Navy and the Imperial Japanese Navy Strategic Illusions, 1936—1941*, Oxford: Oxford University Press, 1981, p. 47.

② [英]C. A. 麦克唐纳：《美国、英国与绥靖 1936—1939》，何抗生等译，179 页，中国对外翻译出版公司，1986。

③ 同上书，180～181 页。

④ S. W. Kirby, *The War Against Japan*, Vol. 1: *The Loss of Singapore*, London, HMSO, 1957, p. 19; N. H. Gibbs, *Grand Strategy*, Vol. 1: *Rearmament Policy*, London: HMSO, 1976, p. 426.

国正式宣布它的战略敌人的优先次序是德国、意大利和日本，也意味着英国的远东利益是否得到保护取决于美国的援助。

在这一精神指导下，海军部决定与美国海军进行会谈，并选择了1938年的会谈方式。5月22日，即德意签订军事同盟条约的当天，海军部指示海军计划局官员、海军中校T. C. 汉普顿以个人身份前往华盛顿，表面是去谈生意，实际上是去和美国海军官员进行秘密的参谋会谈。① 他此行的主要目的有两个：第一，向美国同行说明，如果日本介入一场英国正在与德国和意大利进行的战争，英国便没有能力派一支大规模的舰队去太平洋；但任何关于"联合战略"的建议都必须留给美国人提出。第二，如果美国提出"联合战略"问题，汉普顿中校应当指出：(1)英国人将更愿意美国的主要海军部队集中于太平洋，而且如果需要它可以使用新加坡；(2)英国人将欢迎美国能提供在西大西洋的巡洋舰部队的援助。② 5月26日海军部最后决定，为保密起见，汉普顿应先到加拿大，然后到华盛顿，他必须牢记英国的远东战争计划，并且不带任何官方文件进行这次旅行。③

在等待英国对参谋会谈做出最后决定的日子里，美国军方从恶化

---

① Ritchie Ovendale, *Appeasement and the English Speaking World: Britain, the United States, the Dominions, and the Policy of Appeasement 1937—1939*, Cardiff: University of Wales Press, 1975, p. 253.

② J. R. Leutze, *Bargaining for Supremacy, Anglo-American Naval Collaboration, 1937—1941*, Chapel Hill: University of North Carolina, 1977, p. 37, p. 276 note30.

③ J. R. Leutze, *Bargaining for Supremacy, Anglo-American Naval Collaboration, 1937—1941*, Chapel Hill: University of North Carolina, 1977, p. 37; D. C. Watt, *How War Came: The Immediate Origins of the Second World War 1938—1939*, London: Heinemann, p. 259.

的国际形势出发，继续对其战争计划进行探讨。他们不幸地发现，自己几乎与英国人处于同等地位。在海军实际上是唯一存在的军事力量的情况下，如果在西半球使用海军去防御德意的威胁，就不能同时在太平洋反对日本时仍然使用它，因为一洋海军不可能被分散到全世界并仍能有效地抵御所有敌人。在这种基本认识的指导下，4 月 21 日联合计划委员会提出了一份题为《联合计划委员会的调查研究》的长篇文件，主要内容有三个方面：1. 提出了美国当前在制订战争计划方面的重要战略原则。该文件指出，当前美国的战略应当是大西洋的进攻和东太平洋的防御态势。具体地说，在一旦发生德意日联合进攻美洲的情况时，毫无疑问美国的切身利益将要求在大西洋采取反对德意的进攻手段，以保卫至关重要的加勒比地区和巴拿马运河的安全；如果这样做，就需要在东太平洋采取防御态势。2. 列举了法西斯国家可能在破坏门罗宣言方面采取的行动方式和时机。计划者们特别指出，德意侵犯美洲的目的尤其是打算获得一些基地，“从这些基地对巴拿马运河造成的威胁能够达到其压力能够影响美国对外政策的程度”；日本则会利用美国为保卫西半球并因此在一段时期内不可能在太平洋采取进攻行动的时机，寻求称霸太平洋，夺取菲律宾和关岛。他们断定，这种对西半球的进攻的危险仅存在于下述两种情况：(1)德国确信英国和法国将不会干预。(2)日本已经进攻菲律宾和关岛，或甚至只是在美国以一种进入西太平洋的反攻来回答日本进攻的情况下。3. 尽管计划者们认为在不久的将来完全不可能出现上述两种情况以使法西斯国家得手，但他们确信，由德意日的侵略所带来的问题应当在他们的战争计划中得到考虑，并建议采取措施去“克服在我们准备去进行必须进行的军事行动方面的明显不足状态。”①

陆海军联合委员会很快批准了这份文件，并要求计划者们继续分别制定在未来最可能由德国和日本的行动所发展起来的危机中，美国作为交战国应当采取的主要行动路线。于是在陆军参谋长、海军作战部长和他们的计划人员之间进行了频繁的意见交换。其间他们发现，要想在陆海军之间达成一致的看法实非易事，而两者最主要的分歧便在于美国是否应当在太平洋承担义务。根据传统的“橙色战争计划”，海军继续坚持在一旦日本进攻的情况下，海军的行动应当是首先针对马尼拉湾的在西太平洋的逐步挺进行动。但陆军表示反对。陆军计划局长、陆军准将乔治·V. 斯特朗在5月2日交给陆军参谋长的一份备忘录中概述了陆军的观点。他认为，“在半球防御的范围内，一个向西太平洋的挺进是不适宜进行的，这将是一个代价昂贵的行动，而且从这种行动中产生的利益与涉及的时机、努力及费用极不相称”，“况且一旦发生一场全面战争，如果结果将是由美国承担保卫英国、法国、荷兰在远东利益的任务，那么这项任务就要求我们的陆军要处于与我们的海军同样大的规模之上”，但显然当前美国的陆军无法做到这一点。他强调，从战略观点来看，即使在一个紧急事件发生时，总统迫于公众舆论而要求在西太平洋采取行动，这也是不明智和不实际的，而且“有违于对国家利益的理智评价”。②

经过将近三个星期的努力，计划人员们终于制订出一组新的作战

① 该文件全文见JB325，Ser634，Microfilm。这份调查研究由陆军计划人员F. S. 克拉克和海军计划人员S. 克伦肖共同完成，因此较全面地反映了双方的看法。

② 该备忘录全文见U. S. War Department War Plans Divisions，简写为WPD-4175，JB325，Ser (634)，Microfilm.

计划—“彩虹计划”，并于 5 月 11 日提交给陆海军联合委员会。这组“彩虹计划”不同于过去的针对单个敌人，在一个地区，而美国又没有盟友的情况下作战的单色彩计划，而是一组针对一个以上的敌人，在一个以上的地区，并考虑到获得其他民主国家援助的情况下作战的多色彩计划。它由四个计划组成。彩虹 1 号：规定保卫西半球向南到巴西的突出部分，即南纬 10°线；彩虹 2 号：把彩虹 1 号的军事行动范围扩大到西太平洋；彩虹 3 号：把彩虹 1 号的军事行动范围扩大到南美其他地区；彩虹 4 号：设想英国和法国处于德国、意大利，或许还有日本的战争之中，并设想美国将作为一个重要的参加者而介入战争。①

可以看出，前三个计划设想的是美国在没有盟友的情况下面临与德、意、日进行战争的情况，问题相对简单，而第四个计划则设想的是美国与英法一道同时处于与德、意、日的战争之中，问题便比较复杂。因此计划人员对“彩虹 4 号”进行了更深入的考察，并断定，如果所有处于战争中的大国都使用他们当前可以获得的兵力，即美国同英法或加上苏联一道，反对德意，或加上西班牙，那么德意在西半球和南美洲的军事行动的规模将极受限制，相反日本在太平洋的军事行动将在规模上极为扩人，在没有抵抗的情况下，日本人可能夺取“英国与法国在南太平洋的东到东经 180°的岛屿……以及在西太平洋的广阔

① J. H. Herzog, *Closing the Open Door*, *American-Japanese Diplomatic Negotiations 1936—1940* , Annapolis: Naval Institute Press, 1973, pp. 6～7; M. Matloff and E. M. Snell, *Strategic planning for Coalition Warfare*, *1941—1942* , Washington D. C. , The War Department, 1953 (1970 reprint), pp. 6.

的英、法领土和美国在太平洋的属地。”①因此计划委员会又建议制订两个计划以取代“彩虹4号”，它们将适用于美国参加英法反对德意日联合阵线的战争的两种不同状况。计划1：美英法反对德意日，同时美国在欧洲大陆提供包括陆军在内的最大限度的介入；计划2：美英法反对德意日，同时美国在欧洲大陆不(按原文为大写NOT)提供最大限度的介入，而是坚持门罗宣言并完成联盟的民主国家在太平洋上的任务。② 显然，前者规定美国大规模地参与英法对德国的战争努力，后者则规定美国大规模地进行反对日本的战争。但是这两个计划是否切实可行，以及它们在即将修改的计划中应当处于什么位置，都必须了解英国的态度。随之而来的汉普顿对华盛顿的访问恰好提供了这个机会。但对美国来说，在它自己的战略原则方面仍然没有英国那样明确的准备。

三

1939年6月12日，汉普顿到达华盛顿。为了保密，英国大使建议他既不要去英国大使馆，也不要与大使馆的任何人联系，而直接去美国海军作战部长李海家中会见李海。当天汉普顿和英驻美海军武官、海军上校L. C. A. 柯曾-豪一起，在李海家中与李海及美国海军计划局长、海军少将罗伯特·L. 戈姆利进行了第一次会谈。

会谈一开始，汉普顿便首先说明了英国战略安排发生的变化。他表示，自英格索尔—菲利普斯会谈以后一年半的时间里，欧洲与远东

① M. Matloff and E. M. Snell, *Strategic planning for Coalition Warfare, 1941—1942* , Washington D. C. , The War Department, 1953 (1970 reprint), pp. 6～7.

② Ibid, p. 7.

形势的变化已如此之大，以致英国海军部现在必须把战略优先次序放在首先对付德国和意大利的威胁上，即使“日本进行威胁，英国人也不能派一支如同在与海军少将英格索尔的会谈中所计划的那样一支部队去远东。”①他进一步说明，英国的战略是“把他们的一部分舰队保持在国内水域，而其余的部分，除了中国分舰队和自治领的海军外，全部留在东地中海”；一旦日本介入战争，英国将集中对付意大利这个设想中的薄弱环节，一旦打败意大利，就立即派海军增援部队去远东。换句话说，如果英国进入与德意日的战争，英国不可能决定把军舰派往远东的数量以及它们被派遣的时间。同时，汉普顿还告诉李海，英国海军部的官员们倾向于认为，与 18 个月前相比，日本更不大可能与德国和意大利联合起来。李海表示他很愿意了解英国的态度，但他不能使美国海军对任何明确的协定承担义务，因为他不知道一旦发生麻烦，国会将采取什么行动；而且他也不能讨论除了“平行行动”以外的任何行动。李海在说明必须以美国的中立作为讨论的先决条件后谈道，由于美国的中立地位，他认为当战争爆发时，总统将会派一支舰队到夏威夷，这支舰队从珍珠港能威胁日本的任何南进行动。至于大西洋，李海说明总统打算在加勒比海和沿南美洲的东海岸线建立某种形式的海军巡逻，这种巡逻旨在保卫中立国的船只，但可能把包括德国活动的情报发给英国海军。但李海不打算更多地谈论任何有关海军结盟的问题，而是对保密工作给以极大关注，他要求不得保留有关这次会谈的任何文字记录，汉普顿表示同意。然而英国的代表试图再次与李海讨论“在战争中的合作”问题。

6 月 14 日，汉普顿和李海进行了第二次也是最后一次会谈。会谈

① 1938 年初英格索尔是海军上校，后晋升为海军少将。

首先讨论了有关分配密码、信号通讯手册、数字密码等问题，双方很快就同意应该制定对所有美国和英国海军部队分配密码的办法，以便使最起码的联络成为可能。然后汉普顿提出了关键性问题，即在一旦与德意日进行的战争中，李海对两支舰队(英国和美国)合作的看法是什么？李海首先强调，他的发言只是个人看法，而不是任何“已确定的战争计划”的一部分。当这个请求被接受后，李海才说道，如果出现上述情况，美国将警戒太平洋，而同盟国家的海军将控制欧洲水域、地中海和大西洋；任何在大西洋的美国部队都将留在那儿并将与英国人合作。在太平洋方面，他认为美国舰队“应当以足够的力量运动到新加坡，这支力量将能从事并打败在运动中遇到的任何日本舰队。”他反对把任何虚弱的部队派到新加坡，并提出至少也需要 10 艘主力舰。但是李海强调，除非英国派出一支“足够象征性的部队”去与美国部队合作，美国不会派军舰去那里。他并未规定如何大的一支英国舰队是“足够的”，但表示将需要一些主力舰。在会谈过程中，双方没有完成舰队运动到新加坡的计划，只是说明，如果救援这个要塞取决于美国部队的到达，那么防御工事将至少需要 120 天才能准备好。然而李海明确表示他并不准备对太平洋的合作问题进行详细讨论。至于大西洋方面，李海的态度也同样如此，他仅表示如果美国进入战争，它将像 1917～1918 年那样在组织和援助护航方面与英国进行合作。最后李海对菲律宾问题做了一个简短评论。他承认美国认为菲律宾将是难于救援的，所以在那儿才会有一个不能令人满意的基地。另外还进行了一些有关技术交流的讨论，于是会谈结束。[①]

6 月 16 日汉普顿悄悄离开华盛顿，10 天后回到英国。

四

1939 年 6 月的英美海军参谋会谈，是在国际形势严重恶化的关键时刻，英美两国出于抵御法西斯侵略扩张的共同愿望而采取的行动。尽管它姗姗而来，但其结果却对两国的外交及战略决策立即产生了不同程度的影响。

对英国来说，尽管汉普顿本人对会谈形式的非正式性，以及对会谈的极端保密性造成的情报交流方面的某些障碍感到失望，但他的确不虚此行，基本完成了使命。通过这次会谈，英国的收获主要有以下几点：第一，美国原则上仍然同意一年半以前英格索尔—菲利普斯会谈中双方所确立的战略原则和战时行动区域的划分，说明两国在远东的战略观念方面保持一致。第二，美国打算在一旦战争爆发时，以在西大西洋巡逻的方式向英国提供援助，这是英国极想得到的东西。第三，尽管美国在谈到把太平洋舰队运动到新加坡时附有条件，即英国必须同时派出一支“足够象征性的力量”，但正如当时的海军上将、海军副参谋长菲利普斯所说，仅就美国愿意去考虑把它的舰队派往新加

① 整个会谈，参见 J. R. Leutze, *Bargaining for Supremacy*, pp. 37～39; J. H. Herzog, *Closing the Open Door*, pp. 45～46; Ritchie Ovendale, *Appeasement and the English Speaking World*, pp. 253～255; S. E. Pelz, *Rase to Pearl Harbor*, Cambridge: Harvard University Press, 1974, pp. 194～195. 这些内容基本依据汉普顿于 1939 年 6 月 27 日给海军部的有关这次会谈的报告，和戈姆利对这次会谈所写的备忘录而成。

坡这一点来说，便是对1938年会谈的一个可喜的进步。① 第四，英国明显感到了美国总统和海军的“极其亲英的”态度与合作的倾向，这对英国是一个鼓舞，并对合作的前途表示乐观。正是由于上述收获，英国海军部认为汉普顿的这次华盛顿之行是成功的，而他本人也因出色的工作而受到了称赞。

但是这次会谈与1938年初的会谈一样，未能解决当时英国面临的困境。当英国的远东战略更加取决于美国的军事援助之时，英国却显然不能指望这种援助的立即到来。就在汉普顿逗留美国期间，日本正式封锁了天津英租界，从而使英国突然面临可能与它的第三个潜在敌人首先开战的危险局面。在美国根本不可能单独派舰队去新加坡，而英国自己又没有足够抵御日本的主力舰队被派往远东的情况下，为了保卫欧洲和地中海的至关重要的利益，在外交上的对日妥协，便再次成为英国的一种选择。正如当时三军参谋长在为解决天津危机而提交的报告中所指出的：“在没有美国积极合作的情况下，从军事观点看，并考虑到当前的国际形势，不应采取任何可能导致同日本人发生冲突的无可挽回的行动。”②这便是签订“有田—克莱琪协定”的直接军事战略背景。

对美国来说，汉普顿访问的最大作用在于促使美国军方最终完成了其战略目标的重大转移，即把美国坚持了几十年的取向太平洋的针

① D. Reynolds, *The Creation of the Anglo-American Alliance, 1937—1941: A Study in Competitive Cooperation*, London: Europa Publications, 1981, pp. 61～62.

② Arthur J. Marder, *Old Friends, New Enemies: The Royal Navy and the Imperial Japanese Navy Strategic Illusions, 1936—1941*, Oxford: Oxford University Press, 1981, p. 56.

对日本进攻的战略，转变为取向大西洋和太平洋的针对德意日多个敌人进攻的联合战略。在汉普顿回国之后，陆海军联合计划委员会于 6 月 23 日向陆海军联合委员会正式提出了对 5 月 11 日的“彩虹计划”的修改意见：(1)用该委员会对原“彩虹 4 号”进行重新考察后而制订的两个计划，即计划 1 和计划 2，取代原“彩虹 4 号”计划；(2)把计划 2 提到新的一组彩虹计划的第二位，这不仅是由于刚刚与英国人就太平洋的战略进行了会谈的结果，也是由于当时的国际形势可能要求在这个计划方面“给以更多的回答”。[①]

6 月 30 日，陆海军联合委员会批准了上述修改意见，从而形成了一组新的“彩虹计划”，即“陆海军联合基本战争计划”。该计划包括 5 个分体计划，设想了 5 种战争可能性。

彩虹 1 号：设想美国处于战争之中而没有重要的盟友。美国的部队将采取联合行动，保卫南纬 10°线以北的西半球领土，以防止敌人在形式上和精神上对门罗宣言的破坏；同时保卫美国、它的殖民地(但不包括菲律宾和关岛)和它的贸易。在太平洋上，应在阿拉斯加—夏威夷—巴拿马一线之后保持战略防御态势，直到形势发展为能够对日本采取进攻行动。显然这是一个针对德意日进攻的西半球北部的防御计划。

彩虹 2 号：设想美国、英国和法国将采取协调行动。贯彻彩虹 1 号；同时根据规定，美国在协调行动中不准备在欧洲大陆和大西洋实行最大限度的介入，而主要承担穿过太平洋的进攻行动，以打败敌人的方法保卫民主国家在太平洋上的利益。显然这是在防御西半球北部

① J. H. Herzog, *Closing the Open Door, American-Japanese Diplomatic Negotiations 1936—1940*, Annapolis, Naval Institute Press, 1973, p. 48.

的同时，把战略重点放在太平洋，以首先打败日本作为美国的根本任务的计划。

彩虹 3 号：设想美国处于战争之中而没有重要的盟友。美国的武装部队在实行彩虹 1 号的同时，以确保控制西太平洋的方法保卫美国在西太平洋的至关重要的利益。这显然也是一个针对日本的战略重点放在太平洋的计划，是旧的橙色计划的再现。

彩虹 4 号：设想美国处于战争之中而没有重要的盟友。美国的军队保卫整个西半球的全部领土和所有政府免遭外部敌人在形式上和精神上对门罗宣言的破坏；如果需要，美国将向南美南部派出陆军部队，并对东大西洋地区提供联合军事部队。在太平洋方面将如同彩虹 1 号那样保持战略防御，直到大西洋的形势发展到允许为进攻日本而运送海军的主力部队。显然这是一个针对德意日进攻的整个西半球的防御计划。

彩虹 5 号：设想美国、英国和法国将采取协调行动。在贯彻彩虹 1 号和 4 号的同时，美国武装部队的早期计划是进入东大西洋，并进入非洲和欧洲大陆地区(或两地都进入，或进入一地)去采取进攻行动，在英国和盟国部队的配合下，首先打败德国和意大利。在太平洋则保持战略防御态势，直到打败欧洲轴心国，并允许把大规模的部队运送到太平洋去进攻日本。显然这是一个在德意日进攻的情况下，美国与其盟国实行“先欧后亚”战略的初步设想。①

随着战争的日益迫近，防御美国本土成为当务之急。于是计划人

---

① 关于新的彩虹计划，参见 Louis B. Morton，*The War in Pacific：Strategy and Command*，Washington D. C.，The War Department，1962，pp. 71～72；M. Matloff and E. M. Snell，Strategic planning for Coalition Warfare，pp. 7～8. 关于该计划的最简洁的叙述，见 WPD3493-12，Microfilm.

员们加紧了对“彩虹 1 号”的详细制定工作，并于 7 月 27 日把具体发展的“陆—海军联合战争计划Ⅰ”(即“彩虹 1 号”)提交给了陆海军联合委员会。该委员会立即进行了研究并做了某些修改。随后便根据罗斯福总统于 7 月 5 日发布的、关于陆海军联合委员会必须直接向作为三军总司令的总统提出报告的特别命令，把该计划呈报罗斯福。二战爆发后，罗斯福于 10 月 14 日对该计划给予了口头批准。①

然而，第二次世界大战的爆发和战局的不断发展，以及美国越来越深地介入战争，使美国政府和军方日益明确，只有“彩虹 5 号”设想的战争，才是美国应当进行的战争。与英国协同作战，首先打败欧洲轴心国，是美国国家的根本利益之所在。于是，通过 1941 年早春的英美参谋长级会谈，两国终于按照“彩虹 5 号”的设想，为反法西斯战争确立了“先欧后亚”的全球战略总原则。②

---

① M. S. Watson, *Chief of Staff*, *Prewar plans and Preparations*, U. S. War Dept., Washington D C., 1950 (Reprinted 1974), p. 103.

② 关于 1941 年早春的英美参谋会谈，参见拙文《评 1941 年英美参谋会谈》，载《历史研究》1992(6)，168～181 页，已收入本书中。关于彩虹 1 号、2 号、3 号、4 号的命运，参见 M. S. Watson, *Chief of Staff*, *Prewar Plans and Preparations*, p. 104. 其中彩虹 2 号和 3 号从未发展为详细的计划，并于 1941 年 8 月 6 日被陆海军联合委员会正式取消。彩虹 1 号和 4 号的许多设想，如取得英国的大西洋海军基地和大西洋海上巡逻等，在珍珠港事件前便已实施，这两个计划于 1942 年 5 月 4 日被正式取消。彩虹 5 号则在 1941 年会谈之时，由陆军部和海军部分别具体发展为各自的彩虹 5 号作战计划，并成为 1941 年 12 月战争实际到来时的基本计划。

关于1940年美英“驱逐舰换基地”协定的历史考察*

美国与英国1940年签订的“驱逐舰换基地”的秘密协定，是第二次世界大战爆发后，美国尚处于战争之外的情况下，美国与英国之间达成的第一个重要的双边军事协定，也是两国结成反法西斯同盟的关键一步。本文拟利用最新面世的档案资料和其他有关文献，对这一外交行动的背景、谈判过程以及所达成的协定内容做一初步探讨，以就教于读者。

一 驱逐舰和英国舰队归趋问题的由来

第二次世界大战爆发后，随着德国潜艇在大西洋上对英国的各种舰只进行袭击，英国很快就面临反潜艇的主要武器——驱逐舰的短缺问题。为了解决这个问题，海军大臣温斯顿·丘吉尔曾在1939年9月18日内阁会议上提出

* 原载《历史研究》，2000(4)。

向美国购买驱逐舰的要求①。为了促使美国援助英国，丘吉尔还在当年 10 月第一次向美国大使肯尼迪提到在一旦英国失败的情况下英国舰队的归趋问题。他说，如果德国打败英格兰，“他们(指德国)的条件之一肯定是让英国交出舰队；如果德国获得了英国的舰队，他们将立刻拥有优势，然后你们(指美国)的烦恼就将开始。”②

1940 年 5 月 10 日丘吉尔就任英国首相，并与美国正式开始了关于驱逐舰问题的交涉。在内阁的同意下，丘吉尔作为首相于 5 月 15 日发给罗斯福总统的第一封电报中，便要求美国借给英国 40 艘或 50 艘驱逐舰③。当天他还在同肯尼迪的谈话中，再次着重谈到了英国舰队的归趋问题，他说，不管德国人做什么，只要他仍然保持“在公共生活中的权力”，英格兰就决不会投降。他还表示，一旦出现最坏的情况，“英国政府将迁往加拿大并依靠舰队继续战斗”④。

但是此时的美国十分怀疑英国在这场战争中取胜的可能性，政府官员普遍对欧洲战场的形势持悲观态度，要求把精力集中于美国本土的防御。罗斯福的密友、助理国务卿伯利的看法极有代表性，他在阅读了丘吉尔 5 月 15 日的信件后写道：如果丘吉尔在这封信中所说的

---

① Martin Gilbert, *Winston S. Churchill*, Vol. 1: Finest Hour 1939—1941, Boston: HMH, 1984, p. 33.

② Captain Tracy B. Kittredge, *United States-British Naval Cooperation, 1939—1942*, Microfilm-NRSII-226, in Naval Historical Center-Washington Navy Yard S. E., Washington D. C., Series 2, Part A, Chap. 5, p. 72.

③ [英]温斯顿·丘吉尔：《第二次世界大战回忆录》第二卷上部第一分册，北京编译社译，35～36 页，北京，商务印书馆，1975。丘吉尔还要求得到数百架最新式的飞机、防空设备和弹药等。

④ U. S. Department of States, *Foreign Relations of the United States: Diplomatic Papers*: 1940，以下简写为 FRUS/1940, Vol. 3, Washington D. C., GPO, 1955, pp. 29～30.

可怕预言是确实的，那么“即使我们想做，我们也不能做什么及时援救英国的事情，相反，我们要做的是征集我们能够征集到的最强大和最坚固的防御力量，而不是把少数舰队零敲碎打地派到大西洋彼岸。”①

在这种情况下，罗斯福连续采取了两个重要的外交行动。第一个行动是同意向英国提供飞机和其他军事物资援助，但拒绝租借驱逐舰。罗斯福在5月17日给丘吉尔的回信中说：“关于借给或赠予40～50艘驱逐舰的问题，将要求国会批准，但我不能肯定此时把这个建议提交国会是明智的；另外，从我们自己的防御需求来看，包括美国在太平洋上的责任，我们是否能够安排出，即使是暂时安排出这些驱逐舰也是值得怀疑的②。”

第二个行动是为了确保英国在一旦抵抗失败的情况下其舰队不落入纳粹德国之手，并增加美国海军在大西洋巡逻的规模和效果以保证美国的安全，罗斯福第一次向英国提出了英国舰队的归趋问题。5月18日罗斯福与英国大使洛西恩举行会谈，其间罗斯福再次以国会和公众舆论为理由拒绝提供驱逐舰，但他提出：“万一发生最坏的情况，英国的舰队可以穿过大西洋到加拿大或到达美国。”与此同时，他还暗示美国希望获得英国在大西洋上的一些基地，他说，英国可以把保卫英国西印度群岛的利益交给美国海军，这样在一旦德国舰只出现于西印度水域的情况下，美国海军就可以毫不犹豫地对付他们。但是洛西恩对总统的要求采取“交易”态度，强调英国同意采取上述行动的前提

① Beatrice Bishop Berle and Travis Beal Jacobs eds., *Navigating the Rapids 1918—1971*, *from the Papers of Adolf A. Berle*, New York: Harcourt Brace Jovanovich, INC., 1973, p. 314.

② 参见 FRUS/1940, Vol. 3, Washington D. C., GPO, 1955, pp. 49～50.

条件是美国的参战①。

英国政府支持洛西恩的看法，并决定用舰队归趋问题向美国施加压力，以求获得美国的援助。5 月 20 日丘吉尔再次致电罗斯福要求提供驱逐舰，并谈到一旦英国抵抗失败可能带来交出舰队的严重后果：“如果现政府成员下台，由另外一些人出面在这片废墟上和敌人进行谈判，那么，你就不能无视这样的事实，即同德国讨价还价的唯一筹码就只有舰队。如果美国听任这个国家受命运的摆布，那么，只要当时的负责人能够为残存下来的居民争取到最有利的媾和条件，那就谁也没有权力去责怪他们。”②

但是此时的欧洲战场形势危急，40 万英法比联军正在被德军逼至敦刻尔克，前途未卜。美国政府被一片悲观失望的气氛所笼罩。陆军部认为这场战争已经输掉，对盟国的援助将被浪费；海军部在考虑英国战败的后果；国务院则在讨论在太平洋的美国舰队回到大西洋的可能性③。罗斯福更是极其担心一旦抵抗失败，英国的舰队会落入德国之手。因此罗斯福在 5 月 25 日与洛西恩的会谈中，再次提出了英国舰队的归趋问题。他说，如果形势恶化，英国舰队以及尽可能多的已经完成的舰只，不应当被作为英国的财产而应当被作为英帝国的财产来对待，在它们可能被俘虏或投降之前，把它们转移到加拿大或澳大

① 关于这次会谈的详细情况，参见 FRUS/1940，Vol. 3，Washington D. C.，GPO，1955，pp. 50～51.

② E. L. Woodward，*British Foreign Policy in the Second World War*，Vol. 1，London：HMSO，1971，pp. 339～340. 译文参见[英]温斯顿·丘吉尔：《第二次世界大战回忆录》第二卷上部第一分册，北京编译社译，82 页，北京，商务印书馆，1975。

③ 参见 James R. Leutze，*Bargaining for Supremacy*，*Anglo-American Naval Collaboration*，*1937—1941*，Chapel Hill：University of North Carolina，1977，p. 77.

利亚。这样英国、法国、荷兰与比利时的海外帝国就会形成巨大的进行战争的资源。如果这支舰队投降，无论希特勒做出什么保证，整个大厦也将倾覆。但是当洛西恩询问“如果这样的灾难即将发生”，美国是否将站在英国一方参战时，罗斯福却没有给以明确的回答，对是否援助英国驱逐舰的问题，态度也没有变化。①

然而英国在 5 月 26 日到 6 月 4 日成功地实行了“发电机计划”，从敦刻尔克撤出英法比联军 33 万多人。因此，尽管法国的全面军事崩溃已经清晰可见，但英国抵抗成功的可能性也在增加，而英国也更加需要美国在驱逐舰和其他战争物资方面的援助。为了促使美国放弃中立政策尽快采取行动，丘吉尔于 6 月 4 日在下院发表重要演说，表示了英国永不投降的决心：“我们永不投降，即使我们这岛屿或这岛屿的大部分被征服而陷入饥饿之中——我从来不相信会发生这种情况——我们海外的帝国臣民，在英国舰队的武装和保护之下也将继续战斗，直到新世界在上帝认为是适当的时候拿出它所有的一切力量来拯救并解放这个旧世界。”②由此可见，丘吉尔已经认真考虑了一旦英国失败就把舰队开到大西洋彼岸的问题。

法国败降后，英国以其坚决消灭在奥兰港的不愿归顺英美的法国舰只的行动，有力地证明了丘吉尔“决不投降”的保证。于是罗斯福立即决定将 50 万支步枪，8 万挺机枪，13 000 万发子弹，900 门 75 毫米的大炮，100 万发炮弹，以及一些炸药、无烟火药运往英国③。但

① E. L. Woodward, *British Foreign Policy in the Second World War*, Vol. 1, London: HMSO, 1971, pp. 342～343.

② [英]温斯顿·丘吉尔：《第二次世界大战回忆录》第二卷下部第三分册，北京编译社译，594 页，北京，商务印书馆，1975。

③ 参见[美]舍伍德：《罗斯福与霍普金斯》上册，福建师范大学外语系编译室译，215 页，北京，商务印书馆，1980。

是直到 6 月底，关于驱逐舰的问题仍然没有丝毫松动。

据不完全统计，从 5 月 15 日到 6 月底的一个半月中，英国通过各种渠道，至少向美国提出过 20 次关于驱逐舰的要求，仍不可得，而英国的海上形势却日益变得危险。由于缺乏驱逐舰，英国一直未能在大西洋建立有效的巡逻以保护自己的船只；特别是英国在失去法国海军的帮助之后，海上损失更为严重。6 月份同盟国和中立国的船只由于德国潜艇的肆虐所造成的损失高达 284 000 吨(5 月份仅为 55580 吨)，此后的 4 个月德国海军仍控制着制海权，德军潜艇司令们甚至夸耀此时为“快乐时光”①。与此同时在北方海域也看到了德国潜艇的活动，仅 6 月份就有 3 艘在北方海域巡逻的巡洋舰被鱼雷击中而沉入大海②。

那么，为什么在英国抵抗的危难时刻，美国不能立即做出援助英国驱逐舰的决定呢？主要有以下几个原因：

第一，美国对英国的抵抗能力极为怀疑，不愿扩大对英国的援助。罗斯福的两名主要顾问驻法大使布利特和驻英大使肯尼迪，都对英国的前途怀有失败主义情绪；而罗斯福本人当时也曾说过，英国仅有 1/3 的劫后余生机会。由于法国战败求和，美国公众对同盟国获胜所抱期望更是一落千丈。6 月末，只有近 1/3 公众认为英国将取得胜利，赞成扩大援助同盟国的人数在三周内几乎减少了 10%③。

---

① 参见 J. R. Butler, *Grand Strategy*, *September* 1939-*June* 1941, Vol. 2: History of the Second World War, London, HMSO, 1957, pp. 236～237.

② S. W. Roskill, *The War at Sea*, Vol. 1: The Defensive, London, HMSO, 1954, p. 265.

③ [美]舍伍德：《罗斯福与霍普金斯》上册，216 页；James R. Leutze, Bargaining for Supremacy, p. 85；[美]罗伯特·达莱克：《罗斯福与美国对外政策1932—1945》上册，伊林等译，353、330 页，北京，商务印书馆，1984。

第二，孤立主义占优势的国会反对向盟国提供军事援助，特别是通过立法权阻止政府把驱逐舰租借给英国。6 月中旬，关于美国的驱逐舰将被转让给某个外国政府的谣言已在流传，当参议院海军事务委员会在要求海军部证实这个谣言是否真实的时候，又意外地了解到海军部已经把正在建造的 23 艘鱼雷快艇卖给了英国的消息。该委员会极感震惊，认为政府的行动违反了 1917 年 6 月 15 日法令中的第 5 部分的若干规定，因为“这条法律使我们在处于中立状态时把海军舰只卖出这个国家的行动成为违法的行动”。随后该委员会在参议员大卫·I. 沃尔什主席的领导下进行了反对转让这些鱼雷快艇的活动，最终迫使总统取消了这笔交易。接着，该委员会决定通过立法阻止将来关于海军舰只的这种转让。这便是“1940 年 6 月 28 日法案”(即 No. 671，H. R. 9822 法案)，其正式名称是“促进国防及其他目的法案”，其中第 14 部分(a)中规定：凡美国已有名称的陆海军的武器、军舰、小艇、飞机、军需品和装备，无论是整体还是部分，也无论是否已订有合同，今后不能被转让、交换、出卖，或无论以任何形式做出其他安排，除非海军作战部长在海军物资方面，陆军参谋长在陆军物资方面能够首先说明，这样的物资对美国防御来说并不是至关重要的①。根据这项

① 该法案原本是一个旨在加快美国海军建设的法案，但补充规定了阻止将来海军舰只的转让条款，即第 14 部分。关于整个鱼雷快艇事件和 No. 671，H. R. 9822 法案的详细情况，参见 Paul Preston and Michael Partridge eds.，*British Document on Foreign Affairs：Reports and Papers from the Foreign Office Confidential Print*，Part. III：from 1940 through 1945，Series. C：North America（Editor：Rochard D. G. Crockatt），Vol. 1：North America，January 1940-Decenber 1941. 以下简写为 BDFA，Part III，Series C，Vol. 1，Frederick，MD：University Publications of America（UPA），1999，pp. 174～175；H. W. Briggs，*Neglected Aspects of the Destroyers Deal*，American Journal of International Law 34（October 1940），pp. 569～587.

法案，国会当天宣布：总统不能运送任何战舰给一个交战国，直到海军作战部证明它们“对美国的防御已经毫无价值”①。但政府当时却无法做到这一点。于是 7 月 1 日罗斯福在国会的压力下签署了这项法案②。

第三，罗斯福本人希望英国的舰队服务于美国的安全利益。正如他在 6 月 10 日对新任美国驻加拿大公使莫法特所说，加拿大应当劝告英国决不投降，因为即使英国的舰队被疏散，英帝国也能继续战斗；他建议的疏散比例是：“加拿大需要 20%，南非需要 10%，孟买需要 20%，剩下的 50%给新加坡。”罗斯福认为，这样的安排“将使英国能够控制这些海洋，实行长距离封锁并将困死日本”③。显然罗斯福是从美国在大西洋和太平洋的安全考虑英国舰队的归趋问题的。

另外，由于罗斯福认为英国可能战败，这就使德国侵入美洲的可能性继续存在，因此这些驱逐舰对西半球的防御也是必需的。正如罗斯福在 7 月 6 日对伊克斯所说，由于美国把 100 多艘第一次世界大战时的驱逐舰重新编入现役并用于大西洋巡逻，这就很难说海军不需要它们④。与此同时，美国的军方也在忙于制定具体的防御西半球的作战计划，并为此而正式考虑获得英国在大西洋的某些军事基地问题。

---

① Robert A. Divine, *Roosevelt and W. W. Ⅱ*, Baltimore: Johns Hopkins University Press, 1969, pp. 33～34.

② *BDFA*, *Part III*, *Series C*, Vol. 1, Frederick, MD: University Publications of America (UPA), 1999, p. 174.

③ N. H. Hooker ed., *The Moffat Papers*, *Selections from the Diplomatic Journals of Jay Pierrepont Moffat 1919—1943 Cambridge*, Mass: Harvard University Press, 1956, pp. 310～311.

④ Harold L. Ickes, *The Secret Diary of Harold L. Ickes*, Vol. 3: The Lowering Clouds, 1939—1941, New York: Simon and Schuster, 1954, pp. 200, 233.

二　基地问题的由来

美国军方对基地问题的考虑由来已久。捷克斯洛伐克灭亡后，面对可能来自德、日两方面的威胁，以及美国当时只拥有一洋海军的力量，如何保卫国家安全便成为军方考虑的首要问题。1939 年 4 月 21 日，美国陆海军联合委员会下属的陆海军联合计划委员会提出了一份题为《联合计划委员会的调查研究》的长篇文件，其中强调，在一旦发生德意日联合进攻美洲的情况下，毫无疑问美国的切身利益将要求在大西洋采取反对德意的进攻手段，以保卫至关重要的加勒比地区和巴拿马运河的安全。文件特别指出，德意侵犯美洲的主要目的是获得一些基地，从“这些基地对巴拿马运河造成的威胁可以达到其压力能够影响美国对外政策的程度”。计划人员们确信，由德意日的侵略所带来的问题应当在他们的战争计划中得到考虑，并建议采取措施“克服在我们准备去进行必须进行的军事行动方面的明显不足状态”①。

在这里，陆海军的计划人员们出于美国的安全需要，已经提到了大西洋上的基地问题。5 月 11 日他们把一组新的战争计划“彩虹”计划提交给陆海军联合委员会。其中的“彩虹 1 号”和“彩虹 3 号”分别规定了一旦美国处于战争之中，美国军队的首要任务是保卫西半球向南到巴西的突出部分，即南纬 10°线，或把此军事行动扩大到南美其他地

---

① 该文件全文见 The Joint Board of the Army and Navy (JB), JB325, Ser634 , Microfilm, in Virginia Military Institute (VMI), Marshall Research Library and Archives, Lexington, Virginia, USA. 以下所引 JB 档案，均藏于该图书馆，不再注明。

区①。显然，为了使这些计划切实可行，美国有必要获得英国在大西洋上的一些军事基地。为此罗斯福曾利用6月英王乔治六世夫妇访问美国之机，亲自向英王表示，希望能够在纽芬兰、百慕大、牙买加、圣卢西亚、安提瓜和特立尼达建立基地，以便加强大西洋巡逻，减轻英国在这一地区的负担，更好地保卫美洲大陆，并保持使这些岛屿不致落入欧洲的敌国之手。但是英王认为它关系到这些基地的主权问题，特别是美国的中立问题，如果没有宣战，此事难以办到②。

与此同时，美英军方之间也在进行接触。6月12～16日，英国海军计划局官员、海军上校T. C. 汉普顿与美国海军作战部长、海军上将李海进行了有关两国海军在未来的反法西斯战争中采取联合行动的秘密参谋会谈。在会谈中，李海说明了总统的大西洋巡逻政策，并暗示为此美国需要使用英国在大西洋上的一些基地③。

汉普顿访问之后，联合计划委员会便对5月11日提出的“彩虹”计划进行了修改，并形成了5个分计划。这些计划于6月30日得到陆海军联合委员会的批准，其中“彩虹1号”和“彩虹4号”分别规定：在美国处于战争之中而没有重要盟友的情况下，美国的任务是保卫南纬10°线以北的西半球领土，或保卫整个西半球的全部领土和所有政

---

① “彩虹”计划是对坚持了23年的以打败日本为目标的“橙色”计划的取代。关于美国战争计划的演变，参见拙文《从“橙色”计划到“彩虹”计划——太平洋战争前美国的战略演变》，《历史研究》1996(6)，130～144页，已收入本书中。

② John Baylis, *Anglo-American Defence Relations 1939—1980, The Special Relationship*, London: Macmillan, 1981, pp. 1～2; J. Wheeler-Bennett, King George VI, *His Life and Reign*, New York, London: Macmillan, 1958, pp. 388, 391～392.

③ 关于汉普顿和李海的会谈，参见拙文《评1939年汉普顿的华盛顿之行》，《首都师范大学学报》1995(4)，9～18页，已收入本书中。

府免遭法西斯国家对门罗宣言的破坏①。为此美国必须获得英国在大西洋的一些军事基地的使用权。于是，就在"彩虹"计划被批准当天，罗斯福在同英国大使林赛的秘密会谈中明确谈到了基地问题。他表示，希望在一旦发生战争的情况下美国海军建立中立巡逻制度，这将使英国的军舰获得行动自由，以便在接近其国内的水域担负起更重要的责任；当然，英国不能在不付出代价的情况下获得这种好处，这个代价就是英国应当同意向美国转让在特立尼达、圣卢西亚和百慕大的基地的权利；而且总统希望美国在和平时期就得到这些权利②。

随着战争的日益临近，保卫美国本土成为当务之急。7 月 27 日联合计划委员会迅速完成了"彩虹 1 号"的详细制定工作。在该计划的第八部分，明确规定了美国对英国在大西洋上的特立尼达、巴巴多斯、百慕大、牙买加和英属洪都拉斯的伯利兹基地要求③。另外，在该计划于 8 月 14 日提交总统的当天，海军作战部长斯塔克同时向副国务

---

① 关于对"彩虹"计划的修改和具体说明，参见 Louis B. Morton，*The War in Pacific*：*Strategy and Command*，U. S. War Dept.，Washington D. C.，1962，pp. 71～72；M. Matloff and E. M. Snell，*Strategic Planning for Coalition Warfare*，*1941—1942*，U. S. War Dept. Washington D. C.，1953（Reprinted 1970），pp. 7～8；关于对该计划的修改意见和最简洁的叙述，参见 Steven T. Ross ed.，*American War Plans*，*1919—1941*，Vol. 3：*Plans to Meet the Axis Threat*，*1939—1940*，New York，Garland Publishing，Inc.，1992，pp. 73～76.

② James. R. Leutze，Bargaining for Supremacy，*Anglo-American Naval Collaboration*，*1937—1941*，Chapel Hill：University of North Carolina，1977，pp. 43～44.

③ 在陆海军联合委员会批准的这份"彩虹 1 号"计划中，共提出了英国和加勒比其他国家的 22 个大西洋的基地要求。参见 Steven T. Ross ed.，*American War Plans*，*1919—1941*，Vol. 3：*Plans to Meet the Axis Threat*，*1939—1940*，New York，Garland Publishing，Inc.，1992，p. 140.

卿韦尔斯发出一个计划副本和一份备忘录，要求国务院协助寻求有关国家的合作，以使美国获得其军事行动需要使用的上述基地设施；并提醒韦尔斯注意，美国在努力获得其他国家的合作过程中，会遇到他们要求美国做出补偿的建议①。由此可见，斯塔克已经考虑到美国需要用什么东西来交换这些基地了。

半个月后大战爆发，英国政府很快便非正式地同意美国的海军舰只和飞机在中立巡逻大西洋水域时可以有限地使用在百慕大、圣卢西亚和特立尼达的基地设施。但主要出于国内政治原因，直到1940年5月和6月，美国并没有使用上述基地②。

然而1940年5月，德国的春季攻势已经取得了令人吃惊的胜利，致使美国政府和军方不仅担心自己可能很快将单独面对一个侵略的联合阵线，而且担心由于英、法舰队可能落到敌人手中，整个西半球也面临威胁。因此，他们现在认为美国必须准备保卫南美和加勒比地区，并以此保卫美国的安全。于是罗斯福命令军事首脑们制定一项占领那些可能被德国宣布为战利品的西半球属地计划。为此陆军参谋部于5月21日提出了一份备忘录，明确指出：“鉴于当前的世界形势，我国应当立即采取措施去获得英国和法国在大西洋的领土。”③这种看

---

① 参见 Captain Tracy B. Kittredge, United States-British Naval Cooperation, 1939—1942, Microfilm, Ch. 4, App. B, pp. 51～52; Steven T. Ross ed., American War Plans, 1919—1941, Vol. 3: *Plans to Meet the Axis Threat, 1939—1940*, New York, Garland Publishing, Inc., 1992, p. 109.

② Stetson Conn and Byton Frairchild, *The Framework of Hemisphere Defense*, *U. S. War Dept.*, Washington D C., 1960 (Reprinted 1970), pp. 10～11.

③ M. S. Watson, Chief of Staff, *Prewar plans and Preparations*, *U. S. War Dept.*, Washington D C., 1950 (Reprinted 1974), p. 105.

法获得了海军的支持。在总统的默认下，联合计划者们受命立即准备“彩虹 4 号”计划。这个计划的重要之点就是要求得到英国、法国、荷兰和丹麦在西半球的领地的一些关键地区，以应付德意对加勒比地区的威胁①。

法国败降之后，美国军方的行动方针更加谨慎，并以保卫西半球作为首要任务，这就使“彩虹 4 号”的重要性更为突出。7 月 26 日陆海军部长史汀生和诺克斯将“彩虹 4 号”提交罗斯福，并于 8 月 14 日获得了批准。在同时提交总统的信件中，他们概述了该计划的主要设想：“简言之，这个计划设想英法的军事失败并丧失它们的舰队为德意所得。随后的行动将是极权国家把它们的影响扩大到西半球，并伴有日本在太平洋上的实际援助。因此该计划设想的陆海军的联合任务是反对这种敌对侵略：第一，保卫美国和它的领地，包括强制实行门罗宣言；第二，施加军事压力打败敌人的侵略，并使美国能够对侵略者施加有利于美国的条款。该计划的第五部分设想了陆海军应当完成的联合任务，即尽早迅速占领被打败的民主国家位于西半球的殖民地和领地，以及对某些中南美洲共和国的与美国的安全至关重要的地区实行战略控制。”具体地说，这些地区包括纽芬兰、百慕大、巴哈马群岛、牙买加、特立尼达、英属圭亚那等 26 个②。

综上所述，1940 年 5 月以后，美国对获得英国在大西洋上的一些基

① Stetson Conn and Byton Fairchild, *The Framework of Hemisphere Defense*, *U. S. War Dept.*, Washington D C., 1960 (Reprinted 1970), pp. 34～35. M. S. Watson, *Chief of Staff*, *Prewar plans and Preparations*, *U. S. War Dept.*, Washington D C., 1950 (Reprinted 1974), p. 105.

② Steven T. Ross ed., *American War Plans*, 1919—1941, Vol. 3: *Plans to Meet the Axis Threat*, *1939—1940*, New York, Garland Publishing, Inc., 1992, pp. 217～218, pp. 195, 214.

地的想法已经十分明确，而这个问题又与英国舰队的归趋问题直接相关。因此现在的问题是英国将对美国所要的基地提出什么样的“价码”。

实际上，此时的英国也正在进行关于是否允许美国使用基地的讨论。洛西恩大使于 1940 年 5 月 24 日向政府建议：现在英国应当主动提出允许美国租借对其安全至关重要的英国海岛并建筑飞机场和海军基地，这不过是对 1939 年曾经做出的但从未实行过的安排的扩大，却将有助于英国的安全并导致英国自治领和美国在海、空防御方面的实际合作。但是当战时内阁在 27 日和 29 日两次讨论洛西恩建议的时候，丘吉尔坚决反对提供基地设施，并强调“除非这是一个交易的一部分”，因为美国并没有援助英国。因此内阁最后决定，除非英国能够从中得到实际的好处，实行这个计划就存在严重困难。6 月 2 日外交部指示洛西恩：“我方采取让步的一个先决条件，应当是一个足够有利于我方的明确具体的（援助）保证。”[①]于是关于租借基地的讨论暂时搁浅。

但是洛西恩一直与诺克斯保持着有关基地和驱逐舰问题的接触[②]。法国投降之后，洛西恩于 6 月 22 日和 27 日两次向政府重提自己的建议，并强调，对于基地问题，尽管美国可能得到“更好的价钱”，但英国应该立即提出“慷慨的价码”[③]。现在洛西恩的建议终于

---

① E. L. Woodward, *British Foreign Policy in the Second World War*, Vol. 1, London: HMSO, 1971, pp. 340～342.

② 参见 David Keynolds, *Lord Lothian and Anglo-American Relations, 1939—1940*, Philadelphia: American Philosophical Society, 1983, pp. 27～28.

③ 参见 E. L. Woodward, *British Foreign Policy in the Second World War*, Vol. 1, London: HMSO, 1971, p. 359; James. R. Leutze, Bargaining for Supremacy, *Anglo-American Naval Collaboration, 1937—1941*, Chapel Hill: University of North Carolina, 1977, p. 95.

获得了政府的重视，而政府所决定的最后“要价”就是驱逐舰。

三 驱逐舰换基地

丘吉尔在整个7月仍然坚持不懈地向美国要求提供驱逐舰，与此同时，英国政府也在考虑是否向美国转让基地和如何转让的问题。7月1日政府召开各部联席会议再次讨论洛西恩的建议。海军部强调：除非做出更公平的、美国提供某种回报的安排，英国不应当向美国提出任何价码；而且美国用驱逐舰作为回报或许是适宜的。于是在会议拟定提交内阁考虑的文件草稿中指出，尽管最好避免给人以“讨价还价”的印象，但是英国应当向美国要求补偿，即以“不妥协的态度”要求得到驱逐舰，其代价是美国将获得基地①。这是英国政府第一次提出以驱逐舰换基地的想法。

随着英国对驱逐舰的要求日益急迫，战时内阁终于在7月29日做出决定：同意英国应当主动提出满足美国基地要求的建议，但同时也要考虑提出该建议的前提条件②。至此，英国对转让基地的考虑已经基本明确：同意转让基地，希望有所回报，这一回报应是英国所要求的驱逐舰。与此同时，美国关于以驱逐舰交换英国基地的想法也日益成熟。

到1940年7月，美国在人力物力和心理上都没有做好战争准备，但是正如当时的国务卿赫尔所说，“在公众舆论决定我们应当置身于

---

① James. R. Leutze, *Bargaining for Supremacy, Anglo-American Naval Collaboration, 1937—1941*, Chapel Hill: University of North Carolina, 1977, pp. 96～97.

② E. L. Woodward, *British Foreign Policy in the Second World War*, Vol. 1, London: HMSO, 1971, p. 364.

战争之外”的同时，“他们的大多数支持以一切可能的方法援助盟国的努力”①。在这方面起了重要作用的是堪萨斯州共和党人威廉·艾伦·怀特领导的“援助盟国以保卫美国委员会”，又称“怀特委员会”②。该委员会认为，希特勒是个疯子，“美国只有一个机会避免全面战争，这个机会就是英格兰”③。因此他们对罗斯福迟迟不采取向英国提供驱逐舰的行动深感担忧，并积极寻求解决办法。7月中旬，“怀特委员会”的几个成员提出了一个想法，即与英国做一笔交易：美国将向英国提供它所需要的驱逐舰，以换取英国在西半球的岛屿建立海、空军基地的权利。④

但是，罗斯福不肯轻易进行这笔交易，他除了担心国会的反对外，仍然十分怀疑英国在抵抗德国方面到底能够坚持多久。因此他于7月19日派陆军上校威廉·多诺万作为自己的私人代表和诺克斯的正式特使出访英国，以探明形势并作出判断——不仅判断英国是否能够

① Cordell Hull, *The Memoirs of Cordell Hull*, Vol. 1, New York, MacMillan Co., 1958, p. 803.

② 该委员会是与美国最大的孤立主义组织“美国第一委员会”相对立的美国最大的、对外交政策最有影响的私人团体。关于它的详细情况，参见 Wayne S. Cole, *America First, the Battle against Intervention 1940—1941*, Madison, WI: University of Wisconsin Press, 1953, pp. 7～8; S. D. Cashman, *America, Roosevelt and W. W.* Ⅱ, New York: New York University Press, 1989, p. 41; Ross Gregory, *America* 1941: *A Nation at the Crossroads*, New York: Free Press, 1989, p. 15；亦可参见[美]舍伍德《罗斯福与霍普金斯》上册，235～238页。

③ Ross Gregory, *America* 1941: *A Nation at the Crossroads*, New York: Free Press, 1989, p. 15.

④ Robert A. Divine, *Roosevelt and W. W.* Ⅱ, Baltimore: Johns Hopkins University Press, 1969, pp. 33～34.

抵抗得住德国的猛攻，而且要判断他们是否打算抵抗这种进攻。多诺万在英国进行了两个星期的广泛调查，8月初他反馈的信息表明，如果美国能够向英国提供轰炸瞄准器、飞艇、驱逐舰、摩托鱼雷快艇、枪炮和其他战争物资，英国人能够并愿意抵抗①。而且在此期间，英国人的确进行了有效的抵抗。这一切最终使罗斯福相信，英国的“生死存亡……很可能取决于能否得到这些驱逐舰”。于是，罗斯福开始寻求解决驱逐舰和基地问题的办法。

8月1日，“怀特委员会”的几名代表在白宫向罗斯福说明了他们关于驱逐舰换基地的想法：罗斯福可以用提供驱逐舰来交换英国的一项保证，即一旦德国入侵英伦成功，英国舰队将开往美国海域，或者以“马上取得英国在西半球属地上的海、空军基地”为交换条件。他们还促请罗斯福付诸行动而不必取得国会的认可②。

在这种情况下，罗斯福在8月2日的内阁会议上正式同意与英国进行驱逐舰换基地的交易。但他明确指出，美国的驱逐舰将换取的是英国的两项保证：一是英国保证一旦德国打败英国，英国将把它的舰队开到新世界；二是保证美国能够用驱逐舰换取在一些英国的大西洋和加勒比岛屿上修建基地的权利。为了获得国会的同意，罗斯福通过

---

① 多诺万是罗斯福的老熟人和诺克斯的老朋友，曾因在一战中极其英勇而荣获“勇敢的比尔”的称号和“国会荣誉勋章”。关于多诺万代表团访问英国的详细情况，参见 James. R. Leutze，Bargaining for Supremacy，*Anglo-American Naval Collaboration，1937—1941*，Chapel Hill：University of North Carolina，pp. 97～103。

② 这些人又称“世纪派”，他们主张直接进行干涉。参见[美]罗伯特·达莱克：《罗斯福与美国对外政策1932—1945》上册，伊林等译，353～354页，北京，商务印书馆，1984；Robert A. Divine，*Roosevelt and* W. W. Ⅱ，Baltimore：Johns Hopkins University Press，1969，p. 33.

怀特去争取共和党总统候选人威尔基的支持①。尽管威尔基拒绝做工作以要求国会中的共和党的支持，但同意不把驱逐舰的交易作为一个竞选问题。② 于是，美英之间关于驱逐舰换基地的谈判得以正式开始。

根据美国要求英国做出的两项保证，整个谈判过程也循着这两个问题展开。

从8月初到8月中旬，双方主要就英国舰队的归趋保证问题进行交涉，并确定驱逐舰换基地的原则。

鉴于美国国会的反对态度，罗斯福认为在做出具体的交换安排之前，必须获得英国关于其舰队归趋问题的保证。8月3日罗斯福对洛西恩说：情况相当清楚，除非国会立法，没有办法出售这些驱逐舰。唯一可能使国会同意的方法是给国会以"蜜糖"(molasses)，其形式是由当前的英国政府公开声明，如果战局发展不利于英国，那么英国的舰队或其残部将在任何情况下都不被交到德国人手中，而将离开英国水域，如果需要，则在海外继续为英帝国战斗。罗斯福认为公众舆论将会对这样的声明有好印象，尽管每一个人都知道这种声明对现存英国政府的后继者不会具有约束力。8月4日赫尔和韦尔斯也对洛西恩说明，关于英国舰队归趋保证的宣布将是单方面的，英王陛下政府只需私下通知洛西恩他们愿意做出一个声明："一旦舰队被迫从大不列颠撤退，而且一旦总统要求舰队去这样做的时候"，英国舰队将继续

① Harold L. Ickes, *The Secret Diary of Harold L. Ickes*, Vol. 3: *The Lowering Clouds, 1939—1941*, New York: Simon and Schuster, 1954, pp. 292～293.

② 参见 Robert A. Divine, *Roosevelt and W. W. Ⅱ*, Baltimore: Johns Hopkins University Press, 1969, pp. 34～35.

为帝国战斗①。

但是丘吉尔拒绝做出这种保证，原因主要有以下几点：

第一，这种保证是一种失败主义的表示，在不列颠之战已在激烈进行的时候，这种保证将对英国的士气造成负面影响。8月8日丘吉尔告诉洛西恩：即使对总统关于舰队归趋的要求只给以简单的保证也是极为困难的。如果英国被占领，对当前的政府来说，舰队的情况将如首相6月4日讲演中说明的那样，但是关于这个问题的一个声明将引发讨论并带来严重危险，这里和敌人都会认为我们已经考虑到英国的崩溃是一种可能事件②。

第二，英国担心美国的这个要求是企图获得英国的舰队。丘吉尔认为，8月4日赫尔和韦尔斯对洛西恩谈话的实际意思是：如果罗斯福要求英国的舰队，舰队就将被移交给美国③，这是英国绝对不能接受的。8月7日他在给外交大臣哈里法克斯的备忘录中指出，我们决不可陷入这样的境地：让美国政府到时候可以这么说："根据我们把驱逐舰给你们的时候达成的谅解或协议，我们认为现在已经到了你们把舰队开到大西洋这边来的时候了。"他强调英国应当拒绝发表任何那样的声明，把这项交易仅仅限于租借殖民地。④

第三，除非美国成为英国的盟国，英国才能做出这种保证。丘吉尔在8月6日给哈里法克斯的备忘录中说，只有美国成为一个战争盟

① E. L. Woodward, *British Foreign Policy in the Second World War*, Vol. 1, London: HMSO, 1971, pp. 365～366.

② Ibid, p. 367.

③ Ibid, p. 366.

④ [英]温斯顿·丘吉尔：《第二次世界大战回忆录》第二卷下部第三分册，北京编译社译，601页，北京，商务印书馆，1975。

国，才能证明关于舰队的任何规定是有道理的。在当天发给洛西恩的电报中，丘吉尔再次说明："除非美国实际上成为战争中的盟国，我们绝不把英国舰队的任何一部分分到大西洋对岸。"①另外，丘吉尔认为租借殖民地和给予50～60艘旧驱逐舰相比代价实在是太大了。

正是由于上述原因，丘吉尔在8月8日拒绝就英国的舰队归趋问题向美国做出保证，只同意进行租借海军和空军基地设施的谈判，而且"即使在租借的形式上，显然也是让步越少越好"②。

美英关于舰队归趋问题的交涉一时陷入僵局。但在此期间不列颠空战和大西洋海战都已达到了更为激烈的程度，美国的援助刻不容缓；而不断从国会传来的消息却极不乐观，威尔基在8月9日公开宣布拒绝就"具体的行政或立法建议，事先做出承诺和达成谅解"，而消息灵通的观察家们则指出，国会同意政府采取驱逐舰换基地行动的可能性极小，甚至根本就没有可能。这时，一些著名的法律学家说服了总统，使他相信总统可以不经国会同意而采取行政手段解决问题③。在这种情况下，罗斯福终于决定突破妨碍达成这一交易的法律和政治的束缚而采取行动。

8月13日罗斯福致电丘吉尔，表示至少可能向英国提供50艘驱逐舰、一些摩托鱼雷快艇和一些各种类型的飞机。对此美国将希望获得：1. 来自首相的保证：如果大不列颠的水域不能让英国战舰立足，

① E. L. Woodward, *British Foreign Policy in the Second World War*, Vol. 1, London: HMSO, 1971, pp. 367. ［英］温斯顿·丘吉尔：《第二次世界大战回忆录》第二卷下部第三分册，北京编译社译，603页，北京，商务印书馆，1975。

② E. L. Woodward, *British Foreign Policy in the Second World War*, Vol. 1, London: HMSO, 1971, p. 367.

③ Kenneth S. Davis, *FDR into the Storm, 1937—1940, A History*, New York: Random House, 1993, pp. 608～609.

这些舰只不会被转让给德国人，而是被派往帝国的其他地区“以继续保卫帝国”；而且罗斯福只要求首相重复 6 月 4 日声明的方法即可。2. 英美之间达成协定：一旦一个非美洲国家进攻美洲西半球，美国能够使用纽芬兰、巴拿马、牙买加、圣卢西亚、特立尼达、英属圭亚那作为海军和空军基地，并且让美国立即获得并为了训练和使用目的而利用这些地区的基地，这些必要的土地将以购买或以租期 99 年的租借形式获得①。

8 月 15 日丘吉尔根据战时内阁的决议向罗斯福发出回电，表示接受总统提出的两点要求：“关于就英国舰队提出保证的问题，我当然准备向你重申我 6 月 4 日在议会的讲话。我们要用舰队战斗到底，我们谁也无意用舰队的投降或凿沉去购买和平……关于海、空军基地问题，我欣然同意你提出的租借 99 年的办法，对我们来说，这比采取购买的办法更容易接受。”②

罗斯福对丘吉尔的回电相当满意。为了平息舆论的猜测并防止政治上的反对，他在 8 月 16 日的记者招待会上宣布：“关于为了保卫西半球，特别是巴拿马运河的安全而获得海、空军基地的问题，美国政府正在与大英帝国政府进行磋商”；美国将给予英国某种东西作为回报，不过他还不知道这些东西究竟是什么；他还强调指出，关于空军基地的谈判与驱逐舰问题没有任何关系。③

---

① Warren F. Kimball ed., *Churchill & Roosevelt, The Complete Correspondence*, Vol. 1: *Alliance Emerging, October* 1933-*Novenber* 1942, Princeton: Princeton University Press, 1984, pp. 58～59.

② Ibid, p. 60.

③ *BDFA*, *Part* Ⅲ, *Series C*, Vol. 1, *Frederick, MD*: *University Publications of America* (*UPA*), *1999*, pp. 199～200.

但是无论罗斯福如何掩饰，美英关于驱逐舰换基地的原则已经敲定，而英国舰队的归趋保证问题也基本解决。于是从8月中旬开始，两国进入了战舰换基地的具体谈判之中。然而双方都发现他们之间仍然存在着分歧。

出于国内政治因素的考虑，美国坚持在驱逐舰和基地之间是一种“交换关系”，而且要用政府之间交换外交信件的形式达成这一协定。8月19日，韦尔斯对洛西恩说，如果交换由洛西恩和赫尔签字的信件，所有关于驱逐舰和其他物资的困难将会迎刃而解。这个办法是必需的，因为在法律上罗斯福不可能在没有立法的情况下派出这些驱逐舰，除非有明确的交换补偿，并且在当时的条件下，需要海军作战部长确定这些驱逐舰对于美国的国家防御来说是不需要的①。

然而，同样是由于国内政治的原因，丘吉尔却不愿意以“交易”的方式来完成驱逐舰与基地的实际交换。他担心把这些有多年历史的领土的任何部分租借出去，而且是通过一场纯粹的用这些领土换取50艘驱逐舰的交易来完成，肯定会在议会、政府和舆论中引起激烈的反对。因此他希望将这些基地的租借作为英国自愿赠予美国的礼物②。

但是美国坚持“交换条件”。8月22日韦尔斯对洛西恩说，罗斯福认为交换信件仍然是处理此事的惟一办法，并再次提到需要给国会“蜜糖”。韦尔斯强调，由于总统在宪法上所处的地位，他“绝不可能”

---

① E. L. Woodward, *British Foreign Policy in the Second World War*, Vol. 1, London: HMSO, 1971, p. 370.

② 关于丘吉尔的这些想法，参见[英]温斯顿·丘吉尔：《第二次世界大战回忆录》第二卷下部第三分册，北京编译社译，605～609页，北京，商务印书馆，1975。E. L. Woodward, *British Foreign Policy in the Second World War*, Vol. 1, London: HMSO, 1971, pp. 372～374.

把这些驱逐舰当作出于自愿的礼物送来，而只能把它们当作给英国的“交换条件”①。第二天，罗斯福在记者招待会上第一次为这一交易进行辩护，他对一个对手说，用50艘“陈旧不堪”的驱逐舰换取对国防如此重要的基地，“是你我一生中能为国家做到的最漂亮的事情”②。25日洛西恩与罗斯福和赫尔继续讨论这一问题，罗斯福和赫尔仍坚持认为在洛西恩和赫尔之间交换信件是一种令人满意的程序方式；罗斯福还认为，如果没有某些比英王陛下政府打算使美国可以获得空军和海军设施而做出的“空洞的声明”(bare declaration)更具体的东西的话，国会将会提出反对③。

与此同时，英国面临的战争形势又趋紧张。德国在8月24日对不列颠发动了第二次大空袭；英国自己新造的大批军舰尚未下水，而它在大西洋西北航道上损失的舰只有增无减；墨索里尼又在希腊制造新的威胁……这一切迫使英国对美国的要求做出让步。8月27日，丘吉尔把安提瓜列在了转让给美国的基地设施之中，并实际同意按照美国的“交换方式”解决问题。当天赫尔又代表总统提出了比较缓和的新建议：这些设施的一部分将作为英国自愿赠予美国的礼物，而剩下的则作为驱逐舰的交换；将英国海军的前途问题与交换信件分开处理。这些建议照顾了丘吉尔和大英帝国的面子，英国内阁最终予以

① E. L. Woodward, *British Foreign Policy in the Second World War*, Vol. 1, London: HMSO, 1971, p. 375.

② [美]罗伯特·达莱克：《罗斯福与美国对外政策1932—1945》上册，伊林等译，356～357页，北京，商务印书馆，1984。

③ E. L. Woodward, *British Foreign Policy in the Second World War*, Vol. 1, London: HMSO, 1971, p. 378.

同意①。

8月29日，赫尔向洛西恩发出了关于英国首相保证舰队归趋问题的外交备忘录：“据悉，大不列颠首相曾于1940年6月4日正式向议会宣称，在这场由大不列颠和大英帝国殖民地参加的战争中，如果英国战舰不能守住英伦诸岛周围的水域，英国舰队决不投降或自行凿沉，而将开往海外，保卫帝国的其他地方。美国政府郑重询问，上述声明是否代表英国政府的既定方针。”

9月2日，在获得丘吉尔的指示后，洛西恩也以外交备忘录的形式给予回答。该备忘录在重复了赫尔的上述询问后说：“英国大使受首相指示通知国务卿先生，这个声明当然代表了英王陛下政府的既定政策。不过丘吉尔先生必须说明，这些假设的意外事情，似乎更可能落到德国舰队或其残余舰只的头上，而不会落到我们舰队的头上。”②

当天晚上洛西恩与赫尔又以互相交换外交信件的形式达成了驱逐舰换基地的协定。

洛西恩给赫尔的信件中声明：

……英王陛下政府自愿地和不计报偿地向美国政府保证，为了立即建立和使用海军和空军的基地与设施，租借位于纽芬兰的阿瓦朗半岛和南海岸的，位于百慕大群岛东海岸的，以及大海湾的基地和设施，以便进入该地，采取军事行动和保卫该地。

---

① E. L. Woodward, *British Foreign Policy in the Second World War*, Vol. 1, London: HMSO, 1971, p. 379.

② *BDFA*, *Part* Ⅲ, *Series C*, Vol. 1, Frederick, MD: University Publications of America (UPA), 1999, pp. 207、210. 关于丘吉尔对洛西恩的指示，见E. L. Woodward, *British Foreign Policy in the Second World War*, Vol. 1, London: HMSO, 1971, pp. 379～380.

……英王陛下政府同意使美国获得位于巴哈马群岛东侧，牙买加南海岸，圣卢西亚西海岸，在帕里亚湾的特立尼达西海岸，安提瓜岛，以及乔治敦50英里范围之内的英属圭亚那的地区建立和使用海军和空军基地与设施，以便进入该地，采取军事行动和保卫该地；以交换美国愿意让与英王陛下政府的海军和陆军装备与物资。

上述提到的所有基地和设施将租借给美国99年……

赫尔给洛西恩的信件以重复洛西恩的信件开始，以下内容是：

我受总统命令回答你的信件如下：

美国政府感谢在你的信件中包含的英王陛下政府的声明和真诚的行动，它们注定将增进美国的国家安全，并大大加强与美洲其他国家有效合作以保卫西半球的能力。因此本政府愉快地接受这些建议。

美国政府将立即指派专家去会见英王陛下政府指派的代表，以决定已经知晓的你的信件中提到的海军和空军基地的确切位置。

考虑到上述引用的声明，美国政府将立即向英王陛下政府转让50艘美国海军的一般属于1 200吨级的驱逐舰。①

为了使这一交换具有合法性，美国司法部长罗伯特·H. 杰克逊和海军作战部长斯塔克巧妙地利用了1940年6月28日的法案，把它在法律上的限制变成了一种授权。8月21日，杰克逊向斯塔克和马歇尔确认他们能够合法地签署那些证明这些装备对国家安全并非至关重要的文件，因为美国的安全能够用它们所交换的基地来保证。8月27日杰克逊又正式裁定总统有权根据行政命令对此事采取行动，而无须

① BDFA, *Part III*, *Series C*, Vol. 1, Frederick, MD: University Publications of America (UPA), 1999, pp. 205、206～207.

通过国会①。

于是斯塔克在9月3日给总统的信中说：

1. 关于建议的对大不列颠转让驱逐舰以换取海空军基地，美国司法部长意见如下："我认为海军作战部长能够并将根据第14部分(a)证明，这样的驱逐舰对防御美国将不是根本必需的，如果他断定这些驱逐舰对战略的海、空军基地的交换将加强而不是削弱美国的整个国防的话。"

2. 我认为，用50艘逾龄驱逐舰交换租借99年的在纽芬兰、百慕大、巴哈马群岛、牙买加、圣卢西亚、特立尼达、安提瓜，以及英属圭亚那的适宜的海空军基地，将加强而不是削弱美国的总体国防。因此，我证明，关于这些基地的一种交换，根据美国司法部长的意见，50艘逾龄的吨位为1 200吨级的驱逐舰对美国的防御并不是基本必需的。②

斯塔克的信件给驱逐舰换基地的交易披上了合法的外衣，使罗斯福总统更能够坦然地面对国会。于是当天罗斯福向国会并实际上是向全世界宣布了这个秘密协定。他说明在租借的这8个基地中，"纽芬兰和百慕大的基地权利是作为真诚赠予和愉快接受的礼物。其他基地则要求去交换我们的50艘逾龄驱逐舰"；并声称"在任何意义上这种交换都不违背我国的和平状态。它也不对任何国家构成威胁。这是在面对严重危险的情况下准备大陆防御的一个划时代的和意义深远的行动……这是自从我国购买路易斯安那地区以来加强我国国防的最重要

① Philip Goodhart, *Fifty Ships That Saved the World*, *Garden City*, New York, Doubleday, & Co., 1965, pp. 168、174.

② H. W. Briggs, *Neglected Aspects of the Destroyers Deal*, American Journal of International Law 34 (October 1940).

的行动……”[1]国会虽有一些不满之声，但无济于事。

9月5日丘吉尔也将该协定正式通知下院，并获得了实际上的全体同意。

在拖延了近4个月之后，美英之间终于达成了自第二次世界大战爆发以来，美国尚处于战争之外的第一个重大的双边军事协定。两国以其独特的“战舰换基地”的方式，结成了联合防御抵抗法西斯的阵线。在这场交易中，看似英国代价昂贵，但对双方都拥有实实在在的现实意义。它增强了英国海军的反潜护航力量，也扩大了美国在大西洋进行海、空中立巡逻的范围。与此同时，它所包含的战略意义更不能忽视。正如丘吉尔所说：“这件事本身就肯定会使美国更接近英国，同时更接近战争，这是在大西洋愈来愈多的一系列非中立行为中的第一个非中立行为……它标志着美国已从中立国转为非交战国。”[2]也正是在这个意义上，丘吉尔认为“每一艘驱逐舰的价值……都是用红宝石来衡量的”[3]。但是从更深的层面上，我们还将看到，这一行动不仅揭开了大英帝国从西半球撤退的序幕，它还是美国逐渐摆脱孤立主义并走向全球政治的关键一步。因此，也正是在这个意义上，“战舰换基地”才的确称得上是“一个划时代的和意义深远的行动”。

---

① 全文见BDFA，*Part III*，*Series C*，Vol. 1，Frederick，MD：University Publications of America（UPA），1999，p. 204.

② ［英］温斯顿·丘吉尔：《第二次世界大战回忆录》第二卷下部第三分册，北京编译社译，600页，北京，商务印书馆，1975。

③ Warren F. Kimball ed.，*Churchill & Roosevelt*，*The Complete Correspondence*，Vol. 1：*Alliance Emerging*，*October* 1933 — *Novenber* 1942，Princeton：Princeton University Press，1984，p. 60.

评 1941 年英美参谋会谈*

1941 年 1 月 29 日—3 月 29 日的英美参谋会谈（又称 ABC 参谋会谈），是太平洋战争爆发前英美建立军事同盟的重要一步。这次会谈达成的“ABC－1”协定，协调了两国的全球战略，正式确立了“先欧后亚”的战略方针，成为以后指导同盟国进行反法西斯战争的基础。本文试图对这一重要的军事外交事件进行初步探讨，以就教于读者。

一

早在第二次世界大战爆发前，英美两国军方之间的联系就已经开始了。1937 年“七七事变”以后，面对日本侵华战争的不断升级所造成的远东紧张局势，英国更加担心它在太平洋地区的利益及安全，多次提出与美国举行海军参谋会谈的建议。1937 年 12 月 12 日侵华日军在长江炸沉美

* 原载《历史研究》，1992(6)。

国炮舰“帕奈号”的事件①发生后，美国同意了英国的要求，于12月底派海军计划局长、海军上校英格索尔访问伦敦，与英国海军计划局长、海军上校菲利普斯进行了秘密的海军参谋会谈。双方于1938年1月13日达成了一项一旦与日本发生战争两国海军采取联合行动的非正式协议②，1939年欧洲形势的急剧恶化使英美两国都感到必须进一步加强军事联系。英国已经把保卫本土和贸易通道放在第一位，却又无力依靠自己的舰队保卫远东利益，于是更加希望借助美国的力量。1939年5月底，英国派海军计划局官员、海军中校汉普顿访问华盛顿，同美国海军当局再次举行了秘密的参谋会谈，重新探讨了两国在太平洋的海军合作问题③。尽管这些会谈以互相交换海军情报为主要目的，而且在战争尚未爆发的情况下，会谈的内容完全是假设性的和不承担义务的，但是双方的确探寻了两国在太平洋上为反对日本的扩张而进行海军合作的基础，从而揭开了第二次世界大战爆发后正式的英美参谋会谈的序幕。

举行正式的英美参谋会谈的动议是由英国首先提出的。随着1940年德国在西欧春季攻势的不断取得胜利，日本国内也响起了要求立即

① Alvin D. Coox, *Year of the Tiger*, Tokyo: Orient/West Inc., 1964, Chap. 6.

② Lawrence Pratt, The Anglo-American Naval Conversation on the Far East of January 1938, International Affairs, Vol. 47, No. 4 (October, 1971), pp. 745～763; DBFP, Ser. 2, Vol. 21, pp. 651～653.

③ Arthur J. Marder, *Old Friend, New Enemies*: Vol. 1: The Royal Navy and the Imperial Japanese Navy Strategic Illusions, 1936—1941, Oxford: Oxford University Press, 1981, pp. 73～74; Ritchie Ovendale, *Appeasement and the English Speaking World: Britain, the United States, the Dominions, and the Policy of "Appeasement" 1937—1939*, Cardiff: University of Wales Press, 1975, pp. 254～255.

南进的呼声。5 月 14 日荷兰陷落，日本便一面通过外交途径逼迫荷属东印度政府保证向它提供石油、橡胶、锡等战略物资，一面用向帕劳群岛派遣舰队的方式表明了它打算用武力解决南方问题的决心①。远东事态的发展引起了英国深深的危机感。于是 5 月 25 日外交部指示驻美大使洛西恩询问罗斯福总统，是否同意“在我们各自的海军当局之间”讨论关于一旦日本占领荷属东印度，两国之间的联合行动问题②。但是罗斯福对参谋会谈采取回避态度，并暗示这个问题“过于充满了政治上的潜在危险”③。法国抵抗的迅速崩溃和敦刻尔克大撤退改变了美国的态度。6 月 17 日法国投降当天，罗斯福对洛西恩表示，会谈是一件“好事”，应当立即举行④。

为了准备会谈，英国成立了以海军上将悉尼·贝利为主席的海军计划委员会，它在三军参谋长的指导下进行工作。到 7 月 15 日，该委员会提出了一份长达 115 页的报告⑤。报告认为，鉴于欧洲形势相当紧张，英国无力保卫自己在远东的利益，因此目前美国在太平洋上保持一支庞大的舰队对双方都有利。美国应当对太平洋和保卫澳大利

---

① 日本国際政治学会太平洋戦争原因研究会编：《太平洋戦争への道》，第 6 卷，157 页，東京，朝日新闻社，1963；日本外務省编纂：《日本外交年表竝主要文書》，下卷，427 页，東京，原書房，1978。

② J. R. Leutze, *Bargaining for Supremacy*, *Anglo-American Naval Collaboration*, *1937—1941*, Chapel Hill: University of North Carolina, 1977, pp. 130～131.

③ Ibid, p. 138.

④ Ibid, p. 131.; J. R. Butler, *Grand Strategy*, Vol. 2: *September 1939 —June 1941*, London: HMSO, 1957, p. 243.

⑤ J. R. Leutze, *Bargaining for Supremacy*, *Anglo-American Naval Collaboration*, *1937—1941*, Chapel Hill: University of North Carolina, 1977, p. 243.

亚水域承担责任，新加坡将成为美国控制地区的一部分，英国将全面负责大西洋，这是英美战略合作的一般原则。这个原则应作为英国参加参谋会谈的基础。

在美国，罗斯福亲自过问会谈的准备工作。在他的建议下，美国决定派海军作战部长助理戈姆利将军作为“特别海军观察员”，到伦敦承担两国海军之间的联络工作。临行前罗斯福希望代表团对英国的生存能力做出估计，同时要求戈姆利格外小心，不要承担任何义务，“美国不会被迫作为一个交战国介入反对欧洲轴心国的战争，或被迫在太平洋上与日本作战以阻止日本的继续扩张”①。美国没有具体计划。

8 月 15 日戈姆利以“英美武器标准化委员会”委员的身份率代表团到达英国②。从 8 月 20 日到 9 月底，他们和英国的三军参谋长及贝利委员会进行了一系列预备性会谈。尽管从一开始戈姆利就声称他是观察员，只为收集情报而来，并未被允许承担任何义务，但是双方讨论的问题却包括对英国生存能力的估计、美国对英国援助的方式、两国在一旦战争爆发时军事合作的可能性和行动区域的划分、两国的情报交换以及指挥与联络等问题。这些问题包括政治、经济、军事等各方面，涉及从大西洋到太平洋的整个战略形势③。通过这些预备性讨

---

① J. R. Leutze, *Bargaining for Supremacy*, *Anglo-American Naval Collaboration, 1937—1941*, Chapel Hill: University of North Carolina, 1977, pp. 141～142.

② J. Baylis, *Anglo-American Defense Relations, 1939—1980*, London: Macmillan, 1987, p. 4.

③ 关于预备性会谈的具体情况，参见 J. R. Leutze, Bargaining for Supremacy, R. Leutze, *Bargaining for Supremacy*, *Anglo-American Naval Collaboration, 1937—1941*, Chapel Hill: University of North Carolina, 1977, pp. 147～161; J. R. Butler, *Grand Strategy*, Vol. 2: *September 1939 —June 1941*, London: HMSO, 1957, pp. 341～343.

论，双方认为举行正式的包括各军种的代表出席的参谋会谈是极其必要的。

9 月 27 日三国同盟条约的签字，给了参谋会谈一个有力的推动。30 日赫尔国务卿向洛西恩正式提出美、英、荷、澳就共同防御的技术问题举行参谋会谈的建议①。10 月 5 日副国务卿韦尔斯告诉洛西恩，赫尔提出的建议是总统的主张，希望英国对这个"极其重要的和影响深远的建议"能毫不犹豫地给以答复②。双方很快决定华盛顿为理想的谈判地点，预备性会谈则由戈姆利和英国军方在伦敦继续举行。

然而由于美国大选在即，政府的态度又趋谨慎，直到罗斯福再度当选，才为会谈带来了新的转机。11 月 29 日，罗斯福正式批准了参谋会谈，第二天海军作战部长、海军上将斯塔克以个人名义向英国三军参谋长发出了邀请。

在正式会谈前，英美双方在戈姆利与英国军方已进行的一系列谈判的基础上，决定了他们各自的立场。

美国的立场最集中地体现在 1940 年 11 月 12 日斯塔克提出的"国

---

① W. L. Langer and S. E. Gleason, *The Undeclared War 1940—1941*, New York: Harper & Brothers Publishers, 1953, p. 39; Sir Llewellyn Woodward, *British Foreign Policy in the Second World War*, Vol. 2, London: HMSO, 1971 p. 112.

② J. R. Leutze, *Bargaining for Supremacy, Anglo-American Naval Collaboration, 1937—1941*, Chapel Hill: University of North Carolina, 1977, p. 165.

家防御政策"备忘录，即"猎犬计划"①之中。备忘录从美国国家利益的角度，通过对1940年4月以来国际形势发展的分析和美国国防现状的考察，对美国未来的防务政策和战略提出了一些重要原则。

斯塔克首先说明了英国的生存对美国的重要性，指出美国的未来系于英国的防御。英国抵抗的崩溃将带来轴心国向拉丁美洲扩张的可怕前景，因此美国防务的首要任务是保卫西半球的安全。

第二，斯塔克指出，为了阻止英帝国的崩溃，美国不仅必须向英国提供维持其生存所必需的援助，而且要保证帮助英国打败第三帝国。由于"仅仅海军援助并不能*确保*（按原文为斜体字）大不列颠的胜利，胜利将取决于英国最终能发动一场反对轴心国的地面进攻，因此美国除了派海军援助之外，还需要派大规模的空军和地面部队去欧洲或非洲，或两地都派，去有力地参加这种地面进攻"。他强调，"为了完成这样的任务，我们将不得不把巨大的海军和陆军力量用于大西洋"②。

第三，设想了日本与英国、荷兰进行战争的可能性以及美国参战的后果。该备忘录指出，如果日本与英、荷爆发战争，美国按照自己过去的"橙色计划"或据此修改的计划③对日本采取大规模的进攻行

---

① "猎犬计划"的全文见J. H. Herzog，*Closing the Open Door*，*American-Japanese Diplomatic Negotiations 1936—1940*，Annapolis：Naval Institute Press，1973，Appendix A：Plan Dog.

② J. H. Herzog，*Closing the Open Door*，*American-Japanese Diplomatic Negotiations 1936—1940*，Annapolis：Naval Institute Press，1973，Appendix A：Plan Dog，p. 250.

③ "橙色计划"是第一次世界大战后美国制订的以大规模进攻为主的反对日本的作战计划，以后该计划曾多次修改，1939年6月最终为"彩虹方案"所代替。

动，从而把强大的海军和陆军分遣队派到远东，那么“我们将不得不在大西洋承受极大的危险，并可能无力增加我们对大不列颠的物质援助。”鉴于在大西洋给英国的援助可能决定当前战争的结果，斯塔克提出了在太平洋上打一场“有限战争”的建议。他认为，美国在太平洋上的战争计划“将具有比完全打败日本更有限的目的”。在这场战争中美国只在与英、荷合作的情况下才从事战争，并以防御马来亚为主，其目的主要是“通过经济封锁来减少日本的进攻能力”。所以“立即把我们的全部舰队派到新加坡是绝对不能考虑的”，因为这“将很可能使一场与日本的有限战争变成一场无限战争；将要求我们把全部力量投入远东，而没有什么留给在大西洋的不测事件和对不列颠群岛的援助。”①他强调，美国“在太平洋上应做的不过是保持一种严格的防御。”②

在进行了上述分析之后，斯塔克提出了四种可供美国海军选择的计划：(一)主要的战争努力针对西半球防御，反对在两洋的进攻。在这种情况下美国对欧洲战争结果的影响将是很小的。(二)在远东，在英、荷支持下对日本的全面进攻，而在大西洋保持严格防御。这将影响对英国的援助，假若英国失败，美国将再次取向大西洋。(三)在欧洲强有力地援助英国，同时在远东援助英国、荷兰与中国。这将使美国处于不利的两条战线的作战之中，将减少对英国的援助，远东也会兵力不足，英国可能失败，马来亚也可能失守，局势可能成为灾难性的。(四)作为一个英国的盟国在大西洋的最终强有力的进攻，以及在

① J. H. Herzog, *Closing the Open Door, American-Japanese Diplomatic Negotiations 1936—1940*, Annapolis: Naval Institute Press, 1973, Appendix A: Plan Dog, pp. 248～249.

② Ibid, p. 250.

太平洋上的防御态势。这能阻止英国的崩溃，但不能对日本施加强大压力。斯塔克主张美国目前应集中精力于西半球的防御，但其战争计划的方向则应采用(四)(或称“猎犬计划”)。因为它最符合美国的利益，尽管这可能意味着暂时失去菲律宾和美国在远东的利益①。

最后斯塔克建议美国、英国、荷兰、加拿大等国的陆、海军在伦敦、华盛顿和新加坡举行秘密的参谋会谈，为已提出的行动计划的框架制定明确的协定。

“猎犬计划”是美国参战前最重要的文件之一，它提出的“在大西洋取攻势，在太平洋取守势”的战略原则，勾画了英美战时联盟大战略的轮廓，成为以后指导美国战略计划的基本原则，也奠定了美国参加会谈的基础。这份备忘录经海军部长诺克斯、陆军部长史汀生和陆军参谋长马歇尔审阅批准后，提交总统。

罗斯福对“猎犬计划”并未正式表态，但他支持这一计划的基本思想。1941 年 1 月 16 日总统在白宫召开的有国务卿及陆海军首脑参加的会议上正式阐述了他对美国战略政策的看法。第一，在太平洋美国应当坚持防御立场，把舰队驻扎在夏威夷；亚洲舰队司令哈特将军将自由决定他在菲律宾的基地待多长时间，没有对他的增援。当他撤退时他将自行决定是撤向东方还是撤到新加坡。第二，在大西洋海军应当准备给英国提供必需品的船只护航，并保持沿缅因到弗吉尼亚角的北大西洋沿岸的巡逻。第三，陆军应遵循更谨慎的路线，不应承担任何进攻行动，直到它的力量得到加强。陆军的第一个海外责任是保卫

① J. H. Herzog, *Closing the Open Door, American-Japanese Diplomatic Negotiations 1936—1940*, Annapolis: Naval Institute Press, 1973, Appendix A: Plan Dog, pp. 252～254.

拉丁美洲。第四，由于希特勒的主要目的是限制美国对英国的援助，因此美国应尽一切努力确保继续不断地向英国提供物质援助以挫败这个目的，并使英国振奋①。在这个讲话中，罗斯福并没有提到"猎犬计划"，但他实际上批准了该计划的"大西洋第一"的思想，并要求在此基础上制定美国的行动方针。

可以说，斯塔克的"猎犬计划"和罗斯福总统 1 月 16 日对美国战略政策的阐述，决定了美国代表团参加会谈的基本立场，即"大西洋第一"，而在太平洋不具体承担义务的原则。

英国的立场与美国相比，既有相同之处，又有相左之点，处于同德、意激战中的英国自然要把保卫本土、保卫欧洲和大西洋放在第一位。然而英国不肯放弃它的远东帝国，并指望把保卫远东利益的担子放在美国肩上，这便是英美的主要分歧之所在。

在过去数月的预备性会谈中，英国曾一再提出远东问题，但美国拒绝承担义务。罗斯福重新当选后，英国又做了一番努力，仍无成效。于是他们决定在正式会谈时再予以强调。12 月 15 日三军参谋长接见参加会谈的英国代表团，共同讨论了英国应当采取的立场。主要包括：(一)承认欧洲地区是至关重要的地区，首先必须寻求对这一地区的决定。(二)目标首先是打败德国和意大利，然后对付日本。(三)远东的安全，包括澳大利亚和新西兰的安全，这涉及保持新加坡

---

① J. R. Butler, *Grand Strategy*, Vol. 2: *September* 1939－*June 1941* , London: HMSO, 1957, pp. 423～424; W. L. Langer and S. E. Gleason, *The Undeclared War 1940—1941* , New York: Harper & Brothers Publishers, 1953, pp. 271～272; J. R. Leutze, *Bargaining for Supremacy*, *Anglo-American Naval Collaboration*, *1937—1941* , Chapel Hill: University of North Carolina, 1977, p. 219.

作为维护这些利益的关键。(四)要求美国海军援助欧洲战场；在远东应有一支强有力的舰队保卫同盟国的利益；说明在东方适宜的舰队基地是新加坡。(五)规定了美国空军援助的4项原则①。另外英国还应当要求美国给予的援助不应以减少英国的军备订货为代价②。17日帝国国防委员会批准了这些原则，并认为英国在以后两年的战略主要是轰炸德国③。

鉴于英美在太平洋及远东问题上的严重分歧，首相丘吉尔建议英国代表团在会谈时不要那样咄咄逼人。12月19日他就此问题对代表团作了个人指示："试图把我们关于那个地区的海军战略的看法强加给美国海军当局是最不明智的。我们的代表团应当以这种说法开始讨论，即他们承认美国海军将负责太平洋，并承认美国关于那个地区的看法必定是受欢迎的。他们将不要求美国人到达并保卫新加坡，澳大利亚和印度以反对日本人，而是向美国人提出如果他们需要他们就可以使用新加坡的建议。"④

尽管有丘吉尔的劝告，但是到1941年初由于日本插手泰国与法属印度支那的边界冲突而导致的远东形势再次紧张，海军部仍然认为有必要强调英国对太平洋及远东的战略。因此到正式会谈前，英国的立场可以这样概述：欧洲和大西洋在英国的战略优先次序上是第一位

① J. R. Butler, *Grand Strategy*, Vol. 2: *September 1939 —June 1941* , London: HMSO, 1957, pp. 424～425.

② Peter Lowe, *Great Britain and the Origins of the Pacific War*, Oxford: Oxford University Press, 1977, pp. 189～190.

③ J. R. Butler, *Grand Strategy*, Vol. 2: *September 1939 —June 1941* , London: HMSO, 1957, p. 425.

④ Peter Lowe, *Great Britain and the Origins of the Pacific War*, Oxford: Oxford University Press, 1977, p. 190.

的，但英国不愿放弃远东并希望美国为它承担义务。这便预示了英美在正式会谈中对大西洋的合作将趋于一致，而对太平洋及远东的战略则成为争论的焦点。

二

1941 年 1 月 29 日会谈在华盛顿正式开始，出席会谈的有美、英、加、澳、新等国代表。东道主斯塔克代表马歇尔致开幕辞。这个开幕辞是罗斯福于 1 月 26 日亲自批准的，主要内容有两个方面：第一，声明不能承担“明确的义务”。斯塔克坚持达成的任何军事协定都必须“视两国未来的政治行动而决定”，当前美国把对英国的支持限制在物质和经济援助方面。第二，概述美国的国家防务政策：1. 最主要的是美国决心保卫西半球免遭进攻，从西半球排除非美势力；2. 美国同意自己向英联邦提供外交和最大数量的物质援助以反对德国；3. 运用所有外交手段遏制日本的统治扩张到其他领土。鉴于这些基本原则，美国代表团认为，如果美国最终决定“与英国人一道”进行战争，其主要目标应该是打败德国和它的盟国，因此它的主要军事行动应针对大西洋和地中海，这对美英双方都有利。两国政府应当做出一切努力阻止日本参战。但是如果日本参战，那么美国在太平洋的军事行动的规模从一开始就不能达到危及在大西洋的主要军事行动取得胜利的程度①。

英国代表团对美国的开场白并不陌生，在与戈姆利进行的多次会

---

① W. L. Langer and S. E. Gleason, *The Undeclared War 1940—1941* , New York: Harper & Brothers Publishers, 1953, p. 286; J. R. Butler, *Grand Strategy*, *Vol*. 2: *September* 1939 — *June* 1941, London: HMSO, 1957, pp. 221～222.

谈中已一再涉及这些问题，但他们仍然决心提出对远东的看法。于是英国人回答说，英国同意应该首先在至关重要的地区——欧洲寻求一个协定，也同样承认美国头等关心的是西半球的安全。但对英国人来说，他们在远东的地位，包括澳大利亚和新西兰的安全也至关重要。如果失去这个地位，以及失去作为这个地位的关键新加坡，英联邦的整个凝聚力将随之而荡然无存。在英国看来，新加坡对英美联合战争行动的成功是关键性的①。因此从第一天的会谈中就可以看出，分歧是显而易见的。

在长达两个月的会谈中，双方争论最激烈的问题是远东与太平洋问题。英国的看法集中体现在代表团长海军上将贝莱尔斯于 2 月 11 日写的一份题为“远东——联合王国代表团的评价”的备忘录中。这份文件从三方面详细阐述了英国对远东战略的看法：第一，远东及作为远东之关键的新加坡对英国的重要性。该文件指出，自英日同盟结束以来，在新加坡发展一个重要的舰队基地是英国政策的基本结构，这不仅是基于战略根据，而且是出于对澳大利亚和新西兰的安全，出于保证联合王国居民的生存以及控制印度次大陆的考虑：第二，明确表示目前英国无力保卫全部远东领土，但希望保卫新加坡。备忘录指出，由于目前英荷之间没有牢固的相互援助协定，以及英国在大西洋和地中海的义务，英国在远东“必须保持的不能再减少的最低限度……是我们自己能控制新加坡作为主力舰队在远东重占优势的一张大牌的能力。”为此必须阻止日本对新加坡发动持续的军事行动；第三，提出从美国获得增援力量以防御新加坡的措施。贝莱尔斯强调，最令

① W. L. Langer and S. E. Gleason, *The Undeclared War 1940—1941*, New York: Harper & Brothers Publishers, 1953, p. 286.

人满意的解决办法是在新加坡驻扎一支包括主力舰的海军，它要求的最低限度的增援力量是 1 艘航空母舰、1 支重巡洋舰队及适量的辅助海上飞机。但在英国缺乏主力舰的情况下，在对远东的海军力量的增援不能以牺牲大西洋和地中海为代价的前提下，对新加坡的增援力量将意味着从美国的太平洋舰队获得。该文件反驳了美国提出的如果把美国的军队派到欧洲水域，英国的军队就能派到远东的建议，因为它涉及对现有安排的广泛的重新部署，是不经济的。①

美国的看法主要集中在 2 月 19 日美国代表团提交给英国的题为"美国在远东的军事形势"的书面声明之中，其观点与英国针锋相对。这份由美国海军主要发言人特纳将军起草的文件一开始就说明了美日之间爆发战争的条件，强调如果日本只是向南推进到印度支那，美国不会视此为宣战理由，如果日本进一步占领马来亚、英属婆罗洲或荷属东印度群岛，美国是否会"立即对日宣战"也存在"相当的怀疑"，"除非美国事先已处于对德国和意大利的战争之中"。随后该声明解释了美国军方采取行动所受到的国内政治的限制，指出美国国会的立法者们在决定宣战之前将有一个"相当长的辩论期"。因此对英国来说，指望在远东立即得到美国的援助是一个"严重错误"，任何防御马来亚的准备工作都应当在不依靠美国介入的情况下进行。尽管美国承认失去新加坡将是对视新加坡为英帝国力量象征的东部自治领、荷属东印度和中国的一个沉重打击，但它认为这些国家已经承受了许多沉重打击，其他沉重打击也能被它们承受而不会导致最后的灾难，也不会对

① Peter Lowe, *Great Britain and the Origins of the Pacific War*, Oxford: Oxford University Press, 1977, pp. 193～195; J. H. Herzog, *Closing the Open Door, American-Japanese Diplomatic Negotiations 1936—1940*, Annapolis: Naval Institute Press, 1973, Appendix A: Plan Dog, pp. 252～254.

战争结果产生决定性影响。最后特纳说明了美国不能派一支可观的增援部队去远东的原因：1. 如果这样做将要求从主要地区大西洋转移注意力，从而“可能危及主要努力的成功”，这有违于美国的“大西洋第一”的战略；2. 这样做的后果将使美国“承担早期打败日本的任务”，将意味着由美国去负起保卫“英帝国的一大部分”的责任，这有违于美国的计划和利益。美国人明确表示，如果英国人希望帝国得到保卫，他们就得自己去做这件事。因为“在部署一个国家的军事力量的时候，领土的考虑应当有决定性影响。在远东，英国与荷兰的领土利益大于美国的领土利益，美国的至关重要的领土利益在西半球。因此联合王国的军事力量的部署应当为保卫它在远东的利益提供准备，而美国的部署则应当为保卫它自己在西半球的利益提供准备。”鉴于上述考虑，该声明指出，美英两国在远东的目标应当是：1. 保卫马来屏障；2. 对日本东部海军侧翼的有限进攻；3. 与中国对日本驻军的进攻相结合的对日经济封锁。①

为了使会谈得以继续进行，双方在这个问题上相互做了让步。英国同意不再强迫美国接受他们的看法，而是把分歧写在最后的报告中，美国则在太平洋划分了一旦美国参战所负责的行动区域。美国将负责中太平洋，即赤道以北最西远到关岛，赤道以南最西远到斐济岛的防御，在此界限以东包括菲律宾都属于远东，对此美国海军不想承

① Peter Lowe, *Great Britain and the Origins of the Pacific War*, Oxford: Oxford University Press, 1977, pp. 195～197; J. R. Leutze, *Bargaining for Supremacy*, *Anglo-American Naval Collaboration*, *1937—1941* , Chapel Hill: University of North Carolina, 1977, pp. 242 ～ 244; Arthur J. Marder, Old Friend, New Enemies: Vol. 1: The Royal Navy and the Imperial Japanese Navy Strategic Illusions, 1936—1941, Oxford: Oxford University Press, 1981, p. 197.

担责任①。双方还同意将在新加坡召开有英、美、荷、澳、新等国家参加的参谋会谈以解决远东防务问题。

会谈讨论的第二个问题是大西洋问题。美国对在大西洋援助英国态度积极。美国设想一旦它进入战争，将负责西经 30°以西的地区，向南则最远到达里约热内卢。在大西洋北方通道上它将提供驱逐舰和飞行船增援护航队，并用改造的商船、新建船舶和来自美国舰队的部队加强大西洋舰队。为了给护航和巡逻提供方便，美国将在冰岛和苏格兰等地建立美军基地。美国陆军的地面部队和空军部队将承担大西洋区域的“除不列颠群岛以外”的一切英国的陆军义务，在格陵兰和冰岛的基地将最终由美国部队驻守，而使英国军队能在更活跃的前线作战②。这些设想实际奠定了英美在大西洋从事联合作战时的区域分配和兵力部署的基础。

在会谈中，美国还初步确定了他们在大西洋提供援助的海军力量，包括：各种巡洋舰 69 艘，航空母舰 2 艘，驱逐舰 30 艘，驱逐舰扫雷艇 4 艘，战列舰 6 艘，海上警戒艇 7 艘，潜水艇 20 艘，水上飞机 60 架③。另外两国海军代表还讨论了在大西洋实行有效护航巡逻的问题。由于英国迫切需要美国在大西洋的援助，因此对美国的计划采取了欢迎与合作的态度。3 月 29 日双方在最后的报告上签字，长达

---

① J. R. Leutze, *Bargaining for Supremacy, Anglo-American Naval Collaboration, 1937—1941*, Chapel Hill: University of North Carolina, 1977, p. 246.

② Ibid, pp. 228～230.

③ 根据 Ibid, p. 239 的数字算出。

两个月的英美参谋会谈正式结束了①。

这次参谋会谈通过的最重要的文件是参谋工作会议的报告(简称“ABC－1”协定)，它包括一项说明一般战略概念的主要报告和五项附录：1. 军事代表团组织；2. 对军事力量作战略指导的责任；3. 美国和英联邦的基本战争计划；4. 交通联络；5. 船舶运输的管理和保护。② “ABC－1”协定设想了一旦美国被迫诉诸战争，它与英联邦可能采取联合的军事行动以反对任何敌人。它的主要内容包括：

(一)制订了英美联合作战的总战略。“鉴于德国是轴心国中的首要成员国，因此大西洋和欧洲地区被认为是决定性的战场。美国军队的主要力量将用于该战场，其他战场上美国部队作战的指挥均应有利于这方面的战事。……如果日本参战，在远东的军事战略将是防御性的。美国无意加强它在远东的现有军事力量，但是将以最适当的方式使美国的太平洋舰队处于进攻状态，以削弱日本的经济力量，并以把日本的力量从马来亚转移开的方式援助保卫马来屏障。美国打算增加它在大西洋和地中海地区的部队，以使英联邦得以抽出必要的兵力增援远东。”③该协定同时照顾到英国在远东的战略，指出：“在所有情况下，都必须保持联合王国的安全，同样，联合王国、自治领和印度

① 双方原订3月27日为最后签字日期，但因空军问题争论起来，直到斯塔克出面干预，同意把空军问题以一个附录形式附在最后报告中，问题才得以解决，因此签字日期拖到3月29日。参见 J. R. Leutze, *Bargaining for Supremacy, Anglo-American Naval Collaboration, 1937—1941*, Chapel Hill: University of North Carolina, 1977, pp. 247～248.

② [英]阿诺德·托因比等：《轴心国的初期胜利》下册，许步曾等译，836～837页，上海，上海译文出版社，1983。

③ J. H. Herzog, Closing the Open Door, p. 119; S. W. Kirby, *The War against Japan*, Vol. 1: *The Loss of Singapore*, London: HMSO, 1957, p. 58.

必须保持部署，在一切不测事件中，这些部署将为英联邦提供最后的安全。英国战略政策的一个重要方面是保持在远东的地位，这将确保英联邦的凝聚力与安全并确保它继续进行战争的努力。”①

（二）规定了对付轴心国敌人的“主要进攻政策”。包括：以封锁手段对轴心国施加经济压力；持续不断地对德国进行空袭，早日消灭意大利；陆海空军联合对轴心国展开小规模进攻；支持中立国、盟国及轴心国占领区人民的反抗斗争；建立最后进攻德国的必要兵力，并夺取据以发动最后进攻的阵地；最后打败轴心国。②

（三）制定了英国地面部队对轴心国的进攻任务纲要。③

（四）规定了当前美国海军在大西洋和太平洋的具体任务。在大西洋：配合英国正在进行的大西洋战役，美国大西洋舰队将承担部分护航任务，其行动“重心集中于通往联合王国的西北部通道”④。在太平洋：(1)通过打击并夺取马绍尔群岛的阵地，通过袭击敌人交通线和阵地的方法，把敌人兵力从马来屏障引开，以援助联盟国家在远东的兵力；(2)通过夺取或摧毁直接与敌人贸易的船只破坏轴心国的海上交通；(3)在太平洋水域内保护联盟国家的海上交通；(4)在赤道以南最远到东经 155°区域内支持英国海军部队；(5)在太平洋区域内保卫

---

① J. H. Herzog, *Closing the Open Door, American-Japanese Diplomatic Negotiations 1936—1940*, Annapolis: Naval Institute Press, 1973, Appendix A: Plan Dog, p. 119.

② ［英］威廉·哈代·麦克尼尔：《美国、英国和俄国：他们的合作和冲突 1941—1946》上册，叶佐译，14～15 页，上海，上海译文出版社，1978。

③ 同上书，15 页。

④ J. R. Leutze, *Bargaining for Supremacy, Anglo-American Naval Collaboration, 1937—1941*, Chapel Hill: University of North Carolina, 1977, p. 255.

联盟国家的领土，并用摧毁敌人远征军的方法，以及用提供陆、空军力量以反对敌人利用在西半球的陆上阵地的方法，阻止敌人的军事力量扩张到西半球；(6)准备夺取加洛林群岛和马绍尔群岛地区并确立统治。另外，美国的陆军连同太平洋舰队及陆军航空兵，应控制瓦胡岛①。

(五)根据议定的海军部署计划，北大西洋的大部分指挥权将移交给美国；西太平洋的控制权则移交给英国，但不包括美国的亚洲舰队②。

(六)规定了美国、英国、荷兰等国在远东的部队的具体任务、联合计划和战略指挥原则。该协定明确划定了远东地区的地理范围，即限于东到东经141°，西到东经92°，北到北纬3°，南到南纬13°。要求在远东的各国武装部队将负责保卫他们本国在远东的领土并做出尽可能符合实际的和适当的相互援助的安排③。

(七)该协定预见到英美在欧洲战场大规模联合作战的可能性，并

① J. H. Herzog, *Closing the Open Door*, *American-Japanese Diplomatic Negotiations 1936—1940*, Annapolis: Naval Institute Press, 1973, Appendix A: Plan Dog, pp. 119～120; S. W. Kirby, *The War against Japan*, Vol. 1: The Loss of Singapore, London: HMSO, 1957, p. 58.

② [英]威廉·哈代·麦克尼尔:《美国、英国和俄国：他们的合作和冲突1941—1946》，上册，叶佐译，14页注④，上海，上海译文出版社，1978。J. R. Leutze, *Bargaining for Supremacy*, *Anglo-American Naval Collaboration*, 1937—1941, Chapel Hill: University of North Carolina, 1977, p. 120.

③ S. E. Morison, The Rising Sun in the Pacific, 1931 — April 1942, Boston: Little, Brown, 1953, p. 53; J. H. Herzog, *Closing the Open Door*, *American-Japanese Diplomatic Negotiations 1936—1940*, Annapolis: Naval Institute Press, 1973, Appendix A: Plan Dog, p. 120.

对战略指挥和军事设施使用等问题做了初步规定①。

(八)双方同意，随着形势变化，将不断共同制订行动计划，并在执行中进行合作②。

(九)为了共同制订计划，双方同意互派军事代表团作为交换情报和调整制订计划的中心③。

(十)确定对飞机生产的分配方式，规定英国将首先以记账方式购买美国目前生产的飞机，并能获得任何新的飞机生产厂家的全部产品，直到美国可能参战的时间到来④。

从上述内容可以看出，“ABC－1”协定是一项涉及全世界所有地区，包括陆地、海洋及空中的世界范围的英美联合战略计划。同年 5 月 28 日和 6 月 2 日美国海军部长诺克斯和陆军部长史汀生分别批准了这个协定。罗斯福总统予以默许。如果美国被迫参战，这个计划就将付诸实施。

三

1941 年早春的“ABC 参谋会谈”，是第二次世界大战英美结盟过程中的里程碑。它是在美国尚处于战事之外，并一再强调不承担义务的情况下，为最终打败轴心国，美国与英联邦进行多方合作的一个重要组成部分，是两国建立军事同盟的关键一步。“ABC－1”协定所确

---

① [英]威廉·哈代·麦克尼尔：《美国、英国和俄国：他们的合作和冲突 1941—1946》，上册，叶佐译，17～18 页，上海，上海译文出版社，1978。

② 同上书，16～17 页。

③ 同上书，17 页。

④ D. Reynolds, The Creation of the Anglo-American Alliance, 1937—1941: A Study in Competitive Co-operation, London: Europa Publications, 1981, p. 184.

立的“先欧后亚”的战略总原则，成为以后指导英美两国实际进行全球联合作战的基本战略，它规定的具体军事行动区域和行动计划，为整个战争时期两国军事合作提供了基本框架，所制定的对轴心国的封锁、空袭、外围军事袭击、最后决定性地打击德国的进攻政策，成为以后战争一直遵循的路线；其关于互派军事代表团的建议也立即实施，为珍珠港事件后诞生的英美联合参谋长会议的工作奠定了基础①。两国之间相互交换科技与军事情报的工作也积极开展起来②。

由于“ABC－1”协定所预期的大多数行动是为美国将来成为参战国而设计的，因此正如舍伍德所说，该协定所提供的实际情况给参战前的美国提供了它从未有过的那种极高度的战略准备③。这种准备，加上伴随“租借法案”的通过，美国所采取的“除了作战以外”给英国以一切援助的行动，使英美两国在大西洋的合作已变得如此密切，因此当珍珠港事件后英美与轴心国处于全面交战状态时，在战略上没有造成很大的混乱。

但是两国在太平洋及远东的合作并没有在“ABC－1”协定中完成，其主要原因在于两国对这一地区意见分歧。美国坚持在大西洋担当重

① 参谋会谈后，戈姆利与陆军少将钱尼一道回到他在伦敦的岗位，此后美国在伦敦的海军官员迅速增加。英国参谋人员在会谈后留在华盛顿建立了常设英国联合参谋委员会，成为后来英美参谋长委员会的组成部分。参见 W. L. Langer and S. E. Gleason，*The Undeclared War 1940—1941* ，New York：Harper & Brothers Publishers，1953，p. 289；David Reynolds，The Creation of the Anglo-American Alliance，1937—1941：A Study in Competitive Co－operation，London：Europa Publications，1981，p. 185.

② ［美］舍伍德：《罗斯福与霍普金斯——二次大战时期白宫实录》，上册，福建师范大学外语系编译室译，372～373 页，北京，商务印书馆，1980。

③ 同上书，376 页。

要角色，把主要精力投入保卫西半球与英国本土的安全，坚决反对在次重要地区做出代价昂贵的力量转移。

决定美国采取这种态度的因素是多方面的，但最重要的因素是美国的国家利益。正如斯塔克在“猎犬计划”中所强调指出的，在美国面临严重的战争可能性时，它应当决定“一种外交与军事方面相互支持的国家政策”，以确保“我们可能从事的任何〔战争〕都将最终且最大地增加我们自己的国家利益。”①在美国看来，这种国家利益可以分为眼前利益和长远利益，前者意味着美国与西半球的安全，后者则意味着在世界上确立美国的霸权地位。

从国家安全的角度考虑，美国必须援助英国首先打败德国。当然，在广泛的战略意义上，法西斯国家无论是统治欧洲大陆还是远东，都将对美国和西半球的安全构成威胁，但是到 1939 年，来自欧洲的威胁更成为燃眉之急。长期以来，美国和西半球的安全有赖于英国和法国的存在，有赖于在大西洋保持强大而友好的英法海军，这是美国战略思想的一项公认的原则，是 1939 年 6 月陆海军最高统帅部在制定“彩虹方案”的第一种设想“彩虹 1 号”中提出的建议所依据的基本思想②。1940 年法国败降之后，英国作为阻止纳粹德国进一步向西

① J. H. Herzog, *Closing the Open Door*, *American-Japanese Diplomatic Negotiations 1936—1940* , Annapolis: Naval Institute Press, 1973, Appendix A: Plan Dog, pp. 250～251.

② “彩虹 1 号”是 1939 年 6 月 30 日美国陆海军联合计划委员会制订的一套联合作战计划“彩虹方案”的第一种设想。它假设美国处于战争之中而没有重要的盟友，美国军队将采取联合行动以保卫南纬 10°以北的西半球领土，在太平洋则保持战略防御，直到形势发展到能对日本采取进攻行动。参见 J. R. Leutze, *Bargaining for Supremacy*, *Anglo-American Naval Collaboration*, *1937—1941* , Chapel Hill: University of North Carolina, 1977, p. 40.

半球扩张的唯一屏障，它的生死安危对美国的安全就更具有头等重要的意义。斯塔克在“猎犬计划”一开头便明确指出了这一点：“如果英国赢得了对德国的决定性胜利，我们也能处处胜利，但是如果英国输掉了战争，那么我们面临的问题将是极其严重的，尽管我们或许不会处处失败，但我们可能处处赢不了。”①美国助理国务卿、罗斯福的最亲密顾问之一阿道夫·伯利在 1940 年 10 月 15 日的日记中曾明确表示，美国援助英国人并不是出于感情，“而是由于我们认识到如果他们失败，我们自己将处于困难之中”②。

但是欧洲大陆抵抗的迅速崩溃、残酷的不列颠之战、1941 年初正在艰苦进行的大西洋战役以及丘吉尔不断要求美国援助的呼声，这一切使美国人感到英国不过是苟延残喘地活着，从而对英国的生存能力产生了严重怀疑。法国败降后，罗斯福曾认为英国的生存可能性为 50∶50③。到英美参谋会谈时，美国军方的估计也不比总统的估计好多少④。因此美国不仅要尽力援助英国以保持不列颠之船不致沉没，而且必须把自己的兵力部署达到一旦英国被打败，来自大西洋和太平洋的兵力便能够投入保卫西半球的战斗中去的程度。正如美国代表团在会谈中强调的，当美英两个伙伴中无论哪一个“被迫退出战争时，

---

① J. H. Herzog, *Closing the Open Door, American-Japanese Diplomatic Negotiations 1936—1940*, Annapolis: Naval Institute Press, 1973, Appendix A: Plan Dog, p. 241.

② J. R. Leutze, *Bargaining for Supremacy, Anglo-American Naval Collaboration, 1937—1941*, Chapel Hill: University of North Carolina, 1977, p. 291 note 44.

③ Ibid, p. 291, note 53.

④ Ibid, p. 236.

另一个伙伴的部署仍基本保持完好。"[①]这就决定了美国只能把主要舰队部署在大西洋和最东远到珍珠港，而不能同意派它的舰队去新加坡。

必须指出的是，影响美国国家安全的另一个重要因素恰恰在于美国本身的军备力量严重不足，远远达不到既保卫自己又援助英国的实力要求。二战爆发后，美国国内的孤立主义情绪十分严重，孤立主义者的大喊大叫使美国任何一个军事权威都不敢要求国会为重整军备而拨款，致使"美国的军备在世界上连三等国家都不如"[②]。直到 1940 年 5 月德国入侵低地国家，这种局面才得以改观。1940 年 6 月，国会通过国防税法，每年计征 9 亿 9430 万美元，并将国债限额从 450 亿美元增至 490 亿美元[③]，以备国防之用。1940 年 5 月 16 日～6 月 23 日，国会为增加三军实力而通过的防务拨款达 50 亿美元以上；7 月 10 日国会批准的"两洋海军法案"，计划在五年内拨款 40 亿美元，将美国的海军力量再增加 70%；9 月 9 日国会又批准了罗斯福要求的再拨款约 50 亿美元以适应修订后的陆军和空军计划的需要，并执行上述扩充海军的计划[④]。9 月 16 日国会又通过选征兵役法和军事训练法，这是美国历史上在和平时期第一次通过的大规模征兵和军训的法

---

① Peter Lowe, *Great Britain and the Origins of the Pacific War*, Oxford: Oxford University Press, 1977, p. 197.

② 这是美国记者兼作家威廉·曼彻斯特在《1932—1937 年美国实录(光荣与梦想)》中讥讽当时美国军备状况的一句话。见该书第 1 册，广州外国语学院美英问题研究室翻译组译，317 页，北京，商务印书馆，1988。

③ [美]威廉·兰格主编：《世界史编年手册·现代部分》，高望之等译，518 页，北京，生活·读书·新知三联书店，1978。

④ [英]阿诺德·托因比等：《轴心国的初期胜利》下册，许步曾等译，771～773 页、786 页，上海，上海译文出版社，1983。

令，它将为美国提供150万人的兵力。

但是到1941年初，这些重整军备的方案尚处于蓝图阶段。要完成这些计划，使美国达到与德、日同时较量所需要的实力还需近两年的时间。到了当年春末，已经可以清楚地看出，仅仅为了支撑英国人的抵抗所需要的飞机、坦克和大炮就比上一年所估计的还要多①。美国在太平洋的海军力量也无法与日本一决雌雄。据统计，到1941年12月美国在太平洋上的海军力量是：主力舰9艘、航空母舰3艘、重巡洋舰13艘、轻巡洋舰11艘、驱逐舰80艘、潜艇56艘；同期日本在太平洋的海军力量为：主力舰10艘、航空母舰10艘、载机舰6艘、重巡洋舰18艘、轻巡洋舰18艘、驱逐舰113艘、潜艇63艘②。因此当美国打算认真对待处于两洋的敌人时，它发现自己的"大棒"还不足以同时降服决心在欧洲和亚洲实现"新秩序"的法西斯国家。罗斯福总统对此直言不讳："我确实没有足够的海军到处使用——在太平洋上发生的每一个小插曲都意味着减少大西洋上的军舰。"③所以尽管他愿意对日本采取强硬政策，但还是希望防止太平洋的紧张局势升级，于是他默认了斯塔克的"猎犬计划"，实际上赞同"ABC－1"协定，并支持以后的美日会谈。

美国认为它的长远的国家利益就在于美国应在一场全球性的动荡

---

① [英]约翰·科斯特洛：《太平洋战争1941—1945》上册，王伟等译，92页，北京，东方出版社，1985。

② S. W. Roskill, The War at Sea 1939—1945, Vol. 1: The Defensive, London, HMSO, 1954, p. 560. 这个统计与莫里森的有些出入，参见S. E. Morison, The Rising Sun in the Pacific, 1931 — April 1942, Boston: Little, Brown, 1953, p. 58.

③ [美]托马斯·帕金森等：《美国外交政策》下册，李庆余译，533页，北京，中国社会科学出版社，1989。

与浩劫之后填补资本主义世界领导地位的真空。第一次世界大战结束后，威尔逊总统曾对此跃跃欲试，但没有成功。20 年后爆发的第二次世界大战给了美国又一次机会，因为它昔日的争霸对手英国正在遭受严重创伤。英国之所以要求美国帮助保卫它的远东领土和利益，从而保持大英帝国的完整，真正的目的也在于此。然而美国决不肯这样做。美国对英国的援助是有一定限度的，这就是既要保持英国的生存，又要保持英帝国处于被削弱状态。伯利写道："我有一个清楚的感觉，尽管我们希望给英国每一种帮助，但我们一定不要犯 1917 年我们犯过的错误并实际上变成了他们的助手。"①罗斯福在大西洋会晤之前对他的儿子讲得更清楚："我们应该从最初的开头起就对英国讲得明明白白，我们是不愿意做一个老好人，在大英帝国危急的时候可以被它利用来帮它脱出危机，而在事后又永远地把我们忘了。""我想我可以以美国大总统的资格来说：美国决不愿在这次战争中帮助英国，使它能够在战后再继续那么专横地统治它殖民地的人民。"②

为此，美国既不能过早地被英国拉入战争，也不想在一个次重要地区发挥主要作用，而需要按照它自己的条件去准备战争计划，并在制定英美联合战略中扮演主要角色，最终在一个决定美国国家命运和持久影响的重要地区确立自己的地位。这便是美国同意与英国进行参谋会谈并坚持要求英国接受自己的战略思想的根本动机。1940 年美国三军重整军备的庞大计划保证了美国将成为世界上第一流的军事强

① J. R. Leutze, *Bargaining for Supremacy, Anglo-American Naval Collaboration, 1937—1941*, Chapel Hill: University of North Carolina, 1977, p. 176.

② [美]伊利奥·罗斯福：《罗斯福见闻秘录》，李嘉译，22 页，北京，新群出版社，1950。

国，这便是美国与英国进行讨价还价的雄厚资本。在会谈过程中特纳曾在2月13日的一份备忘录里明确指出，时至今日，英美之间的力量均势显然已经发生变化，美国现在有更大的责任和更多的潜在机会，英国人已经形成的任何错误的印象都必须让位于新的现实①。

因此可以说，1941年的英美参谋会谈是美国作为一个二流军事强国的最后一次行动，也是它作为西方世界的第一流强国的第一个行动。当第二次世界大战结束后美国真正确立了它在西方世界的领导地位时，我们就完全看清了这次参谋会谈所做出的“先欧后亚”大战略方针的持久的历史作用。

① J. R. Leutze, *Bargaining for Supremacy, Anglo-American Naval Collaboration, 1937—1941*, Chapel Hill: University of North Carolina, 1977, p. 236.

从“ADB”协定看太平洋战争爆发前英美在远东的军事合作*

1941 年 4 月 21 日～27 日，英美荷澳在远东的军事指挥官们在新加坡召开了一次重要的军事会议(又称 ADB 参谋会谈)。这次会议达成的“ADB”协定，是一个有关各国联合对付日本进攻的军事行动计划。然而直到太平洋战争爆发，这个协定也未获得美国军事当局的正式批准。那么，这个协定产生的背景是什么？它有哪些主要内容？美国为什么拒绝给予批准？它对太平洋战争爆发前英美在远东的军事合作产生了什么影响？这些就是本文试图回答的问题。

一

ADB 参谋会谈的召开，是自 1940 年 10 月以来在远东有利害关系的英美荷澳等国不断试图制订联合抵抗日本向南扩张的军事行动计划的结果，它建立在一系列双边或多边的参谋会谈的基础之上。

1940 年 6 月，日本借法国败降之机，逼迫法国印度支

---

* 原载《世界历史》，1994(3)。

那当局封锁了印度支那与中国的边界，禁止援华物资过境；7月日本又迫使英国暂时关闭滇缅公路三个月；8月1日近卫内阁公开提出建立“大东亚共荣圈”的外交政策；9月日军强行进驻印度支那北部，迈出了南进的第一步，并开始插手泰国和印度支那的边界冲突。为了保证南进的成功，日本于9月27日与德国和意大利签订了三国同盟条约。

日本的南进态势，使英国产生了深深的危机感。鉴于英国在远东防御的虚弱状态，它不得不开始认真考虑如何保护自己在远东的利益问题。但是当时欧洲、地中海和中东的战场形势使英国根本不可能派出一支增援部队去远东。在这种情况下，英国采取了两个措施：第一，召开有远东地区各国的军事指挥官们参加的一系列会议，解决防务难题；第二，继续呼吁美国与英国进行军事合作以对付日本的进攻。

国际形势的恶化也迫使美国开始考虑与英国就一旦美国参战，英美战时联盟的大战略问题进行讨论。① 但是在双方没有制订明确的全球战略总原则之前，美国不可能在远东防务问题上对英国做出明确的军事援助保证。然而考虑到菲律宾防务的薄弱状态和远东在美国世界战略中的地位，美国也不能不考虑与有关各国做出某种安排，以便在一旦需要时能采取一致的军事行动抵抗日本的进攻。因此美国对英国呼吁的态度是：介入有关远东防务问题的讨论与研究，“为未来的联

① 美国陆海军联合委员会所属的联合计划委员会已开始研究这个问题，他们的研究成果体现在1940年11月12日海军作战部长斯塔克提出的“猎犬计划”之中。该文件全文见J. H. Herzog, *Closing the Open Door, American-Japanese Diplomatic Negotiations 1936—1940*, Annapolis: Naval Institute Press, 1973, Appendix A: Plan Dog.

合行动计划制定一个框架"，以备美国被迫进入对日战争之用；但绝不能承担任何政治义务，也不能为一个同盟国的战争制订明确的军事计划。①

于是英美两国从 1940 年 10 月到 1941 年 2 月在远东与荷、澳、新等国举行了一系列双边或多边会谈。这些会谈包括：1940 年 10 月美国驻泰国海军武官 F. R. 托马斯以观察员身份出席的由英国驻远东的三军总司令们在新加坡召开的有澳大利亚、新西兰、印度、缅甸、马来亚及荷属东印度的军事代表们参加的远东防务会议②；同年 11 月美国亚洲舰队参谋长、海军上校 W. R. 帕内尔在新加坡与英国军事当局举行的探索性会谈③；11 月底英国与荷兰在新加坡举行的参谋会谈④；1941 年 1 月帕内尔在巴达维亚与荷兰太平洋海军司令、海军

---

① J. H. Herzog, *Closing the Open Door*, *American-Japanese Diplomatic Negotiations 1936—1940*, Annapolis: Naval Institute Press, 1973, p. 124.

② 关于这次会议的情况和最后的报告，参见 S. W. Kirby, *The War Against Japan*, Vol. 1, *The Loss of Singapore*, London: HMSO, 1957, pp. 49～50; J. R. Butler, Grand Strategy, *Vol.* 2: September *1939* -June *1941*, *London*: *HMSO*, 1957, *pp.* 491～492; *Peter Lowe*, Great Britain and the Origins of the Pacific War, *Oxford*: *Oxford University Press*, 1977, *pp.* 180～182.

③ 见 Unites States Government Printing Office: *Pearl harbor Attack*: *Hearing Before The Joint Committee on the Investigation of the Pearl Harbor Attack Congress of the United States*, 以下简写为 PHA, Part 4, p. 1931, 海军上将特纳的证词。

④ 参见 Arthur J. Marder, *Old Friend*, *New Enemies*: Vol. 1: The Royal Navy and the Imperial Japanese Navy Strategic Illusions, 1936—1941, Oxford: Oxford University Press, 1981, pp. 140－141; Paul Haggie, *Britannia at Bay*, *The Defence of the British Empire against Japan 1931—1941*, Oxford: Clarendon Press, 1981, p. 187; S. W. Kirby, *The War against Japan*, Vol. 1, The Loss of Singapore, pp. 51～52.

中将 C. E. L. 赫尔弗里希举行的美荷会谈①；以及同年 2 月帕内尔作为观察员出席的由英国远东总司令布鲁克-皮帕姆在新加坡召开的有英国、马来亚、澳大利亚(代表新西兰)、荷属东印度代表参加的军事会议②。这些会议检查了远东的防御状况，提出了改进措施，就有关各国在通讯联络、情报交换、联络人员的交换、互相增援以保卫海上交通线以及各国海军和空军的行动区域等问题达成了初步协定，并对日本采取什么行动将被视为战争行动的问题进行了探讨。但是由于英国处处强调保卫英帝国的重要性，美国则恪守不承担任何政治、军事义务的精神，所以上述历次会谈均未能产生一个共同防御日本进攻的行动计划。

1941 年 3 月 29 日，在华盛顿召开的历时两个月的英美三军参谋长级会谈终于结束。③ 这次会谈达成的“ABC－1”协定，是在美国尚处于战事之外，并一再声称不承担义务的情况下，为最终打败轴心国，美国与英联邦订立的涉及全世界的英美联合大战略计划。它为反法西斯战争确立了“先欧后亚”的全球战略总原则，指出“鉴于德国是

① 这次会谈的概述报告，见 U. S. Department of the Navy：*Strategic Plans Division Records*，*Box* 117，*Anglo-American Cooperation*，*1938—1944* · *ABDA-ANIAC Correspondence*，*1941—1942*，Washington D. C.，Naval Yard，Centre of Navy History，USA.

② 关于这次会议的报告，参见 Arthur J. Marder，Old Friend，*New Enemies*：*Vol*. 1：*The Royal Navy and the Imperial Japanese Navy Strategic Illusions*，*1936—1941*，Oxford：Oxford University Press，1981，pp. 207～208；S. E. Morison，*The Rising Sun in the Pacific*，*1931 — April 1942*，Boston：Little，Brown，1953，pp. 55～56；Peter Lowe，*Great Britain and the Origins of the Pacific War*，Oxford：Oxford University Press，1977，pp. 201～203.

③ 关于这次会议的情况，参见拙文《评 1941 年英美参谋会谈》，载《历史研究》1992(6)，168～181 页，已收入本书中。

轴心国中的首要成员国，因此大西洋和欧洲地区被认为是决定性的战场。美国军队的主要力量将用于该战场，其他战场上的美国部队作战的指挥均应有利于这方面的战事。……如果日本参战，在远东的军事战略将是防御性的。"①在这个战略总原则指导下，两国为在大西洋和欧洲的合作制订了具体的行动计划，但对远东的战略合作意见分歧。英国在承认欧洲和大西洋是两国头等关心的地区之外，过于强调保卫他们在远东的地位以及保卫作为这种地位之关键的新加坡的重要性，并希望从美国获得增援力量。美国则为了自己的国家利益，坚持把主要精力投入保卫西半球与英国本土的安全，坚决拒绝在太平洋这一美国视为次重要的地区做出代价昂贵的力量转移。因此两国在太平洋及远东的合作并没有在"ABC－1"中完成。双方同意在新加坡召开有关各国参加的参谋会谈以解决远东防务问题。

二

1941 年 4 月 21 日～27 日，英国远东总司令布鲁克·波帕姆在新加坡召开由美国、英国、荷兰、澳大利亚、新西兰、印度、马来亚的军事代表们参加的会议，美国第一次派出由海军上校帕内尔等 4 人组成的代表团正式出席。这次会议的目的是制订一个以华盛顿会议为基础的行动计划，要解决的特别问题是在英国打算派往远东的增援部队即东方舰队到达之前和之后，为在印度洋、太平洋、澳大利亚和新西兰水域的武装部队的任务和部署以及为相互合作做出详细的安排。会议的前提条件是：一、英联邦、它的盟国和美国处于与德国、意大利和日本的战争之中；二、不含有政治义务；三、会议的任何协定都必

① "ABC－1"协定全文，见 PHA，Part 15，No，49，pp. 1485～1550.

须得到有关政府的批准。因此用当时的美国陆军战争计划局长杰罗将军的话说，这次会议要达成的协定应当“是一个在一旦提到的那些国家卷入战争的情况下，为指导军事行动，在军事人员之间达成的一个技术协定。”[①]但是显然可以看出，关于这次会议的目的和任务的规定更多地体现了英国的观点，与美国军方的看法并不完全一致。

这次会议的最后报告称为“ADB”协定(亦称“ADB－1”协定)。它的主要内容是：

(一)申明联盟国家的战争目标和当时在远东的战略。协定指出，“我们的目标是打败德国和它的盟国，因此在远东保持联盟国家防御日本进攻的态势，以便支持对日本的长期经济压力，直到我们能够发动进攻的时刻到来。”

(二)强调联盟国家“在远东最重要的利益是：海上交通线的安全和新加坡的安全。次重要的利益是在菲律宾群岛的吕宋岛的安全，因为只要潜艇和飞机部队能从吕宋岛采取行动，那么就能包抄来自东方的针对马来亚或荷属东印度的敌人的远征军。”

(三)提出了在坚持远东防御战略的同时，可能对日本采取的某些进攻性行动。该报告指出，“为确保我们不脱离打败德国和意大利的主要目标，当前我们在远东的主要战略必须是防御性的。但是我们有某些将主要帮助保卫我们远东利益的措施，而这些措施本身是进攻性的。”这些措施包括：(1)组织针对日本占领领土和日本本土的空军行动；(2)增援菲律宾，加强吕宋岛的防御措施，这有利于最后的进攻；(3)用财政援助和提供装备的方法支持中国的正规军，并支持中国的游击队活动；(4)在日本组织颠覆活动；(5)英美荷的潜艇和空军部队

① PHA，Part 3，pp. 992～993.

对日本实行最大规模的经济封锁。

（四）提出了对日本南进行动的预测。会议认为日本的政策旨在整个东南亚和远东地区建立新秩序，以实现它的政治和经济目的。为此日本可能进攻菲律宾、香港、马来亚、北婆罗洲、荷属东印度群岛以及在所有这些地区的海上交通线，甚至进攻澳大利亚和新西兰。但直到征服菲律宾之后，日本才能在其他地方冒大的风险。

（五）概述了导致联盟国家与日本进行战争的不同情况，即：如果日本直接进攻任何英荷澳新的领土和托管领土，以及进攻菲律宾群岛；如果日本军队挺进到东经100°以西或北纬10°以南的任何泰国领土；如果查明受到护航的大规模日本战舰或商船正在向克拉地峡或马来亚的东海岸，或向菲律宾的行动，或越过马来亚和菲律宾的北纬6°线；如果日本军队占领了葡属帝汶岛、新喀里多尼亚或洛亚尔提群岛，都应受到联盟国家的军事抵抗。①

（六）就各国负责的不同行动区域提出了建议。

美国：美国的亚洲舰队应当以马尼拉为基地，并利用香港为一个前哨基地，从侧翼采取行动反对日本在海上的任何南进行动。如果马尼拉的基地维持不住，这支舰队应撤到新加坡，处于英国的中国舰队总司令指挥之下，只留下潜艇、轻型舰只和空军去保卫吕宋岛和至关重要的海上交通线。美国的太平洋舰队应针对日本在太平洋的海上交通线和日本的托管岛屿采取行动，并努力向新几内亚和澳大利亚以东的英国海军提供援助。

荷兰：荷兰陆军部队应当主要保持对荷属东印度群岛的防御，海

---

① 这个建议的主要部分在2月的新加坡会议上便已提出，在这次会议的报告中强调了日本进攻菲律宾也将导致战争的内容。

军部队除了主要用于保卫荷属东印度群岛和岛屿之间的狭窄通道外，在需要时还应当与空军部队一起增援英国人。

澳大利亚：准备提供部队增援在安汶岛和荷属帝汶岛的荷兰守军。

英国：在英国远东舰队到达之前，英国的海军部队除防御当地的基地外，将保卫极为重要的海上交通线和进攻日本的海上交通线，特别是保护贸易和增援部队与给养的运输。在远东舰队到达后，英国舰队将以新加坡为基地，对日本军队、领土和海上交通线采取进攻行动；如果不能从新加坡发动军事行动(这被认为是“一件不可能的事”)，英国舰队将从印度洋的基地采取行动以保护至关重要的海上交通线。如果需要，将在马六甲海峡采取军事行动以缓解对马来亚的压力。

该协定还说明需要防御远东地区的所有海军和空军基地。被保卫的空军基地位于缅甸—马来亚—婆罗洲—菲律宾—新几内亚—所罗门群岛—新赫布里底群岛—斐济岛—汤加一线，它将得到从苏门答腊通过东印度和澳大利亚到新西兰东海岸的第二道防线的增援。

(七)对共同使用的暗号和密码做了安排。①

从上述内容可以看出，“ADB”协定是一个不仅涉及远东地区而且包括太平洋、印度洋和大洋洲水域在内的英美荷澳新联合反对日本的初步军事计划。但是它过于强调以新加坡为中心，用其他国家的力量去保卫英国在远东的利益。这自然使英国感到满意，却使美国对它的批准极为困难。

---

① “ADB”协定全文，见 PHA，Part 15，No. 50，pp. 1551～1584.

三

英国的三军参谋长们很快批准了"ADB"协定的主要内容，但有两点除外：(1)他们不同意香港应被看作是一个前哨基地的建议，认为与其说香港是一个有用的资源，不如说它更是一个战略负担。(2)在美国没有明确说明如果战争爆发他们的态度究竟是什么之前，英国不能同意由于日本方面的明确行动而要求立即的军事抵抗的建议。①

但是美国军方对这个报告却极为不满，以至于在他们只看到该报告的摘要之后便通知英国人，他们"必须全盘否定这个文件"②。6月9日，华盛顿收到"ADB"协定的正式文本，7月26日马歇尔和斯塔克再次致函英国三军参谋长③，说明美国军方不能批准"ADB"协定的原因在于它违反了"ABC－1"协定的基本精神。具体说来主要有以下几点：

(一)它违反了英美双方无论是在ABC会谈中还是在ADB会谈中所规定的"不包含政治义务"的原则，"ADB"协定中包括的政治问题超过了军事协定的范围。例如，对联盟国家中的一个国家的进攻应被认

---

① Arthur J. Marder, *Old Friend, New Enemies*: Vol. 1: *The Royal Navy and the Imperial Japanese Navy Strategic Illusions, 1936—1941*, Oxford: Oxford University Press, 1981, pp. 208～209; S. W. Kirby, *The War Against Japan*, *Vol*. 1, *The loss of Singapore*, London: HMSO, 1957, p. 63.

② 5月20日，陆军参谋长马歇尔和海军作战部长斯塔克收到该协定摘要，6月7日他们通知英国人完全不能接受。这封信的原文见U. S. War Department War Divisions，简写为WPD 4402－4418. Microfilm, in Virginia Military Institute (VMI), Marshall Research Library and Archives, Lexington, Virginia, USA. 以下所引WPD档案，均藏于该图书馆，不再注明。

③ 这封信于7月6日被草拟，但到7月26日才被发出。信件全文见PHA, Part 3, pp. 1542～1544，亦见Part15, No. 65, pp. 1677～1679.

为是对其他国家的进攻，和一旦日本的行动超出一定界限，联盟国家将诉诸战争等的规定，以及要求增加对中国的援助和从事在日本的颠覆与破坏活动等，都将使美国在尚未参战的情况下承担政治义务，这是美国所不能同意的。

（二）这个报告过于强调新加坡的安全和马来屏障对新加坡及整个远东安全的重要性，就像英国人在华盛顿会议上反复强调的一样。但是英国海军却没有承担保卫马来屏障反对日本南进的任务，也不承担旨在对日本袭击者封锁该屏障的进攻行动。所有英国海军部队只被分配担任护航、巡逻、保卫海上交通线的工作，它们中的绝大部分处于极其远离英国三军参谋长们声称的这个“至关重要的”地区，① 却把保卫这一地区的任务分配给美国与荷兰的武装部队。这有违于“ABC－1”协定中关于“在远东的各国武装部队将负责保卫他们本国在远东的领土”的规定。

（三）“ADB”协定中对增援菲律宾的要求不仅违反了“ABC－1”协定关于美国不打算增援菲律宾的决定，而且该协定中关于菲律宾作为一个对日本的远征军采取进攻行动的基地的看法，与美国的关于菲律宾的战略地位在于它对日本南进行动的牵制性的看法相左。美国认为菲律宾的战略地位和现有美国兵力的主要价值在于这个事实，即日本只有付出相当大的努力才能打败他们，这将导致拖延对新加坡和荷属东印度的进攻的发展。因此日本对菲律宾的进攻不仅能给联盟国家提供机会去使日本海军遭到重创，而且也使他们自己有机会去改善保卫

① 英国在远东的48艘舰只中只有3艘被分配在该地区附近行动。Arthur J. Marder, *Old Friend, New Enemies: Vol. 1: The Royal Navy and the Imperial Japanese Navy Strategic Illusions, 1936—1941*, Oxford: Oxford University Press, 1981, p. 209.

马来屏障的部署。所以美国的参谋长们通知英国人，"由于其他战略地区的更大需求，美国目前不能对菲律宾提供任何大量补充增援部队。在当前的世界形势下，不能考虑帮助从菲律宾发动一场强有力的进攻。"

此外美国也不同意关于香港只是一个战略负担而不是一种有用的资源的看法。他们认为香港的作用与菲律宾一样，将牵制或推迟日本军队在其他更决定性的战场采取行动。

（四）对荷属东印度群岛的战略重要性没有给以评价。①

（五）"ADB"协定对"东部战区"的规定比"ABC－1"协定中对"远东地区"的规定更为广泛②，并使美国的亚洲舰队在此地域内的活动处于英国的战略指导之下，美国不能同意。因为这不仅可能使亚洲舰队失去其独立性，而且可能导致把美国海军部署在对美国来说没有战略重要性的水域。而且美国认为英国关于设立"东方战区"和一个新的总司令——"远东舰队总司令"的打算，并不包括在"ABC－1"协定之中。鉴于英国最终向远东派遣一支强有力的东方舰队是一件不能确定的事，斯塔克通知英国人，在英国海军能在保卫英国的远东地位中发挥主要作用的时间到来之前，撤销原来批准的指示美国亚洲舰队总司令

---

① 4月27日"ADB"协定签订后当天，英荷代表便在美国观察员出席的情况下举行了会谈，解决了有关英荷部队的分配与使用等问题，并订立了"BD"协定。但是仍未对该群岛的战略重要性作出评价，英国坚持不承担政治义务。参见 Peter Lowe, *Great Britain and the Origins of the Pacific War*, Oxford: Oxford University Press, 1977, p. 249; Arthur J. Marder, *Old Friend, New Enemies*: Vol. 1: *The Royal Navy and the Imperial Japanese Navy Strategic Illusions, 1936—1941*, Oxford: Oxford University Press, 1981, p. 208.

② "ABC－1"协定规定的远东地理范围大约是东到东经141°，西到东经92°，北到北纬30°，南到南纬13°，而"ADB"协定的范围甚至从非洲到新西兰。

在万一发生战争时，在英国的战略指挥下作战的那道命令。①

另外“ADB”协定把美国的海军航空兵部队置于英国的指挥之下，这也是对“ABC－1”协定的违背。

（六）美国军方认为“ADB”协定并没有为联盟国家在远东地区的联合军事行动制订一个切实可行的计划。

综上所述，可以看出美国之所以完全拒绝这个文件，正如斯塔克和马歇尔在6月7日给英国三军参谋长的信中所说，不仅是“因为它与‘ABC－1’的义务不相符合，还因为它关系到的问题只是英国政府关心的问题。”他们建议重新召开会议去制定符合“ABC－1”协定的联合作战计划。

1941年8月9日～12日罗斯福与丘吉尔在大西洋会晤，同时英美各自的军事领导人也就“ADB”协定进行了大量讨论，双方同意由英国准备一份新的“ADB”报告草案使之与“ABC－1”协定相符。8月25日英国的三军参谋长们提出了一个报告草案，即“ADB－2”原件见WPD-1402-18，Microfilm.。尽管它对某些美国反对的内容做了修改，但美国仍以基本缺点依然存在，特别是没承认保卫马来屏障主要是英国与荷兰人的事为理由而于10月3日再次予以拒绝。② 因此美英荷澳企图达成一项联合对日作战计划的努力终告失败。

---

① 这意味着美国从“ABC－1”协定中规定的把西太平洋的战略指挥权授与英国人的条款上后退了。

② M. Matloff and E. M. Snell, *Strategic planning for Coalition Warfare, 1941—1942*, Washington D. C., The War Department, 1953 (1970 reprint), p. 76; Arthur J. Marder, *Old Friend, New Enemies*: Vol. 1: *The Royal Navy and the Imperial Japanese Navy Strategic Illusions, 1936—1941*, Oxford: Oxford University Press, 1981, pp. 208～209; S. W. Kirby, *The War Against Japan*, Vol. 1, *The loss of Singapore*, London: HMSO, 1957, p. 210.

四

"ADB"计划的失败并不意味着在太平洋战争爆发前的几个月内英美在远东缺乏合作。这种合作不仅体现在有关各国在部队配置、海空军基地和各国行动区域等方面的相互了解正在日益加深；也不仅体现在美、英、荷、澳、新之间的通讯方面的密切合作已经确立①；更为重要的是"ADB"协定的主要思想实际成为英美两国自行制订自己的远东计划和采取行动的依据，并且随着形势的发展和双方协商的继续进行，一个新的英美合作计划的初步框架终于在太平洋战争爆发前夕被制订出来了。

对英国来说，它重新审查了保卫远东领土的防御计划，坚持了"ADB"协定中向远东派出一支增援部队的基本思想。这支东方舰队终于在日本内阁于10月17日进行了决定性的更迭，决心与英美开战的东条内阁上台之后最后组成。这支舰队的总司令海军中将菲利普斯于10月20日乘新型战列舰"威尔士亲王号"驶往远东。

对美国来说，尽管它拒绝接受"ADB"协定，但该协定的基本思想对美国军方的影响尤其清晰可见。首先，随着日本南进步伐的加快，美国最终接受了"ADB"协定中关于增援菲律宾的考虑。7月26日，就在美国政府因日本进驻印度支那南部而宣布冻结日本资产的当天，麦克阿瑟将军被正式任命为美国远东陆军部队总司令，以加强对菲律宾的军事领导。7月31日马歇尔宣布防御菲律宾是美国的政策，尽管

① 见1941年11月8日海军部长诺克斯给国务卿赫尔的关于在远东A. B. D之间通讯合作问题备忘录，见PHA, part 20, No. 174: Doc. 2(b), pp. 4067～4068.

限定实行这个政策“不允许危及在大西洋地区做出的主要努力的成功”。以后陆军部计划便陆续运送各种武器装备及陆空军部队去远东，其中包括最新型的B－17重型轰炸机；海军则向亚洲舰队派出了现代潜艇和摩托艇。①

其次，美国军方日益强调远东在全球战略中的重要性，并强调美英荷中等国必须联合用武力打败日本。10月，当日美谈判陷入僵局时，海军部长诺克斯和陆军部长史汀生在一封给罗斯福总统的信中指出，新加坡和菲律宾与荷属东印度一起，不仅在经济上供应着英美防御所必需的最大部分原料，而且由于它们联系着英联邦的极其重要的部分，它们在军事上的地位甚至是更重要的。如果日本在新加坡和荷属东印度确立了它的统治，英国的安全就会受到威胁，如果联合王国的政府倒台，随之而来的将是纳粹向东、西、南方的推进，而美国则会看到纳粹的高悬空中的大头棒将砸向美国在南美洲的朋友。因此他们强调，允许日本控制这一地区是对美国安全的不可容忍的威胁。除非日本放弃这种目的，并放弃进一步靠武力征服的做法，美英荷中四国必须诉诸武力去阻止这种侵略。②

第三，美国最终同意“ADB”协定中规定的日本武力不能超过的那条地理界限。1941年11月，美国政府从日本的种种行动迹象中已经察觉到日本不久就会对西方国家动手，因此美国面对的问题是：如果

---

① M. Matloff and E. M. Snell, *Strategic planning for Coalition Warfare, 1941—1942* , Washington D. C. , The War Department, 1953 (1970 reprint), pp. 68～73；[美]福雷斯特·C. 波格：《马歇尔传(1939—1942)》，黄友义等译，168～173页，北京，世界知识出版社，1992；J. H. Herzog, *Closing the Open Door, American-Japanese Diplomatic Negotiations 1936—1940* , Annapolis: Naval Institute Press, 1973, p. 133.

② 参见PHA, part 19, No. 161, pp. 3509～3510.

远东战争爆发，美国将采取什么战略？美国应当把日本的哪种行动视为与之宣战的理由？11月5日马歇尔和斯塔克在递交总统的一份备忘录中回答了上述问题。他们指出，美国在远东的战略仍然应当以“ABC－1”协定为依据，两国的第一目标是打败德国，因此万一对日开战，美国应坚持在远东仍取守势的原则，并同英国与荷兰合作。目前当英美对远东的增援行动正在进行之时，除非日本直接进攻或威胁其安全对美国来说是至关重要的地区，美国不能参战。为此他们划定了一条日本不能逾越的界限：日本武装部队对美国的领土或托管地，对英联邦或荷属东印度采取直接战争行动；日本军队开入东经100°以西或北纬10°以南的泰国领土；或者开入葡属帝汶岛、新喀里多尼亚或洛亚尔提群岛，美国才能对日本采取军事行动。① 这条界线正是“ADB”协定中提出的建议。11月27日斯塔克和马歇尔在给总统的另一份关于远东形势的备忘录中再次强调了这一点。② 因此如果不是日本首先袭击了美国，这条界限将成为战争与和平的分界线。

在英美分别对远东采取增援行动的同时，两国间的协商并未中断。在双方战略思想日益接近的情况下，随着越来越多的兵力在远东集结，制订英美联合对日行动计划已成为当务之急。为此11月5日英国海军参谋长庞德上将致信斯塔克，说明英国认为“ADB－1和ADB－2都不能满足新的形势……目前急需召开一个新的会议，以ABC－1为基础制订远东地区的战略计划”，而且由于时间紧迫，这

① 参见［英］阿诺德·托因比等：《轴心国的初期胜利》下册，许步曾等译，866～867、1084页，上海，上海译文出版社，1983。

② PHA, part 11, pp. 5182～5183; Part 14, No. 17, p. 1083.

个计划只能由远东的指挥官们来制订。① 斯塔克立即回信表示同意。随后他与马歇尔分别指示哈特将军和麦克阿瑟将军，通知他们“ADB－1”和“ADB－2”已经作废，要求他们与英荷的当地指挥官们制订新的计划。② 到 11 月底，英美的三军参谋长们为制订远东的详细计划提出了程序：首先在马尼拉召开海军会议提出对海军联合行动的意见，然后再召开新的 ADB 会谈，制订详细的联合军事行动计划。③

12 月 2 日菲利普斯到达新加坡，5 日便到马尼拉与哈特会晤。6 日双方达成协议：当前最重要的是阻止日本穿过马来屏障的行动；英国同意其战斗舰队以新加坡为基地，并作为一支打击力量抵抗日本在中国海、荷属东印度和穿过马来屏障的任何行动；美国同意把 4 艘驱逐舰派往新加坡加入英国远东舰队，如果可能，到 1942 年 4 月将使马尼拉成为一个英国舰队使用的进攻基地，英美荷巡洋舰队将以东婆罗洲—泗水—达尔文为基地，在荷属东印度和菲律宾区域提供巡逻护航。至此，一个新的英美远东军事合作计划初步形成了。④

---

① 信件全文见 U. S. Department of the Navy：Strategic Plans Division Records，Box 122，Anglo-American Cooperation，1938—1944 • Atlantic Telegraph • ABC... Pacific telegraph. Washington D. C.，Naval Yard，Centre of Navy History，USA.

② 参见 M. Matloff and E. M. Snell，*Strategic planning for Coalition Warfare，1941—1942*，Washington D. C.，The War Department，1953（1970 reprint），pp. 76～78；J. R. Leutze，*Bargaining for Supremacy，Anglo-American Naval Collaboration，1937—1941*，Chapel Hill：University of North Carolina，1977，p. 266.

③ 11 月 12 日英荷之间已根据 1 月 27 日 BD 协定制订了一个联合行动计划。参见 Arthur J. Marder，*Old Friend，New Enemies*：Vol. 1：*The Royal Navy and the Imperial Japanese Navy Strategic Illusions，1936—1941*，Oxford：Oxford University Press，1981，p. 211.

④ 参见 PHA，Part 4，pp. 1933～1935.

6日下午，一份来自新加坡的关于由38艘船只组成的3支日本运输船队已离开印度支那南岸向暹罗湾驶去的情报使会谈匆匆结束，菲利普斯于当晚飞回新加坡。两天以后，太平洋战争爆发，而上述计划还未来得及实施。

可以说，日本在12月的袭击对英美来说是攻其不备。战争初期日本军队所取得的惊人成功，不仅打乱了两国对远东的增援行动，而且使他们的战前计划以及他们在战争爆发后立即在协调行动方面所做的一切努力很快失去了时效。即使如此，两国在制订远东军事合作计划的过程中遇到的种种障碍仍未根本消除，从而导致了同盟国在远东的协作始终未能达到他们在欧洲战场上的那种程度的团结。

从“橙色”计划到“彩虹”计划

——太平洋战争前美国的战略演变*

第一次世界大战之后，美国军方制订了以亚太地区为主要战略取向，以打败日本为目标的“橙色”战争计划。这一战略方针坚持了23年，直到太平洋战争爆发前，才正式被以“先欧后亚”大战略为基础的“彩虹5号”战争计划所代替。本文拟揭示这一战略演变的全过程，以期为进一步研究美国的军事战略发展和第二次世界大战中的美英军事合作提供必要的说明。

一

对美国军事部门来说，制订现代的战争计划始于20世纪初。

1898年的美西战争，向美国军方表明了陆海军联合协调作战的重要性。于是1903年7月17日，陆军部和海军部成立了陆海军联合委员会(以下简称联合委员会)，它由

* 原载《历史研究》，1996(6)。

来自陆军总参谋部的4名军官和海军委员会的4名军官组成。作为一个咨询机构，它的任务是：召开定期会议和特别会议，"对要求两个军种合作的所有问题进行协商讨论并达成一致的决议"①。

1904年日俄战争爆发，使美国意识到亚太地区的力量平衡将受到破坏，4月陆军参谋长阿德纳·R. 卡菲中将建议联合委员会准备一系列计划，以便在一旦要求军事部门合作的紧急情况下采取联合行动②。这是美国认真制订战争计划的开始。

日俄战争在美国的调停下得以结束，但战争的结局却令美国深切感到日本已经能够在太平洋对美国的利益构成威胁，这促使联合委员会开始认真考虑保卫美国的海外领地和在中国的利益问题。1906年3月，正当美国对日本陆军企图在中国东北实行军事垄断统治提出抗议之时，旧金山发生的限制日本移民案③又使本已紧张的美日关系再次恶化，并一度引起了战争恐慌。于是联合委员会匆忙起草了一份保卫菲律宾免受日本人可能进攻的计划④。从此在美国的战争计划中，日本便成为一个潜在的敌人。

自1911年开始，联合委员会制订了一系列"彩色"战争计划。这

---

① Steven T. Ross, *American War Plans, 1919—1941*, Vol. 1: *Peacetime War Plans, 1919—1935*, New York and London: Garland Publishing, INC. 1992, General Introduction, vii.

② Louis Morton, War Plan ORANGE, *Evolution of a Strategy*, *World Politics*, Vol. 11, No. 2, (January 1959), pp. 221～250.

③ 关于这次事件的始末，参见［日］信夫清三郎：《日本外交史》上册，天津社会科学院日本问题研究所译，354页，北京，商务印书馆，1980；［美］托马斯·帕特森：《美国外交政策》上册，李庆余译，310～311页，北京，中国社会科学出版社，1989。

④ ［美］E. B. 波特主编：《世界海军史》，李杰等译，374页，北京，解放军出版社，1992。

些计划针对不同国家，以不同的单色彩标出。其中最重要的战争计划之一便是针对日本的“橙色”战争计划①。联合委员会根据国际形势的变化而保持着对这一计划的不断审查和频繁修改。

到1913年，“橙色”战争计划的战略原则得到彻底研究。它的基本思想是：如果与日本发生战争，设想菲律宾将是敌人的第一个目标，它的防御取决于战斗舰队的到达。在战争爆发的情况下，这支舰队将从加勒比地区出发，绕过合恩角(当时巴拿马运河尚未完成)，利用尚未完工的珍珠港基地和尚未得到开发的关岛基地，在确保其交通线安全的情况下穿过太平洋到达菲律宾。这支舰队的行程时间被乐观地估计为3～4个月。在此期间，菲律宾的陆军卫戍部队将坚守阵地。一旦这支舰队在菲律宾站稳脚跟，它就能替换并不断补充卫戍部队，使陆军能发动地面进攻，而海军则能够争夺对西太平洋的控制②。这个战略的关键是美国在西太平洋的海军基地。但是由于当时美国在珍珠港和关岛都没有可以利用的基地，因此这个计划便具有一切早期战争计划的主要特点，即更多地具有抽象的演习性质而尚未与实际的事件相联系。陆、海军对于这个计划的主要方面，如对西太平洋基地的选择，菲律宾是否能得到防御以及整个太平洋战略都存在激烈争论。尽管如此，这个早期的“橙色”计划仍然形成了第一次世界大战后一系列“橙色”战争计划的最初基础。

第一次世界大战的爆发，结束了联合委员会对战争计划的一切考

---

① 关于色彩与国家的对应关系，参见 Steven T. Ross，*American War Plans, 1919—1941*，Vol. 1：*Peacetime War Plans, 1919—1935*，New York and London：Garland Publishing，INC. 1992，p. 19.

② Louis Morton，*War Plan ORANGE*，*Evolution of a Strategy*，*World Politics*，Vol. 11，No. 2，(January 1959).

虑，而作为一个咨询机构的联合委员会本身也未在指导大战中扮演重要角色。当第一次世界大战结束时，联合委员会已经是名存实亡。

二

第一次世界大战后，美国军方认识到这个国家已经进入一种新的国际战略环境之中，尽管在将来一段时间内不存在来自外部的对国家安全的重大军事威胁，但各军种之间必须更密切地协调合作，并计划用有限的资源去保卫美国，保卫它的海外领地和全球利益。为此目的，陆海军部长于 1919 年 7 月 24 日联合签发命令，重组陆海军联合委员会，其成员由来自陆军的 3 名军官和来自海军的 3 名军官组成，同时成立由陆海军计划人员组成的陆海军联合计划委员会（以下简称计划委员会）①，作为联合委员会直属的研究制订战争计划的具体执行机构。

在两次世界大战之间的年代中，联合委员会最重要的职责之一就是准备和定期修改武装部队的联合战争计划。巴黎和会之后，面对日本在亚太地区的利益和野心的急剧膨胀，特别是日本在国联托管的名义下获得了德国在北太平洋的岛屿，使美国对菲律宾的防御变得极为困难，这就促使联合委员会从重组之日起，就把它的大量注意力集中在研究美国的太平洋战略之上。在研究过程中形成的最重要的战争计

---

① 新组成的计划委员会由陆军参谋长、副参谋长和战争计划局长，海军作战部长、海军作战部长助理和海军计划局长组成。陆海军联合计划委员会由陆军战争计划局的 3 名军官和海军战争计划局的 3 名军官组成。

划便是针对日本的“橙色”战争计划①。

1919年12月，联合委员会提出了他们关于太平洋的战略，它包括几个重要方面。第一，在与日本进行战争的情况下，确保菲律宾的安全和日本的失败取决于美国在西太平洋拥有海军优势。第二，只有确保太平洋上的一系列战略基地，即在夏威夷群岛、关岛和菲律宾的马尼拉湾等地的战略基地，以及确保对控制这些基地的陆军部队提供足够正常供应的时候，美国舰队才能获得在日本附近水域的决定性海军优势。第三，为了使美国海军在宣战后尽可能早地获得在远东的进攻性海军优势，联合委员会建议：(1)保卫夏威夷群岛，包括在最短的时间内完成对瓦胡岛驻军的增援；(2)保卫关岛，包括在关岛修建第一流的海军基地和修筑防御工事，以及增加卫戍部队；(3)保卫菲律宾，驻菲律宾部队的联合任务是“保卫马尼拉和马尼拉湾”。② 可以看出，这个战略在继承了1913年“橙色”计划的基本思想的同时，更明确地提出了优先开发珍珠港和关岛的基地，以及加强在菲律宾的防御问题。

然而政府的政策和军方的计划并不一致。在华盛顿会议期间，海

① 由于第一次世界大战后美、英、日之间的激烈海军竞赛，以及英日同盟的依然存在，使美国军方在研究美国的太平洋战略的同时，考虑到与英国的战争和与英—日结成同盟的战争的可能性，是为“红色”计划和“红—橙色”计划。这两个计划在当时及以后都更为缺乏现实基础。但是作为一种参谋训练，前者考虑了在西半球和大西洋上进行大规模军事行动的问题；而后者的真正价值则在于训练参谋人员去解决与全球战争有关的一系列问题。“红—橙色”计划提出的“欧洲第一”的战略，形成了第二次世界大战中大战略的基础，当时的计划人员把“黑色”(德国)替换了“红色”，并做出了有关美国武装力量分配的相似结论。

② Steven T. Ross, *American War Plans, 1919—1941*, Vol. 1: *Peacetime War Plans, 1919—1935*, New York and London: Garland Publishing, INC. 1992, pp. 15～18.

军总委员会曾警告政府，不要做出将阻止美国在它的太平洋属地建造基地的任何保证，但是国务卿休斯认为，日本接受主力舰方面的5∶5∶3的比率比其他任何考虑都更为重要，而且国会不会同意为使关岛和菲律宾群岛在一旦发生战争时得到防御而提供资金。因此他对海军总委员会的警告置之不理，终于使关于基地限制的第19条款写进了《五国海军条约》之中①。

华盛顿《五国海军条约》关于美、英、日三国在太平洋岛屿和领地的要塞维持现状，美国不得在菲律宾、关岛、萨摩亚及阿留申群岛修建海军基地和新的要塞的规定，对这个以基地为核心的太平洋战略是一个沉重打击。现在美国在太平洋上的战略形势已被进一步削弱，联合委员会必须重新修改他们的“橙色”计划。

1923年5月23日，计划委员会提交给联合委员会一份“陆海军关于橙色形势的联合评价大纲”，其中特别指出“马尼拉湾是我们在西太平洋最有力的战略地点”，美国在西太平洋确立海军优势和取得对日本作战成功的重要条件之一，就是控制马尼拉湾②。这一对美国在太平洋基地的优先顺序方面的重大改变，获得了联合委员会的批准。他们认为，现在菲律宾群岛对美国具有重大的战略价值，它们为旨在保卫美国远东利益的陆海军军事行动提供了最适合的基地；国家的利益

① Dorothy Borg, *The United States and the Far East Crisis of 1933—1938*, Cambridge: Harvard University Press, 1964, pp. 235～236.

② 该文件见 Steven T. Ross, *American War Plans, 1919—1941*, Vol. 2: *Plans for War Against the British Empire and Japan, The Red, Orange, and Red-Orange Plans, 1923—1938*, New York and London: Garland Publishing, INC. 1992, pp. 3～4.

和军事的需要，要求菲律宾群岛在和平时期也尽可能强大有力①。

在联合委员会的指示下，计划委员会开始制订新的"联合陆海军基本战争计划——橙色计划"，该计划于 1924 年 8 月由联合委员会和海军部批准，9 月被陆军部批准②。它的基本思想是：第一，美国与日本的战争在性质上主要是海军针对孤立和骚扰日本的一场进攻性战争，其手段是控制日本的至关重要的海上交通线，以及发动进攻性的海空军行动去攻击它的海军部队并破坏它的经济生活。第二，在这场战争中，海军将担任主要角色，因此陆海军的首要任务是在西太平洋确立优势于日本的海军力量，为此必须确保马尼拉湾的基地直到舰队和陆军增援部队的到达。第三，陆军的重要任务是控制马尼拉湾。③

但是这个"橙色"计划是更加不现实的，因为它完全超出了陆、海军的实际能力。对陆军来说，当时在菲律宾的卫戍部队不超过 15 000 人，根据这个计划，在战争爆发时将把 5 000 名军人从美国西海岸运

---

① Louis Morton, *War Plan ORANGE, Evolution of a Strategy*, *World Politics*, Vol. 11, No. 2, (January 1959).

② M. Matloff and E. M. Snell, *Strategic planning for Coalition Warfare, 1941—1942*, Washington D. C., The War Department, 1953 (1970 reprint), p. 2, note 1.

③ 该文件 Steven T. Ross, *American War Plans, 1919—1941*, *Vol. 2: Plans for War Against the British Empire and Japan, The Red, Orange, and Red-Orange Plans, 1923—1938*, New York and London: Garland Publishing, INC. 1992, pp. 26～32.

送到菲律宾，这个数字超过当时陆军人数的1/3，根本不可能实行①。另外，华盛顿《五国海军条约》签字后，陆军部便立即停止实际防御菲律宾的所有措施，把运往菲律宾的物资改运到夏威夷，因此当时在菲律宾的设施也不足以供应这支远征军。对海军来说，这不仅要组成一支对日本占优势的战斗舰队，而且要从珍珠港出发，在中途没有基地的情况下穿过5000英里的浩瀚大洋，把增援部队送到菲律宾，这件事本身就难以想象；另外，不仅马尼拉湾的海军设施完全不足以供应这支舰队，就是在珍珠港的基地也只能对它提供部分服务。还必须指出的是，菲律宾距日本南部的海军基地不到1500英里，距台湾则只有这个距离的一半，从日本出发的远征军能在3天之内到达马尼拉。因此即使美国的舰队能在战争爆发后规定的几星期内到达菲律宾，但日本的国旗可能已经飘扬在马尼拉上空了。

鉴于这个计划的种种缺陷，1926年计划人员们对它进行了修改。但是他们除了明确强调夏威夷的重要性之外，对增援部队能够直接航行到菲律宾这一颇值得怀疑的设想，却未做任何改变。联合委员会不满意这种修改，于当年11月要求做进一步的修改。②

在修改"橙色"计划的过程中，计划人员们对太平洋战略原则的意

---

① 根据罗斯的统计，到20世纪20年代中期，现役陆军包括13 125名军官和124 465名征募的士兵，共137 690人。见Steven T. Ross, *American War Plans, 1919—1941*, Vol. 1, General Introduction, ix. 根据格林的统计，1924年征募军人为125 000人，1924—1926年实际为118 750人，1926年为109 356人，1927年为110 940人，1928年为118 000人。见Fred Greene, *The Military View of American National Policy, 1904—1940*, The American Historical Review, Vol. 66, No. 2 (January, 1961), pp. 354～377.

② Louis Morton, *War Plan ORANGE, Evolution of a Strategy*, *World Politics*, Vol. 11, No. 2, (January 1959).

见分歧日益明显。一部分人坚持以往计划的战略进攻观点，强调在西太平洋的进攻作为对日本施加足够压力以赢得战争胜利的唯一手段；另一部分人则强调战略防御，他们认为美国应当使西海岸和夏威夷成为“坚固的反对进攻的阵地”，美国大量的海军力量应当保持在夏威夷以东，同时依靠经济压力和袭击日本的贸易通道取得对日本的胜利；但他们承认这种战略将把菲律宾、关岛和萨摩亚暴露在日本的进攻之下，并将可能切断美国在太平洋上的贸易。①

面对这种分歧，联合委员会选择了前者，1928 年 1 月 26 日指示计划人员准备一个基于战略进攻理论的新计划②。

同年 4 月，新计划得以完成。这个计划包括几个重要方面。第一，预料到美国与“橙色”的战争是一场没有事先警告的战争。第二，在这场战争中，海军的任务是获得并实行海上的控制；陆军的任务是对美国的领土提供防御，并支持海军的行动；陆海军的联合任务是对“橙色”的武装力量、军事基地和经济生活，特别是军事工业实行进攻性军事行动。第三，在战争爆发后，一支联合陆海军远征部队要尽快运动到西太平洋，并在这个地区夺取挺进中的舰队基地，同时在美国占领的整个区域内确保联络系统的安全。第四，菲律宾卫戍部队的主

① Louis Morton, *War Plan ORANGE, Evolution of a Strategy*, *World Politics*, Vol. 11, No. 2, (January 1959).

② 联合委员会的选择，一方面是由于受到传统的太平洋进攻战略的影响，另一方面是由于在 1927 年美英日三国日内瓦海军会议之前，日本提出的把 1922 年关于基地的限制扩大到夏威夷和巴拿马运河区的建议。联合委员会认为美国的安全要求在发展海军基地，保卫夏威夷群岛和巴拿马运河区等方面采取自由行动，因此日本的建议表明了“一种明显的敌对态度”，这促使联合委员会作出了制订进攻性计划的决定。参见 Louis Morton, *War Plan ORANGE, Evolution of a Strategy*, *World Politics*, Vol. 11, No. 2, (January 1959).

要任务是控制马尼拉湾的入口并尽可能长时间地控制马尼拉湾，马尼拉湾的防御应该得到加强。第五，规定在战争最初阶段征集的增援部队于30天内集中于夏威夷，并估计对克雷吉多尔的增援时间需要60～90天。①

6月14日联合委员会批准了这个计划。尽管这个计划的非现实性显而易见，但是20世纪20年代相对和平的国际环境，使联合委员会仍然认为这个计划是令人满意的。

三

20世纪30年代初，美国面临的国际战略形势发生了巨大变化。1929～1933年的大萧条，1931～1933年日本侵略中国的远东危机，以及1933年纳粹党在德国的掌权，使美国突然面对一个混乱不安的世界，然而对美国利益的直接威胁显然仍来自于日本。

在整个萧条时期，日本不仅独占了中国东北，而且加快了海军建设，还不顾条约限制，在太平洋上的托管岛屿修建军事基地②。与此同时，美国却由于经济危机的来临而不可能满足任何增加军费的要求。就陆军来说，1929年胡佛总统曾要求陆军部长提交一份对陆军的需要和将“重新考虑我们整个陆军计划”的方法的调查。根据这一指

① 该计划全文见 Steven T. Ross, *American War Plans, 1919—1941*, Vol. 2: *Peacetime War Plans, 1919—1935*, New York and London: Garland Publishing, INC. 1992, pp. 36～56；关于对克雷吉多尔的增援时间，是计划人员们附在该计划后面的“对形势的评估”中作出的，见150页。

② 参见 Dorothy Borg, *The United States and the Far East Crisis of 1933—1938*, pp. 236～237, p. 605 note 8; Thaddeus V. Tuleja, *Statesmen and Admirals, Quest A Far Eastern Naval Policy*, New York: W. W. Norton, 1963, p. 114.

示，陆军总参谋部写了一份长达165页的报告提交总统，不幸秋天大萧条的来临使陆军要求增加开支的希望成为泡影①。实际上，到1933年6月，美国陆军已达到第一次世界大战以来的最低点，甚至低于1920年《国家防御法》规定的和平时期的士兵为280000人的标准，只有士兵122000人，仅占世界的第17位。尽管陆军总参谋部决定分三期动员国防力量以达到《国家防御法》的标准，但根据第二期动员计划要达到的165000人的规定，也不能立即实现②。海军的形势也不容乐观。从1929年到1932年，海军军费始终在3.5～3.7亿美元之间浮动，到1933年却降到3.5亿美元以下，1934年更降为不到3亿美元③。尽管由于日本的好战态度使罗斯福开始大力扩充海军，并于1933年6月从公共工程建筑专款中拨出2.38亿美元建造总计12万吨的32艘舰艇，但仍未使海军达到1922年和1930年分别于华盛顿和伦敦签订的两个海军限制条约规定的最高限额。

鉴于上述情况，美国军方开始重新考虑太平洋战略问题，但允许菲律宾独立的运动在20世纪30年代获得国会越来越大的支持，使关于这一问题的研究更为复杂，并引发了对1928年“橙色”计划是否现实的激烈争论。

华盛顿的计划人员强调，美国拥有菲律宾将是他们在与日本的战争中取得胜利的“不可缺少”的条件；如果美国从菲律宾撤退而不在远

---

① M. S. Watson, *Chief of Staff, Prewar Plans and Preparations*, Washington D. C., The War Department, 1950 (1974 reprint), p. 23.

② Ibid, p. 26.

③ 参见 Stephen Roskill, *Naval Policy Between the Wars, Vol. 2: The period of Reluctant Rearmament, 1930—1939*, London: Collins, 1976, p. 491, Appendix E.

东留下一个基地，那么美国就将把它对亚洲事务和西太平洋的控制权交给日本和欧洲国家。因此他们坚持 1928 年的“橙色”计划的基本方面，要求驻菲律宾的卫戍部队完成该计划分配给他们的任务。但是驻菲律宾的陆海军司令官们认为，靠目前虚弱的卫戍部队就能抵抗强有力的日本进攻并能坚持到增援部队的到达的想法，不过是自欺欺人。驻克雷吉多尔卫戍部队司令、陆军准将 S. D. 恩比克在 1933 年 4 月 19 日给菲律宾部队司令官、陆军少将 E. E. 布思的一份备忘录中写道：“依照橙色计划的规定把我们的舰队及早派到菲律宾水域去实行当前的橙色计划，这简直就是一个疯子的行动。”他指出，克雷吉多尔能坚持大约一年，因此一旦进行战争，能指望做得最好的事情就是卫戍部队能够安全撤退。布思同意恩比克的看法，他在随后给华盛顿的一封信中与后者一同建议：美国安排菲律宾中立，撤退驻扎在菲律宾和中国的军队，并把阿拉斯加—瓦胡岛—巴拿马一线作为美国和平时期在太平洋的战略前线①。1934 年 3 月，新上任的驻菲律宾部队司令官、陆军少将弗兰克·帕克和美国亚洲舰队司令 F. B. 厄帕姆同样发现，在一旦与日本发生战争的情况下，他们不能完成“橙色”计划分配给他们的任务。他们在给海军作战部长和陆军参谋长的联合信件中指出，近来战争技术的进步，以及日本作为一个军事大国的“崛起”，加上空战和水面舰只的速度和力量的加倍增长，已经“使依靠可得到的兵力防御马尼拉湾和克雷吉多尔成为无效之事”。他们要求澄清国家对防御菲律宾的政策。②

---

① Louis Morton, *War Plan ORANGE*, *Evolution of a Strategy*, *World Politics*, Vol. 11, No. 2, (January 1959).

② Thaddeus V. Tuleja, *Statesmen and Admirals*, *Quest A Far Eastern Naval Policy*, New York: W. W. Norton, 1963, pp. 99～100.

3 月 24 日关于菲律宾独立的《泰丁斯—麦克达菲法案》被国会通过，以及同年 12 月 29 日日本单方面宣布废除 1922 年和 1930 年签订的两项海军协定的行动，使菲律宾是否应当得到防御和是否能够得到防御的争论更为激烈。于是陆军参谋长麦克阿瑟将军于 1935 年 1 月要求重新调整“橙色”计划以适应新的形势。该计划再次得到修改。

但是这个新计划在陆军和驻菲卫戍部队的任务方面并没有什么改变，它与 20 世纪 20 年代的计划的明显区别，在于把要求舰队立即或尽快运动到西太平洋的规定，改变为舰队不断通过日本托管岛屿的渐进行动。该计划要求，舰队在向西挺进的过程中应当依次夺取马绍尔群岛和加罗林群岛；在这条道路上挺进的舰队，应当靠确保一直穿过中太平洋并最终到达菲律宾的交通线的安全来获得支持。①

尽管该计划于 5 月 9 日获得了陆、海军部长的批准，但是由于制定了舰队的最初任务是占领托管岛屿中的重要阵地，这就必然延长舰队向西挺进的时间，也就必然增加菲律宾的卫戍部队控制马尼拉湾的时间长度，从而使新计划比以往的计划更不现实，因此分歧并未解决。与此同时，以 1935 年 8 月通过的《中立法》为标志的孤立主义情绪对军方的影响，以及 10 月意大利发动的侵略埃塞俄比亚的战争对和平的进一步破坏，加上希特勒日益加快的重整军备步伐，促使陆、海军部长于当年 11 月便要求联合委员会对美国的远东军事形势进行重新审查。于是 1935 年底到 1936 年初，在陆、海军的计划人员之间爆发了关于美国在远东和太平洋地区国家政策与目标的激烈争论。

陆军认为，美国在远东从未形成对日本极为强大的优势，而且自

① Louis Morton, *War Plan ORANGE*, *Evolution of a Strategy*, *World Politics*, Vol. 11, No. 2, (January 1959).

1920 年以来美国的地位日渐削弱；因此美国应该从菲律宾和中国完全撤退。美国“至关重要的利益仍然在于美国大陆，这个事实必须是形成我们的军事(包括海军)政策的基本前提”。因此，只有在太平洋沿阿拉斯加—夏威夷—巴拿马一线保持美国在和平时期的战略防线，“我们至关重要的利益才不会受到损害”。由此可见，陆军的看法实际上否定了美国坚持了几十年的“橙色”计划的基础。

海军则坚持美国在亚太地区的存在，认为保持美国在远东和太平洋的介入从而保持该地区的和平与力量平衡，保持中国的完整和“门户开放”政策，限制军备和保持美国的海上权利，仍然是美国的远东政策和目标；如果外交手段失败，在必要时应当使用武力来支持这种政策。他们强调指出，转向孤立主义将使英国单独面对日本，使中国处于危险之中，放弃我们的商业利益，鼓励日本扩大和增加对远东和世界市场的控制，并最终削弱美国的国际地位和在欧洲与拉丁美洲的影响，这是不符合美国的国家利益的[①]。在这里，海军注意到了与英国联合反对日本的问题。

由于陆、海军的分歧，计划人员们各自提交给联合委员会的报告只是反映了上述观点，而对“橙色”计划的进一步修改却难有进展。

四

1937 年国际形势更加恶化。日本侵华战争的全面展开，日本对列强在华利益的直接损害，柏林—罗马轴心的进一步强化，以及意大利加入反共产国际协定，标志着法西斯国家已经初步联合起来，他们

---

① Fred Greene, *The Military View of American National Policy, 1904—1940* , The American Historical Review, Vol. 66, No. 2 (January, 1961).

在扩大对亚洲侵略的同时，在欧洲的侵略也提到议事日程。面临着国家安全可能受到的威胁，“橙色”计划“完全不符合当前的形势”，迫切需要制订出新计划。但是计划委员会的意见很难统一。当时陆军的战略是明确的防御战略。在他们于11月22日提交的备忘录中，陆军计划人员希望把自己严格限制在联合委员会明确规定的区域内制订一个计划，这个计划在性质上是防御的，它将提供美国大陆和远到夏威夷的太平洋的安全。他们的理由是，战争计划必须考虑政治和经济的因素，目前不可能决定美国是否会愿意进行一场与日本的无限战争，而政治考虑可能要求在太平洋的有限行动并仅仅是防御性的行动；况且目前可以获得的兵力在战争爆发时连确保防御西半球的重要地区都难以满足。他们宣称，不考虑这些形势而要求一场在太平洋的进攻，将的确是一种蛮干①。显然陆军考虑到了欧洲轴心国的形势，并考虑到一旦发生欧洲和远东的战争，谁是更主要的敌人的问题。

海军则反对把美国的战略仅限于一种准备上的防御态势。由于英国刚刚提出了进行英美海军参谋会谈的建议②，以及海军已被总统授权去研究扩大自己的造舰计划达到或超过1936年伦敦海军条约的规

① Louis Morton, *War Plan ORANGE, Evolution of a Strategy, World Politics*, Vol. 11, No. 2, (January 1959).

② 布鲁塞尔会议之后，根据英国内阁会议的精神，11月27日英国正式向美国提出两国在远东进行“压倒一切的海军示威作为最后支持对日本抗议的手段”，并希望为此进行海军参谋会谈的建议。美国拒绝考虑前者，但同意考虑海军参谋会谈。见DBFP, Ser. 2, Vol. 21, London, HMSO, 1984, pp. 543、545.

定①，使海军计划人员更加坚持太平洋的进攻战略。他们在 11 月底提交的海军计划中指出，美国的战略应当针对打败敌人，如果它不能做这件事，就不是对军事部门在战时的现实指导。他们认为，一旦战争开始，很快增加的生产能够同时提供确保美国大陆的安全，以及在太平洋上发动进攻行动的物资力量；当这些力量得以聚集之时，海军就准备进行越过夏威夷进入日本领土的进攻行动。他们设想，如果欧洲轴心国援助日本，美国自己的盟国将提供美国舰队所需要的援助以保持对日本的海军优势，并保卫美国在西太平洋的海军部队，尽管“盟国援助的性质、数量和地点还不能被预测”②。

面对完全相反的战略，联合委员会在海军计划局长、海军上将李海的建议下发给计划委员会一个新的指示，旨在协调陆海军计划人员之间的意见分歧，但由于该指示对海军的意见给予了更多考虑③，所以也未能使计划委员会的意见得到统一。12 月 27 日计划委员会提交给联合委员会的“联合陆海军战争计划——橙色计划”，仍然是一个分裂的报告。陆军考虑到欧洲可能出现的形势，希望保持战略防御东到 180°子午线，即夏威夷链条的最远界限；对这条线以西的进攻行动，只有在形势允许并要求的情况下，而且只有在总统明确指示的时候才

① Lawrence Pratt, *The Anglo-American Naval Conversation on the Far East of January 1938* , *International Affairs*, Vol. 47, No. 4 (October, 1971) pp. 745～763.

② Louis Morton, *War Plan ORANGE*, *Evolution of a Strategy*, *World Politics*, Vol. 11, No. 2, (January 1959).

③ Steven T. Ross, *American War Plans*, *1919—1941* , *Vol. 2: Plans for War Against the British Empire and Japan*, *The Red*, *Orange*, *and Red—Orange Plans*, *1923—1938* , New York and London: Garland Publishing, INC. 1992, p. 158.

能进行。他们强调陆军的任务是保卫美国和它的领土，尽管它没有排除菲律宾，但由于它位于180°子午线以东，他们也不打算增援这个群岛。他们宣称，海军的单独军事行动并不能确保打败日本，而最终要求两个军种的最大限度地联合努力。海军却仍然热衷于远到太平洋的进攻行动，他们重复着历史悠久的公式，即胜利将依靠于最短的时间内在西太平洋确立美国海军对“橙色”海军的力量优势，以及靠在那个地区的进攻性军事行动而获得；陆海军的首要任务是摧毁“橙色”力量。①

1937年12月31日，在罗斯福的亲自指示下，美国海军作战部计划局长、海军上校罗亚尔·E. 英格索尔到达伦敦，与英国海军战争计划局长、海军上校汤姆·菲利普斯举行了秘密参谋会谈。他们探寻了双方在远东及太平洋地区协同战略的初步基础，达成了关于一旦与日本发生战争时两国海军采取联合行动的非正式协议②。通过这次会谈，美国军方在第一次世界大战后第一次明确了在太平洋上将由“蓝色加红色打败橙色”的战略思想③，从而导致了陆海军联合委员会放弃了一直在修改的原有的“橙色”计划，而决定制订一个新的“橙色”战争计划。

1938年1月19日，联合委员会指示两位太平洋事务专家、陆军少将恩比克和海军少将理查森去研究并草拟一个新计划。2月18日新

---

① Louis Morton, *War Plan ORANGE*, *Evolution of a Strategy*, *World Politics*, Vol. 11, No. 2, (January 1959).

② 关于会谈的详细情况，参见拙文《评1938年初英格索尔的伦敦之行》，载《历史研究》1994(4)，137～151页，已收入本书中。

③ J. H. Herzog, *Closing the Open Door*, *American-Japanese Diplomatic Negotiations 1936—1940*, Annapolis: Naval Institute Press, 1973, p. 25. 蓝色代表美国的武装力量。

计划提交联合委员会，21日被该委员会批准，26日和28日分别为海军部长和陆军部长所批准①。

新的“橙色”计划的主要内容是：第一，规定了战争的方针和武装部队的主要任务，即通过不断增强的军事行动和经济压力打败日本，同时确保美国大陆、阿拉斯加、瓦胡岛和巴拿马的安全。第二，规定了陆海军执行任务的先后顺序：(1)在与日本的战争爆发时，陆海军将首先确保有准备的态势以对付可能发生的所有意外事件；(2)在战争初期，陆海军将把行动的优先次序定为保卫美国的太平洋沿岸、瓦胡岛、巴拿马和阿拉斯加，并在需要时保卫美国大陆的其他地区；(3)如果没有任何情况发生，海军将在西太平洋上采取军事行动，根据战争方针，在确保海上交通线的同时，尽可能迅速地不断向西扩大美国对太平洋的海上控制，并对橙色武装部队和其海上交通线发动军事行动，直到打败日本。第三，菲律宾卫戍部队的任务和兵力没有变化，他们的任务仍然是控制马尼拉湾的入口，阻止日本海军进入马尼拉湾。第四，该计划没有明确提到美国的盟国问题，但是指出，“美国海军对日本海军的优势将足够允许美国舰队对瓦胡岛以西发动军事行动，而且由其他国家给以橙色或美国的任何援助都不会在实质上减少这种优势”。②

从上述计划可以看出，它保留了陆、海军各自的主要观点，即陆

---

① M. Matloff and E. M. Snell, *Strategic planning for Coalition Warfare, 1941—1942* , Washington D. C. , The War Department, 1953 (1970 reprint), pp. 3～4, note4.

② 全文见 Steven T. Ross, *American War Plans, 1919—1941* , Vol. 1: *Peacetime War Plans, 1919—1935* , New York and London: Garland Publishing, INC. 1992, pp. 215～227.

军坚持由阿拉斯加、瓦胡岛和巴拿马组成的战略三角对保卫美国具有第一重要性，而海军仍主张渐进穿过太平洋对日本发动进攻。但是同历次修改的“橙色”计划相比，新计划有着重要的不同之点：(1)它第一次把应付紧急事件，保卫太平洋沿岸、阿拉斯加、瓦胡岛和巴拿马战略三角作为陆海军的首要任务，而把打败日本放在了第二位。(2)它没有说明对日本的战争是在西太平洋上的一场进攻性战争，没有指出海军需要多长时间才能进入西太平洋，没有强调对菲律宾的防御。(3)它实际考虑了在西太平洋的战斗中盟国的援助问题①。

由此可见，在“橙色”计划的发展历史中，1938 年的计划是一个转折点：它第一次考虑了美国全方位的防御政策；由于估计到可能来自大西洋彼岸轴心国的威胁限制了海军在远东的行动，于是它第一次把陆海军反对日本的战争放在了次要位置；这样它也就第一次偏离了支配美国战略几十年的太平洋方向，开始了向欧洲—大西洋方向的转移，尽管在此时后者还不是主要的战略方向。随着国际局势的继续恶化和英美军事合作的不断发展，“橙色”战争计划将走到它的尽头。

五

在 1938 年的多事之秋里，国际局势并未因慕尼黑协定的签订而有所缓和，希特勒于 10 月 9 日提出的新的军备计划，以及 11 月 3 日日本首相近卫发表的“建立东亚新秩序”的声明，使美国面临着来自

① 实际上，在新计划制订过程中，海军作战部长李海便写信给他的两支舰队(美国舰队和亚洲舰队)的指挥官们，要他们准备与英国的战略与战术合作，并准备与皇家海军交换联络人员。见 J. R. Leutze, *Bargaining for Supremacy, Anglo-American Naval Collaboration, 1937—1941*, Chapel Hill: University of North Carolina, 1977, pp. 30、27.

欧、亚两方面的威胁。现在罗斯福和军方首脑都看到旧有的只针对日本的“橙色”战争计划已不适用。于是，罗斯福批准军方在一个小范围内对战争计划进行重新考虑，研究德国在意大利(或许还有西班牙)支持下采取军事行动，以及日本同时采取行动时对美国的安全可能造成的影响①。根据这一精神，陆海军联合委员会于 11 月 12 日向联合计划委员会发出指示，要求该委员会“对一旦在(a)由一个或更多的法西斯国家侵犯门罗宣言的情况下，以及(b)同时日本打算扩大其在菲律宾的影响的情况下，对美国陆海军的不同的实际行动方针进行调查研究与评估”。该指示进一步说明：“这些研究与评估将基于下述设想：(a)德国、意大利和日本可能结成联盟；(b)这些法西斯国家中的任何一个或两个国家的行动都将获得其他国家的富有同情心的支持；(c)只要民主国家在西半球的领地不受干扰，他们就将保持中立。”②

1939 年 1 月 25 日，计划人员们提出了一份评估草案，其中心思想是：面对德、意、日结成同盟的现实可能性，现有的美国军事力量不可能同时保卫两洋，而美国国家的更大利益在于保卫大西洋和加勒比地区；尽管美国的传统考虑是强调对太平洋的防御，但失去关岛和菲律宾并不涉及目前美国的任何至关重要的利益。(全文见 JB325，Ser634，Microfilm.)

捷克斯洛伐克的灭亡不仅使美国感到震惊，也使计划者们必须面

---

① M. Matloff and E. M. Snell, *Strategic planning for Coalition Warfare, 1941—1942* , Washington D. C. , The War Department, 1953 (1970 reprint), p. 5.

② The Joint Board of the Army and Navy, 简写为 JB325, Ser634, Microfilm, in Virginia Military Institute (VMI), Marshall Research Library and Archives, Lexington, Virginia, USA. 以下所引 JB 档案，均藏于该图书馆，不再注明。

对现实。现在陆、海军都不得不承认，美国拥有的唯一海军军事力量是一洋海军，它不可能同时被分散到全世界并仍能有效地抵御所有敌人。基于这种认识，计划委员会于4月21日提出了一份题为“联合计划委员会的调查研究”的长篇文件，主要内容有三个方面：第一，提出了美国当前在制订战争计划方面的重要战略原则应当是大西洋的进攻和东太平洋的防御态势。指出一旦发生德意日联合进攻美洲的情况，毫无疑问美国的切身利益将要求在大西洋采取反对德意的进攻手段，以保卫至关重要的加勒比地区和巴拿马运河的安全；如果这样做，就需要在东太平洋采取防御态势。第二，列举了法西斯国家可能在破坏门罗宣言方面的行动方式和时机，并断定，德意对西半球进攻的危险仅存在于下述两种情况：(1)德国确信英国和法国将不会干预；(2)日本已经进攻菲律宾和关岛，或甚至只是在美国以一种进入西太平洋的反攻来回答日本进攻的情况下。第三，建议在战争计划中考虑由德意日的侵略所带来的问题，并采取措施克服在美国准备必须进行的军事行动方面的明显不足状态。（全文见 JB325，Ser634，Microfilm.）

联合委员会很快批准了这份文件，并要求计划者们继续分别制定在未来最可能由德国和日本的行动所引发的危机中，美国作为交战国应当采取的主要行动路线。经过近三个星期的努力，计划人员们终于制订出一组新的作战计划——“彩虹”计划，并于5月11日提交给联合委员会。这组计划不同于过去的针对单个敌人，在一个地区，而美国又没有盟友的情况下作战的单色彩计划，而是一组针对一个以上的敌人，在一个以上的地区，并考虑到获得其他民主国家援助的情况下作战的多色彩计划。它由四个计划组成。彩虹1号：规定保卫西半球向南到巴西的突出部分，即南纬10°线。彩虹2号：把彩虹1号的行动范围扩大到西太平洋。彩虹3号：把彩虹1号的行动范围扩大到南美其他地区。彩虹 4 号：设想英国和法国处于与德国、意大利或许还有日本的战争之中，并设想美国将作为重要的参加者介入战争①。

为了进一步弄清英国的态度，1939 年 6 月 12 日～14 日，英国海军计划局官员、海军中校 T. C. 汉普顿在华盛顿与美国海军作战部长李海进行了新一轮海军参谋会谈②。对美国来说，这次会谈的最大作用，在于促使军方最终完成了其战略目标的重大转移，即把第一次世界大战以来的取向太平洋的只针对日本进攻的战略，转变为同时取向大西洋和太平洋的针对德意日多个敌人进攻的联合战略。

汉普顿回国后，计划委员会于 6 月 23 日便向联合委员会正式提出了对 5 月 11 日的“彩虹”计划的修改意见，6 月 30 日得到联合委员会的批准，从而形成了一组新的“陆海军联合基本战争计划——彩虹计划”。它包括 5 个分体计划，设想了五种战争可能性。

彩虹 1 号：设想美国处于反对德、意、日的战争之中，美国武装部队的目标限于保卫南纬 10°线以北的西半球。

彩虹 2 号：设想美、英、法处于反对德、意、日的战争之中，贯彻彩虹 1 号；同时美国不在欧洲大陆实行最大限度的介入，而主要承担保卫民主国家在太平洋上的利益。

彩虹 3 号：设想美国处于反对德、意、日的战争之中，贯彻彩虹 1 号；同时保卫美国在西太平洋的至关重要的利益。

---

① Steven T. Ross, *American War Plans, 1919—1941*, Vol. 3: *Plans to Meet the Axis Threat, 1939—1940*, New York and London: Garland Publishing, INC. 1992, pp. 69～72.

② 关于这次会谈的情况，参见拙文《评 1939 年汉普顿的华盛顿之行》，载《首都师范大学学报》1995(4)，9～18 页，已收入本书中。

彩虹 4 号：设想美国处于反对德、意、日的战争之中，美国武装部队的目标是保卫整个西半球。

彩虹 5 号：设想美、英、法处于反对德、意、日的战争之中，贯彻彩虹 1 号和 4 号；同时美国在欧洲大陆实行最大限度的介入，与盟国配合首先打败德国和意大利；在太平洋则最初保持战略防御态势。[①] 显然，这个计划是“先欧后亚”战略的初步设想。

可以看出，彩虹 2 号和彩虹 3 号，更多地体现了“橙色”计划的特点，如果美国的战略沿着这两个计划发展，将成为“橙色”计划的再现。但是事实却并非如此。

随着战争的日益逼近，防御美国本土成为当务之急。7 月 27 日计划委员会完成了彩虹 1 号的详细制定工作并将其提交给联合委员会。第二次世界大战爆发后，罗斯福于 10 月 14 日口头批准了该计划[②]。

鉴于 1940 年春天德国在欧洲的胜利而带来的对西半球的威胁，计划委员会优先完成了防御整个西半球的彩虹 4 号的制定工作，该计

① 关于对该计划的修改意见和最简洁的叙述，参见 Steven T. Ross, *American War Plans, 1919—1941* , Vol. 3: *Plans to Meet the Axis Threat, 1939—1940* , New York and London: Garland Publishing, INC. 1992, pp. 73～36；对该计划的具体说明，参见 Louis B. Morton, The War in Pacific: Strategy and Command, Washington D. C. , The War Department, 1962, pp. 71～72; M. Matloff and E. M. Snell, *Strategic planning for Coalition Warfare, 1941—1942* , Washington D. C. , The War Department, 1953 (1970 reprint), pp. 7～8.

② Steven T. Ross, *American War Plans, 1919—1941* , Vol. 3: *Plans to Meet the Axis Threat, 1939—1940* , New York and London: Garland Publishing, INC. 1992, p. 120. 该计划全文见 pp. 123～140.

划于 8 月 14 日被罗斯福批准①。

战局的发展不仅使美国越来越认清德国是它的头号敌人，而且越来越明确英国是美国的第一道防线的战略思想，从而使罗斯福采取越来越积极的措施去援助被围困的英帝国，也使美国越来越深地卷入欧洲与大西洋的战争。与此同时，以太平洋为战略重点的“橙色”计划也最终失去了存在的价值。因此，彩虹 2 号虽于 1940 年制定出来②，但它从未被联合委员会正式批准；而彩虹 3 号的工作则被停止进行，以至它从未发展成详细的计划。1941 年 8 月 6 日联合委员会正式取消了这两个计划③。至此，“橙色”计划最终走完了它的全程。

在此期间，美国的战略家们不断发展彩虹 5 号体现的“先欧后亚”的战略思想。1940 年 11 月 12 日，海军作战部长、海军上将斯塔克提交了一份被称为“猎犬计划”的重要备忘录④，探讨了一旦美国卷入战争的两洋作战问题。他认为，在这种情况下，美国的战争方针应当是旧有的“红—橙色”计划，即用“黑色”替换“红色”，并把打败德国放在

① Steven T. Ross, *American War Plans, 1919—1941*, *Vol.* 3: *Plans to Meet the Axis Threat, 1939—1940*, New York and London: Garland Publishing, INC. 1992, p. 82, p. 83, p. 187, p. 214. 该计划全文见 pp. 190～213. 彩虹 1 号和彩虹 4 号于 1942 年 5 月 4 日被正式取消，但其中的许多设想，如取得英国的大西洋海军基地和大西洋的海上巡逻等，在珍珠港事件前便已实施。

② 该计划全文见 Steven T. Ross, *American War Plans, 1919—1941*, Vol. 3: *Plans to Meet the Axis Threat, 1939—1940*, New York and London: Garland Publishing, INC. 1992, pp. 143～183.

③ Mark S. Watson, *Chief of Staff*, *Prewar Plans and Preparations*, Washington D. C., The War Department, 1950 (1970 reprint), p. 104.

④ 全文见 Steven T. Ross, *American War Plans, 1919—1941*, Vol. 3: *Plans to Meet the Axis Threat, 1939—1940*, New York and London: Garland Publishing, INC. 1992, pp. 225～250.

第一位，对日本的最初回答应当是防御。12 月联合委员会接受了“猎犬计划”的主要观点，并把它作为即将进行的英美参谋会谈时美国军方的基本战略立场。

1941 年 1～3 月举行的英美参谋长级会谈，是太平洋战争爆发前英美建立军事同盟的重要一步，这次会谈达成的“ABC－1”协定，协调了两国的全球战略，正式确立了“先欧后亚”的战略方针。根据“ABC－1”协定，同年 4 月，英、美、荷驻远东的司令官们讨论了远东的防御战略①，8 月美国与加拿大签订了共同反对德国的“ABC－22”协定②。

根据“ABC－1”协定和“ABC－22”协定，计划委员会进一步制订并完善了彩虹 5 号计划，该计划于 11 月 19 日为联合委员会批准。它强调美国与英国的合作，准备进行两洋战争，把打败德国放在第一位；美国的主要军事努力将首先针对欧洲和大西洋地区，如果日本进入战争，美国和同盟国在远东的战略将首先是防御③。因此，太平洋战争爆发之前，美国的战略家们终于为处理危险的国际形势提供了现实可行的“陆海军联合基本战争计划——彩虹 5 号计划”，它准确地反映了美国的地缘政治和战略环境，成为指导美国进行战争的总战略。

---

① 关于这次会谈，参见拙文《从“ADB”协定看太平洋战争爆发前英美在远东的军事合作》，载《世界历史》1994(3)，17～25 页，已收入本书中。

② 全文见 Steven T. Ross, *American War Plans, 1919—1941* , Vol. 4: *Coalition War Plans and Hemispheric Defence Plan, 1940—1941* , New York and London: Garland Publishing, INC. 1992, pp. 152～165.

③ 全文见 Steven T. *Ross*, *American War Plans, 1919—1941* , Vol. 5: Plans for Global War Rainbow-5 and the Victory program, 1941, New York and London: Garland Publishing, INC. 1992, pp. 98～141.

第三辑　世界大战、冷战与和平研究

试论围绕修筑巴格达铁路的德英之争*

从19世纪90年代开始，在欧洲的国际关系中，德国和英国的矛盾逐渐上升到首位。到20世纪初，两国在许多地区，在陆地和海上都发生了尖锐冲突，而在中近东舞台上，德英之间围绕德国修筑巴格达铁路问题更进行了一系列的角逐，这成为二者在第一次世界大战前激烈争霸斗争的目标之一。①

那么，这场长达十几年的斗争的原因是什么？其经过及结果又如何呢？

一

德国的世界政策和英国的霸权政策尖锐对立，是引起这场斗争的根本原因。

19世纪90年代，德国开始积极推行世界政策，企图建

---

* 原载《北京师范学院学报》，1985(3)。

① 巴格达铁路问题也涉及法、俄的利益，使当时的国际形势大为复杂化，但本文重点在于说明英德之间的斗争，而不拟对法、俄与德国的矛盾多所叙述。

立一个从北海、波罗的海到亚得里亚海，从柏林到巴格达的“大德意志帝国”，并在非洲、太平洋和南美从英、法、葡、比等国手中夺取殖民地。弗里德里希·法布里在《德国需要殖民地吗?》这本富有煽动性的小册子中指出：德意志殖民帝国应当包括萨摩亚、新几内亚、马达加斯加、北婆罗洲、台湾，此外还应对中非和近东进行商业浸透。① 建立殖民帝国的一个关键是控制土耳其。当时的国际形势是世界已被基本瓜分完毕，德国必须从最大的殖民帝国英国手中抢夺殖民地和势力范围，而土耳其则是距德国最近的一块；再者，德国如果控制了土耳其，就不仅能进一步封死两海峡，把俄国禁锢于黑海之内，还可控制苏伊士运河与波斯湾这两条从欧亚两洲进入印度洋的海上通道，从而扼制英国海上霸权的发展。就当时德国的具体情况来说，占领土耳其也是一个切实可行的步骤。德国的海军与英国相比暂时处于劣势，这就意味着它的扩张方向首先应该是在陆地上而不是在海洋上。德国指望依靠自己的强大陆军和经济实力，“向东方推进”，而修筑巴格达铁路则是实行这一政策的中心环节。

所谓巴格达铁路(以下或简称巴铁)是从博斯普鲁斯海峡到波斯湾的一条横贯亚洲土耳其的铁路。它是德国“三 B 计划”(三 B 指柏林、拜占庭〈今伊斯坦布尔〉和巴格达)的组成部分。这条铁路一旦修成，德国就可以从汉堡经柏林、维也纳、君士坦丁堡、巴格达、巴士拉直达波斯湾。它不仅在经济上具有重要价值，而且在战略上也具有重大意义。1894 年，德国外交部商业司在一份备忘录中指出：“小亚细亚作为德国工业的一个市场、德国投资的一个场所和能够大量扩充的重

① Parker Thomas Moon, *Imperialism and World Politics*, New York: Macmillan Company, 1927, p. 49.

要商品(如谷物和棉花)的一个供应来源……对我们是重要的。”①从19世纪90年代开始，德国加紧向土耳其渗透。1880年，德国对土耳其的投资只有四千万马克，1914年就猛增到六亿多马克。1897年到1910年，在土耳其进口总额中，德国从占6%上升到21%，而在同期英国却从60%下降到35%。② 德国希望巴铁建成后，就能把小亚细亚以致整个土耳其纳人德国的经济势力范围。德国还企图通过这条铁路把英国势力排除于中近东之外，并威胁英国的殖民地埃及和印度。1898年11月6日，《泛德报》公开鼓吹：“开足马力到幼发拉底河、底格里斯河和波斯湾去吧。从陆上到印度的道路已落入理当据有这条铁道的人的掌握之中”③。1903年，普鲁士邦内政大臣贝特曼·霍尔维格(后任德国宰相)说：“皇上首要的和基本的思想就是粉碎英国的霸权，以有利于德国。”④德皇威廉二世自己也一再把巴格达铁路叫作“我的铁路”⑤。

但是德国的巴格达铁路计划，与英国的霸权政策发生了尖锐矛盾。作为老牌殖民帝国，英国在土耳其的利益由来已久。为了在东方保持霸权，英国必须保证自己通往印度的海路和陆路的安全。在海路上，掌握两海峡、塞浦路斯、埃及和苏伊士运河，是至关重要的。俄

① Fritz Fischer, *War of Illusions: German Policies from 1911 to 1914*, London: Norton, 1975, p. 49.

② Ibid, p. 299.

③ [德]维纳·洛赫：《德国史》，北京大学历史系世界近代现代史教研室译，285页，北京，生活·读书·新知三联书店，1959。

④ Fritz Fischer, War of Illusions, *German Policies from 1911—1914*, London: Noiton, 1975, p. 1.

⑤ Mary Evelyn Townsend, *The Rise and Fall of Germany's Colonial Empire, 1884—1918*, New York: Macmillan Company, 1930, p. 218.

土战争以后，英国实际上已控制了海峡地区。俄国陆军大臣米柳亭在1879年3月22日的日记中写道："在目前情况下，英国实际上已经控制了君士坦丁堡和海峡。土耳其京城的真正主人已不是苏丹，而是英国代表。"①19世纪70年代到80年代，英国又控制了塞浦路斯和苏伊士运河，并把埃及变成了它的殖民地。除了确保海路安全外，从陆地通往印度的途径也决不可忽视。小亚细亚、阿拉伯半岛、美索不达米亚、波斯和阿富汗，仿佛是由欧洲通往印度的陆上桥梁。英国力图使整个陆上桥梁成为英国独占的势力范围。20世纪初担任英国驻印度总督的寇松曾经声称："印度的边境是在幼发拉底河上"②。

英国的野心还不止此，它不但要保证从欧洲到印度的道路通行无阻，还想使自己从非洲殖民地到印度的路线畅通，所以它把从开普敦到开罗的铁路计划又发展为从开罗经巴格达到加尔各答的方案，这便是"三C计划"。同时它还计划在苏伊士运河、新加坡和上海之间建立海上交通网，即"三S计划"，从而建立起一个庞大的亚非殖民帝国。占领土耳其，则是这一扩张计划的关键。但是德国的"三B计划"完全是从英国手中夺取势力范围的计划。巴格达铁路一旦修成以后，它不仅能拦腰切断英国从陆上通往印度的道路，而且可以威胁苏伊士运河与埃及，这是英国绝对不能容忍的。因此，围绕巴铁的修筑，德英之间展开了长期的激烈斗争。

① Ibid, p. 86. [苏]**B. M.** 赫沃斯托夫编：《外交史》，第二卷(上)，高长荣等译，179页，北京，生活·读书·新知三联书店，1979。

② [苏]安·菲·米列尔米列尔：《土耳其现代简明史》，朱贵生等译，82页，北京，生活·读书·新知三联书店，1958。

二

1888年夏，从维也纳经贝尔格莱德、索菲亚到君士坦丁堡的东方铁路开始通车。奥斯曼帝国很想趁机扩充它在亚洲的铁路系统，以便中央政府能对边远省份实行更有效的统治。德国的机会到来了。1889年10月，格奥尔格·冯·西门子和艾尔弗雷德·考拉代表一个以德意志银行为首的辛迪加，从土耳其手中收买了一条从海达尔帕夏到伊兹米特的一段英国修筑的铁路，同时取得了该路延伸到安卡拉的租让权。考拉随即成立了安纳托利亚铁路公司，这标志着德国已正式进入中近东舞台。1890年，德意志银行为领导它在近东的所有铁路事业，创建了东方铁路银行。通往安卡拉的铁路于1893年1月通车，而在1891年德国已和土耳其苏丹开始了延长此路到巴格达的谈判。

面对德国在土耳其的进展，英国决定进行干预。1893年围绕德国获得从安卡拉到科尼亚的铁路租让权，德英之间展开了第一个回合的斗争。

1893年1月，土耳其当局同意把至科尼亚的租让权给予德国人。英国驻土大使克莱尔·福特立即向土耳其提出抗议，声称这将使英国从士麦那(伊兹米尔)到科尼亚的铁路线遭到损失，并以不列颠舰队将对土耳其示威相要挟。俄国则既害怕德国插足于中近东，又不愿看到土耳其政府的统治因铁路的畅通而得到巩固，因此一开始就反对这一铁路计划。法国为了保护自己在土耳其的投资不受侵犯，也赞同英国的态度。德国面临三个国家的一致反对，赶忙采取对策。它的外交官一面向土耳其恐吓说，如果拒绝给德国租让权，就要引起可怕的后果，一面威胁要在埃及问题上公开反对英国。在德国的压力下，英国外交大臣罗斯伯里表示，“女王陛下政府无意采取任何不利于德国在君士坦丁堡的势力或利益的步骤。”[1]福特不得不放弃他的抗议，1893年2月15日德国人终于获得了租让权。

德国在这一回合中迅速取胜的主要原因，是成功地利用了英法与英俄的矛盾。首先，英法在埃及的冲突给德国提供了对英国进行讹诈的手段。1882年，英国对埃及实行了军事占领，结束了英法共管埃及的局面。法国由于海军力量弱于英国，又受到与德国对抗的牵制，未敢派遣军队到埃及去，但仍通过埃及国债管理处，通过混合法庭，百般阻挠英国在埃及推行它的政策。德国在埃及问题上一贯玩弄既支持英国独占又支持法国与英国反目的两面手法。英国虽然明明知道这一点，但仍怕失去德国名义上的支持，因而不得不对德国做出让步。其次，英俄在中近东的矛盾也给德国造成了可乘之机。俄国始终把两海峡和君士坦丁堡看作自己的势力范围，还妄想染指波斯湾。但波斯湾恰恰是被英国视为禁脔的。寇松曾写道：“如果有任何国家把波斯湾的一个港口让给俄国，我都将看作是对大不列颠的蓄意侮辱，是对现状的粗暴破坏，而且是有意地战争挑衅。”[2]为了抵制俄国的力量，英国驻德大使甚至曾怂恿德国在波斯湾发展商业势力。英俄之间的这种矛盾，正好为德国所利用。

按照1893年2月的租让条约，应修建两条铁路线：一条从埃斯基谢希尔到科尼亚，另一条从安卡拉到凯撒利(开塞利)。实际上，只修筑了前一条路线，并于1896年完工。德国为进一步向东推进，于1897年把前外交部国务秘书马沙尔派为驻土大使。马沙尔是一个狂

① William L. Langer, *The Diplomacy of Imperialism, 1890—1902*, Vol. 2, New York: Alfred A. Knopf., 1935, p. 635.

② Ibid, p. 642.

热的殖民主义者，他认为俾斯麦当年所说的"整个东方问题值不了一个普鲁士波美拉尼亚小兵的性命"的话已不适用，德国的殖民地将来就在小亚细亚。1898 年 10 月，德皇威廉二世再次访问土耳其，11 月在大马士革发表了一篇演说，蛊惑人心地声称他是三亿穆斯林的朋友①。威廉二世的这种"友好"姿态，大大便利了德国资本家争取巴格达铁路租让权的活动。

1899 年，西门子向土耳其政府申请租让权，把铁路线自科尼亚延伸到巴格达。最初，法国表示抗议。但德法之间于 1899 年 5 月 6 日签署了一个协定，从而排除了法国方面的反对。根据协定，德意志银行接受奥斯曼帝国银行(实即法国银行家集团)参加巴格达铁路的修建，德、法银行家各占股本的 40%，其余 20%分给土耳其投资者。如今后英国或其他国资本参加时，则其股份由德、法的股本中平均扣除。② 德国对租让权的要求，最初也遭到英国的反对。底格里斯河与幼发拉底河之间的地区和波斯湾沿岸地区，一向被伦敦看作通往印度的要道，是不许其他列强插足的。但是，1899 年 10 月 9 日爆发了英布战争。英国十分害怕德、法、俄特别是德国的干涉。11 月威廉二世访英，他利用英国的困难处境，在与英殖民大臣约瑟夫·张伯伦会谈时，趁机提出在土耳其自由行动的要求。张伯伦在当时的情况下，不得不暂时作出让步，表示英国不想妨碍德国在小亚细亚的行动。③

---

① Edward Mead Earle, *Turkey, the Great Powers and the Baghdad Railway: a Study in Imperialism*, New York: Macmillan, p. 134.

② Ibid, p. 59.

③ Ibid, p. 86.［苏］B. M. 赫沃斯托夫编：《外交史》，第二卷(上)，高长荣等译，625 页，北京，生活·读书·新知三联书店，1979。

沙俄不能容忍德国势力在近东的扩张。俄国驻柏林大使奥斯廷—萨根对德国外交大臣比洛说，俄国人不希望奥斯曼帝国崩溃，但这种崩溃是必定不久就要到来的。届时俄国不能容忍另一强国出现于君士坦丁堡。它必须确保海峡。如果德国能在这个问题上给俄国以保证，那么俄国就会让德国在安纳托利亚自由推进其计划。① 俄国的态度虽然强硬，但由于德法资本家之间已经初步达成协议，英国又正集中全力征服南非，因而柏林对于来自彼得堡的威胁便不甚在意了。1899 年 11 月 27 日，土耳其苏丹宣布决定，把初步租让权授予安纳托利亚铁路公司，该公司应负责在八年内建成从科尼亚到巴格达和巴士拉的铁路。所以叫作“初步租让权”，是因为有关具体路线、公里保证金等细节都尚未最后确定下来的缘故。

三

20 世纪初，德英进入全面竞争阶段。英国认为，德国贸易在世界各地的推进，它在非洲和东方所表现出来的殖民野心，特别是 1898 年和 1900 年的两次扩张海军计划，大有咄咄逼人之势。1902 年，英国终于摆脱了在南非的困境，此后对巴格达铁路的态度便强硬起来了。

1902 年 3 月 18 日，土耳其苏丹颁布敕令，授予安纳托利亚铁路公司建筑巴格达铁路的特许权。一年以后，1903 年 3 月 5 日，根据一

① William L. Langer, *The Diplomacy of Imperialism, 1890—1902*, Vol. 2, New York: Alfred A. Knopf., 1935, p. 640.

项修改的协定，成立了巴格达铁路公司，作为巴格达铁路的承建人。① 铁路的主线是从科尼亚到波斯湾，还可在叙利亚和美索不达米亚修建一些支线。奥斯曼帝国政府保证为每公里付出 27.5 万法郎的建筑费，并在每年经营的总收入中每公里付给公司 4500 法郎。此外，授予在铁路两旁 20 公里内采矿的权利，并豁免各种进口货物的捐税。

修建巴格达铁路，需要巨额经费，德国一国的投资是远远不够的。在苏丹颁布 1903 年的敕令后，德国资本家便展开了争取英国人投资的活动，但是失败了。英国之所以不肯投资，既有经济方面的原因，也有政治方面的原因。英国拥有的士麦那——艾丁铁路公司害怕巴格达铁路将促进海达尔帕夏、亚历山大勒达等港口的发展，而不利于士麦那的繁荣，并减少士麦那——艾丁线的运输量。林奇兄弟的幼发拉底和底格里斯航运公司一向垄断巴格达和巴士拉之间的航运。但 1903 年的特许权授予巴格达铁路公司在底格里斯河上航行的一定权利，而且铁路的美索不达米亚段建成后，必将打破林奇兄弟公司对于巴格达和巴士拉之间的航运垄断。与上述企业有关的英国资本家都坚决要求本国政府反对巴格达铁路。再有，安纳托利亚铁路公司不肯把海达尔帕夏到科尼亚一段国际化，也使英国十分不满，因为这意味着德国将永远独占通往东方的小亚细亚门户。1903 年 4 月 23 日，英首相巴尔福在下院宣布撤销对巴格达铁路的一切支持，理由是德方的建

① 在英国拒绝参加投资巴铁后，巴铁董事会扩大为 27 人：8 名德籍董事代表德意志银行、3 名德籍董事代表安纳托利亚铁路公司、8 名法籍董事代表奥斯曼帝国银行，此外还有 4 名土耳其人、2 名瑞士人、1 名奥地利人和 1 名意大利人。实际大权掌握在德国董事手中。Edward Mead Earle，Turkey，*the Great Powers and the Baghdad Railway*：*a Study in Imperialism*，New York：Macmillan，p. 93.

议不符合把全部铁路置于国际监督之下，“防止对任何一个国家的货物和臣民的优待”的原则①。

除经济因素外，保卫英帝国的战略考虑，也是十分重要的。印度在不列颠帝国的体系中占有举足轻重的地位，而波斯湾则是通往印度的要道，德国要把巴铁一直修到波斯湾，英国政府自然是绝对不能容忍的。1903 年 5 月 5 日，外交大臣兰斯多恩在上院说：“我们必须把任何国家在波斯湾建立海军基地或设防港口的行为看作对英国利益的一种十分严重的威胁，而且我们必须毫无疑问地使用我们所掌握的一切手段去抵抗它。”②同年 11 月，印度总督寇松在英国海军印度分舰队的护航下，对波斯湾进行了一次示威性的航行。

英国的反对态度对法国产生了影响。1903 年 10 月 23 日，法国内阁否决了法国政府参加巴格达铁路一案，并禁止该公司的股票在巴黎证券交易所开盘。

1904 年 10 月 25 日，巴格达铁路的第一段(从科尼亚到巴尔格尔鲁)二百公里通车。但是继续建下去，就要通过陶鲁斯山脉，工程十分困难，每公里的造价极大。土耳其政府无法满足为担保建筑这一段路所需的资金，它打算用提高关税(从 8%提高到 11%)的办法来解决问题。然而根据土耳其与列强签订的不平等条约，没有列强的同意，它是不能随意提高关税的。经过艰巨的交涉，直到 1906 年 9 月，英、法、俄才同意增加关税 3%，次年 7 月生效。但是它们提出了许多附带条件，例如必须把增加收入的四分之三用于马其顿的改革，以致资

① Ross John Swartz Hoffman, *Great Britain and the German Trade Rivalry, 1875—1914* , New York: Russell & Russell, 1964, p. 15.

② Edward Mead Earle, Turkey, *the Great Powers and the Baghdad Railway: a Study in Imperialism* , New York: Macmillan, p. 197.

金问题仍未充分解决。

在此期间前后，缔结了英法协定和英俄协定。德国是法国的世仇，又被英国看作争霸世界的最危险的敌人，德国在土耳其表现出来的扩张野心是促使英国去接近它的老对手法国的一个重要原因。1904年4月，英法签订协约，主要内容是法国同意英国在埃及自由行动，英国同意法国在摩洛哥自由行动。1907年8月，继英法协定之后，英国又同俄国签订了协定。由于日本在日俄战争中取得胜利，英俄在远东的对抗有所缓和；它们在中近东的竞争也不如以前激烈，因为德国成了英俄在这个地区的共同敌人。1907年协定的实质，正如列宁所指出的："瓜分波斯、阿富汗、西藏(准备同德国作战)"。① 英法俄在反对修建巴格达铁路上的一致立场，是缔结三国协约的一个重要因素。

三国协约成立后三个月，威廉二世访问了英国。他和英国陆军大臣霍尔丹讨论了巴格达铁路问题。当德皇获悉英国希望控制巴格达到波斯湾的一段铁路，作为一个保卫印度，防止外国军队沿铁路南下的"门户"时，立即答应说："我会给你这个门户。"后来，英方又提出了一份备忘录，强调必须吸收法、俄两国参加谈判。德国拒绝了，因为这个要求的实质是要把铁路作为四国共管的企业，而德国在共管中势将处于一比三的不利地位。德英之间的谈判于是再次流产。②

1907年以后，德国力图从三国协约中打开一个缺口，以摆脱英、法、俄对它的包围。俄国则因在波斯尼亚危机中没有得到英法的支持

① 《列宁全集》，第39卷，776页，北京，人民出版社，1965。

② A. W. Ward & G. P. Gooch, eds., *The Cambridge History of British Foreign Policy 1783—1919*, Vol. 3: 1866—1919, Cambridge: Cambridge University Press, 1923, pp. 385～387.

和害怕德国势力侵入波斯，也想重新接近德国。在这样的背景下，德皇威廉二世同沙皇尼古拉二世于1910年11月会晤于波茨坦，次年8月19日双方签署了协定。协定的主要内容是德国承认俄国在波斯拥有"特殊利益"，保证不在波斯的俄国势力范围内谋求铁路、公路、航空和电报线路的租让权。作为交换条件，俄国答应不阻碍德国修筑巴格达铁路，也不阻挠外国资本的参加。

三国协约缔结后，德国确信如不取得英国的合作，在土耳其是无法取得进展的。另一方面，英国由于俄国首先破坏了协约国关于在巴铁的交涉上必须四国共同进行的原则，自然也愿意单独与德国重开谈判。经过多次磋商，英德终于在1914年6月15日草签了巴格达铁路条约。德国同意巴铁公司董事会吸收两名英国股东的代表，确定把铁路终点定为巴士拉，放弃建造自巴士拉到波斯湾的支线；未经与英国事先达成完全协议，德国在任何情况下不在波斯湾上建造海港或铁路站；巴格达和巴士拉港口由一个特别设立的英国资本占40%的土耳其公司建造和管理；承认英国在底格里斯和幼发拉底河航行的特权。英国则保证不再阻挠巴铁的修建，并在任何情况下不在土耳其领土上建造与巴格达铁路直接竞争的铁路，同意再次将土耳其的关税从11%提高到15%。[①] 英德巴格达铁路条约只是履行了草签手续，还未来得及正式签字，第一次世界大战就爆发了。

---

① 参见王铁崖、王绳祖选译：《一八九八——一九一四年的国际关系》，114～115页，北京，商务印书馆，1983；Edward Mead Earle，Turkey，*the Great Powers and the Baghdad Railway：a Study in Imperialism*，New York：Macmillan，pp. 262～264.

四

列宁指出："建筑铁路似乎是一种简单的、自然的、民主的、文化的、传播文明的事业。……实际上，资本主义的线索像千丝万缕的密网，把这种事业同整个生产资料私有制联系在一起，把这种建筑事业变成对十亿人民（殖民地加半殖民地），即占世界人口半数以上的附属国人民，以及对'文明'国家资本的雇佣奴隶进行压迫的工具。"他还指出："铁路网的分布，这种分布的不平衡，铁路网发展的不平衡，就是全世界现代资本主义即垄断资本主义的总结。这种总结表明，在生产资料私有制还存在的这种经济基础上，帝国主义战争是绝对不可避免的。"①德英围绕巴格达铁路所进行的斗争，再一次证明了列宁这个论断的无比正确。

德国一再表白它在近东方面不追求任何政治目标，巴格达铁路只是一种经济事业，但实际情况绝非如此。1907年，德国驻君士坦丁堡大使马沙尔在一份报告中写道："我们在东方的商业利益是如此巨大，以致它们业已获得了一种政治意义。我们必须积极地保卫它们，……而不使我们被排挤出东方"②。富有殖民经验的英帝国主义者当然也不会不懂得经济渗透是政治控制的基础。1911年，劳合·乔治在下院说，巴格达铁路的公里保证金使德国银行家牢固掌握了土耳其的国库，对奥斯曼帝国财政的如此掌握会导向何方，是无人能够预言

① 《列宁选集》，第2卷，733页，北京，人民出版社，1976。

② Mary Evelyn Townsend, *The Rise and Fall of Germany's Colonial Empire, 1884—1918*, New York: Macmillan Company, 1930, p. 334.

的[1]。经过长期的激烈斗争，英德终于在1914年签订了巴格达铁路条约，条约的实质是在亚洲土耳其瓜分势力范围。[2] 协议虽然勉强达成了，但双方其实都不满意，都认为自己“牺牲”过多，因而互相疑惧的情况一如既往，丝毫没有改变。德国政府甚至害怕国内极端分子的反对，而不赞成立即公布条约。德国外交大臣亚哥解释说，要等到敌对的批评不那么尖锐的时刻，才能公布，以免引起新的麻烦[3]。但是，巴格达铁路条约很快就变成了一张废纸，因为草签后不到两个月，第一次世界大战就爆发了。

总之，德英之间的暂时妥协并未能解决它们之间的根本利害冲突，而长达十几年的巴格达铁路之争却加深了彼此的敌意，终于成为导致第一次世界大战的一个重要因素。

---

① Edward Mead Earle, Turkey, *the Great Powers and the Baghdad Railway: a Study in Imperialism*, New York: Macmillan, p. 201.

② 德国驻英大使李希诺夫斯基写道：“这些条约（按指1911年俄德波茨坦协定、1914年英德巴格达铁路条约等）的真正目的是把小亚细亚瓜分为势力范围”，只是出于对苏丹权力的“尊重”而避免作这种表示。Edward Mead Earle, Turkey, *the Great Powers and the Baghdad Railway: a Study in Imperialism*, New York: Macmillan, pp. 266.

③ Mary Evelyn Townsend, *The Rise and Fall of Germany's Colonial Empire, 1884—1918*, New York: Macmillan Company, 1930, p. 349.

凡尔赛—华盛顿体系与两次世界大战之间的国际关系*

两次世界大战之间的国际关系的发展演变，与第二次世界大战的爆发密切相关；而在两次世界大战之间的年代中发生的每一个重大的国际事件，又无不直接或间接地和凡尔赛—华盛顿体系相关联。因此要搞清两次世界大战之间的国际关系，就不能不从凡尔赛—华盛顿体系的建立说起。该体系建立后，随着国际形势的发展和其自身存在的各种矛盾不断激化，最终导致了它的崩溃。它的彻底崩溃之时，也就是第二次世界大战的爆发之日。

一、凡尔赛—华盛顿体系及其建立的时代背景

凡尔赛—华盛顿体系的确切内容包括三个方面：1. 巴黎和会及其后协约国与战败国签订的一系列条约（包括对德国的凡尔赛条约，对奥地利的圣日耳曼条约，对保加利亚的纳伊条约，对匈牙利的特里亚农条约，对土耳其的色佛

* 原载《历史教学问题》，2000(3)，在收入本书时做了修改。

尔条约和洛桑条约）；2. 国际联盟的建立（国联盟约是上述对德、奥、保、匈各条约中的第一部分内容）；3. 华盛顿会议上签订的一系列条约（四国条约，五国海军协定，解决山东悬案条约及附约，九国公约）。

因此，如果我们说到凡尔赛体系，就是指上述第一方面和第二方面的内容，由于洛桑条约是 1923 年 7 月战胜国才与土耳其凯末尔政府签订的，并代替了色佛尔条约，因此可以说，凡尔赛体系是一战后列强经过近五年的时间，终于在欧洲、中近东和非洲建立了战后资本主义世界的新秩序。如果我们说到华盛顿体系，就指第三方面的内容，可以说华盛顿体系是列强在战后建立的亚太地区的新的国际关系结构。

于是，如果我们给凡尔赛—华盛顿体系下一个定义，可以这样表述：第一次世界大战结束后，战胜国列强先后召开巴黎和会与华盛顿会议，通过一系列条约和第一个主权国家的国际性组织—国际联盟的建立，在全球范围内建立了帝国主义重新分割世界、维护战胜国利益和维持战后和平的新秩序，即凡尔赛—华盛顿体系。这是一战后国际关系的新格局。

凡尔赛—华盛顿体系是人类进入 20 世纪并经历了历史上第一次全球战争之后建立起来的。当我们站在战争的废墟上环视全球的时候，我们清楚地看到，第一次世界大战前、后的世界政治地图的确发生了极大的变化。

请看第一次世界大战前：

欧洲仍然处于中心地位，左右国际事务，分为两大军事集团，并为重分世界而爆发第一次世界大战。

美国刚刚向海外发展，提出了“门户开放”、“机会均等”的口号作为其对外政策的核心，但它还缺乏实力，也没有得到机会向全球施展它的影响。

俄国内部孕育着革命力量，但革命尚未成功，不足以对资本主义构成威胁。

日本开始崛起，但欧洲仍然把日本看成是东方的一个相对落后的国家。

亚洲正在觉醒，但其反对帝国主义和殖民主义的斗争尚不能对西方殖民利益给以致命的打击。

但是一战后我们看到的是另一幅世界地图：

欧洲相对衰落。一方面是欧洲分裂为战胜国和战败国，主要是受到战争创伤的英国和法国，以及战败的德国和奥匈帝国，原有的四大帝国(德意志帝国、奥匈帝国、沙皇俄国、奥斯曼帝国)纷纷解体；与此同时，在中欧和东南欧已经出现了许多民族独立国家。另一方面，西欧的世界中心的地位受到来自非欧国家和地区的真正挑战。在欧洲的两侧出现了崛起的美国和社会主义的苏俄，在远东出现了恶性发展的日本和真正觉醒了的中国。

美国在一战后开始真正走出美洲，参与国际事务，并力图左右国际事务。这是对欧洲主宰世界的挑战力量。

苏俄建立了一种全新的社会主义制度，十月革命引起了资本主义国家的一系列革命，成为整个资本主义世界害怕的并视之为敌对的挑战力量。

日本利用战争获得了异乎寻常的畸形发展，独占了中国东北地区，并想独占整个中国，在亚太地区对欧美的力量进行着挑战。

中华民族的真正觉醒，对西方的在华殖民利益以及整个殖民统治构成威胁。

可以想象，处在这样的国际政治版图之中，战胜国要对整个战后的世界做出安排，就不仅要考虑自身的利益，考虑实力的对比，也要考虑变化了的世界形势。也正是在这样的情况下，战胜国在谋划战后世界秩序的过程中形成了两个前提和四点共识。

根据19世纪的经验，在经历了一场空前浩劫的战争之后，通过战胜国对战败国缔结和约的方法安排战后的世界，便成为当务之急。同时这种安排又是根据强权政治的原则来进行的，这就必然孕育着今后冲突的根源。这是重建战后世界秩序的前提之一。然而，这场大战对战前世界格局所造成的一系列变化和冲击，也必然在不同程度上影响着主要战胜国的政治家们，并迫使他们对战后世界的安排形成了一些共识。这是战后世界秩序得以重建的前提之二。

那么什么是他们之间的共识呢？可以主要归纳为四点：

第一，英、法、美等主要战胜国都指责战败国是发动这场战争的罪魁祸首，并因此而要求战败国对协约国在战争中的全部损失进行赔偿，从而使战胜国可以堂而皇之地掠夺战败国并获得最大的利益。这其实正是它们进行这场帝国主义战争的根本目的。

第二，战胜国都认为社会主义的苏俄是对资本主义制度的致命威胁，于是苏俄问题便成为战胜国在处理战后国际问题时的一个无法摆脱的重要因素，并因此使他们在严惩战败国时手下留情，从而使战败国尤其是德国成为日后反苏反共的屏障。

第三，随着战争的进展，在欧亚大陆上不仅出现了苏俄，在中欧和东南欧还出现了一批民族独立国家，这种形势使主要战胜国的政治家们必须考虑民族自决权问题。因此无论是出于抵消苏俄的“和平法令”中关于民族自决权思想的影响，还是出于对战败国的惩罚和实现在战争期间对盟国所作的秘密许诺，主要战胜国都不得不顺应时代发展的潮流，在符合他们根本利益的基础上，在处理战败国的领土问题方面有限承认民族自决权，重建和建立一批民族国家。

第四，主要战胜国都要求建立一个主权国家组成的常设国际组织，通过具有一定约束力的国际法准则，以保护战胜国的既得利益，维护主要根据战胜国的意志而建立的战后国际政治新秩序。这个国际法准则就是国联盟约，这个组织就是国际联盟。

这些共识就是战胜国对战败国缔结和约的基础。

然而，由于各国在大战中所处的战略地位不同，所获得的利益和遭受的损失也彼此相异，因此在列强的实力对比发生变化的形势下，美、英、法、意、日五个主要战胜国又各自有着不同的掠夺要求和争夺计划。

美国打算争夺世界的领导权。其根本原因在于美国在一战后成为世界第一经济强国，具体表现为：美国从战前欠外债30亿美元到战后协约国欠美国100亿美元；掌握世界黄金储备的40%以上，华尔街成为世界另一个金融中心。经济实力的增长使美国的政治野心随之膨胀，美国要领导世界。美国总统伍德罗·威尔逊曾经表示："我们应当以资本供给全世界，而谁以资本供给全世界，谁就应当……管理世界。"①

美国争夺世界霸权的总纲领是被称为"世界和平的纲领"的"十四点计划"。它的主要内容可以归纳为四个方面：1. 战后的世界应当是一个"开放"的世界，包括：公开的和平条约必须公开缔结；保持公海

① Ray Stannard Baker and William E. Dodd ed., *The Public Papers of Woodrow Wilson, Vol. 4: presidential messages, addresses and other papers*, New York: Kraus Reprint Co. 1970, p. 229.

航行的绝对自由；消除一切经济壁垒；各国军备必须裁减；调整殖民地，对当地进行开发应该根据“门户开放”原则(第 1～5 点)。2. 抵制并消除布尔什维主义的影响(第 6 点)。3. 要求在欧洲和近东各民族以民族自决权为基础恢复和建立民族国家，或建立受到列强保护，实行门户开放原则的保护国(第 7～13 点)。4. 成立一个具有特定盟约的包括大小国家的、保证政治独立和领土完整的普遍性的国际联盟(第 14 点)。①

可以看出，这个文件涉及有关列强瓜分世界的原则、战争与和平、建立国际组织等一系列重大的政治问题，的确是美国企图冲出美洲、对长期以来欧洲主宰世界的国际格局发出的公开挑战和冲击。威尔逊认为其中最重要的是第 1、2、3 点和第 14 点，也就是说，美国可以运用它的经济力量，通过国联使美国对重大的国际问题进行干预、仲裁，以控制国际局势。因此在这 4 点当中，威尔逊又认为国际联盟最为重要。②

为了实现这个纲领，美国希望在欧洲保持德国的比较强大的政治军事地位，使之抗衡英法和反对苏俄；经济上也不愿过多削弱德国，以避免引起连锁反应，因为如果德国被严重削弱就无能力偿付赔款，而英法就能以此为理由而拒绝偿还拖欠美国的战债，美国的经济就势必会受到影响。在亚太地区美国要削弱战后的所有对手英、法、日等国，保持中国的贫弱状态并实施门户开放政策。

但是美国的勃勃野心必然要遭到竭力保持并扩大既得利益的英

---

① “十四点”及其注释，见齐世荣主编：《世界通史资料选辑·现代部分》第一分册(修订版)，3～12 页，北京，商务印书馆，1998。

② 参见王晓德：《梦想与现实——威尔逊“理想主义”外交研究》，231～233 页，北京，中国社会科学出版社，1995。

国、法国和日本等国的顽强抵抗。而当时的美国在争霸斗争中又有着几个不可忽视的不利因素：其一，在最具关键作用的军事力量方面还不能与英法相抗衡，因此实力不够；其二，威尔逊在国会没有得到多数人的支持，因此底气不足；其三，外交斗争经验太少，威尔逊用所谓的“理想主义”面对“威尔士巫婆”劳合·乔治和“老虎”克雷蒙梭的狡猾和斤斤计较，必将受到很大挫折。为了保住国联，威尔逊几乎在所有的问题上都做了让步，这不但使美国在“十四点”中的许多主张没有得到实现，还由于国联盟约而使美国承担了许多义务，这就是美国国会不批准凡尔赛和约也不参加国联的最重要原因(当然还有美国的国内政治斗争的因素)。

英国企图维护原有的世界霸权并主宰欧洲。其根本原因在于英国在战争中受到了削弱，但仍有相当实力。战争使整个大英帝国损失严重，它成为欠美国 8.42 亿英镑的债务国，其国际金融地位开始动摇；在海外受到大大膨胀起来的美国和日本的排挤；自治领和殖民地的离心倾向也迅速增长。这一切都减弱了英国在战前所拥有的力量和影响。但是如果认为经过第一次世界大战的英国已经完全衰落，却是言过其实。英国仍然保持着国际市场上较牢固的传统财政金融关系，支配着扩大了的帝国的巨大资源，是欧洲盟国的债权国(它的欧洲盟国对它欠下了 17.4 亿英镑的债务)，拥有世界上最强大的海军，不仅在欧洲国家中最有经济实力，对美国也拥有军事优势。英国认为自己有左右欧洲事务，维持世界霸权的资格。

因此英国的计划是：要求德国及其他战败国支付赔款以恢复经济；消灭德国海军以保持英国的海上霸主地位；在欧洲继续实行传统的“大陆均衡”政策，反对过分削弱或肢解德国，以抗衡法国和抵制苏俄；在远东既要利用和日本的结盟反对美国扩张，又要反对日本独占中国，以保卫英国在亚太地区的利益。在巴黎和会上英国实际在很大程度上左右会议，并使它的要求得到了较多的满足。

法国企图争夺欧洲领导权。其根本原因是法国在战后的欧洲大陆上占有军事战略的优势。作为大战的主战场，法国的经济在战争中受到了大破坏，不仅约7%的国土和大部分工业及富庶地区变成了废墟，而且负债累累，欠美国160亿法郎，欠英国130亿法郎。但是德国的战败使法国拥有世界上最强大的陆军，他们守望着莱茵河，并控制着中欧和易于向东欧、巴尔干与近东扩张的重要基地。因此法国认为它有争霸欧洲大陆的实力。

但是法国最担心的是德国的东山再起。德国不仅是法国争霸欧洲的对手，也是法国安全的最大威胁。自19世纪70年代以来，法、德曾两次交战，一败一胜，胜得十分艰难。法国认为，要想称霸欧洲，必须一劳永逸地消灭德国这个宿敌和对手。因此法国的打算是：以永久保证法国的安全为理由，不仅要收复失地阿尔萨斯—洛林，还要彻底肢解德国，如建立莱茵兰共和国和巴伐利亚国家，把德国东部分出一些领土给波兰、捷克斯洛伐克和罗马尼亚等；要索取高达2090亿金法郎的赔款，从经济上摧毁德国；还要彻底裁减德国的军备，使德国失去东山再起的资本。显然，法国要彻底严厉制裁德国的打算必然会受到美国和英国的反对，而经济上的困境又使它在外交斗争中处于不利地位，因此法国的计划不可能全部实现。

意大利站在协约国一边作战较晚，又没有打过什么胜仗，经济和军事力量相当薄弱，但野心却很大，要在亚得里亚海和东地中海占据支配地位，这与英、法的利益显然相悖，因此其要求不可能全部得到满足。

日本是大战的另一个获利者。它利用与英、俄之间的密约，乘欧洲列强厮杀之机获得了德国在中国山东的利权。它的战后目标是独占中国，称霸亚太地区。显然，日本的野心与美国的门户开放政策尖锐冲突，也威胁到在该地区拥有较大利益的英国，更为觉醒了的中国人民所不容。因此日本最终必然会受到美、英、中的联合遏制。

上述的时代特征、战胜国的共识和各国的打算，在凡尔赛体系的建立过程中都得到了反映，尽管解决了一些问题，但也留下了以后冲突的根源。

二、凡尔赛体系的问题及其对国际关系的影响

在凡尔赛体系中战胜国的要求得到了不同程度的满足。主要表现在以下几个方面：其一，凡尔赛条约第231条规定德国和其盟国应当承担战争责任，这实际上就使战胜国对战败国索取巨额赔款合法化，于是条约规定德国和其他战败国要向战胜国赔款。其二，对德国的领土安排和军事力量的严格控制，以及对德国殖民地的瓜分，将德国在中国山东的利权全部交给日本等，满足了法国、英国和日本的一些要求。其三，对波兰的复国，对捷克斯洛伐克国家和南斯拉夫国家独立的承认，部分尊重了民族自决权。

但是凡尔赛体系留下的矛盾和问题也极为严重。这些问题对两次世界大战之间的国际关系产生了持续性的影响。

首先是战争的罪责问题。大量的资料已经表明，第一次世界大战是两大帝国主义集团共同发动的，战争的罪责应当由双方共同承担。但是战胜国根据强权政治的原则，在凡尔赛条约中规定德国负有发动战争的罪责，给战胜国掠夺战败国提供了依据。但是它至少造成了两个极其严重的后果：

其一，根据这一条款，使构成凡尔赛体系的几个主要条约对战败

国极为苛刻，其掠夺性骇人听闻，因此，必然导致战败国与战胜国之间矛盾的加剧。德国虽然被迫在条约上签字画押，但从未承认自己的失败，并对凡尔赛条约充满仇恨。例如，当 1919 年 5 月 12 日德国国民议会讨论是否接受和约时，参加会议的所有党派从未有过的空前一致反对批准和约，会议主席费伦巴赫曾用这样的话来结束会议：今天的会议进程是目前这一痛苦时期的巨大安慰。这是德国人民的全体代表反对他们命令我们接受的残酷和约的强有力的表现。谁也不能说我们中间有细微的分歧，有不同的心情；不，所有发言人的心情都是同样炽热的！我们不能接受这项和约。在和约的签字之日，德国各右翼报纸在第一版都加上表示哀悼的黑框。①可以肯定，随着国力的恢复与增长，德国必然会从要求修改条约到不履行条约，直至撕毁条约。实际上在巴黎和会期间，和约的缔造者之一、英国首相劳合·乔治就预感到这种危险。他在 1919 年 3 月 25 日的《枫丹白露备忘录》中写道："历史证明，一项作为外交技巧和政治家手腕的成就而受到胜利者欢呼的和约，即使从长远后果看来是适度而有节制的，也必将被证明是目光短浅的，并且对胜利者来说，也是充满危险的。"他还说："你们可以夺走德国的殖民地，将它的军队裁减到只够建立一支警察部队的数量，将它的海军降到五等国家的水平。这一切终归毫无意义，如果德国认为 1919 年的和约不公平，那么它将会找到对战胜国进行报复的手段。"②积极主张掠夺德国的法国元帅福熙也预言："这不是和平，这是 20 年的休战。"实际上，和会刚刚结束，德国的复仇

① ［美］科佩尔·S. 平森：《德国近现代史——它的历史和文化》下册，范德一等译，530～532 页，北京，商务印书馆，1987。

② 《枫丹白露备忘录》的全文，见 David Lloyd George, *The Truth about The Peace Treaties*, Vol. 1, London: V. Gollancz, 1938, pp. 404～416.

主义者就喊出了“打倒凡尔赛条约”的口号。战后民族主义和复仇主义在德国的蔓延，是20世纪30年代纳粹党得以上台的重要原因之一。

其二，魏玛共和国的建立本来是德国历史上的进步，但是由于它建立后所做的第一件大事就是被迫接受凡尔赛条约，所以无论是德国的右派还是左派都对魏玛共和国十分反感。右派认为它是在对帝国的革命中诞生的，特别是与屈辱的凡尔赛和约联系在一起；左派则认为它是镇压了11月革命的结果；而魏玛共和国本身也的确是继承了战败的苦果；而战胜国只要求这个共和国承担战争罪责，对加速德国的民主化进程置若罔闻，使本来就先天不足的共和国更失人心。在这种情况下，人们怀念帝国，希望有一个强有力的铁腕人物“重振国威”，这种社会状态便成为纳粹党和希特勒上台的社会土壤。

第二是赔款问题。这个问题是凡尔赛体系中悬而未决的最复杂的国际问题之一。巴黎和会之所以对赔款没有决定总数，是由于主要战胜国的态度极不一致。美国并不希望德国支付大量赔款(在“十四点”中美国只主张德国对比利时和法国北部受到的战争破坏进行赔偿)；英国希望赔款有一定限度(尽管劳合·乔治曾向国民保证过要让德国拿出最后一个铜板)，法国则坚持要德国支付大量赔款。由于意见分歧极大，所以无法确定总数，只有留待以后由外国人组成的赔款委员会去做出随心所欲的规定。后来赔款委员会在法国的支持下规定德国应支付1320亿金马克，分42年还清，这就根本超过了德国的支付能力。即使是前两年零4个月应当支付200亿金马克的规定，也是一个很大的数字。当时参加巴黎和会的英国代表团成员、著名经济学家凯恩斯正是因为坚决反对和约对德国和欧洲的经济政策而辞职的。辞职后他写了一本有名的书《和约的经济后果》，其中他从一个经济学家的观点出发，指出这种要求德国支付赔款的方法“年复一年地永远地把它(指德国)的皮剥光。无论这种手术作得如何熟练和小心，在手术中多么注意不要杀死病人，它却代表了一种政策，这种政策如果真被采纳并蓄意实行，人们的判断就会宣告，它是一个残忍的胜利者在文明史上所干出的最凶残的行为之一。”①

德国虽然被迫接受赔款，但抱着“履行它，就是要证明它无法履行”的策略，并利用战胜国之间的矛盾，消极对待赔款。于是不仅法国与德国的矛盾不断激化，法国与美、英之间的不和也日益严重。因此欧洲的战争虽然结束，但20年代的欧洲并没有真正的和平。1923年由于赔款问题而导致的法国和比利时对鲁尔的军事占领，引发了战后一场尖锐的政治军事危机，并使欧洲几乎到达了战争边缘。

在这种情况下，战胜国意识到必须解决这个问题。事实证明凡尔赛条约中关于削弱德国的政策是行不通的，要想解决赔款问题，必须先使德国的经济生活正常化，这就需要资金的注入，但是没有美国的参加，资金问题无法解决。

就美国来说，它没有批准凡尔赛条约，也没有参加国联，对欧洲不承担任何政治义务。但是美国并没有放弃通过经济手段参与国际政治和国际经济的打算，鲁尔危机给美国提供了机会。然而美国并不是通过重新规定德国的赔款总数直接解决赔款问题，而是派与官方关系密切的非官方人士、银行家道威斯来解决德国的财政金融问题，通过稳定货币、平衡预算、对德国提供贷款、使德国的经济生活正常化，使德国在支付赔款方面有固定的来源(用税收、铁路和工业债券的收

---

① 齐世荣主编：《世界通史资料选辑·现代部分》第一分册(修订版)，40页。关于凯恩斯对德国支付能力的估计，还可参见[英]J. M. 凯恩斯：《凯恩斯文集：预言与劝说》，赵波等译，7～15页，南京，江苏人民出版社，1997。

益来支付赔款)；并且只规定了5年的赔款数额。这就是道威斯计划。

道威斯计划是对凡尔赛体系的调整。这种调整主要在于战胜国对德国政策的改变。它体现在两个方面：其一，道威斯计划以向德国提供大量贷款的方式，变削弱德国的政策为复兴德国的方针；其二，不规定赔款的总数，使德国的赔款负担大大减轻，这两方面都有利于德国经济的发展。到1929年，德国重新成为欧洲首屈一指的经济大国，为它在政治上重新走入西方大国的行列和进一步摆脱凡尔赛条约的束缚打下了基础。

作为道威斯计划的始作俑者，美国把该计划视为自己经济外交的胜利，但因此也使它在经济上与欧洲的关系密不可分；与此同时，美国又坚持不在欧洲承担政治义务。前者在20世纪30年代初的经济大危机中将看得十分清楚；后者则对整个30年代的国际关系产生了极为不利的影响。

鲁尔占领的失败与道威斯计划的实行，使法国受到沉重打击。它不仅失去了在赔款问题上的领导权，也不能任意制裁德国，法国希望以彻底削弱德国来保证法国安全的打算落了空；而凡尔赛体系中对德国领土的处理也没有使法国获得安全感。因此欧洲的安全问题是凡尔赛体系留下的另一个问题。

第三是欧洲的安全问题。凡尔赛体系对德国领土的处理，没有完全解决欧洲的安全问题，而这个问题又主要涉及法国和德国。对法国来说主要是莱茵兰问题，对德国来说也是莱茵兰问题。英、美则出于不同的目的，对欧洲的安全十分关心。

在巴黎和会上法国要求肢解德国，被英、美反对。结果是以规定协约国占领莱茵兰15年和莱茵河东岸50公里为非军事区解决问题。但法国认为这不足以保证法国的安全，便要求英美两国用条约的形式对法德的边界现状提供担保，并在会议期间得到了英美互为条件的保证。但是由于美国参院拒绝批准凡尔赛条约，也没有批准美国对法国做出的保证，因此英国的保证也落了空。法国受到这样的打击后，虽然努力构建了自己的同盟体系(与比利时、波兰结成同盟，加强了与小协约国罗马尼亚、捷克斯洛伐克和南斯拉夫的联系)，并用各种方法寻求集体安全，但没有实现。鲁尔冒险的失败和1924年道威斯计划的实行，进一步增加了法国的孤立和不安全感；而按照凡尔赛条约的规定，1925年1月协约国要从莱茵兰的第一占领区撤军，这就使法国的安全问题显得更为急迫。法国要求对凡尔赛条约规定的法德边界给以再保证，否则就以德国没有履行凡尔赛和约的条款为理由而拒绝按时撤兵。

德国认为，凡尔赛条约是战胜国强加在德国人民身上的枷锁，其中对德国领土的规定十分屈辱。德国的领土莱茵兰被协约国占领15年，等于敞开着德国的后门，使协约国随时可以制裁德国，鲁尔占领已经证明了这一点，因此德国也感到很不安全。德国的东部边界被波兰走廊一分为二，更令德国不能容忍。因此德国是一定要收复被占领土莱茵兰并调整其东部边界的。① 但是在20世纪20年代，德国的军备受到极大限制，经济力量尚未恢复，不能马上达到把协约国赶出莱茵兰和调整东部边界的目的。因此德国认为只有先改善与法国的关系，适当满足法国的安全要求，才能保证自身的安全，但对其东部的领土则不能做出这种保证。道威斯计划实行后，国际形势对德国有利，于是德国要求召开会议解决莱茵兰问题。

① Anthony Adamthwaite, *The Lost Peace: International Relations in Europe, 1918—1939*, New York: St. Martin's Press, 1981, pp. 72～73.

英国在战后对欧洲实行均势政策，既不愿法国过于强大，也不愿德国起而复仇，担心破坏莱茵兰现状而使法德再次冲突。因此英国认为最好的办法是支持法德和解，在英国的干预下签订安全保证条约，以解除法国的担忧并使法国能从莱茵兰按时撤兵，并把德国拉入西方集团。美国当然希望欧洲的稳定以利于自己的投资，因此支持英国的立场。

于是在英国的授意下，由德国首先出面，建议在莱茵兰有利害关系的国家开会解决安全问题，这就是洛迦诺会议。

洛迦诺会议共有 7 个条约、1 份最后议定书和关于德国加入国联的集体照会。这些文件统称《洛迦诺公约》，其中最主要的就是《德、比、法、英、意相互保证条约》即《莱茵保安公约》。① 这些条约规定阿尔萨斯·洛林永归法国，并保证维持莱茵兰现状，德国不能对法国进行攻击和侵犯，因此暂时解决了法国最迫切要求的安全问题。德国则重新获得大国地位，加入国联并成为常任理事国，法德关系得到改善。

由此看来，《洛迦诺公约》是对凡尔赛体系做出的又一次较大的调整，它使欧洲的国际关系进入相对稳定时期，并为道威斯计划的继续实行和 20 年代中后期欧洲资本主义经济的发展创造了条件。可以说，它的签署才真正结束了第一次世界大战，并给欧洲带来了一段和平与充满希望的时期。正由于此，“洛迦诺精神”一词一时成为和解与安全的代名词，英国外交大臣 A. 张伯伦甚至把它说成是“战争与和平年代的真正分界线”；而对此做出贡献的 A. 张伯伦不但被英王特别赐予嘉德勋章，还与道威斯一起获得了 1925 年的诺贝尔和平奖。至于斯特莱斯曼和白里安的作用也未受到忽视，1926 年他们俩也共摘诺贝尔

① 《国际条约集（1924—1933）》，205～218 页，北京，世界知识出版社，1961。

和平奖的桂冠。

但是《洛迦诺公约》也留下了一些不可忽视的问题。其中最重要的有两点：

其一，洛迦诺公约对法德边界规定的保证是双向的，即德国不能无端入侵法国，法国也不能在没有英、意等国确定法国被侵略的情况下制裁德国，也就是说，即使德国违约，如果没有英国和意大利的确认，法国也不能单独实行制裁。占领鲁尔之事再也不能重演。这实际上也是对凡尔赛体系的修改(凡尔赛条约规定只要协约国认为德国违约就可以对德国实行制裁，法、比对鲁尔的占领就是以此为依据的)。一旦协约国按照该公约的规定在1930年从莱茵兰全部撤军，法国的安全早晚会成为问题。法国对此十分清楚，这也是1928年法国极力提倡《非战公约》的一个重要原因。由此我们想到，当1936年希特勒公然撕毁凡尔赛条约和洛迦诺公约而进入莱茵兰时，法国并没有像鲁尔占领时那样出兵(实际上德国的违约是如此严重)，而是遵守洛迦诺公约与英国协商。英国则认为这不过是德国人进入自己的后院而已，并没有侵略法国，于是希特勒获得了成功，而第二次世界大战的炮声也就离我们不太遥远了。

其二，在该公约中德国坚决不对其东部边界做出保证，只与波兰和捷克斯洛伐克签订了仲裁条约，其中没有对它们之间的边界规定任何保证的办法。这实际上打击了法国的同盟体系，法国没有办法，只好退而求其次，自己与波、捷订立相互保证条约(这些条约也包括在洛迦诺公约之内)。洛迦诺公约的这种处理方法，为德国日后借口修改其东部边界而向东侵略打开了方便之门。德国最终发动第二次世界大战，就从波兰下手。

第四是民族矛盾问题。这也是凡尔赛体系留下的严重问题。战胜国一再标榜以民族自决原则处理领土问题，但实际上还是根据掠夺战败国和它们自己的需要(包括满足战时签订的密约)来实行这一原则的。因此，尽管有一部分欧洲国家的领土基本上是按照民族的基础来划分的，但同时也在许多国家造成了新的民族问题。如捷克斯洛伐克(把原属奥匈帝国的包括 300 万讲德语的苏台德人的波西米亚王国，以及西里西亚的生活着波兰人的切欣地区划给捷克斯洛伐克)、奥地利、波兰、匈牙利、南斯拉夫等国却产生了诸多新的民族矛盾，造成了中欧的巴尔干化，成为以后大国为打破凡尔赛体系而挑起新的国际争端的温床。实际上劳合·乔治在当时也很清楚这一点。他在《枫丹白露备忘录》中说："德国人民已经无疑地证明了他们是世界上最有活力和力量的种族之一，但它们竟然被许多小国所包围，而这些小国中，有许多国家的人民过去从来没有为自己组织过一个稳固的政府，他们每个国家却都拥有人数众多的德国人，这些人吵闹着要和自己的祖国合并。我想象不出还会有什么比这种情况更能成为将来产生战争的理由了。"实际上，纳粹德国正是利用了民族问题(苏台德问题最为明显)，领土问题，不断挑起事端，一步步走向了大战。

第五是对苏俄的态度，对一战后的国际关系影响很大。苏俄问题是影响凡尔赛体系建立的重要因素之一。威尔逊的传记作者、参加巴黎和会的新闻秘书 R. 贝克尔写道："俄国问题对巴黎会议的影响是深刻的，没有莫斯科就不能理解巴黎。布尔什维克和布尔什维主义虽然在巴黎不曾有代表，然而经常都是强有力的因素。……俄国在巴黎起了比普鲁士更为重要的作用。"①外交史家贝利认为，在巴黎和会上实

① Ray Stannard Baker, *Woodrow Wilson and World Settlement*, Vol. 2, New York: Doubleday, Page, and Company, 1922, p. 64.

际上是“五巨头”，除了劳合·乔治、克雷孟梭、威尔逊和奥兰多外，列宁是占据了无形一席的无形成员，他比奥兰多更重要。劳合·乔治也在《枫丹白露备忘录》中写到俄国革命对其他国家和地区革命的影响，所以要求对德国提出和约，并且不能太严厉。

战胜国先是以消灭苏俄为目的，并组织对苏俄的武装干涉，但是没有成功；接着又以孤立苏俄为目标，所以说凡尔赛体系是反苏反共的工具。这种防止共产主义意识形态扩大影响的根本宗旨，在以后20年内没有改变。但是实行这种政策的直接结果是导致了苏、德的接近，1922年苏德签订“拉巴洛条约”，建立外交关系，开始了苏德关系史上的“拉巴洛时代”①。当30年代法西斯的侵略扩张日益猖獗之时，英法仍然敌视苏联，这不但是世界范围内的反法西斯统一战线未能形成的重要因素，也成为苏德再次接近的原因之一，其结果是对二战的进程产生了极为不利的影响。

第六是对美国外交政策的影响。美国没有批准凡尔赛条约，也没有参加国联，使美国在两次世界大战之间的年代中，对欧洲实行了力图在经济上获利，但在政治上不承担义务的所谓孤立主义的外交政策。于是国联变成了英法操纵的为推行自己外交政策、保护他们既得利益的工具。但是必须指出，在维护一战后的国际秩序方面美国和国联没有基本的矛盾。当30年代国联对法西斯侵略采取绥靖政策时，美国的“中立法”不过是绥靖政策的变种，它们都在实际上助长了法西斯的侵略野心。

第七是中国、日本、美国和英国的关系问题。凡尔赛体系对中国

---

① 关于热那亚会议和拉巴洛条约，参见[苏]鲁宾斯坦：《1921—1922年苏俄与资本主义国家的关系》，曹汀等译，北京，时代出版社，1954。

问题的处理极不公正，促使中国人民彻底觉醒。20 世纪 20 年代中国发生了深刻的变化，中国共产党的成立和国民党的革命化，为中国革命注入了新的因素。中国的民族解放运动的高涨冲击着列强的在华利益，使它们不得不对中国做出一定的让步，其重要标志就是 1926 年英国外交大臣 A. 张伯伦在其《圣诞节备忘录》中声明英国愿意就修改不平等条约与中国进行会谈。[①] 这种政策体现在 1927 年英国把在汉口和九江的租界交还中国。

但是日本在一战后在中国和亚太地区势力的恶性膨胀使英美极度不安，它们必然要设法遏制日本。这对华盛顿会议的召开有着直接的影响。

三、华盛顿体系及其对战后国际关系的影响

在华盛顿会议召开前，在亚太地区有利害关系的大国也存在着相互妥协的前提。具体说来，第一次世界大战后帝国主义在亚太地区的争霸形势与战前相比发生了新的变化。战前主要是英、法、俄、德、日、美相互角逐，争斗的中心是宰割衰弱的中国。战后，德国败北，沙俄消亡，法国忙于医治战争创伤和处理欧洲事务，于是在亚太地区的国际政治斗争舞台上便形成了英、美、日三国继续争夺中国和太平洋海上霸权的新局面。这种新的争霸格局有三条主线：

第一，日本在该地区实力的明显增强以及它独占中国势头的迅速发展，引起了英、美两国的极度不安。因此尽管它们之间存在着种种矛盾，但都力图遏制日本的扩张野心。

---

① 参见复旦大学历史系中国近代史教研室：《中国近代对外关系史资料选辑 1940 — 1949》下卷第一分册，111～117 页，上海，上海人民出版社，1977。

第二，为争夺亚太地区的霸权，英、美、日三国展开了激烈的海军军备竞赛，使远东形势格外紧张。

第三，中华民族的觉醒以及巴黎和会期间中国人民对帝国主义任意宰割中国所表现出的强硬态度，使列强极为惊恐。如何保护列强的在华既得利益，是它们必须处理的另一个问题，而且除非它们相互妥协，这个问题就得不到解决。

但是，战后资本主义世界百孔千疮，尚待复苏；各国人民的反战情绪空前高涨；东方兴起的巨大的民族解放斗争的风暴强有力地冲击着帝国主义的殖民体系；再加上1921～1922年发生的战后第一次经济危机，这一切使各国统治者十分需要有一个和平的国际环境来巩固统治。因此他们之间并不想以兵戎相见，而是希望召开新的国际会议，通过外交途径缓和彼此的矛盾。

这些前提就是华盛顿会议召开的基础，而作为亚太地区的大国美国则在这次会议上扮演了主要角色。

从华盛顿会议的结果来看，它是巴黎和会的继续和发展，它在承认美国在远东和太平洋地区占有相对优势的基础上，通过一系列条约，修改和补充了凡尔赛条约中的一些条款，最重要的是暂时解决了巴黎和会上没有解决的关于列强对中国的问题，从而建立了第一次世界大战后帝国主义列强在亚太地区的新的国际关系结构。就组成该体系的几个条约来说，它们反映出的一些问题对战后这一地区的国际关系产生了极大影响。

首先，《四国条约》是美国外交的胜利，因为它成功地埋葬了英日同盟，遏制了日本的扩张野心，并且使美国只是承担在出现问题时的外交协商义务，而没有军事义务。但是我们还应当看到问题的另一方面。无论如何该条约是美国在战后与其他国家签订的一个政治条约，美国把自己的命运与远东的事务紧紧地联系起来，美国所标榜的孤立主义的外交政策在远东并不适用。

其次，《五国海军条约》所规定的主力舰比率不仅对美国有利，也达到了在一定时期内遏制日本海军力量发展的目的。但是该条约关于海军基地的规定往往不被人注意。实际上，该条约规定美国不得在菲律宾修建海军基地，英国不得在香港和太平洋东经 110°以东修建海军基地和新的要塞，日本则只是承诺不在台湾设防。这是英美为了使日本同意战舰吨位的限制而对日本做出的让步。但是这个让步潜伏着巨大的危险：因为尽管日本在主力舰方面劣于英美，但英美丧失了在靠近日本水域拥有有效作战基地的可能性，这便使日本海军在新加坡以北的水域实际占有绝对优势。一旦发生战争，香港和菲律宾必将成为日本的囊中之物。这是日本在战略上的胜利。以后的事实证明了这一点。

另外，对英国来说，英国在靠近中国的地方没有大的海军基地(威海卫和香港太小，大的作战舰只不能利用)，而新加坡基地又迟迟未能建成，这就使英国在远东的兵力极其薄弱。但是英国在相当长的时间内又不能指望美国的军事援助(美国的军事援助是直到珍珠港事件爆发前 6 天才给予英国的)，所以当日本对英国的在华利益发动进攻时，以出卖中国利益对日本妥协就成为英国的一种政策选择，例如英日于 1938 年签订的关于中国海关的非法协定，1939 年英日签订的解决天津租界危机的有田—克莱琪协定等。① 因此可以说，华盛顿体

① 关于英日签订的有关中国海关的非法协定和有田—克莱琪协定，参见拙著《英国与中日战争 1931—1941》，北京，北京师范学院出版社，1991；首都师范大学出版社，2010。

系是英国从远东撤退的序幕。

第三，日本的扩张野心遭到美英的遏制和中国人民的坚决抵制，不得不暂时收敛。于是日本在20世纪20年代主要实行对英美协调，对中国大搞经济侵略的所谓“协调外交”。① 但日本独霸中国和东亚的既定国策不会改变，它必定会不断寻找机会最终冲破华盛顿体系的束缚并对中国进行武装侵略，1927年田中义一内阁实行的政策就是明证。因此，日本和中国的武装对抗早晚必定会发生，而当这种对抗发生时，美国也必定要干预。这就是下一个问题。

第四，美国是华盛顿体系的主要规划者和潜在的保证者。《九国公约》是美国外交最大的成果。因为它长期追求的对华“门户开放”政策终于得到了实现。美国当然要力保以“门户开放”原则为代表的远东及太平洋地区的新均势，从而保护自己的利益。因此，当日本利用经济大危机而发动“九一八事变”时，美国提出“不承认主义”。日本的坚决武力扩张和美国的拒不承认日本的侵略事实，使美日矛盾终归不可调和。美日之间的冲突也早晚会发生。但是由于海军基地的限制，美国在远东的兵力极少，所以美国虽然可以在道义上对日本的扩张采取不承认态度，但在相当长的时间内却对日本妥协退让，希望用谈判遏制日本，实际容忍并鼓励了日本扩大侵略战争，最终使战火烧到了自己头上。

① 参见[日]信夫清三郎：《日本外交史》下册，天津社会科学院日本问题研究所译，499～502页，北京，商务印书馆，1980。

战争与和平：两次世界大战的比较研究*

世界大战是20世纪前半期留给我们的时代印记。20世纪以前，人类从未有过“世界级”的大战。自19世纪初的拿破仑战争之后，世界已有100年没有打过任何大型战争，但是1914年爆发的第一次世界大战却席卷了当时的每一个强国，并将30多个国家卷入其中。这场从欧洲开始的冲突，使约1850万人死亡，直接和间接的经济损失超过3000亿美元，被当时的人们称为“结束一切战争的战争”。然而，仅仅过了20年，另一场大战就在1939年爆发，而第二次世界大战的规模，就其广度、深度和破坏程度而言，可以说是超过了人类历史上一切战争的总和。它使全世界绝大多数独立国家，无论是主动还是被动，几乎无一幸免。约6000万人死亡，经济损失超过40000亿美元，数千年的人类文明几乎毁于一旦。

那么，两次世界大战是如何打起来的？它们给20世纪

---

* 原载齐世荣、廖学盛主编：《20世纪的历史巨变》（论文集），316～363页，北京，人民出版社，2000。

带来了怎样的变化？人类是否能够避免这样的浩劫？这些问题始终萦绕在人们的脑海之中。于是，研究世界大战的起源，考察世界大战的影响，从而深入探讨战争与和平这一人类历史上的永恒主题，自然成为历史学家和政治家们长久关心和思考的问题。

一、人们为什么而战：两次大战的起源与目的的比较

今天，当我们以一定的时间和空间的距离来审视这两场惊心动魄的战争时，我们发现它们在起源上不仅存在着共性，更有着极为不同的个性。

两次世界大战在起源上的共性分析

首先要指出的是，战争的规模与社会生产力的发展水平直接相关。战争的历史与人类社会的历史一样久远，但不同社会发展阶段的战争目的和起因却各不相同。原始社会的部落战争，不过是为了争夺自然条件比较优越的生活区域和生活资料。奴隶社会和封建时代的大国征伐，是要开疆拓土，囊括天下（当然是征服者当时所知的“天下”）。人类进入资本主义时代之后，也曾有拿破仑的南征北战，甚至打到海外，但其目的是向欧洲输出法国革命原则的同时，建立法国在欧洲的霸权，因此也并未形成世界大战。从历史长河来看，社会经济愈发展，科学技术愈进步，战争的规模就愈宏大，其破坏性就愈强烈，对人类社会生活的影响也就愈深远。可以说，不同的社会生产力发展水平，规定了战争的动力和内容，也规定了战争的形式与规模。因此，真正的世界大战，即具有影响整个人类社会生活的总体性和牵动全球的世界性战争，是 20 世纪的产物，是世界形成一个息息相关的整体的产物。当 20 世纪初社会生产力和资本的规模已经遍布全球，资本主义列强之间已经结成覆盖全球的层层利害关系的网络之时，他

们之间的竞争与争夺，就必然会影响到全球，而最终为争夺霸权所引发的战争，也极易发展为世界大战。

从这一视角出发，我们会看到这两次世界大战在起源上存在的第一个共性，就是它们都根源于资本主义发展到垄断阶段，即帝国主义。人类进入20世纪时，各资本主义大国发展到垄断阶段，各国在垄断基础上的竞争以及政治经济发展的极不平衡，社会生产和资本的规模越出民族国家的狭隘范围，整个世界经济融为一个经济机体而整个世界又被瓜分完毕，几个最富有的大国对全世界的统治、控制与争夺等等，正是列宁在其名著《帝国主义是资本主义的最高阶段》中所高度概括的帝国主义时代的这些特征，为大国争霸提供了前所未有的动力和内容。它们不仅要争夺市场和原料产地，还要独占这些地区。1880～1914年，英国、法国、德国、意大利和比利时疯狂地卷入对非洲的迅速瓜分之中，并导致90％的非洲领土落入欧洲列强的统治之下；与此同时，这些国家和日本与美国一道，也同样狂热地在亚洲进行领土的争夺。正如当时的一位法国政治家所说："要保持一个大国的地位，或成为一个大国，你就必须开拓殖民地"。[①] 它们把这种对小国、弱国和前工业化国家的残酷进攻并把它们变成殖民地的帝国主义的争斗，看成是为本国的福利、生存和在国际上权力的增长而进行的斗争。而且当这种争夺不能用谈判来解决时，列强就会兵戎相见。1900年，德国当时最强大的德意志银行首席行长乔治·冯·西门子就曾在《民族》杂志上撰文，认为德国与英国关系紧张，两国之间太有

① James Joll, *The Origins of the First World War* (*2nd ed.*), London: Longman, p. 174.

可能进行战争，并因此而要求建立强大的德国交易所为战争做准备。[①] 事实上，英法在北非的争夺几乎是在1898年的法绍达冲突中结束的，[②] 而日俄在亚洲的争夺则最终演化为1904～1905年的一场战争。正如弗兰克·麦克多诺在《第一次和第二次世界大战的起源》一书中所说："欧洲列强变得如魔鬼附体一般地要获得更多的领土，而且这种着迷的程度丝毫也没有减退。"[③]

就第一次世界大战来说，它不同于以往的任何战争，因为那些战争的目标都是有限而特定的，但是一战的交战双方都把整个世界作为其争夺的自然边界。仅以英国和德国这两个一战中的主要对手为例。德国要成为一个帝国的野心和英国对帝国不断衰落的担心之间的不可调和，最终使它们用战争解决问题。自19世纪90年代以来积极推行"世界政策"的德国一心要取代英国的全球霸权与世界制海权的地位，企图建立一个从北海、波罗的海到亚得里亚海，从柏林到巴格达的"大德意志帝国"，并在非洲、太平洋和南美洲从英国、法国、葡萄牙、比利时等国手中夺取殖民地。当时的一本极具煽动性的小册子《德国需要殖民地吗?》指出，德意志殖民帝国应当包括萨摩亚、新几

---

① 参见[联邦德国]弗里茨·费舍尔：《争雄世界，德意志帝国1914—1918年的战争目标政策》上册，何江等译，23页，北京，商务印书馆，1987。

② 关于法绍达危机的详细情况，可参见John F. V. Keiger, *France and the Origins of the First World War*, London: St. Martin's Press, 1983, pp. 13～20.

③ Frank McDonough, *The Origins of the First and the Second World Wars*, Cambridge UK: Cambridge University Press, 1997, p. 7.

内亚、马达加斯加、北婆罗洲、台湾，还应对中东和近东进行商业渗透。[①] 在具体贯彻“世界政策”而“向东方推进”的过程中，修建柏林—拜占庭(今伊斯坦布尔)—巴格达的从欧洲到波斯湾的巴格达铁路(即三B铁路)是其中心环节。1903年普鲁士邦的内政大臣贝特曼·霍尔维格(后来成为德国宰相)曾经说：“皇上(指德皇威廉二世)首要的和基本的思想就是粉碎英国的霸权，以有利于德国。”[②]但是如果德国的愿望得逞，老牌殖民帝国英国通往印度的海上通道和陆上桥梁则不再有安全可言，国势日衰的英国的地位将更趋低落。1899～1905年任印度总督的寇松勋爵对这一点看得十分清楚：“如果我们失去〔印度〕，我们就会一直下跌成一个三等国。”[③]于是同年4月，英国首相兰斯多恩在上院宣称：“我们必须把任何国家在波斯湾建立海军基地或设防港口的行为看作对英国利益的一种十分严重的威胁，而且我们必须毫无疑问地使用我们所掌握的一切手段去抵抗它。”[④]当德国提出并着手建立一支大海军舰队的时候，英德两国就开始了直接的对抗。德国海军上将蒂尔匹茨把建立一支大海军的计划放在用这支舰队反对英格兰的基础之上，而英国外交大臣爱德华·格雷爵士在1911年5月的英

① Parker Thomas Moon, *Imperialism and World Politics*, New York: The Macmillan Company, 1927, p.49. 关于德国计划的全部详情，还可参见[德]弗里茨·费舍尔：《争雄世界，德意志帝国1914—1918年的战争目标政策》上册，何江等译，95～102页，北京，商务印书馆，1987。

② Fritz Fischer, *War of Illusions: German Policies from* 1911 *to* 1914, London: Norton, 1975, p.1.

③ James Joll, *The Origins of the First World War* (*2nd ed.*), London: Longman, p. 194.

④ E. M. Earle, *Turkey, The Great Powers and the Bagdad Railway: A Study in Imperialism*, New York: The MacMillan Company, 1923. p.197.

联邦总理会议上有一句重要的秘密发言："真正决定我国外交政策的，是海上霸权的问题。"①因此第一次世界大战是列强之间的一场不是你死就是我活的世界霸权争夺战，是一场帝国主义之战。这也是参战各国最终坚决走上拒和之路而非要分个绝对胜负不可的根本原因。

对第二次世界大战的发动者——帝国主义国家的极端形式法西斯国家来说，这种争霸世界的帝国主义目的更为明显。希特勒从其种族主义而生出的"生存空间论"，具有潜在的无限扩张性。这种要使空间去适应日益增长的人口的理论的唯一可能性，就是不断进行扩张直到最后占领整个地球，而这就意味着不断的对外战争。曾为希特勒副手的鲁道夫·赫斯在 1927 年说过，希特勒认为，只有"当一国(种族上最优秀的那一国)取得了完全而无可争辩的霸权时"，世界和平才会到来。希特勒本人在 1928 年对此作了更确切的说明："我们考虑着我们(预计)的牺牲，衡量着可能成功的规模，并将继续进攻，不管进攻是否会在目前战线之外十公里或一千公里处停止。因为无论我们的成功可能在哪里结束，这将永远仅仅是一场新战斗的起点。"②正如曾任德国总理的巴本在纽伦堡审判时所说："正是由于纳粹目的的无限性，致使我们触了礁。"③

墨索里尼所建立的法西斯政权同样奉行帝国扩张与战争政策，他曾在官方的《意大利百科全书》中关于《法西斯主义》词条中写道："只

① [美]悉·布·费：《第一次世界大战的起源》上册，于熙俭译，23 页，北京，商务印书馆，1959。

② [美]格哈特·温伯格：《希特勒德国的对外政策》上编：《欧洲的外交革命 1933—1936 年》，何江等译，11 页，北京，商务印书馆，1992。本书的第一章对希特勒的种族论和空间论做了十分清楚的说明。

③ [英]艾伦·布洛克：《大独裁者希特勒〔暴政研究〕》上册，朱立人等译，316 页，北京，北京出版社，1986。

有战争能使人类的能力达到最高水平，能在敢于从事战争的人身上打上高贵的印记……法西斯主义认为获得最高统治权的趋向……是生命力的表现。”①日本法西斯同样如此。早在1918年12月15日，当时随同西园寺公望参加巴黎和会的近卫文麿就曾发表文章，认为第一次世界大战是赞成维持现状的英美等“富国”和要求打破现状的德国等“穷国”之间的战争，他肯定德国发动大战是正当要求，并宣称日本为了自己的生存也应该像德国一样要求打破现状，并且“从我们自己的前途出发建立新的国际和平秩序”。② 1931年，时任“满铁”副总裁的众议员松冈洋右煽动性地提出满蒙是日本的“生命线”的口号，（松冈洋右：《動の満蒙》，112页）而制造九一八事变的关键人物、关东军高级参谋板垣征四郎则叫嚣：“切实拥有支那以增强国力，真正掌握东洋和平之关键，就能完成未来争霸世界的战争准备。”③

可以看出，希特勒以无限“生存空间”为依托的扩张野心，墨索里尼对“最高统治权”的追求，以及日本要征服亚洲最终争霸世界的目标，都是要用战争的手段与一战的获利者英、法、美等国进行全球争夺。它们的战争目的仍然是帝国主义性质的。德国研究法西斯主义的专家莱因哈特·屈尔曼深刻指出：“实现大资本的利益是法西斯政策的主要社会内容，这不仅表现在对内政策上。法西斯主义一旦在那些国际竞争中大企业拥有独立而重要地位、经济实力强大的国家里上

---

① ［美］斯塔夫里阿诺斯：《全球通史，1500年以后的世界》，吴象婴等译，669页，上海，上海社会科学院出版社，1992。

② 参见［日］矢部貞治：《近卫文麿》，84～86页，東京，讀賣新闻社，1976；Akira Iriye, *The Origins of the Second World War in Asia and the Pacific*, London and New York: Longman, 1987, pp. 38～39.

③ 日本国際政治学会太平洋戦争原因研究部编：《太平洋戦争への道》别卷·资料编，102页，東京，朝日新闻社，1963。

台，这一社会内容也表现在要求实行军备和战争，也就是说，要求用军事暴力手段改变领土现状这一强大趋势上。德国民族社会主义和在意大利及日本所建立的制度同样都具有这种趋势。进行掠夺和重新瓜分世界是以上三个国家的欲望，这种欲望导致了第二次世界大战的爆发。”①因此，垄断是世界大战最深厚的根源这一列宁的论断，对两次世界大战的起源来说都是正确的。

在这里还要指出的是，20 世纪前半期发生的两次世界大战的另一个决定性的因素，是帝国主义的政治经济发展不平衡规律的作用。与自由资本主义时期相比，垄断资本主义的一个重要特点，就是各国在经济发展速度上具有较强的跳跃性，从而导致各国实力对比的变化具有较大的突变性。由于这种发展上的不平衡，使原来落后的或曾被打败的帝国主义国家能够迅速地发展并追赶上来，从而使按照旧的实力对比瓜分世界的格局很快过时，并使按照新的实力对比重新瓜分世界的问题日益尖锐。当后起的国家在实力上赶上甚至超过旧有的既得利益者时，前者对自认为是合理利益的绝对追求，后者对已获得的全球利益的死保固守，最终必是经过一番真刀真枪的较量才能一见分晓。

我们可以用一组数字来表示第一次世界大战前的主要帝国主义国家的经济发展情况。1887～1912 年：煤产量：美国增长了 336.6％，德国增长了 218.1％，英国增长了 72.6％；生铁产量：德国增长了 387％，美国增长了 368.5％，英国增长了 30.6％；贸易：德国增长了 214.7％，美国增长了 173.3％，英国增长了 113.1％，法国为

① ［德］莱因哈特·屈尔曼：《法西斯主义剖析》，邸文等译，86 页，北京，军事科学出版社，1992。

98.1%；进口：德国增长了 243%，美国增长了 136.9%，法国为 95%。1880～1913 年各大国在世界工业品出口中所占份额的变化情况：英国从 41.4%下降为 29.9%；美国从 2.8%上升为 12.6%；法国从 22.2%下降为 12.9%；德国从 19.3%上升为 26.5%；日本从 0 上升为 7.1%，德国已经大大超过法国并以接近英国的份额而占世界的第二位。① 正是这种经济发展状况和经济发展潜力，使德国把英国列入"日趋衰落的国家"行列，并认为德国不仅应该拥有一个与之相称的帝国，而且在欧洲大陆上也能赢得无可争辩的领导地位。

第二次世界大战前的主要资本主义国家的经济发展情况，我们也可以用几组数字来说明。20 世纪 20 年代中期以后，随着欧洲经济混乱和政局动荡的结束，外国首先是美国的资本和技术源源不断地流向德国，使德国的经济迅速恢复与发展，到 1928 年，德国的工业生产已经仅次于美国而占到世界工业总产量的 12%，超过英国和法国而位居世界第二。② 如果从 1930 年和 1938 年各大国的钢铁产量(百万吨)来看，更可以反映出这一时期各国的潜在军事力量：美国分别为 41.3 和 28.8；英国为 7.4 和 10.5；德国为 11.3 和 23.2；法国为 9.4 和 6.1；俄国为 5.7 和 18.0；日本为 2.3 和 7.0；意大利为 1.7 和 2.3。可以看出，到 1938 年德国已经超过英法的总和，日本已经超过法国。我们还可以从 1929～1938 年各大国在世界制造业中所占份额的变化

① 参见[德]弗里茨·费舍尔：《争雄世界，德意志帝国 1914—1918 年的战争目标政策》上册，何江等译，14～23 页，北京，商务印书馆，1987。M. W. Kirby, *The Decline of British Economic Power Since* 1870, London: George Allen & Unwin, 1981, p. 139, Table 2.

② 张炳杰、黄宜选译：《世界史资料丛刊·现代史部分·1919—1939 年的德国》，40 页，北京，商务印书馆，1997。

情况来看他们之间力量的消长情况：美国从 43.3%下降到 28.7%；苏联从 5.0%上升到 17.6%；德国从 11.1%上升到 13.2%；英国从 9.4%下降到 9.2%；法国从 6.6%下降到 4.5%；日本从 2.5%上升到 3.8%；意大利从 3.3 下降到 2.9%，德国已经接近英法两国之和。[①] 正是由于德、日等法西斯国家的经济迅速增长，它们的政治野心也急剧膨胀。

因此，我们可以说，从俾斯麦时代到第三帝国，困扰了欧洲政治家几十年的“德国问题”，说到底是在帝国主义政治经济发展不平衡规律的作用下，迅速崛起和重新迅速崛起的德国，急不可耐地向 1815 年以后建立起来的欧洲协调体制，以及向一战后战胜国列强建立的以凡尔赛体系为代表的世界秩序的一再挑战。如果说，那个“轻率的”威廉二世和狂妄自大的希特勒成了近代以来世界历史上的“风云人物”，的确是历史的发展所使然。日本敢于向美、英等国挑战，也同样受到这种发展不平衡规律的作用。

我们还要特别看到两次世界大战在起源共性上的另一层面，即它们都是民族主义在西方恶性发展的结果。产生于 19 世纪的现代民族主义，随着法国大革命的胜利开始了从西欧向世界的传播过程。但是到 19 世纪末 20 世纪初，西欧的民族主义发生了蜕变。资本主义的迅速发展和生产力的快速增长，使欧美各国的国内市场相对狭小，以武力开拓国际市场成为列强竞相选择的发展道路。资产阶级利用本国人民的民族主义情感，利用本民族是“上帝独选之子民”的迷信，做狂热

---

① 根据[美]保罗·肯尼迪：《大国的兴衰——1500—2000 年的经济变迁与军事冲突》，王保存等译，243 页表 15，405 页表 30，北京，求实出版社，1988。

的民族优越论甚至种族优越论的宣传，假借为本民族“谋利益”和“传播文明”的名义，对东方众多弱小与落后国家和地区进行殖民扩张、侵略和掠夺，把亚非拉的广大地区变为它们的殖民地和附属国，从而对整个世界进行瓜分，疯狂争夺“阳光下的地盘”，建立起了帝国主义的殖民体系。早已建立了殖民大帝国的英国和法国自不必说，后起的德国的民族主义者野心更大，他们宣称，“我们是所有民族中的精华……最有资格统治其他民族”；海军上将蒂尔匹茨坚持认为，德国的工业化和海外征服“像自然法则一样不可抗拒”；首相标洛则狂妄地说，“问题不是我们是否要殖民，而是我们必须殖民，不管我们是否想殖民”；威廉二世自己也轻率地宣布德国“要在旧欧洲狭窄的边界之外完成重要任务”。① 其他西方列强的政治家们也宣布了他们国家的“天定命运”。例如，美国的一个记者早在1850年就在一篇文章中淋漓尽致地表述了这种认识：“我们的使命是执行对整个墨西哥、南美、西印度群岛和加拿大的‘命定扩张论’。三明治群岛和墨西哥湾的群岛对我们西部和东部的贸易来说是必不可少的。中华帝国的门户必定为来自萨克拉门托和俄勒冈的人所拆毁，蔑视基督教的桀骜不驯的日本人必定为民主理论和选举方法所开导。共和国之鹰在掠过喜马拉雅山或乌拉尔山之后，将俯视滑铁卢战场，华盛顿的后继者将登上世界帝国的宝座！”②俄国的外交大臣沙佐诺夫则在一战前急欲完成“占领海

① ［美］保罗·肯尼迪：《大国的兴衰——1500－2000年的经济变迁与军事冲突》，王保存等译，256页，北京，求实出版社，1988。

② ［英］杰弗里·巴勒克拉夫：《当代史导论》，张广勇等译，96～97页，上海，上海社会科学院出版社，1996。

峡控制君士坦丁堡这样的大斯拉夫主义的‘历史任务’”。① 而且，当这些国家堂而皇之地瓜分世界其他国家的领土或肆意划分势力范围的时候，他们以世界的主宰自居，全然不考虑被侵略被瓜分的国家的民族情感和民族利益。因此，随着19世纪的逝去，西方国家的民族主义在性质上发生了根本变化，逐渐失去了维护本民族正当权利和利益的进步性，而是向恶性发展，蜕变为维护资产阶级统治集团利益的极端民族主义、民族沙文主义、殖民主义、帝国主义，并给人类带来了第一次世界大战的灾难。

当然，在第一次世界大战前，东欧和东南欧的各个少数民族，也有着不断高涨的民族主义愿望和行动。然而它们国小力弱，内部纷争，又为大国所利用，为争自由保独立而苦苦挣扎，还无法完全主宰自己的民族命运。②

第一次世界大战之后，西方这种蜕变的民族主义在意大利、德国和日本进一步发展。在意大利，国家法西斯党的纲领具有突出的极端民族主义倾向，宣称“法西斯主义为民族而奋斗，它的目标是实现意大利人民的荣耀”③这种荣耀的具体表现就是要重振古罗马帝国的霸业，强调意大利“要实现自己历史上的完全统一”，“行使地中海与拉

① [美]悉·布·费：《第一次世界大战的起源》上册，于熙俭译，431页，北京，商务印书馆，1959。

② 迄今为止，西方学者对19世纪末20世纪初的西方列强的民族主义的恶性发展论述极少，而对巴尔干民族主义的评价也不够公允。可参见Frank McDonough，*The Origins of the First and the Second World Wars*，Cambridge UK：Cambridge University Press，1997.

③ [意]萨尔沃·马斯泰罗尔：《欧洲政治思想史——从十五世纪到二十世纪》，黄华光译，506页，北京，社会科学文献出版社，1998。

丁文明之堡垒的职能”，“重视地中海和海外的意大利殖民地”。① 德国纳粹党的极端民族主义则深深根植于种族主义，宣扬雅利安种族是对人类进步做出显著贡献的惟一民族，理应统治世界，而把犹太人和斯拉夫人都视为劣等民族。希特勒在《我的奋斗》中不仅要求建立把所有雅利安人的后代日耳曼种族和说德语的民族都包括在内的大德意志国家，而且要首先向东方发展，“建立在劣等民族的奴隶劳动基础之上的统治民族的帝国”。② 正是在这种种族主义的丧失理性的狂热中，成千上万的犹太人最终被惨无人道地送进了纳粹的焚尸炉。在日本，极端民族主义表现为宣扬大和民族优越论，宣扬日本的国体“万世一系”，“万国无比”，并把这种宣传引入对外事务，宣扬“国兼六合，八纮一宇”，以此煽动对外侵略战争。

因此，第一次世界大战后，这种蜕变的极端民族主义进一步与法西斯主义、极权主义、军国主义、帝国主义相结合，形成了意大利法西斯极权主义、德国纳粹主义和日本法西斯国家体制；并最终驱使他们发动了再一次使生灵涂炭的第二次世界大战，去实现希特勒的建立拥有无限“生存空间”的第三个千年德意志帝国、墨索里尼的恢复古罗马帝国以及日本法西斯的建立“大东亚共荣圈”的迷梦。

另外还必须指出的是，在研究世界大战起源的问题上，一些西方学者和政治家认为，大国的结盟政策和相互冲突的同盟体系，是世界大战爆发的基本原因之一。在两次世界大战之间的年代中，特别是在孤立主义盛行的美国，以及在力图恢复与操纵欧洲均势的英国，这种

---

① 朱庭光主编：《法西斯新论》，87页，重庆，重庆出版社，1991。

② [英]艾伦·布洛克：《大独裁者希特勒〔暴政研究〕》上册，朱立人等译，315页，北京，北京出版社，1986。

看法很有市场。[1] 但是，这个似乎是从第一次世界大战中总结出来的经验，在第二次世界大战时并不适用。因为二战爆发的重要原因之一，恰恰就是英法美等资产阶级民主国家未能及早协调行动并与苏联一道结成反法西斯的大同盟，从而使希特勒提前发动了战争。

那么应当如何认识联盟体系与大战爆发的关系问题呢？实际上，并不是同盟体系引起了战争，而是大国争霸利益的需要产生了同盟体系，大国的争霸斗争牵制着同盟体系，从而在一定程度上促成了大战的来临。就一战前德国和奥匈帝国的结盟动机而言，德国人一心要在全世界前进，而他们如果要取得对近东的控制，奥匈帝国对他们就必不可少。奥匈帝国驻君士坦丁堡的大使曾经以尖刻的得意心情对德国人摆出这一抉择："要末放弃博斯普鲁斯海峡以及德国在近东的地位，要末同奥地利并肩前进，祸福与共。"[2]英国著名史学家 A. J. P. 泰勒在分析了德国和奥匈帝国决定进行战争时深刻指出："奥匈正越来越衰弱，德国则相信它正处于鼎盛时期。所以，这两个国家决定打仗是出于相反的动机，而它们的决定凑到一起就造成了一场欧洲大战。"[3]因此，正如麦克多诺所说："每一个国家对战争的决定是基于它对其国家利益的判断，这种国家利益可能与盟国相一致，但是在所有情况下，都不是由其盟国决定的。"[4]英国史学家 D. 迪尔克斯主编的《从权

① 参见[美]悉·布·费：《第一次世界大战的起源》上册，于熙俭译，北京，商务印书馆，1959。[美]斯塔夫里阿诺斯：《全球通史，1500 年以后的世界》，吴象婴等译，上海，上海社会科学院出版社，1992。

② [英]A. J. P. 泰勒：《争夺欧洲霸权的斗争 1948—1918》，沈苏儒译，569 页，北京，商务印书馆，1987。

③ 同上书，584 页。

④ Frank McDonough , *The Origins of the First and the Second World Wars*, Cambridge UK: Cambridge University Press, 1997, p. 33.

力撤退》一书中对这个问题讲得更为清楚："人们普遍认为，只是因为有个相互牵连的同盟体系，才使巴尔干争端变成了一场大战。这是大可存疑的。一些国家在1914年打起来，未必是因为同盟条款的强使，倒是出于他们对自己利益的判断。就这个意义来说，即使原来没有德奥之间和法俄之间的有效同盟，战争开始时，力量的组合也会同样出现。"①可以说，酿成世界大战的起决定性作用的是大国之间的相互牵连的利益关系，而这种利益关系早晚会把那种同盟体系制造出来。一旦这种同盟得以形成，他们之间的恶性互动，便成为导致大战爆发的因素之一。

综上所述，我们可以说，帝国主义，帝国主义政治经济发展不平衡的规律，以及恶性膨胀的民族主义，是20世纪两次世界大战起源上的共性。

但是第二次世界大战的起源与第一次世界大战相比，又有着极大的不同。这便是我们要说明的第二次世界大战起源的个性问题。

第二次世界大战起源的个性探讨

一些严肃的历史学家和政治家认为，第二次世界大战是第一次世界大战的继续。A. J. P. 泰勒在其震动学界的名著《第二次世界大战的起源》中明确指出："第二次世界大战就是从第一次世界大战的种种胜利成果中生长出来的，是从运用这些胜利成果的方式中生长出来的。"②美国历史学家H. 斯图尔特·休斯在其颇有影响的著作《欧洲现代史》中认为："正是第一次大战，使得欧洲社会不可能在旧基础上重

① David Dilks ed., *Retreat from Power: Studies in Britain's Foreign Policy of the Twentieth Century*, Vol. 1, London: Macmillan Press, 1981, p. 8.

② ［英］A. J. P. 泰勒：《第二次世界大战的起源》，潘人杰译，15页，上海，华东师范大学出版社，1991。

建。这次战争‘为未来洗好了牌’；它造成一种人们无法维持国内国际稳定的局面，从而下一次大战终于不可避免。”[①]在关于第二次世界大战起源的个性研究上，这些看法颇具启发性。因为第二次世界大战与第一次世界大战在因果关系上的继承性，正是二战在起源上的重要个性之一。

关于二战起源的个性，可以概括出以下几点。

首先，第二次世界大战的一个重要根源，即在于第一次世界大战后战胜国对世界做出的和平安排之中。正如理查德·拉姆所说：“第二次世界大战的种子深植于1919～1920年签订的凡尔赛、圣日耳曼和特里亚农条约的条款之中。”[②]可以说，凡尔赛体系是产生第二次世界大战的温床。大量的资料和不断做出的研究成果已经表明，第一次世界大战是两大帝国主义集团共同发动的，战争的罪责应当由双方承担。在一战期间上台执政的英国首相劳合·乔治承认，当年“所有的欧洲国家都滑过沸腾的大锅的边缘而掉进了1914年的战争之中”。[③]然而战胜国却根据强权政治的原则，在凡尔赛条约第231条中明确规定德国及其盟国应当承担战争责任，这就给战胜国堂而皇之地掠夺战败国提供了法律依据。但是它至少造成了两个极其严重的后果：

(一)根据这一条款，使构成凡尔赛体系的几个主要条约对战败国

---

① [美]H·斯图尔特·休斯：《欧洲现代史1914—1980年》，陈少衡等译，49页，北京，商务印书馆，1984。

② Richard Lamb, *The Drift to War 1922—1939*, London: W. H. Allen & Co. PLc, 1989, p. 3.

③ David Llord George, *War Memoirs*, Vol. 1, London: Odhams Press, 1938, p. 52；关于一战的研究情况的概括介绍，参见Frank McDonough, *The Origins of the First and the Second World Wars*, Cambridge UK: Cambridge University Press, 1997, Chap. 2.

极为苛刻，其掠夺性骇人听闻，其中最为典型的是关于德国赔款的规定。著名的英国经济学家凯恩斯曾经深刻地指出，这种要求德国支付赔款的方法是“年复一年地永远地把它（指德国）的皮剥光。无论这种手术作得如何熟练和小心，在手术中多么注意不要杀死病人，它却代表了一种政策，这种政策如果真被采纳并蓄意实行，人们的判断就会宣告，它是一个残忍的胜利者在文明史上所干出的最凶残的行为之一。”①因此，作为一场相互厮杀的帝国主义战争之后由战胜国制定的、以维护战胜国利益为根本宗旨的和平解决方案，对战败国来说是一个“强制的和平”，而且“其强制的成分比近代以来的任何早于它的和平条约的强制成分都更为明显”，并且这个“从德国勒索而来的签字画押在道义上对德国没有约束力”，不仅如此，它还在战败国中产生了深远的心理影响，必然导致战败国与战胜国之间矛盾的加剧。② 德国虽然被迫接受了凡尔赛条约，但从未承认过自己的失败，并对该条约充满仇恨。例如，当1919年5月12日德国国民议会讨论是否接受和约时，参加会议的所有党派从未有过的空前一致地反对批准和约，会议主席费伦巴赫曾用这样的话来结束会议：今天的会议进程是目前这一痛苦时期的巨大安慰。这是德国人民的全体代表反对他们命令我们接受的残酷和约的强有力的表现。谁也不能说我们之间有细微的分歧，有不同的心情；不，所有发言人的心情都是同样炽热的！我们不能接受这项和约。在和约的签字之日，德国各右翼报纸在第1版都加

① 齐世荣主编：《世界通史资料选辑·现代部分》第一分册（修订版），40页，北京，商务印书馆，1998。

② E. H. Carr, *International Relations between the Two World Wars 1919—1939* , Hong Kong: Macmillan Press, 1986, p. 5.

上了表示哀悼的黑框。① 可以肯定，随着国力的恢复与增长，德国必然会从要求修改条约到不履行条约，直至撕毁条约。实际上，在巴黎和会期间，和约的缔造者之一、英国首相劳合·乔治就预感到了这种危险。他在1919年3月25日的《枫丹白露备忘录》中写道："历史证明，一项作为外交技巧和政治家手腕的成就而受到胜利者欢呼的和约，即使从长远后果看来是适度而有节制的，也必将被证明是目光短浅的，并且对胜利者来说，也是充满危险的。"他还说："你们可以夺走德国的殖民地，将它的军队裁减到只够建立一支警察部队的数量，将它的海军降到五等国家的水平。这一切终归毫无意义，如果德国认为1919年的和约不公平，那么它将会找到对战胜国进行报复的手段。"②积极主张掠夺德国的法国元帅福熙也预言："这不是和平。这是20年的休战。"实际上，和会刚刚结束，德国的复仇主义者就喊出了"打倒凡尔赛条约"的口号。战后民族主义和复仇主义在德国的蔓延并达到了历史上的最高点，是20世纪30年代纳粹党得以上台的重要原因之一。

（二）魏玛共和国本来是德国历史的进步，但无论是德国的右派还是左派，都对这个共和国十分反感。右派认为它是在对帝国的革命中诞生的，左派则认为它是镇压了十一月革命的结果。魏玛共和国成立后的第一件大事就是签订凡尔赛和约，左派谴责它是帝国主义的和约，右派则站在德帝国主义复仇的立场上，认为谁签订和约，谁就是民族的罪人。然而战胜国只要求这个共和国承担战争罪责，裁减军

---

① ［美］科佩尔·S. 平森：《德国近现代史—它的历史和文化》下册，范德一等译，530～531、532页，北京，商务印书馆，1987。

② 《枫丹白露备忘录》的全文，见 David Lloyd George, *The Truth about the Peace Treaties*, Vol. 1, London: V. Gollancz, 1938, pp. 404～416.

备，割地赔款，并对其进行经济制裁，而对于加速德国的民主化进程却置若罔闻，使本来就先天不足的共和国更失人心。在这种情况下，人们怀念帝国，希望有一个强有力的铁腕人物“重振国威”。这种社会状态，同样是纳粹党和希特勒上台的合适土壤。

另外，对于现状深感不满的国家，并不只限于战败国。日本和意大利虽然算是胜利的一方，心中也总是因为分赃不均而耿耿于怀。意大利为盟国未能全部兑现战时签订的伦敦密约中所许诺给它的战利品而十分不快，日本则由于华盛顿体系对它在远东扩张野心的一定限制而始终不悦。因此一战后的和平十分短暂。特别是当 20 世纪 30 年代法西斯国家的侵略扩张日益猖獗之时，西方国家仍然坚持巴黎和会所定下的敌视苏联的基调，致使世界反法西斯统一战线未能在二战前建立，并因此对二战的进程产生了极为不利的影响。丘吉尔曾尖锐地把凡尔赛体系称为“胜利者所做的蠢事”，此话颇有见地。①

其次，20 世纪 30 年代以英国为首的西方民主国家所实行的绥靖政策，是促使第二次世界大战提前爆发的一个重要因素。从 1931 年日本侵略中国东北而西方民主国家坐视不管的九一八事变，到 1935 年意大利发动侵略埃塞俄比亚的战争并在英法美的实际纵容下最终得手；从 1936 年西方民主国家以“不干涉”政策为名而最终使德意法西斯支持的佛朗哥独裁政权上台执政，到 1937 年日本发动全面侵华战争的卢沟桥事变；从 1938 年英法对纳粹德国吞并奥地利的默认，到英法进一步助纣为虐与德意签订出卖捷克斯洛伐克领土的臭名昭彰的“慕尼黑协定”；从 1939 年 3 月捷克斯洛伐克最终被纳粹德国肢解，

① ［英］温斯顿·丘吉尔：《第二次世界大战回忆录》第一卷上部第一分册，吴万沈译，第一章，北京，商务印书馆，1974。

到9月希特勒进攻波兰而引发的欧洲战争，在我们一一细数了20世纪30年代法西斯国家挑起的一系列侵略事端与局部战火的同时，我们不仅依次看到英、法(有时也包括美国)等国一而再，再而三地以妥协退让甚至出卖其他国家领土主权利益来对付侵略者的窘相，更看到贯穿其中的一条绥靖主义外交路线的萌芽、形成、发展、演变及至达于顶峰的历史过程。这一过程与法西斯国家不断扩大侵略相辅而行，终于使大战提前爆发。

自30年代以来，绥靖政策便成为学术界研究的热点，至今不衰。但是，无论是"正统派"还是"修正派"，无论人们对绥靖政策形成的原因进行了怎样深入的探讨与分析，都不能否认这样一个基本的事实，那就是：绥靖政策是日益衰落的英、法帝国主义，面临德、意、日法西斯国家的挑战，为了保存自己的既得利益，采取的一种以牺牲其他国家利益的手段，换取与对手妥协的政策。① 历史已经证明，绥靖政策并不是维护和平之举，而是纵容法西斯国家扩大侵略促使二战提前爆发的错误政策。这一点，就连研究这一政策的"正统派"代表人物，已故英国著名史学家约翰·惠勒-贝内特也无法否认。尽管他在1948

① 概括地说，"正统派"认为，由于张伯伦要不惜一切代价保住和平，而他又处于一种虚弱的地位，加上他对希特勒追求的目标是仅限于修正凡尔赛条约的"错觉"，所以使他实行了把小国牺牲给希特勒的绥靖政策。"修正派"具体分析了张伯伦所面临的国际、国内、经济、军事、意识形态、舆论等情况，以说明绥靖政策形成的原因。强调由于不愿破坏经济恢复而使军备不足，军官不愿准备打大仗，以及公众舆论的反战等原因，使张伯伦认为寻求和平可得的政策就是去绥靖希特勒，因此绥靖政策是"抱最好的希望做最坏的打算"的政策。关于西方学者对绥靖政策研究的概括介绍，参见Frank McDonough，*The Origins of the First and the Second World War*，pp. 94～96. 关于中国学者对绥靖政策的研究情况，参见齐世荣主编：《绥靖政策研究》，北京，首都师范大学出版社，1998。

年出版的名著《慕尼黑—悲剧的序幕》中认为，英法推行绥靖政策是为了维护和平，绥靖主义者是“以和平的名义、绥靖的名义宽恕德国的不义和侵略”，但是他也不得不承认：慕尼黑协定是“西方民主国家的奇耻大辱”，“德国的征服国策，英国的绥靖国策，就像两股并行的溪水在奔流”，它们将在一个交叉点，即“慕尼黑”结合起来，并成了导致第二次世界大战的最重要的因素之一。①

第三，第二次世界大战与第一次世界大战在起源上还有一个极为不同的特点，那就是它经历了一个从局部战争向全面大战爆发的 10 年发展过程。尽管一战前也曾有过一连串局部战火，但它们都不像从九一八事变开始的局部战争那样，成为二战的一个不可分割的有机组成部分。从 1931 年 9 月 18 日日本在中国燃起第一场战火，到 1939 年 9 月欧战爆发，再到 1941 年底太平洋战争爆发，各主要大国才完全卷入进去，打成了一场名副其实的世界大战。正因为二战有这样一个从区域性局部战争到全球战争的发展过程，因此，如果战前各国人民能够联合起来，在每一场局部战争中尽可能地遏制侵略者的野心，打乱它们的侵略计划，并阻止法西斯国家的联合，就有可能制止大战的再度发生，即使爆发也会被限制在较小的规模之内。可惜的是，当时的反法西斯国家并没有做到这一点。

然而，当我们回顾第二次世界大战起源的这段历史时，有一个现象是必须提出并值得特别重视的，那就是第一场在亚洲燃起的战火是经过整整 10 年才演变为亚太地区的全面战争的。这里的一个最为重要的原因，是中国人民的英勇抗战，最终打破了日本要在三个月内征

① 参见[英]约翰·惠勒一贝内特：《慕尼黑——悲剧的序幕》，林书武等译，5、212、22 页，北京，北京出版社，1978。

服中国的侵略计划，并迫使日本陷入“中国泥潭”而不能自拔，使其长期难以与德、意结成军事同盟，从而延缓了战争的扩大并大大有助于其他国家的抗战。美国总统罗斯福曾在 1941 年 5 月 27 日指出，不断加强的“中国的壮丽的防御战”是阻止希特勒征服世界的计划接近完成的重要因素之一。① 曾经一向对中国的抗战表示轻视的丘吉尔，也不得不在 1942 年 4 月 18 日写道：“我必须指出，中国一崩溃，至少会使日军 15 个师团，也许会有 20 个师团腾出手来。其后，大举进犯印度，就确实可能了。”②1945 年 1 月 6 日罗斯福在致国会的国情咨文中再次表示，我们“忘不了中国人民在七年多的长时间里怎样顶住了日本人的野蛮进攻和在亚洲大陆广大地区牵制住大量的敌军”。③ 斯大林也肯定“中国人民及其解放军的斗争，大大地便利了击溃日本侵略力量的事业”。④ 这正是中国人民的抗日战争对世界反法西斯战争的全局所做出的最为重大而突出的贡献之一。

最后必须指出的是，尽管现代战争产生于帝国主义，但并非所有的帝国主义大国在任何时候都热衷于发动战争，尤其是破坏性极大的世界大战。第二次世界大战是由一部分帝国主义国家，即德意日等法西斯国家发动的。没有一个严肃的历史学家会质疑这一事实。正是它们首先点燃了侵略的战火，把恐怖统治、种族灭绝和民族奴役强加于亚洲、欧洲和世界人民头上，把人类强行拖进了又一场更大的全球性

---

① 参见 The Department of State ed. , *Peace and War*, *United States Fireign Policy 1931—1941* , Washington D. C. , GPO, 1943, p. 666.

② ［英］温斯顿·丘吉尔：《第二次世界大战回忆录》第四卷上部第一分册，北京编译社译，266 页，北京，商务印书馆，1975。

③ ［美］富兰克林·德·罗斯福：《罗斯福选集》，关在汉编译，480 页，北京，商务印书馆，1982。

④ 《人民日报》1951 年 9 月 3 日。

的空前浩劫。至于其他国家，无论是中国和各被压迫国家与民族，还是英法美等资产阶级民主国家，还是社会主义苏联，它们或是被侵略被奴役而奋起反抗，以争取自己民族的独立，或是想尽办法去避免战争，然而最终都为了抵抗法西斯的侵略而被投入了战争的旋涡。所以，就第二次世界大战的发动者德意日法西斯国家的动机来说，其性质是帝国主义的。

不仅如此，第二次世界大战爆发后，美英苏中等不同社会制度的国家还为了反法西斯的共同事业，暂时抛弃了意识形态的分歧，结成了大同盟，直到把法西斯国家打得无条件投降。因为对这些国家来说，法西斯主义是他们的共同敌人。墨索里尼曾明确宣布："法西斯主义坚决否定所谓科学社会主义的或马克思的社会主义基础的那种学说"，要"给予整个民主主义思想总体以严重的打击"，"对自由主义学说，无论在政治方面还是在经济方面，都采取坚决反对的态度"；他还声称："如果说 19 世纪是社会主义、自由主义和民主主义的时代"，那么"可以认为，20 世纪是一个权力的世纪，一个右派的世纪，一个法西斯世纪"。[①] 希特勒在《我的奋斗》中对社会民主主义、议会制、共产主义和犹太种族进行了激烈的攻击，而 1936 年 11 月 25 日德国与日本签订的《反共产国际协定》，更说明了法西斯主义的反共本质。因此，无论是对资本主义的美、英来说，还是对社会主义的苏联和抵抗日本侵略的中国来说，这都是一场民族与国家的生死存亡之战，也是一场信仰之战。所以，第二次世界大战就其战争的目的和性质来说，是一场反法西斯的正义战争。

无论如何，人类终于依靠自身的理智、智慧和力量，把社会制度

① 朱庭光主编：《法西斯新论》，88 页，重庆，重庆出版社，1991。

和意识形态的分歧暂时置于次要地位，以伟大的反法西斯同盟的全面合作与战略协同，战胜了邪恶的法西斯集团，赢得了战争，赢得了和平，也赢得了进步。

二、战争留下了什么：两次世界大战的后果与影响的比较

20世纪发生的两次世界大战，使用极其残酷、敌对和极端的手段根本改变了以往人类历史的面貌，并使20世纪成为人类历史上变化最大、最快的世纪。当我们从世界历史发展的角度仔细审视这两次大战给世界带来了什么的时候，我们发现，第一次世界大战作为一个历史的转折点相当引人注目，因为我们所看到的这个世界的一些极为重大的变化实际上是第二次世界大战对第一次世界大战的继续，而另一些与我们当今世界更为密切相关的结果与影响则是第二次世界大战的独特产物。

第一次世界大战的遗产

随着第一次世界大战的滚滚硝烟逐渐散去，我们看到，这次大战对人类历史的发展产生了深远的影响，具有重大意义。

欧洲开始衰落　第一次世界大战开始了欧洲的衰落过程，这一过程是如此不可逆转①，最终导致欧洲的世界中心地位在第二次世界大战后不复存在。

1914年秋，正当一个又一个欧洲国家卷入第一次世界大战的厮杀之际，英国外交大臣格雷爵士就曾沮丧地说道："整个欧洲的灯光

① 从更广泛的全球视角来看，19世纪末美国和日本等国在欧洲两侧的兴起，以及20世纪初亚洲的第一次民族主义运动的高潮，便是欧洲衰落的开始。

正在熄灭；此生不会看到它们重放光明了。”①他的话的确很有道理，因为它不仅是那个时代的写照，而且其正确程度比格雷当时所能预见的还要大得多。

粗看第一次世界大战后的欧洲，它显露出的变化好像不大。尽管欧洲各国的边界因德意志帝国、奥匈帝国、沙皇俄国和奥斯曼帝国的消失而有所改变，但欧洲对世界的统治似乎并没有减弱：它是战后和平方案的主要制定者和监督执行者；它因获得了德国在海外的殖民地和对奥斯曼帝国阿拉伯地区的委任统治权而使其殖民帝国甚至比战前更大更完整；它的全球霸权也由于它实际操纵了 20 世纪的第一个全球性的政治组织国际联盟而比战前似乎更加强大。

不过，在这些表象之下的形势却完全不同。第一次世界大战给欧洲带来了深刻的经济和政治危机。大战使欧洲失去大量海外投资：英国失去 1/4，法国失去 1/3，德国失去全部；工业遭到严重破坏：到 1929 年美国的工业产量占世界总产量的 42.2%，这一产量是包括苏联在内的所有欧洲国家的总和。② 不仅如此，欧洲的财政金融地位也发生了极大变化，1919 年仅各协约国对美国欠下的债务就高达 100 亿美元，使美国从战前持有 30 亿美元外债的债务国一举变成了战后的债权国，并掌握了世界黄金储备的 40%以上。欧洲和美国的经济关系因而完全改变。欧洲已不再像 19 世纪时那样是世界的工场和世界的银行家，这两方面的领导权都在向大西洋彼岸转移。欧洲对世界经济的控制力不断减弱。

---

① ［美］巴巴拉·W. 塔奇曼：《八月炮火》，上海外国语学院英语系翻译组译，146～147 页，上海，上海译文出版社，1981。

② ［美］斯塔夫里阿诺斯：《全球通史，1500 年以后的世界》，吴象婴、梁赤民译，614 页，上海，上海社会科学院出版社，1999。

第一次世界大战对欧洲的政治打击更为沉重。在大战中俄国爆发的十月革命，第一次把19世纪的社会主义理想变成了现实。这极大地激励了各国人民，并引发了战后欧洲的革命高潮：德国十一月革命、柏林起义、巴伐利亚苏维埃共和国和匈牙利苏维埃共和国的建立……这些无产阶级对垄断资产阶级夺权的革命行动，不仅是对旧制度的狠狠一击，也使倍受战争浩劫之苦的欧洲各国人民对生活在其中的社会产生了极度的怀疑与不满。美国总统威尔逊的密友和顾问豪斯上校在1919年3月22日写道："每天都有不满的呼声。人民需要和平。布尔什维主义正越来越为各地的人们所接受。匈牙利刚刚屈服。我们正坐在一座露天的火药库上，总有一天一颗火星就能把它点燃……"①几天以后，3月25日，劳合·乔治也在《枫丹白露备忘录》中写下了同样的担忧："今天的情况已经完全不同……整个俄国充满着革命的精神。在反对战前形势的工人中间，存在着的不仅是不满，而且是愤怒和反抗的强烈意识。从欧洲的一端到另一端，民众对整个现存秩序在政治、社会和经济各方面都感到怀疑。在某些国家，如德国和俄国，骚乱采取公开起义的形式；在另一些国家，如法国、英国和意大利，则采取罢工和普遍怠工的形式。这许多症候表明，人们对政治与社会变革的意愿与对工资的要求是同样关注的。"②特别是列宁领导下的苏维埃俄国，以极其艰苦卓绝的斗争战胜了国内外反动势力的进攻，使社会主义这一新生事物不断成长壮大，终于使欧洲不再是资本主义的一统天下了。自19世纪以来欧洲对世界的支配地位第一

---

① Charles Seymour ed., *The Intimate Papers of Colonel House*, Vol. 4, Boston: Houghton Mifflin Company, 1928, pp. 389.

② David Lloyd George, *The Truth about the Peace Treaties*, Vol. 1, London: V. Gollancz, 1938, pp. 404～416.

次受到了真正的挑战。

20世纪20年代的革命高潮过去之后，欧洲只有几年的和平时光，便又陷于经济大危机的打击之下，它不仅使战后10年间的经济恢复与发展的成果几乎丧失殆尽，而且使欧洲面临德、意法西斯的现实威胁。然而英法等资产阶级民主国家对德、意的侵略扩张却采取绥靖政策，步步姑息退让。这种“饮鸩止渴”的自杀行为最终促使纳粹德国发动战争，并使欧洲经受了又一次血与火的洗礼。

殖民主义步步后退　经过第一次世界大战，欧洲所代表的殖民主义势力不断遭到冲击，连连后退，这一退却与欧洲霸权地位的逐渐衰落同步发展，从而开始了世界殖民体系的解体过程。

当第一次世界大战中两个欧洲列强集团为重分世界而战的时候，欧洲宗主国在其殖民地的威信却不可弥补地一落千丈了，白人不再被认为是天命所注定的应当统治有色人种的种族。一位法国官员这样评论在战争中参加法国军队作战的非洲人的作用：“1914至1918年这几年中，17.5万名服役的士兵在法兰西和佛兰德的壕沟里掘好了旧欧洲的坟墓。”①起源于欧洲的民族主义在它的殖民地获得了第一次张扬。法国驻印度支那总督对此深有感触，他在1926年写道：“这场用鲜血覆盖整个欧洲的战争……在距我们遥远的国度里唤起了一种独立的意识。”②“民族自决”这一革命术语已不仅在欧洲而且在殖民地世界留下了它的印迹。第一次世界大战对殖民帝国的所有这些影响不可避免地带来深刻的政治结果。对殖民地来说，这场战争既是一个结局，

① ［美］斯塔夫里阿诺斯：《全球分裂：第三世界的历史进程》下册，迟越等译，556页，北京，商务印书馆，1993。

② ［美］斯塔夫里阿诺斯：《全球通史，1500年以后的世界》，吴象婴，梁赤民译，616页，上海，上海社会科学院出版社，1999。

也是一个开端。欧洲的殖民体系在似乎扩大到极限的同时也开始了它的解体进程。

两次世界大战之间，殖民地半殖民地人民进行着他们的革命实践。在十月革命的感召之下，作为对西方殖民统治与侵略的一种回应，现代民族主义以其鲜明的反帝反殖斗争，争取民族解放运动为目标在广大亚非拉地区普遍兴起：在亚洲，中国的“五四”运动、印度的非暴力不合作运动、土耳其的凯末尔革命……在非洲，1900 年在伦敦召开的第一次泛非会议，形成了泛非主义思想，它强调非洲人在政治上应该享有自治权利，提出“非洲是非洲人的非洲”的口号，而1919 年以后召开的历次泛非洲大会，则成为非洲人民在一战后要求自治和民族自决的重要表现。这一系列斗争如火如荼，形成了 20 世纪的第一次民族主义浪潮，极大地动摇了欧洲各殖民帝国，使其陷入大混乱之中。尽管这些革命尚未对欧洲宗主国的统治造成彻底的破坏，但是它们所积聚的革命性力量，借着欧洲在第二次世界大战期间空前的整体衰落，以及殖民地内反帝国主义和民主主义的高涨，终于在第二次世界大战后使民族主义获得了第二次张扬。

美国与苏联的崛起　与西欧的逐渐衰落形成鲜明对照的是美国与苏联的不断崛起，美国的崛起是在欧洲衰落的背景中出现的，而苏联则正是在资本主义世界陷入最严重的危机时诞生的。这两大国家的崛起过程分别开始于第一次世界大战前夕和第一次世界大战之后，但同时完成于第二次世界大战，并对世界的政治格局产生了划时代的影响。

1914 年以前，欧洲是近代基本的政治思想和政治制度的发源地，这些思想和制度曾唤醒了美国人，激励过俄国人。然而第一次世界大战的浩劫使欧洲人精神沮丧，失去信心，对他们所创造的一切表示怀疑。特别是由于第一次世界大战的结局，实际上是由美国的参战而最后决定的，这更使美国的地位大大提高。第一次世界大战后，美国挟其世界第一经济强国的优势和政治上的威望，走出美洲，参与国际事务，威尔逊总统提出的他称为《世界和平纲领》的十四点计划，就是美国企图领导世界的第一次重要表示。① 与此同时，在欧洲另一侧的俄国，则在大战中爆发了列宁领导的十月革命，使马克思恩格斯创立的科学社会主义学说变成了活生生的现实，使一个崭新的社会主义制度登上了历史舞台。于是，当一些欧洲人期待着威尔逊的指导时，生活在世界东方的一些民族则以马列主义为武器，以十月革命为榜样，以建立社会主义制度为目标，进行着自己的革命斗争。于是，美国与苏俄这两个同时崛起的但又主张不同制度的力量不断发展。

然而，正当美国为自己日益上升的经济指数和不断提高的国际地位而洋洋自得之时，一场以纽约股市大崩盘为标志的迄今为止世界最大的经济危机的飓风突然从华尔街刮起，并迅速肆虐整个西方。这场至今仍然使人心有余悸的大萧条是第一次世界大战对已经形成的相互依存关系的世界经济大破坏的产物，也是 20 世纪 20 年代欧洲的经济过于依赖美国的贷款和美国的经济稳定的结果。② 这场大危机使西方世界再次分裂。一方面，资本主义制度和它所信奉的自由主义思想遭到重创，法西斯主义快速向各地挺进，并最终在德、意、日等国站住了脚跟；另一方面，英美等资产阶级民主国家则不得不暂时摒弃意识形态的分歧，与苏联携手迎敌，这才保住了民主国家的生存。这段资

① “十四点”的主要内容有：战后的世界应该是一个开放的世界；实行民族自决和门户开放政策；消除苏俄影响；成立国际联盟等。参见齐世荣主编：《世界通史资料选辑·现代部分》第一分册，3～14 页，北京，商务印书馆，1998。

② 关于这次大萧条的起因和结果的争论，参见[美]查尔斯·P. 金德尔伯格：《1929—1939 年世界经济萧条》，宋承先等译，上海，上海译文出版社，1986。

本主义和社会主义合作抵抗法西斯的时期，就许多方面来说，不啻为20世纪历史的关键时期和最重要的时刻。

综上所述，第一次世界大战所带来的这些世界性的重大变化，随着第二次世界大战的终结，终于发生了质变，从而开始了人类历史的新时期。

第二次世界大战的遗产

今天，当我们站在世纪之交回首第二次世界大战的时候，深深感到它所留下的政治遗产对人类历史发展的影响至深至远。让我们指出其中的主要之点。

从西欧中心到美苏两极格局 第二次世界大战的最直接最重要的结果，是以美苏对峙的两极格局，取代了以欧洲大国均势为中心的传统的国际政治格局。这种国际政治格局的巨大变化，建立在欧洲的彻底衰落和美、苏力量的空前强大之上。

与第一次世界大战给欧洲带来的苦果相比，第二次世界大战给欧洲带来的是更大的厄运，它的经济与政治危机愈加深重。当战争结束时，欧洲的大片土地已变成一片废墟。1946年，战败的德国的国民收入和国民生产总值还不到1938年的1/3，意大利则下降了40%。就是战胜的英国情况也相当糟糕，战争已经使它的美元与黄金储备消耗殆尽，并清理了它所有的海外投资，1944年，英国的出口仅相当于1938年的31%。法国的损失也非常之大，1944—1945年它的国民收入只相当于1938年的一半。① 而且就是这样的经济状况，也是在

① 参见[美]H. 斯图尔特·休斯：《欧洲现代史》，陈少衡译，499、518页，北京，商务印书馆，1984；[美]保罗·肯尼迪：《大国的兴衰》，梁于华等译，447～452页，北京，世界知识出版社，1990。

美国的援助下才取得的。

更大的打击是欧洲在地理上、政治制度上和意识形态方面都被一分为二，"被战火摧毁的幻灭的欧洲，匍匐牙在华盛顿和莫斯科的直接或间接的影响之下"，① 用戴高乐的话来说，欧洲"没有在这场赌博中抓到一张大国的王牌"。这种形势与人们所熟悉的19世纪和20世纪初欧洲全球霸权的格局实在是惊人的相反。当时，全世界的人们都已习惯于欧洲列强对整块整块的大陆进行瓜分，甚至认为这就是国际事务正常秩序的一部分。而二战后发生的情况却恰恰相反：欧洲本身正在被外来的两个大国苏联与美国划分成东、西两大势力范围，无论欧洲的大国还是小国愿意与否，在决定其外交政策的时候，都不仅要考虑自己的国家利益和历史传统，也必须考虑东西方对峙这一重要因素；与此同时，欧洲的殖民地也纷纷起来造反，奋力摆脱宗主国的控制，并进而引发了"全球大分裂"。如果说第一次世界大战给欧洲带来的创伤使德国历史学家奥斯瓦尔德·施宾格勒感叹"西方的没落"的话，那么更多的人在目睹了第二次世界大战带来的更大的创伤之后则直截了当地认为二战后的欧洲已经死亡。

无论如何，19世纪欧洲建立的世界霸权地位如流水落花，一去不复返了。

伴随着欧洲的整体衰落，美国和苏联的力量却在第二次世界大战后空前强大。美国一跃而成为雄踞资本主义世界之首的经济、军事和政治大国。在经济上，它是唯一因战争而大发其财的国家，当战争结束时，它的黄金储备已达200亿美元，几乎占世界总量330亿美元的

---

① Cyril E. Black, Rebirth: *A Political History of Europe since World War* Ⅱ, Colorado: Westview Press, 1992, p. 48.

2/3；美国生产的各种产品占世界总量的1/3；它的船舶总吨位占世界的一半。在军事上，在欧战结束时，美国的武装部队人数高达1200多万，国防预算超过800亿美元。它的陆军仅次于苏联，海军已在全球居于远超英国皇家海军的至高地位，制空权更为优越，可以向世界各地快速输送兵员。到1946年，美国军队已经在遍布世界的56个国家驻扎，到1947年，它已在海外建立了484个军事基地。它还在战后初期垄断着原子武器。① 在政治上，美国已把整个西欧置于它的保护与控制之下，一度不可一世的日本也成了它的手下败将，于是美国渴望领导世界的欲望难以按捺。早在二战后期，罗斯福总统就表明了这种思想，他在1944年10月21日在美国外交政策协会发表的关于美国外交政策的讲演中说："吾国因拥有道义、政治、经济及军事各方面之力量，故自然负有领导国际社会之责任，且随之亦有领导国际社会之机会。吾国为本身之最大利益以及为和平与人道计，对于此种责任，不能畏缩，不应畏缩，且在事实上亦未畏缩。"②在罗斯福准备于1945年4月13日杰斐逊日的讲演稿中，罗斯福写道："强大的力量要承担重大的责任……我们作为美国人并不打算拒绝接受我们的

① 参见[美]保罗·肯尼迪：《大国的兴衰》，梁于华等译，439页，北京，世界知识出版社，1990；《战后世界历史长编·1947年》，1页，上海，上海人民出版社，1977；[美]戴维·霍罗威茨：《美国冷战时期的外交政策：从雅尔塔到越南》，上海市"五·七"干校六连翻译组译，63～64页，上海，上海人民出版社，1974；[美]乔治·马立昂：《美帝国主义的扩张》，邝平章译，16～17页，北京，世界知识出版社，1953。

② 法学教材编辑部审定：《国际关系史资料选编》下册（1945～1980），67～68页，武汉，武汉大学出版社，1983。

责任。”①

另一方面，在战争中以经受严峻考验而令盟国刮目相看的苏联，虽然在经济上逊于美国，但在军事上和政治上十分强大，它拥有世界上最强大的陆军，整个军事实力仅次于美国；它收复了战争中的失地，还兼并了一些其他国家的领土，从而不仅使其西部的战略环境得到了重要改善，而且也使其东部的战略环境得到了有利的调整；它进一步使整个东欧处于自己的控制之下，与西方相对而立；再加上苏联在反法西斯战争中做出的重大贡献和显示出的巨大能量，使它在全世界赢得了很高的威望。于是国际关系的大格局就从以欧洲为中心并支配世界的时代逐渐过渡到美苏对峙的时代。这个新的两极格局的基石，就是第二次世界大战中后期由“三巨头”罗斯福、丘吉尔和斯大林确立的所谓雅尔塔体系。雅尔塔体系是第二次世界大战留给人类的至今仍有影响的重要遗产之一，我们将在稍后对它进行具体阐述。

殖民主义退出历史舞台　伴随着欧洲世界霸权的消失，昔日欧洲列强所构建的存在了几个世纪之久的世界殖民体系，终于在第二次世界大战之后土崩瓦解。

在第二次世界大战的隆隆炮声中，为了彻底打败法西斯主义，罗斯福与丘吉尔在1941年8月发表的《大西洋宪章》中宣布：“尊重各民族自由选择其所赖以生存的政府形式的权利。各民族中的主权和自治权有横遭剥夺者，两国俱欲设法予以恢复。”②苏联也发表声明表示支持。这给了殖民地人民的斗争以进一步的鼓舞。第二次世界大战后，

① ［美］罗斯福：《罗斯福选集》，关在汉编译，522页，北京，商务印书馆，1982。由于罗斯福于4月12日逝世，该讲稿未及发表。

② 《国际条约集(1934—1944)》，337～338页，北京，世界知识出版社，1961。

随着亚非拉地区经济的发展和民族主义思想意识更为广泛地传播，以及整个殖民主义体系的空前衰落，不可阻挡的卓有成效的民族革命浪潮席卷了欧洲所有殖民地，使非殖民化进程不仅完全不可逆转，而且速度不断加快。正如美国学者汉斯·科恩所说："自1945年以来的20世纪，已成为有史以来整个人类接受同一政治观念，即民族主义的第一个时期。"①其结果是形成了20世纪最为壮观的第二次民族主义浪潮。在这次浪潮中，一些国家的政治家们动员了不同语言、不同宗教、不同社区的人民，发动了共同抵御外来势力，改变共同的被奴役命运，创立多民族的现代民族国家的斗争。于是，在短短20年间便使当年那些幅员辽阔的欧洲殖民帝国七零八落，全部消失，一百多个民族独立国家在这些帝国的废墟上拔地而起，以惊人的速度结束了欧洲自15世纪就开始构筑的世界殖民体系。今天，188面庄严绚丽的国旗在联合国的广场上飘扬，这是人类历史的极其巨大的进步，也是20世纪的一个最伟大的划时代的变化。

雅尔塔体系、冷战与世界多极化趋势的发展　对于美英苏三大战胜国在第二次世界大战中后期经过一系列重大的国际会议所达成的一系列公开的或秘密的、书面的或口头的协议所形成的雅尔塔体系，我们首先应当指出的是，它同样具有大国强权政治的深深烙印。它建立在美苏战时军事实力均势的基础之上，是美英苏三大国出于对各自利益的现实考虑和对战后世界安排的长远打算，在进行了长期的讨价还价之后相互妥协的产物。当它们对东欧、巴尔干、中国以及远东其他地区进行安排的时候，既不与当事国协商，也不考虑当事国的利益。

---

① Hans Kohn, *Nationalism: Its Meaning and History*, Princeton: D. Van Nostrand, 1955, p. 89.

例如，在雅尔塔会议上讨论苏波边界问题时这一点表现得十分明显，莫洛托夫在回忆中对此有生动的描写："我们坚持(斯大林提出，我支持)要有一个独立的，不敌视我们的波兰与我们接壤。就边界问题谈判时过去也曾争论过，'寇松线'和'里宾特洛甫—莫洛托夫线'问题。斯大林说：'随便叫什么都成！但我们的边界走向只能这样！'丘吉尔反驳道：'但是，利沃夫历来不是俄国城市！''可华沙曾经是'，斯大林平静地答道。"①在巴尔干问题上，丘吉尔和斯大林只用半张纸上的百分比协定就决定了罗马尼亚、希腊、南斯拉夫、匈牙利、保加利亚等国家的命运，以致连丘吉尔本人当时都担心这种做法会受到指责而想把这张纸条烧毁。② 在对待苏联参加对日作战的问题上，斯大林和罗斯福之间更没有什么共同打击法西斯的正义，只有政治交易。斯大林要求恢复在日俄战争中俄国失去的在中国和远东的领地和特权，并且对罗斯福说，如果他的条件得不到满足，便很难向俄国人民解释为什么他们必须去同日本作战，如果能满足必要的政治条件，那便不难由他向最高苏维埃和人民做出解释，他们与远东战争攸关的利害正是什么。而罗斯福则已经准备同意苏联的这些权利要求的合法性，并很

① 《莫洛托夫秘谈录——与莫洛托夫140次谈话(菲·丘耶夫日记摘编)》，刘存宽等译，68页，北京，社会科学文献出版社，1992。该书在68～69页上有一段莫洛托夫回忆在波茨坦会议上斯大林关于寇松线的话，有误。实际上这些话是在雅尔塔会议上说的。参见《德黑兰、雅尔塔、波茨坦会议文件集》，181～182页，北京，生活·读书·新知三联书店，1978。

② 丘吉尔在《第二次世界大战回忆录》第六卷上部第二分册，336～339页有关于这次谈判的生动记述。这张纸条上写明：在罗马尼亚俄国势力占90%，在希腊英国(与美国一致)势力占90%，南斯拉夫和匈牙利双方各占50%，在保加利亚俄国势力占75%。

快与斯大林背着中国人达成了秘密的书面协定。① 从以上实例可以看出，雅尔塔体系所带有的这种强权政治的烙印，与19世纪拿破仑战争之后欧洲列强通过维也纳会议所确立的欧洲协调机制，以及第一次世界大战后战胜国通过巴黎和会和华盛顿会议所确立的凡尔赛—华盛顿体系是有共同之处的。它极大地伤害了当事国的民族感情，埋下了以后不和的种子。

但是，作为对第二次世界大战结束后的和平安排，雅尔塔体系具体运作的结果，也是它带给我们这个世界的最直接最有影响的后果，却是美、苏对峙下的冷战。它持续了40多年，构成了二战后近半个世纪中的国际关系的主旋律。

二战结束前，确信美国将成为世界上最强大的国家的罗斯福对战后世界的考虑，是以美国为首的“四警察”思想，即希望把美英苏中的战时同盟关系发展为战后由美国领导的大国合作关系，以维持世界和平。这在1942年1月1日签署《联合国家宣言》时就表现得很明显，第一步是先由美、英、苏、中四国签署，第二天再交由其他22个国家签字。在这种思想指导下，罗斯福并不主张划分势力范围。然而在雅尔塔会议前和会议期间，正是苏联的军事地位和政治威望处于反法西斯战争以来的顶峰期，战争打出了一个唯一能与美国抗衡的苏联，而社会主义越出一国连成一片的前景也已十分明显。因此罗斯福在设计战后的世界蓝图时就决不能无视这一他并不愿意看到的严酷事实。由于他把战后的美苏合作看成是落实战后世界安排的关键，因此他愿

① 参见[美]舍伍德：《罗斯福与霍普金斯》下册，福建师范大学外语系编译室译，526、527页，北京，商务印书馆，1980。这一协定的内容，见《国际条约集(1945—1947)》，8～9页，北京，世界知识出版社，1957。

意作出一些让步，当然主要是以其他国家的利益做交易，以换取苏联的合作。苏联要求的最关键部分就是要在它的周边地区，特别是在东欧建立它的“安全带”，也就是要明确地划分属于苏联的势力范围。在这种情况下，双方最后达成的妥协就是战争即将结束时美苏的实际军事控制线：在西方，它从卢卑克到的里亚斯特；在南方，到外蒙古(今蒙古人民共和国)与中国东北地区；在东方，从南库页岛、千岛群岛到朝鲜的38°线，直到中国的旅大港。这样，双方也就在实际上划分了各自的势力范围。① 这种形势恰恰就是以后美苏形成的两极格局的基础。

由于美苏两国的社会制度不同，对外政策本来就有很大差异，因此当反法西斯战争胜利之后，美苏面临的共同敌人消失，大同盟的基础不复存在之时，美国的全球扩张战略与苏联的保障国家安全战略便针锋相对，迎头相撞。

战后的美国，挟其世界头号强国的实力地位，以及在经济上向全球扩张的需要，其“领导世界”的狂妄意识大为膨胀，要求在世界事务中独占鳌头。杜鲁门总统声称美国是“经济世界的巨人”，“全世界应该采取美国制度”，“不管我们喜欢与否，未来的(国际)经济格局将取决于我们”。② 为此，美国不仅在战争结束前及战后迅速填补了德意日的战败而留下的“权力真空”，尽力在西欧、中南欧、日本、中国等

① 尽管罗斯福在1945年3月1日向国会报告雅尔塔会议的讲话中仍然反对划分势力范围，但是他同时也不得不承认这一事实的存在。见《罗斯福选集》，514～515页。

② [美]托马斯·帕特森等著：《美国外交政策》下册，李庆余译，601页，北京，中国社会科学出版社，1989；杨生茂主编：《美国外交政策史》，437页，北京，人民出版社，1991。

地扩大了自己的势力范围，还通过联合国以确保在大国合作控制世界中美国的主导作用。

另外，为了恢复世界经济的有序发展，结束自第一次世界大战以来，特别是20世纪30年代大萧条以来的国际货币关系的混乱状态，建立稳定的国际货币体系，以适应第二次世界大战后世界经济发展的要求，在经过美、英等有关国家的艰苦谈判之后，终于成立了国际货币基金组织和世界银行，从而建立了“布雷顿森林体系”。这两个机构均实行“双挂钩一固定”制度(美元与黄金挂钩，各国货币与美元挂钩，美元与黄金的比价固定为35美元等于1盎司黄金)，并按资金的份额决定各国投票权的大小，实际为股份最多的美国所操纵，并在很大程度上成为美国推行其对外政策的工具。接着，为了改变两次世界大战之间的年代中各国实行的贸易保护主义政策所造成的国际贸易的无序状态，形成开放的贸易自由化环境，在美英等国的主导下缔结了“关贸总协定”，① 从而促进了世界经济的相对稳定的自由化发展。然而美国由于是当时经济实力最强大的国家而在其中占有特殊地位。

不仅如此，美国还把苏联看成它实现世界霸权的最大障碍，因此要“遏制”苏联。②

战后的苏联则最为关心它自己的安全，特别是西部边界的安全。鉴于苏联历史上遭受的几次大规模的入侵都是来自西部，斯大林便力图把东欧这条入侵苏联的危险走廊变成保卫苏联的安全地带。在这一

① 1995年1月1日，“世界贸易组织”(WTO)正式成立，1995年与“关贸总协定”共存一年，1996年1月1日“世界贸易组织”成为全球经济贸易组织，“关贸总协定”不再存在。

② [美]乔治·凯南：《美国外交》(增订本)，葵阳等译，94页，北京，世界知识出版社，1989。

点上斯大林是非常坚决的。当“三巨头”在雅尔塔会议上讨论波兰问题时，斯大林就明确指出：“波兰问题对俄国人不仅仅是个荣誉问题，而且是个安全问题……因为苏维埃国家一些极为重要的战略问题都与波兰有关”；“波兰问题对苏维埃国家来说是一个生死攸关的问题”。① 1952年斯大林对印度大使说：“苏联只关心自身的安全和建立一条由对苏友好国家组成的缓冲带”。② 正是在这样的战略指导下，苏联在东欧已经获得的势力范围内加强控制，确保对苏友好，并在德国、中近东、日本、中国等关键地区和美国的扩张发生了极大矛盾。

与此同时，不同的意识形态对双方的决策者也产生了重要影响。美国的政治精英们无不认为美国的意识形态是最优越的，美国的民主制度和自由的价值观是至高无上的，应当向全世界移植。这一点，霍普金斯说得很清楚：“努力利用我们的外交力量去推进和鼓励在全世界建立民主政权。我们不应该害怕向世界表明我们的立场，那就是要求世界上的人民都享有建立一个真正民选政府的权利。我们坚信，我们的具有生命力的民主政体是世界上最好的政体。”③无论是罗斯福政府还是杜鲁门政府之所以都坚持要在东欧实行民族自决，让当地的人民选择自己的政府，是因为他们认为，“苏维埃共产主义是自由的主要威胁，美国具有无可争辩的责任去同它斗争”，④ 而“支持自由选举

---

① ［苏］萨纳柯耶夫、崔布列夫斯基：《德黑兰、雅尔塔、波茨坦会议文件集》，1971届工农兵学员，181页，北京，生活·读书·新知三联书店，1978。

② 华庆昭：《从雅尔塔到板门店：美国与中、苏、英：1945—1953》，234页，北京，中国社会科学出版社，1992年。这虽然是在朝鲜战争中苏联不出兵的实际说明，但同样说明了苏联的安全战略。

③ 张小明：《冷战及其遗产》，9页，上海，上海人民出版社，1998。

④ ［美］麦克尔·H. 亨特：《意识形态与美国外交政策》，褚律元译，163页，北京，世界知识出版社，1999。

的政策，其目的便是对苏联在东欧的行为进行直接挑战”。①

同样，苏联作为信仰共产主义的国家，在其对外政策中也具有明显的意识形态的考虑。正如斯大林在1945年4月对南斯拉夫共产党代表团所说：“这次战争和过去的不同；无论谁占领了土地，也就在那里强加他自己的社会制度。凡是他的军队所能到达之处，他就强加他自己的社会制度。不可能有别的情况。”②另外，由于斯大林对二战后美英等国的一些做法极为不满，并坚持认为战争是垄断资本主义的必然产物，③ 因此对西方国家极不信任。

可以想象，在这种相互对立的情况下，以划分美苏势力范围为基础的雅尔塔体系的各项主要协定实施的结果，就必然是导致分裂，而不是继续合作，必然是导致冷战斗法，而不是真正和睦相处。不仅如此，双方在扩张中都求助于意识形态的力量，从而使意识形态的对抗也在贯彻各自的战略中突显出来。美国在全球扩张中从意识形态出发，把苏联控制的势力范围看作是共产主义的扩张，把各国的共产党看成是苏联操纵的“第五纵队”，甚至把殖民地半殖民地的民族解放运动也视为苏联扩张主义的阴谋，高喊着美英有义务和责任捍卫西方世界。于是“保卫‘自由世界’免受共产主义影响，成了美国无论是在欧洲还是在亚洲和中美洲的对外政策的主要目标”。④ 与此同时，在苏

---

① Lynn Etheridge Davis, *The Cold War Begins: Soviet-American Conflict over Eastern Europe*, Princeton: Princeton University Press, 1974, pp. 386～387.

② ［南］米洛凡·吉拉斯：《同斯大林的谈话》，司徒协译，85页，北京，世界知识出版社，1989。

③ 斯大林在1946年2月9日在莫斯科选区的选民大会上发表的演说。全文见《斯大林选集》下卷，488～500页，北京，人民出版社，1979。

④ ［美］汉斯·摩根索：《国际纵横策论——争强权，求和平》，卢明华等译，442页，上海，上海译文出版社，1995。

联的扩张中，虽有扩张社会主义的成分，但也确有为自己的行动打上国际主义的旗号以显其高尚的意图。基辛格认为，斯大林的“最高原则还是装上共产主义意识形态的苏联国家利益”，此话不无道理。①因此美苏在战后的对抗中就涂上了重重的意识形态色彩。这种色彩在丘吉尔号召英语世界结成同盟对付共产主义威胁的“铁幕”演说中，在杜鲁门主义所谓“美国对共产主义暴君扩张浪潮的回答”的表述中，在日丹诺夫在共产党情报局成立会议上所做的关于世界已分裂为两大对立的“帝国主义反民主阵营”和“反帝国主义的民主阵营”的报告中，是再清楚不过的了。

我们已经看到，持久的冷战不仅带来了政治上的绝对对立，而且使意识形态的差异变得竟然如水火一般的不能相容。对立的双方曾一度失去了一切对话的可能，当年曾同仇敌忾抗击法西斯的痕迹荡然无存。人们一度也用这种极为对立的眼光来看待一切政治、经济、文化、价值观念甚至于科学方法，似乎两极对立成了一种思维的定式。而敌对的双方就在这种今天看来是极不自然的思维方式中几乎是不可思议地相互争斗了几十年。

但是，不能否认的是，作为第二次世界大战这场反法西斯正义战争的产物，雅尔塔体系反映了二战以后的世界现实，并具有相当的历史进步性。这些历史进步性对战后的世界产生了积极的影响。这些影响并没有随着冷战的终结而消失，而是留给冷战后的世界以及新的千年世纪的宝贵遗产。

首先，由于雅尔塔体系主要是由资本主义世界首屈一指的美国和

① ［美］亨利·基辛格：《大外交》，顾淑馨等译，353页，海口，海南出版社，1997。

成为世界强国的社会主义苏联共同达成的，而不是像过去那样完全由资本主义列强来安排(这一特点无疑是雅尔塔体系与过去各种和平安排的本质区别)，因此，它便第一次将苏联和美英两种不同社会制度国家之间的和平共处原则正式纳入了国际关系体系。这一点对战后的世界影响很大：第一，从总体来说，它共同制约了美国与苏联在产生任何争端时的行为方式，即双方不能以战争手段，而要用和平手段、协商谈判来解决处理。因此，二战后特别是冷战时期，美苏之间虽有多次冷战对抗，但双方之间始终没有发生过热战，这便形成了冷战的最基本的特征：它既是战争，又是和平。也就是说，在东西方的紧张对峙包括在局部战场上的冲突始终不断的情况下，冷战中的两个主要角色美国和苏联之间从未发生过直接的军事对抗，从而在整体上维持了世界的和平状态。就这一点来说，雅尔塔体系对维系战后世界和平的确起到了重要作用。第二，有利于社会主义事业的发展。由于规定了两种社会制度国家的和平共处，因此虽然西方仍时时存在颠覆苏联之心，但是不能再采取巴黎和会时的那种明目张胆的武装干涉手段，而要用和平手段。这在战后苏联的国际威望空前提高，军事政治势力已达到中东欧和远东的情况下，有利于欧亚的一系列社会主义国家的产生，终于使社会主义覆盖了全球人口的 1/3 以上。

其次，雅尔塔体系所提倡的和平、民主、独立的原则，对战后世界的和平、民主、独立、发展有着极大的作用。从一定意义上说，它决定了战后世界和平与发展的主潮流。在《关于被解放的欧洲的宣言》中明确指出，要“致力于全人类的和平、安全、自由与普遍的福利”，要按照民主的原则解决获得解放的各国人民的迫切的政治与经济问题。① 在《联合国宪章》中规定，要“发展国际以尊重人民平等权利及自决原则为基础的友好关系”。这些都不是说说而已的空洞口号。它们体现在对战败国的处置，并使之非法西斯化和政治经济民主化方面，也体现在给予被压迫民族的民族自决权和国家独立的支持方面，以及被托管地区的独立与自治方面。就这些方面来说，我们不妨与凡尔赛体系作一比较。凡尔赛体系根本不重视健全魏玛共和国的民主化进程，而是从战胜国的绝对利益出发，一味强迫它接受“有罪”之说，致使德国人民把战败带来的一切不幸统统归之于这个共和国，从而最终导致了纳粹的上台；对殖民地虽宣称给以民族自决权，不过口惠而已，委任统治只是另一种殖民统治的形式。在凡尔赛体系下，战胜国只顾保护自己的和平与既得利益，不顾世界和平的维持。由此我们可以看出，雅尔塔体系与凡尔赛体系有着根本的不同。如果说凡尔赛体系是孕育了另一次世界大战的体系（这种看法无疑是正确的），但是对雅尔塔体系则不能做出这样的结论。

不仅如此，在雅尔塔体系演变而来的两极格局中，同时也孕育着一个多极化的世界。

在雅尔塔体系下，欧洲在衰落中走向复兴。这一点似乎有悖常理，然而却千真万确。二战使旧欧洲遭受了灭顶之灾，不再有世界大国，而且德国与欧洲均被分裂。然而，战后的东欧从比较落后的社会向社会主义发展，无疑是东欧历史的大进步。正如英国著名左派史学家艾瑞克·霍布斯鲍姆所说：“受到十月革命激励而起的各个政权，

---

① 这一宣言是雅尔塔会议公报的第五部分，全文见《国际条约集（1945—1947）》，108页，北京，世界知识出版社，1959。

它们最大也最长久的冲击影响，即在有力地加速了落后农业国家现代化的脚步。”①

战后的西欧，处于美苏两极之间，依靠与美国的结盟和援助维持自己的生活方式，没有一个西欧国家可以担当欧洲复兴的重任，只有走联合之路。正是认识到这一点，战后的德国(联邦德国)和法国才决心消除长期困扰它们的纷争，摆脱束缚它们近一个世纪之久的宿怨，彻底和解。战后第一届西德总理阿登纳认为：“法、德两国之间的良好关系就是任何一种欧洲联合的核心内容”;② 法国外长罗贝尔·舒曼也认识到：“应该创造一种能使德国充满活力而又不对其邻国构成威胁的环境”,③ 他认为，把法德两国的煤钢生产置于一个“高级机构”的领导之下，“由此而建立起来的统一生产，将使一个问题变得十分明白，那就是在法德之间任何战争不仅仅都变得不能想象，而且在物质上是不可能的”。④ 于是，他们从经济上的煤钢联营入手，启动了西欧的联合进程。西欧的联合，既是战后经济发展的必然趋势，也是国际政治斗争的要求，更是西欧的一种历史的觉悟。如果没有西欧各国对民族国家独立发展的必要尊重与支持，就不会有欧洲的真正联合；同样，如果没有对各民族国家绝对主权的适度限制，也不会有今

① [英]霍布斯鲍姆：《极端的年代》上册，郑明萱译，13～14页，南京，江苏人民出版社，1998。

② [德意志联邦共和国]康拉德·阿登纳：《阿登纳回忆录》，第3卷：1955—1959，上海外国语学院德法语系德语组译，3页，上海，上海人民出版社，1973。

③ [法]皮埃尔·热尔贝：《欧洲统一的历史与现实》，丁一凡等译，94页，北京，中国社会科学出版社，1989。

④ [英]约翰·平德编：《联合的大厦——欧洲共同体》，潘琪译，1页，沈阳，辽宁教育出版社，1998。

日的欧洲联合。西欧的联合是一场通过经济合作和平实现的革命，为人类首先提供了一个区域化发展的实例。这一实践是欧洲历史的重要发展。正如欧洲联盟副主席里昂·布里坦爵士所说："欧洲联盟的实践是史无前例的，它未来的发展就像一次没有固定航标的远航，一次伟大的探险。"①不仅如此，西欧的联合还最终使西欧成长为相对独立于美苏两极之外的另一个世界级的力量，成为促进国际格局向多极化发展的动力之一。

与此同时，亚太地区的变化同样翻天覆地。在战败的日本逐渐发展为经济大国的同时，中华人民共和国在坚决反对超级大国的强权政治和霸权主义的斗争中，其国际政治、经济地位也在不断提高，不仅形成了自己的发展道路，而且成为国际事务中最不能忽视的力量，从而极大地改变了国际力量的对比。当 1971 年 10 月 25 日中华人民共和国终于恢复了它在联合国内的一切合法权利的时候，全世界也看到了一个潜在大国在国际政治舞台上的崛起。今天，行进在改革开放中的、奉行独立自主和平外交政策的、拥有世界人口 1/5 的中国，将作为保障亚洲和世界和平的重要大国，在积极参与建设国际政治经济新秩序的过程中尽到它责无旁贷的义务。

放眼亚非拉，伴随欧洲衰落的是新老殖民主义的式微和殖民体系的土崩瓦解，一系列民族独立国家矗立于世界民族之林。1955 年在万隆召开的亚非会议，第一次显示了东方的力量，标志着第三世界的兴起。20 世纪 60 年代出现的不结盟运动和"七十七国集团"的不断发展壮大，是第三世界人民在国际政治经济舞台上冲击大国强权政治的

① 1996 年 11 月 16 日在北京大学历史系主办、欧洲联盟委员会驻华代表团资助的"欧洲历史上的分与合学术讨论会"上的讲话。

民主力量。他们在要求和平解决国际争端，强调发挥联合国的作用，要求国际经济关系民主化等方面，扮演着越来越重要的角色。但是耐人寻味的是它们中的某些国家和地区也成为战后滋生局部热点战争与国际争端的温床。

产生于二战即将结束之时的联合国，作为战后最大最有影响的国际组织，不仅与国际联盟有着较为密切的历史渊源与联系，又有着根本的区别。国际联盟作为世界上第一个以维护和平与安全为宗旨的国际组织，反映了20世纪的世界已经发展为一个息息相关的整体的现实，是史无前例的国际政治的重要发展。但是国联的政治实践却否定了它所标榜的基本宗旨：它并不具有真正的普遍性，美国始终不是它的成员，苏联长期被拒之门外，日本和德国相继退出，不受约束；它作为英法等大国的工具，热衷于维护英法的利益，在保卫世界和平方面没有做出应有的贡献，反而在客观上助长侵略，最后自己也只有死路一条。然而联合国却完全不同。它在国联的基础上进行了前所未有的更高水平的实验。针对第二次世界大战对人类社会造成的大浩劫，它向世界提出了一个严峻的问题：如何避免使“后世再遭今代人类两度身历惨不堪言之战祸”？正是为了回答这个问题，反法西斯盟国一起筹建了联合国。它的诞生，顺应了时代发展的潮流，是战时盟国共同规划战后和平的雅尔塔体系的一项重大成就。今天已经包括188个国家参加的联合国的普遍性和广泛性自不必说，而且几十年来，尽管它也犯过种种错误，特别是在全面冷战的年代里，它曾在某种程度上成了一台由美国操纵的、苏联不断使用否决权的难以正常运转的机器，一度背离了联合国的宗旨，但是它在解决地区争端，维护地区和平，促进社会发展、人权以及非殖民化的进程等方面，仍然发挥了重要作用。随着冷战的缓和与终结以及世界朝多极化方向的不断发展，联合国在执行联合国宪章，在和平解决国际争端，促进世界的和平与发展方面更是功不可没。它对国际无政府状态的干涉，对经济落后地区的援助，对教育文化事业的关注，反映了历经战乱的人类理性正在作出正确的选择：较量与敌对将趋于缓和，竞争与交流将日居主导。今天，在维护世界和平与发展方面，联合国的作用应当得到进一步的加强。

综上所述，我们完全有理由说，正是在雅尔塔体系实际运作而导致的美苏对峙的两极格局之下，世界发生了更为深刻的变化。它孕育了两极解体的力量，孕育了在政治、经济、文化、意识形态、价值观念等方面的相互宽容态度，孕育了世界格局多极化的发展方向。

三、战争与和平的思考

在迄今为止的人类历史的长河中，世界大战是20世纪的特有现象。垄断资本主义的大国争霸斗争，是世界大战产生的可能条件，并实际曾发展为两次世界大战，而且再次发生这种战争的可能性也不能说已完全消失。然而，50多年来世界无大战也是一个基本的事实。这无疑引起了人们对战争与和平问题的进一步思考。究其原因，一个极其重要的因素是，伴随着人类用极端的世界级大战的手段对自己生活家园的一遍又一遍的洗劫，人类本身制约世界大战的能力也达到了空前的程度。

纵观两次世界大战，对交战双方来说都是其综合国力的真刀真枪的较量。战争的进程和最后的结局在很大程度上取决于各国的经济实力。双方为了调动一切经济力量赢得战争，使世界各国的生产因两次世界大战而更加紧密地联系起来。特别是当二战结束、和平重新恢复、经济在高科技的推动下重新起飞之后，世界经济全球化的进程已不以人的意志为转移。与此同时，欧洲联盟、美洲自由贸易区和亚太经济合作等地区一体化组织也越来越发展，各国的经济生活中已经形成了你中有我，我中有你，息息相关，不可分割的局面。在国际竞争日趋激烈之时，国际合作也成为绝对必需之事。

正是这种相互依存的国际经济关系，形成了抑制新的世界大战爆发的重要因素。早在20世纪之交，列宁就曾英明地预言："有一种力量胜过任何一个跟我们敌对的政府或阶级的愿望、意志和决定，这种力量就是世界共同的经济关系。正是这种关系迫使他们走上这条同我们往来的道路。"①今天，经济全球化的程度已经与列宁的时代不可同日而语，因此战争越是成为世界性的，对经济的破坏就越是世界性的，那么要求和平、抑制战争的呼声也就越是世界性的。这种要求和平的力量在第一次世界大战前就已存在，但未能发挥作用；在第一次世界大战后它曾经起过一定的作用，但是只有在第二次世界大战之后，这种从至今最强烈最极端的战争中产生出的对战争自身的否定力量，才随着战后经济的迅速增长而大大发展，并成功地抑制了二战后一系列局部战争与冲突的扩大。今天，中国政府始终坚持大力倡导的"和平共处五项原则"应该成为指导国际关系的准则的思想，越来越为世界各国所接受，并正在成为它们指导对外政策的基本原则。

另外，发端于战争之中，为了军事需要而发展起来的先进军事科学技术，不仅把全面常规战争推到了登峰造极的地步，而且由于核武器的出现而使人类第一次面临着核战争的毁灭性前景。因此无论是自觉还是不自觉，"在一个已经经历过两次世界大战并学会如何用核武

① 《列宁全集》，第42卷，332页，北京，人民出版社，1987。

器发动总体战的时代，维护和平已成为所有国家关心的首要问题”，①各国人民与政府的维护和平的意识都上升到了空前的高度，成为制约爆发大战特别是核战争的基本因素。1955年3月1日，丘吉尔在众议院的一次讲演中指出，新式武器除了改变战争外，还改变了国际关系。它不仅威胁着像英国这样的小国的生存，而且威胁着美国和苏联这样的超级大国的生存。丘吉尔断言：“通过一个极具讽刺意味的过程，我们完全有可能达到这样一个历史阶段：安全成为恐怖的健壮的孩子。”②在冷战期间，大国受到核武器制约的最明显的例子就是1962年的古巴导弹危机，它表明两个超级大国都不敢采取以战争作为推进国家政策的工具的传统做法，而是极力把争端和冲突限制在常规的范围之内，使双方不致滑过战争的边缘。③ 正是在全世界人民的努力下，终于形成了50多年无大战的局面。尽管战争并未从地平线上永远消失，局部常规战争有时亦相当激烈，但核武器的出现的确改变了战争的观念，和平需要以全人类的力量加以维护也逐渐成为人类的共识。

不仅如此，人类还通过战争，特别是20世纪的两次世界大战，逐渐学会了如何相处。

---

① ［美］汉斯·摩根索：《国际纵横策论——争强权，求和平》，卢明华、时殷弘、林勇军译，32页，上海，上海译文出版社，1995。

② ［美］斯塔夫里阿诺斯：《全球通史，1500年以后的世界》，吴象婴，梁赤民译，852页，上海，上海社会科学院出版社，1999。

③ 正是由于核武器的出现以及核战争可能造成的人类毁灭的前景，一些学者认为冷战是“持久和平”。例如，著名美国冷战史学家约翰·刘易斯·加迪斯就把“持久和平”作为一本书的书名。参见John Lewis Gaddis，*The Long Peace：Inquiries in the History of the Cold War*，Oxford：Oxford University Press，1987. 这当然只有就第二次世界大战结束以来没有发生过世界大战这一意义来说，才是正确的。

首先，在约束人类共同的行为准则的国际法方面，对禁止使用武力做出了越来越明确的规定，从而使避免战争本身成为这一系列规定的最终目标。众所周知，传统的国际法曾承认战争是国家推行政策的工具，是解决国际争端的合法手段，“诉诸战争权”是主权国家的合法权利。但是在第一次世界大战之前，当欧洲协调的均势逐渐被打破，两大军事集团逐渐形成，战争的威胁又一次显现之时，1899 年和 1907 年的两个海牙《和平解决国际争端公约》便规定，各签字国都应当尽量以和平方法解决争端，在诉诸武力之前，应酌情请一个或几个友好国家出面斡旋和调停。第一次世界大战之后，《国际联盟盟约》进一步限制了“战争权”，要求会员国为增进合作保持和平与安全，承诺不从事战争之义务；而 1928 年的《非战公约》，则是在国际法上第一个宣布废弃战争作为实行国家政策工具的重要文件，从而在国际法上奠定了互不侵犯原则的法律基础。第二次世界大战后期诞生的《联合国宪章》，在特别规定了自卫权，联合国安理会授权或采取的军事行动权，以及为争取民族自决权而进行的武装斗争外，明确规定了禁止使用武力的概念，这是国际法在制止战争方面的重大发展。第二次世界大战结束后进行的纽伦堡国际军事法庭对纳粹战犯的审判，以及远东国际军事法庭和中国审判战犯军事法庭对日本战犯的审判，是对上述国际法规定的重要实践。它们采取进步的法律观点，确认了侵略战争是最大的国际性犯罪，宣告了国际正义与和平的不容破坏。正如纽伦堡国际军事法庭美方首席起诉人罗伯特·H. 杰克逊所说：“对全世界来说，纽伦堡法庭判决的重要性并不在于它怎样忠实地解释过去，它的价值在于怎样认真地儆戒未来。”[①]1974年4月14日，联合国大会最终通过了有关侵略定义的第3314号决议，规定“一个国家使用武力侵犯另一个国家的主权、领土完整或政治独立，或以与《联合国宪章》不符的任何其他方式使用武力”便是侵略，而且“侵略”的定义“绝不得解释为以任何方式扩大或缩小《宪章》的范围，包括《宪章》中有关使用武力为合法的各种情况的规定在内”，从而明确了使用武力的含义并保留了合法的自卫权利。[②] 至此，人类终于在战争方面完善了自己的行为规范。

其次，当人类在付出了两次世界大战和一次冷战的巨大代价之后，开始学会了处理国际争端的一种既古老而又全新的方法——通过外交手段实行必要的妥协。第一次世界大战前，欧洲列强各自怀着绝对极大的野心，使用极端的手段，毫不妥协，最终使大战爆发。一战以后，人们在一定程度上接受了教训，使通向二战的道路曲折得多。作为既得利益者的英法等战胜国，既处于衰落之中，又担心再来一次大战将意味着西方文明的毁灭，因此他们的政治家们愿意对凡尔赛—华盛顿体系做出一定调整，以求妥协。但是他们犯了两个极大的错误：第一，他们是在向具有无限侵略扩张本性的法西斯国家做出的让步；第二，他们是在拿其他国家的主权利益不断填进法西斯的无休止要求的胃口之中。因此这种所谓的妥协与让步虽能牵制法西斯国家于一时，但同时也进一步刺激了后者的欲望，最终使第二次世界大战未能避免。

---

① ［德］P. A. 施泰尼格尔编：《纽伦堡审判》上卷，王昭仁等译，2页，北京，商务印书馆，1985。

② 王铁崖主编：《国际法》，620页，北京，法律出版社，1995。

第二次世界大战之后，人们更多地接受了历史的教训，在处理国与国之间的矛盾与危机时表现出更多的谨慎，不仅冲突的双方都给对方留有余地，而且伴随着冷战的发展、缓和与结束，妥协方式也越来越成为解决国际纠纷的常规手段。今天，妥协意味着任何国家都不能以自己的意志强加于人，意味着参加谈判的国家在捍卫自己的核心利益的同时，必须承认和照顾谈判对手的合理利益，意味着谈判双方在各自所希望得到的东西之间实现某种有取有予的平衡，意味着反对和抵制国际关系中的任何霸权主义和强权政治。妥协是斗争结果的另一种形式。二战后的50多年来，这种妥协的实例比比皆是：联合国的大多数决议，欧洲联合的进程，关贸总协定的8轮谈判结果，石油输出国组织的各项协定，美日、美欧之间一次次“贸易战”的化解，中美关系的改善，亚太经济合作组织的不断发展，一些地区和国家内部武装冲突的政治解决……在国际关系中出现的这种以对话代替对抗，以缓和与合作代替战争或冷战的新局面，是多么的来之不易啊！它是人类社会在经过20世纪的风风雨雨、喜怒哀乐之后，进一步走向文明、走向成熟的标志。

今天，两次世界大战已经成为历史的陈迹，冷战也以其独特的方式宣告结束，人类社会正在和平与发展的大潮中，在经济全球化和信息化、网络化的过程中进入新的千年。但是，如何有效地避免战争，持久地维护和平，仍然是人类最为关心和必须解决的重大问题。放眼世界，在各国利益越来越相互依赖但发展又极不平衡的情况下，霸权主义和强权政治依然存在；苏联解体与东欧剧变和冷战结束所引起的政治地震的震荡仍未消失；民族、种族、宗教等矛盾所引发的众多的地区冲突和局部战争至今仍未解决；大规模的杀伤性武器还在危及人类的安全；裁军的进程举步维艰；核威胁依然存在，核扩散也在继续。与此同时，环境污染与生态失衡、资源枯竭与能源危机、人口爆炸与粮食短缺、国际恐怖主义与毒品和艾滋病……这些足以使我们这个蓝色星球毁灭的大难题已经摆在了人类面前。这些问题，超越了任何一国的利益，也并非任何一国所能解决，不管它是多么的强大。实际上，世界各国在解决这些问题方面有着共同的利益，而这个共同利益则应当反映在超越特殊的国家利益的共同政策之上。正由于此，各国政府和人民应该更加理性地运用自己的聪明才智，抛弃种种极端的观念，特别是抛弃几十年来形成的冷战思维，① 在不断制止霸权主义和强权政治的过程中，在不断发展自己的综合国力的过程中，在继续推动国际关系多极化发展的过程中，在缔造国际经济和国际政治新秩序的过程中，携手攻破一个个难题。只有如此，才能创造一个共同繁荣与持久和平的新世纪。

---

① 关于什么是“冷战思维”，学术界并无定论，笔者认为，在国家关系中过分强调国家之间的意识形态和价值观念的对立，过于强调确立一个国家作为头号敌国的观念，以及以强权政治和霸权主义处理国际事务，是冷战思维的重要内容。

国家大战略与对外政策调整

——20 世纪 40～60 年代冷战态势的演变*

冷战是 20 世纪后半期留给人类历史的深刻印记。国际学术界对冷战的研究与冷战的发展演变同步进行。在冷战期间，西方学术界特别是美国学术界先后出现了正统派、修正派、后修正派；冷战结束后又出现了被称为“冷战史新研究”的学术现象。① 俄罗斯学术界对冷战的研究也有新的

---

* 原载《浙江学刊》2003(6)。本文是作者为齐世荣、廖学盛主编的《20 世纪的历史巨变》撰写的第四编第十一章的部分内容，参见 448～467 页，北京，学习出版社，2005；本文此次在收入本书时根据该书内容作了一些补充。

① 概括地说，“正统派”在 20 世纪 40～50 年代占据主流，他们认为，苏联寻求世界霸权是导致冷战爆发的主要原因；“修正派”在 60 年代成为主流，他们认为，美国对苏联的政治经济和军事压力是冷战爆发的重要原因，美国的强硬政策和行为方式迫使斯大林与西方敌对；“后修正派”于 70 年代兴起，他们认为，美苏两国领导人的实用主义政策以及双方的一系列错误与误解，是冷战发生的重要原因，双方对冷战的爆发都负有责任，值得注意的是他们把研究的视野扩大到了欧洲和亚洲，探讨了英国、中国和朝鲜等国家在冷战中的作用。有关西方学者研究的基本状况，可参见 Joseph Smith，*The Cold War*，*Second Edition*，*1945—1991*，Oxford：Blackwell Publishers Inc. 1998，pp. 19～26. 冷战结束后，随着大量的多国档案的解密，学术界出现了新一轮冷战研究高潮。在美国

进展。①近十几年来，冷战史研究也成为中国学术界的热点问题。②这些研究成果见仁见智，开阔了学界的视野，启发了学者的思路，推动着我国冷战史的研究。本文尝试从美国和苏联在二战后国家大战略的确立以及由此而形成的两国对外政策的角度，揭示 20 世纪 40～60 年

(接上页注)出现了以“后修正派”的主要代表人物之一 J. L. 加迪斯为代表的“冷战史新研究”的学术现象，其基本观点是：冷战是苏联挑起的，斯大林应该对冷战的发生负主要责任，参见 John L. Gaddis, *We Now Know: Rethinking Cold War History*, Oxford: Oxford University Press, 1997. 有关“冷战史新研究”的介绍，参见戴超武：“新冷战史与当代美国外交史学思潮”，载《美国研究》1999(1)，38～51 页；白建才：“近年来美国的冷战史研究”，载《历史研究》2002(1)，175～182 页；陈兼、余伟民：“‘冷战史新研究’：源起、学术特征及其批判”，《历史研究》2003(3)，3～22 页。

① 冷战时期苏联学者关于冷战研究的情况，基本上是官方看法，即将美帝国主义所奉行的“实力政策”视为冷战起源，苏联的反应是防御性的。关于苏联的官方观点，可参见[苏]A. C. 阿尼金等编：《外交史》，第五卷上册，大连外国语学院俄语系翻译组译，第八章，北京，生活·读书·新知三联书店，1983。冷战结束后，一些俄罗斯学者开始从新的角度探讨苏联在冷战起源中的作用，并认为西方国家和苏联对冷战的发生和发展都负有责任，见 Mikhail Narinsky, *Soviet Foreign Policy and the Origins of the Cold war*, in Gobriel Gorodetsky ed., *Soviet Foreign Policy 1917—1991, A Retrospective*, London: Frank Cass, 1994, pp. 105～110. 其他具体的研究情况，可参见张盛发：《斯大林与冷战》，6～8 页，北京，中国社会科学出版社，2000。

② 其中比较有代表性的著述：时殷弘：《美苏从合作到冷战》，北京，华夏出版社，1988；白建才主编：《美苏冷战史》，西安，陕西师范大学出版社，1996；黄正柏：《美苏冷战争霸史》，武汉，华中师范大学出版社，1997；张小明：《冷战及其遗产》，上海，上海人民出版社，1998；章百家、牛军主编：《冷战与中国》，北京，世界知识出版社，2002，以及 2002 年由广西师范大学出版社出版的《冷战年代中的中国与世界》丛书中的《斯大林与铁托——苏南冲突的起因及其结果》(沈志华编著)、《北京与莫斯科：从联盟走向对抗》(李丹慧编)、《美苏冷战的一次极限——加勒比海导弹危机》(杨存堂编著)等。

代以美苏为主要对手的冷战从爆发到走向高潮再到缓和与对抗并存的内在原因，并构建这一历史时期内冷战发展的基本图景，以求教于方家。

一

所谓冷战，是指20世纪40年代中后期至90年代初，以美苏两个超级大国以及分别以它们为首的两大集团之间在政治、经济、军事、外交、意识形态、文化乃至科学技术等一切方面的既非战争又非和平的对峙与竞争状态。冷战不仅具有传统的大国利益冲突的实在内容，具有明显的地缘政治与战略特点，更以其强烈的意识形态色彩为主要特征；另外，冷战双方在进行激烈的军备竞赛特别是核竞赛的同时，又具有使美苏两国之间始终避免兵戎相见的自我控制机制。①

那么，冷战发生的基本原因是什么呢？今天，当我们从历史的长镜头中去考察冷战起源这一国内外学术界的持续不衰的研究课题时，至少要考察冷战爆发的国际背景，以及美苏在国家大战略方面存在的巨大差异。所谓“大战略”，是指一个国家无论在战时还是处于和平时期，它的最高层面上的战略，即指该国的最高领导层力图集中他们的全部政治经济和军事目标，利用军事的和非军事的手段，诸如利用其经济、人力与物力、技术与文化的资源，以及外交与道义方面的压

---

① 关于冷战中的双方自我控制机制的分析，参见John Lewis Gaddis，*The Long Peace：Inquiries in the History of the Cold War*，Oxford：Oxford University Press，1987，pp. 215～245。这种自我控制机制，在古巴导弹危机中运用得最为突出。

力，去保卫和加强他们所认定的本国最为长远的最高国家利益。①

概括地说，第二次世界大战结束后的国际形势，为冷战的爆发提供了条件；而美苏两国的国家大战略之间的激烈碰撞，以及它们依据各自国家的大战略而制定的对外政策，则最终使冷战未能避免。②

第二次世界大战结束后，人们在欢庆胜利之时，看到的是这样一幅历史画面：

作为战争的主要战场，欧洲、亚洲和北非地区惨遭破坏，政局动荡不安，经济恢复工作举步维艰；美国和苏联这两个过去在地理位置上并无直接关系的、但社会制度完全不同的超级大国，由于它们各自控制的势力范围而实际形成了在中东欧、巴尔干、中近东和远东直接面对面的军事对峙；反法西斯战争的胜利和世界和平的到来，使昔日

---

① 关于“大战略”的论述，可参见 Paul Kennedy ed.，*Grand Strategies in War and Peace*，New Haven：Yale University Press，1991，pp. 2～7；Henry Liddell Hart，*Strategy*，New York，1974，p. 322. 另外，这里所说的大战略，也是对各国政府在具体贯彻这一大战略中所制定的军事、外交等各种战略和策略的一种区分。

② 西欧国家特别是英国在冷战爆发中的作用，是学术界探讨的课题之一。概括地说，一些西方学者认为，西欧对美国对苏联在欧洲构成的军事威胁漠然视之感到不安，并最终成功地说服美国直接介入到欧洲的事务当中，因此美国是由于被“邀请”而不是由于它的主动扩张而获得了一个“帝国”。参见 Robert Frazier，*Did Britain Start the Cold War?* Historical Journal，Vol. 27，1984，pp. 715～727；Geir Lundestad，*The American “Empire” and Other Studies of US Foreign Policy in a Comparative Perspective*，Oxford：Oxford University Press，1990；Geoffrey Warner，*From “Ally” to Enemy*：*Britain's Relations with the Soviet Union*，*1941—1948*，in Francesca Gorl and Silvio Pons ed.，*The Soviet Union and Europe in the Cold War*，1943～1953，London：MacMillan Press LTD，1996，pp. 293～309. 鉴于英国在冷战爆发中的作用无法与美苏相比，受篇幅所限，本文对此不作具体论述。

大同盟建立的基础不复存在，同盟内部原有的矛盾也日益突显出来。这一切，为美苏之间的冲突与对抗提供了条件，并成为冷战产生的国际温床。

然而，更为重要的是，战后美国的全球扩张的大战略与苏联的保障国家安全的大战略针锋相对，迎头相撞。

美国军事、经济实力和政治影响的空前强大，使它认为自己有能力领导世界。这种要成为“世界领袖”的强烈欲望，是战后美国对外扩张的思想基础。美国的开放型的自由市场经济制度，以及将追求海外市场作为保持战后国内繁荣与稳定的重要手段，不仅成为美国主动向全球扩张的重要因素，也是这种扩张的主要目的之一。不仅如此，第二次世界大战还使美国政府认为：再也不能允许其潜在的敌手通过经济上的闭关自守，政治上的颠覆活动和军事上进行侵略等手段来取得对欧亚大陆的资源控制，从而危及美国的安全。① 这里所说的“潜在的敌手”显然主要是指苏联。与此同时，美国在十月革命后形成的反共意识，其历史所孕育的自认为美国集西方文明之大成的天生优越感和由此而产生的美国有责任将其民主制度和自由的价值观念向全世界移植的天定使命观，则成为其向全球扩张的又一内在动力。这一切，便形成了美国在二战后的全球扩张的大战略。但是这一大战略的实施，却在地缘政治、经济利益及意识形态等方面，全面与苏联的大战略相遭遇。

苏联战后大战略的核心是保障它的国家安全，并将确保西部边界

---

① 参见 Melvyn P. Leffler, *A Preponderance of Power: National Security, the Truman Administration, and the Cold War*, Palo Alto, CA: Stanford University Press, 1992, p. 23.

安全视为第一要务，这是苏联坚决要在其军事力量控制的东欧势力范围内建立对苏友好政府，从而建立东欧“安全带”的根本原因；由于斯大林坚持认为战争是垄断资本主义的必然产物，因此在垄断资本主义中综合实力最强的美国，自然也是苏联潜在的防御对象。不仅如此，苏联高度集中的计划经济体制，也倾向于将其所控制的势力范围变成封闭的经济区域，而这又是与确保打赢未来的反对帝国主义的侵略战争直接相关的。另外，共产主义的理想和世界革命的信念，也使苏联在其军事能力所及的地区建立和维护与自己类似的社会制度，尽管它在很大程度上是从属于苏联的国家安全利益的。这一切，便形成了战后苏联的保障国家安全的大战略，并使苏联决心充分利用所掌握的有限力量，通过局部扩张而使其权势超出了本国领土，覆盖了它的东欧势力范围。

但是，美国把苏联建立势力范围的行动视为对美国实现其大战略的巨大障碍与威胁，认为只有在“‘地缘政治现实’的基础上采取行动，美国才能避免被包围，才能为一个自由世界保存希望”。于是冷战政策便得以形成，“并由此产生了该项政策最重要的表述语——遏制理论”。不仅如此，以“遏制理论”为核心的美国的冷战政策还进一步获得了意识形态上的解释，正如迈克尔·H. 亨特所说：“意识形态解释了采取遏制政策的根据乃是全世界的自由处于生死存亡的危险之中。这一意识形态还界定：苏维埃共产主义是自由的主要威胁，美国具有无可争议的责任去同它斗争。”①

就苏联方面来说，由于意识到自己力量的限度并出于严重的不安

① ［美］迈克尔·H. 亨特：《意识形态与美国外交政策》，褚律元译，163页，北京，世界知识出版社，1999。

全感，苏联在战后初期，一方面努力维护雅尔塔体系的基本框架，甚至不惜对西方做出一些妥协和让步，以争取一个和平的国际环境；另一方面，出于贯彻其大战略的需要，在处理东欧和处置战败国等问题上，苏联也采取了一些僵硬的缺乏妥协精神的酝酿与促进冷战的对抗行动，并在此过程中同样借助了意识形态的力量。于是，冷战就在美苏之间的不断逐渐强硬的敌对互动之中爆发了。

二

第二次世界大战结束前后，美、苏各自的大战略就已相当明确，于是在双方都认为对于贯彻其大战略至关重要的地区，对立与争斗日益严重，与此同时，双方的冷战政策相继出台。

苏联将东欧及巴尔干部分地区作为既定的建立“安全带”的地区，并采取一切手段将其置于自己的直接控制之下，不容他人染指。苏联的做法使美国企图通过自由选举方式在东欧建立议会制政府从而保持西方的影响的打算落了空，引起美国的强烈不满与敌对。

在对待战败的德国(包括柏林市)的态度上，从表面看，双方争斗的焦点是德国以什么形式实现统一的问题，苏联坚持德国先要在政治上形成一个统一的中央政府机构，即“政治统一”为先，美国主张首先要把德国作为一个经济整体来看待，即“经济统一”为先。但其实质问题则是双方都力求通过推行各自的政策，将德国纳入自己的势力范围。因此，双方不可能妥协。美英先在经济上将它们的占领区合并，不过是它们在实现其战略目标过程中的必走的一步，而苏联也同样采取了分裂德国的步骤。在日本，美国决定不再重蹈德国的覆辙，实行单独占领日本不容苏联染指的政策，同样引起了后者的强烈愤怒与反对。美苏在东欧和德、日等问题上的对立愈演愈烈，成为冷战爆发的最重要的直接原因。

在伊朗和土耳其，双方争夺的核心分别是石油资源和黑海海峡的控制权问题，苏联拒绝按期从伊朗撤军并多次向土耳其提出在海峡建立军事基地的要求，明显超过了维护本国安全的范围，侵犯了两国主权，不仅使自己处于十分被动的外交局面，而且加深了西方对苏联企图的大大疑虑和敌视。苏联政策的失误，催生了美国的“遏制政策”，直接酝酿了冷战。

伴随美苏之间展开一系列争夺以填补战后的所谓“权力真空地带”的同时，双方使用的语言也越来越激烈。杜鲁门多次表示要对苏联采取强硬态度，① 斯大林则在 1946 年 2 月 9 日的公开演说中明确指出现代资本主义是新的世界大战的根源，并表示要再搞三个甚至更多的五年计划以使苏联具有“足以应付各种意外事件的保障”。② 由于这次讲演距二战结束不到半年，人民需要的是和平与休养生息，而美苏关系也尚未破裂，因此斯大林的上述说法既不合时宜也不明智，不仅在西方引起了强烈反响，而且对其后凯南的“长电报”和丘吉尔的富尔顿演说也产生了直接的影响。

1946 年 2 月 22 日，美国驻苏大使馆代办乔治·凯南向国内发回了有名的八千字长电报。凯南认为，苏联的国内制度、意识形态和历史传统决定了它必然要谋求无限制的向外扩张，美国不能依靠外交谈判和苏联打交道，而必须也能够依靠实力来抵制苏联的扩张，同时不会引起美、苏之间的全面军事冲突，因为苏联的力量弱于西方，因此

① 参见[美]哈里·杜鲁门：《杜鲁门回忆录》第一卷，李石译，519 页，北京，生活·读书·新知三联书店，1974。

② 全文见《斯大林选集》下卷，488～500 页，北京，人民出版社，1979。

美国只需“拥有足够的力量和表明准备使用它，就几乎用不着这样做，如果正确地处理形势，就不必进行有损威望的摊牌。”①尽管在该文中凯南并没有使用“遏制”一词，但是他已经实际提出了一套相对完整的遏制苏联的理论，并基本框定了与苏联对抗(美苏冲突)的外在表现形式：只要保持实力威慑与压力，无须热战那种极端的方式。这份长电报在华盛顿受到了异常热烈的欢迎，表明它所代表的对苏强硬政策在政府和国会取得了优势，标志着美国冷战思想的基本形成。一年多后，凯南又在美国《外交季刊》上发表署名X先生的文章《苏联行为探源》，正式提出了“遏制”一词，遏制政策也由此得名。

随后英国前首相丘吉尔发表了题为“和平砥柱”的演说。这篇以“铁幕”一词而闻名的演说，符合美国在战后要遏制苏联、称霸世界的战略需要，从而拉开了冷战的序幕。

但是必须指出的是，在苏联方面也有其凯南长电报的对应物，这就是当年苏联驻美国大使尼古拉·诺维科夫于1946年9月27日给参加五国和约巴黎会议的苏联代表团的秘密报告，题为“战后美国对外政策的长篇报告”。② 这个报告同样全面分析了战后美国对外政策的意图和目的以及美国在全球的扩张行为，断定美国战后对外政策的特

① 全文见 Department of U. S., *Papers Relations to the Foreign Relations of the United States*, 1946，简写为 FRUS/1946，Vol. 6，pp. 696～709. 凯南写作此文本是应国务院的要求以搞清苏联拒绝批准布雷顿森林协定的原因，但斯大林的演说无疑对他起了作用。

② The Novikov Telegram, *Washington*, *September* 27，1946，*Diplomatic History*，Vol. 15，No. 4，(Fall，1991)，pp. 527～537. 该报告根据莫洛托夫的指示精神所写，并有后者在阅读时所划的重点和所写的眉批。关于该报告形成的详细情况，以及对它的内容的介绍与分析，参见张盛发：《斯大林与冷战》，186～192页，以及206页注释170～175。

征是“谋求世界霸权”，并将苏联视为“其通往世界霸权道路上的主要障碍”，为此美国正在以各种方式扩充军备，并且“是把苏联作为战争的对象而准备未来的战争的”。由此可见，在战争结束仅仅一年，苏联也已经完全否定和批判美国的外交政策，对美苏关系的发展前途不抱希望。

就这样，伴随美苏在战后贯彻各自的大战略，两国的对外政策都发生了转向，即逐渐脱离大国合作政策而转向对抗。于是，冷战就在双方的行动与政策的对立互动中，以美国首先发出明确地对苏遏制与对抗的冷战信号——杜鲁门主义为标志而终于爆发。

三

杜鲁门主义是美国外交政策的转折点。这种转折表现在三个方面：第一，为适应国家大战略的需要，美国战后的对外政策终于完成了从孤立主义向全球扩张主义的转变，“杜鲁门主义”宣布，“不论什么地方，不论直接或间接侵略威胁了和平，都与美国的安全有关”；第二，正如杜鲁门本人后来所说，它“是美国对共产主义暴君扩张浪潮的回答”，因此“杜鲁门主义”便成为美国对苏联进行冷战的重要标识，并使其意识形态味道十分浓烈；第三，它标志着美国越来越以两极思维来看待这个世界。① 对苏联来说，杜鲁门主义的出台证明了诺维科夫报告对美国意图判断的准确，诺维科夫本人就认为，杜鲁门主

① [美]哈里·杜鲁门：《杜鲁门回忆录》，第一卷，李石译，120～121页，北京，生活·读书·新知三联书店，1974。

义的真正目的就在于“抑制共产主义的扩张”。① 从此，美苏关系便由冷战所支配，随着冷战的不断升级，两国的冲突也迅速演变为世界范围内的两大集团的尖锐对立，两极格局逐渐定型。

杜鲁门主义虽然语言强硬，但只是一项政策声明，在强化冷战并在两极格局形成中起到关键作用的则是以经济方式实践杜鲁门主义的马歇尔计划。与杜鲁门主义的表述不同，马歇尔计划刻意“淡化”意识形态，并通过要求欧洲国家联合提出援助的总体方案而把东欧和苏联也包括在受援国之内。马歇尔计划的提出与实施，对东西方关系产生了巨大影响。

苏联认为该计划显然是直接反对苏联的，诺维科夫在给莫斯科的报告中写道“马歇尔计划就等于建立一个西欧集团作为美国政策的工具”。② 不久苏联便以一项联合计划和共同事业对主权是一种侵犯为理由，拒绝接受援助。③ 另一方面，为了阻止东欧国家因参加该计划而导致对苏离心力的增长，苏联决心进一步加强对其东欧安全带国家的经济与政治控制。

针对马歇尔计划，苏联迅速与东欧国家签订了被西方称之为莫洛托夫计划的一系列双边贸易协定，初步筑起了东欧的经济壁垒。随着1949年1月经互会的成立，东欧的经济完全纳入了苏联的轨道。紧接莫洛托夫计划的是共产党情报局的成立，同时提出了“两大阵营”的理

① Mikhail Narinsky, *Soviet Foreign Policy and the Origins of the Cold War*, in Gobriel Gorodetsky ed. , *Soviet Foreign Policy 1917—1991* , A Retrospective, p. 107.

② Ibid, p. 109.

③ ［苏］A. C. 阿尼金等编：《外交史》，第五卷上册，大连外国语学院俄语系翻译组译，307～308页，北京，生活·读书·新知三联书店，1983。

论：战后的世界已经分裂为两大对立的帝国主义反民主阵营和反帝国主义的民主阵营，以此作为各国共产党行动路线的根本出发点。于是，苏联对世界政治的两极看法也正式确立。① 随后，苏联以驻扎在东欧的几十万红军作为威慑力量，对这些国家进行政治经济思想文化等全方位的内政改造，将斯大林模式移植过去，同时把不愿俯首帖耳的南斯拉夫共产党开除出情报局，并在东欧各国进行了无情大清洗，将包括共产党著名领导人在内的几十万人清除出党。这些行动成为苏联在强化冷战过程中的重要步骤。至此，一个与美国和西欧相对立的以苏联为首的苏东集团，已经在经济和政治上基本确立。

随着苏东国家的退出，马歇尔计划变成了“西欧复兴计划”。这项计划从 1948 年 2 月开始实行，到 1952 年结束，美国共向西欧 16 个国家和德国的美英法占领区提供了 132 亿美元的援助。该计划的实行，使西欧的经济很快得以复兴，巩固了资本主义秩序；它进一步改组了西欧的经济结构，使其更符合美国的经济利益并与美国逐渐形成统一的北大西洋自由市场区域，从而有利于达到美国大战略中的经济目标；它使西欧各国包括西德的经济日益融为一体，为西欧经济一体化进程奠定了基础，并成为西欧国家政治联合的先声。②

但是，美国在马歇尔计划实施过程中对德国西占区实行的政策，

① Silvio Pons, *A Challenge Let Drop: Soviet Foreign Policy, the Cominform and the Italian Communist Party, 1947—1948*, in Francesca Gorl and Silvio Pons ed., The Soviet Union and Europe in the Cold War, 1943－1953, p. 260. 庞斯认为，这是苏联外交在战后转向以两极观点看世界的第二步，第一步是诺维科夫的长报告。

② 关于马歇尔计划与欧洲联合之间的关系，参见 Michael J. Hogan, *The Marshall Plan, America, Britain, and the reconstruction of Western Europe, 1947—1952*, New York: Cambridge University Press, 1987, Chp. 1.

使苏联认为他们对马歇尔计划的目的就是要将西部三个占领区分裂出去以建立依靠并忠实于美国的西德国家的判断得到了证实，[①] 于是，以西占区的币制改革为导火索，终于导致日益不安的苏联对进出柏林的水陆交通和货运实行封锁，致使第一次“柏林危机”爆发。当美国的大批飞机从东部德国的头顶呼啸飞过向柏林的西占区大规模空运各种物资的时候，人们真切地感到了美苏这两个战时盟国在战后第一次濒临战争的边缘，冷战出现了第一次真正的高峰。

尽管第一次柏林危机在历时近一年后以苏联的退却得以结束，但是德国的分裂过程已完全不可逆转。以 1949 年 9 月和 10 月德意志联邦共和国和德意志民主共和国的相继成立为标志，欧洲冷战对峙的经济、政治和地理界线基本落定。不仅如此，伴随马歇尔计划的实行和苏联强化对东欧的控制，尚未复苏的西欧各国也要求按照马歇尔计划的自助互助与他助方式，在军事上谋求美国的援助。1949 年 8 月以美国为首的北大西洋公约组织的正式成立，标志着跨大西洋的西方军事战略界线也基本划定。

另外，同样对强化冷战具有决定性意义的是 1949 年下半年苏联成功爆炸原子弹和中国革命的胜利。前者使西方感到它们正面临着苏联空前的军事威胁，甚至是核威胁；后者则因其改变了雅尔塔体系在东方的地缘政治版图，扩大了苏联的势力范围而使杜鲁门政府认定它所担心的共产主义浪潮的扩张已成为事实，整个“自由世界”处于空前的危险之中，从而威胁到美国的大战略。这两大事件的直接后果主要有三个：第一，促使杜鲁门政府正式签署“共同防御援助法”，即“军

① William R. Keylor, *The Twentieth－Century World, An International History*, Oxford: Oxford University Press, 1996, p. 270.

援法”，该法案作为马歇尔计划的重要补充，将“美国的外交与军事进一步紧密结合起来”，使北约有了实际意义。[①] 第二，出台国家安全委员会第68号文件，完全以“共产主义”和“自由世界”的两极对立为主导思想，过分夸大苏联的力量和扩张意图，认为苏联奉行全球侵略与扩张政策，并决定与之进行全球对抗。因此该文件成为美国在整个冷战时期的全球战略蓝图。[②] 第三，认真考虑重新武装西德。

1950年6月朝鲜战争的爆发，使美国政府认为国家安全委员会第68号文件对苏联意图的判断得到证实。于是，以美国全面卷入朝鲜战争为开端，冷战进入了最高潮，即使是斯大林逝世这一堪称国际事务中的最重要的事件也未能立即将其扭转。这一最高潮的重要标志和影响是：

在国际上，朝鲜战争作为冷战中的第一场特殊的局部热战，是美国采用军事手段以所谓遏制中国的共产主义来实施遏制政策的开始。它不仅使美国的对华政策进入了“大偏差”时期，[③] 而且使冷战达到了前所未有的白热化程度。美国的出兵及派遣第七舰队进入台湾海峡，以及中国为保家卫国而进行的抗美援朝战争，开始了长达20多年的中美冷战对抗，造成了至今没有解决的“台湾问题”。为了从军事上遏制共产主义，首先是遏制中国，美国在亚太地区构建了包括日本在内的军事体系。与此同时，美国设立了以艾森豪威尔为总司令的北约欧

① 关于“军援法”的提出与通过，参见资中筠主编：《战后美国外交史——从杜鲁门到里根》上册，113～116页，北京，世界知识出版社，1994。

② 该文件于1950年4月出台，编号为NSC68，全文见FRUS/1950，Vol. 1，pp. 235～292.

③ 参见[美]孔华润：《美国对中国的反应——中美关系的历史剖析》，张静尔等译，193、197页，上海，复旦大学出版社，1989。

洲盟军最高司令部，陆续将数万美军派驻欧洲，使北约成了一个真正的军事实体。当1955年联邦德国成为北约的正式成员时，美国便建成了在全球实施遏制共产主义战略的从大西洋经中东到西太平洋的军事条约网。苏联方面对西德加入北约立即作出反应，建立了包括东德和东欧国家在内的与北约直接相抗衡的另一个欧洲军事集团——华沙条约组织。于是，两个武装集团在欧洲大陆的中心地带相互怒目而视。

在美苏两国的国内政治方面，则出现了美国的极为反共的麦卡锡主义和苏联与东欧继续进行的“党内清洗”运动。它们作为美苏之间近于病态的极端相互仇视的反应，同样成为冷战最高潮的象征。

综上所述，美苏通过一系列相互作用与反作用的敌对政策和具体措施，到20世纪50年代中期终于形成了政治、经济、军事和地缘政治版图的两大集团的全面冷战对峙，使两极格局最终形成并相对固定下来。

但是，这个两极格局是既不对称性也不完全的。

首先，在两极格局中，以美苏为首的相互对立竞争的两极之间并不是完全对称的。美国和它的伙伴国实际上要比苏联集团强大。例如，在1950年，美国的国民生产总值是苏联的3倍，北约联盟加上日本的财富是所有社会主义国家财富的4～5倍。① 苏联仅在军事能力上与美国相当，但是在整个冷战期间都有能力摧毁美国的西欧盟国。因此，尽管在冷战的大部分时间里美国在整体军事能力上优于苏联，但是这种优势从没有大到使美国领导人觉得足以直接向苏联挑战

---

① ［美］布鲁斯·拉西特和哈维·斯塔尔：《世界政治》(1996年第5版)，王玉珍等译，92页，北京，华夏出版社，2001。

的程度，于是便导致了双方的军事威慑和军备竞赛特别是核竞赛的持续攀升。[①] 鉴于苏联的经济实力始终远逊于美国，因此在两国对立的整个历史时期中，冷战对苏联的伤害程度远远甚于苏联对美国的伤害程度。

其次，即使在冷战最高潮的年代里，两极格局也未能完全囊括所有的国家和地区。一些独立的国家或没有加入两个竞争的集团，或被开除出其中的某一集团，还有主要处于亚非地区的尚未获得独立的广大旧殖民地区。[②] 这些国家和地区仍然处于对立的两个联盟集团之外，使两极格局多多少少受到了牵制与限制。随着战后非殖民化运动的进行，亚非地区的独立运动和不发达国家的政治经济发展，不仅在一定程度上缓和了美苏之间最初的对抗，而且在两极格局的基础上不断生长出多极的力量。

四

概括地说，从杜鲁门到约翰逊总统的历届美国政府，并未改变自二战结束以来向全球扩张的国家大战略，因此，在 20 多年的时间里，他们的对外政策具有很大的延续性，其基本特征都是杜鲁门主义定下的基调：对苏联和社会主义国家实行遏制政策和冷战战略的同时继续进行对外扩张。但是，苏联政局在斯大林逝世后出现的变化，特别是以核力量和空间力量为代表的苏联军事实力的增强，西欧联合趋势的

---

① 关于美、苏在 1955 年和 1987—1988 年的军事开支比较，参见[美]布鲁斯·拉西特和哈维·斯塔尔：《世界政治》，王玉珍等译，93 页表 5.1，北京，华夏出版社，2001。

② 1949 年 1 月美国提出的“第四点计划”的目的之一，便是要与苏联争夺这些不发达地区。

发展和东欧对苏联离心倾向的增长，中国国际影响的不断扩大，非殖民化的加速进行和不结盟运动的发展以及苏联向第三世界伸展势力，加上美国在核军备竞赛中军事开支的巨大增长，这一切既是美国所始料不及的，又导致美国在国际上的相对实力下降，并迫使每位新当选的总统在其任期内对该政府的具体外交政策和策略进行有限调整。

于是，在艾森豪威尔时期便出现了要主动采取“一切和平手段”和必要行动使东欧国家摆脱苏联控制的所谓“解放政策”与对社会主义国家的“和平取胜”战略，以及与此相配合的依靠战略空军以核手段对苏联进行核威慑来遏制苏联的“大规模报复战略”和所谓“战争边缘政策”，还有“多米诺骨牌效应”和在中东实行“军事援助和合作计划”以对付“共产主义侵略”的所谓“艾森豪威尔主义”；在肯尼迪—约翰逊时期又出现了以美国的军事实力为基础，通过和平共处和平竞赛使苏联和东欧国家的制度“逐渐演变”的“和平战略”，以及与此相配合的在发展核武器的同时加强常规兵力，以前者为“盾”后者为“剑”，随时准备打包括核战争在内的各种战争的“灵活反应战略”和所谓“两个半战争战略”，还有向亚非拉地区派遣和平队的做法，要绝对控制拉丁美洲的“约翰逊主义”，以及不断使越南战争美国化的政策，等等。

上述政策与策略的实施，使这一时期的美国外交呈现出两种情况：第一，主张东西方之间展开对话与接触，在一定程度上缓和国际紧张局势，避免直接与苏联发生大规模的军事冲突；第二，过高估计美国的实力，夸大共产主义威胁，坚持遏制与对抗，继续进行冷战，并在局部地区扩大军事干预。

苏联在斯大林逝世后，其保障国家安全的大战略核心也未发生根本变化，但是面对已经变化了的国内外形势，新的苏联领导人对斯大林所坚持的两种社会制度之间的“战争是不可避免的”论断提出了修正，也开始了对外政策的调整。这种调整在苏联高层领导的权力斗争中逐渐在理论上被系统化，并在1956年2月召开的苏共二十大上得到了确认。

概括地说，斯大林时期苏联外交政策的僵化和冷战对抗的日益加剧，以及在处理社会主义国家关系上的错误政策，致使苏联在国际上处于比较困难的境地；战后国际局势出现的新因素，诸如社会主义阵营的形成导致国际政治力量对比发生了重大变化，美苏双方都拥有核武器而使核战争变成了现实威胁，世界经济联系的不断扩大和日益紧密，等等，要求新的苏联领导人必须重新考虑已经变化了的世界现实；再加上国内对斯大林时期高度集中的政治经济体制进行改革的需要，这一切便成为斯大林去世后苏联外交政策进行调整的基本原因。

这一调整主要包括相互联系的三个方面：第一，承认国际局势发生了很大变化，社会主义力量的发展和拥护和平的运动将可能防止战争，而且在使用核武器的战争中“将没有胜利者”，因此两种社会制度之间的战争并不是注定不可避免的。第二，承认社会主义和资本主义两个体系的同时存在已经是客观现实，相信社会主义生产方式比资本主义生产方式具有决定性的优越性，因此强调列宁关于社会制度不同的各国和平共处的原则，仍然是苏联对外政策的总路线。第三，根据上述判断，赫鲁晓夫明确提出社会主义和资本主义两个体系要和平共处改善关系，加强信任与合作，并展开和平竞赛；认为各国向社会主义过渡的斗争形式越来越多样化，在不排除暴力革命的同时，强调利用议会道路向社会主义和平过渡的可能性。因此正如美国学者康多莉扎·赖斯(目前她任小布什政府的国家安全事务助理)所指出的：苏联的和平共处是从实际打败资本主义的后退，但是资本主义也不能再指望依靠武力或其他“反革命”手段去战胜社会主义。因此和平共处在放弃选择战争作为一种工具的同时，其内核仍然是要将两种天生敌对体系之间的争斗进行到底。①

但是，这一调整也存在很大局限性，主要包括：以苏联作为社会主义国家的核心，认为两种不同制度的和平共处就是苏联和美国的和平共处，对其他社会主义国家则不讲和平共处，并要求后者必须服从苏联的利益；将"战争可以避免"的论断完全建立在"核威慑"之上，过于强调核武器的作用，并因此而要求苏联的核力量强大到迫使西方不敢发动战争的程度，其结果是将和平的经济竞赛变成了核军备竞赛。

在上述理论指导下，苏联对外政策的主要目标是：第一，缓和与美国及其他西方国家的关系，缓解极其尖锐的冷战对峙状态；第二，改变苏联在国际上的被动局面，力求实现美苏联手共同主宰世界，并为此而积极发展核力量；第三，通过政治经济军事等手段将苏联的势力和影响向亚非拉地区渗透和扩大，与美国进行新的争夺。

由于美苏双方的外交政策都进行了有限调整，导致东西方关系的基本走向发生变化：一方面，双方从对抗走向对话，使尖锐的冷战对峙有所缓和；另一方面，在一些重大问题上也出现了局部的激烈冷战对抗。

东西方关系缓和的主要标志是：其一，双方共同解决了第二次世界大战后的一些遗留问题，主要包括苏美英法与奥地利签订了和约，苏联与联邦德国和日本分别建立和恢复了外交关系。其二，美苏首脑举行了一系列会谈，使国际紧张气氛有所缓和，东西方之间的接触与往来也得以逐渐展开。其三，适度限制军备竞赛，这便是古巴导弹危

---

① Condoleezza Rice, *The Evolution of Soviet Grand Strategy*, in Paul Kennedy ed., *Grand Strategies in War and Peace*, New Haven: Yale University Press, 1991, pp. 145～164.

机后美英苏签署的《禁止在大气层、外层空间和水下进行核武器试验条约》(《部分禁止核试验条约》)，该条约作为美苏在核时代签署的第一个限制军备竞赛的条约，尽管其目的之一在于限制其他国家，但仍可视为东西方关系缓和的积极成果。另外，从 20 世纪 50 年代中期开始的中美大使级会谈，也使两国在尚未相互承认且对立的情况下，有了一个保持某种接触和联系的渠道。

但是，由于美苏的基本外交政策仍然建立在冷战之上，因此与局部关系缓和相伴随的是一波又一波的冷战对抗。苏联领导人借其在核武器特别是运载系统方面的暂时领先地位，采取进攻性行动，在美国和西方认为最易受伤害却又最为关键的地区——柏林和古巴，相继于 1958 年和 1962 年挑起了第二次柏林危机和古巴导弹危机。前者持续了 3 年之久，曾造成双方的战争一触即发的极为紧张状态；后者则导致了一场前所未有的可能触发核战争的危机。在这两次危机期间，美苏对抗虽然不如冷战最高潮时期那样全面并达到了局部热战的程度，但是就其所带来的战争尤其是核战争的风险而言，却是空前严重的。然而应当指出的是，尽管这两次危机都是以苏联的首先退却而得以缓和，但实际上双方在处理危机时几乎是心照不宣地遵守着下列原则：坚持为对抗留有余地，努力寻求谈判与妥协的途径，避免因危机升级冲突失控而无可挽回地引发战争。① 因此可以说，正是在这两次美苏

① 例如在古巴导弹危机期间，从 1962 年 10 月 22 日到 12 月 14 日，肯尼迪与赫鲁晓夫的来往信件就达 25 封，其中近一半信件在冷战结束后才得以解密。在这些信件中，双方虽然相互指责，但都表明了避免因这场危机而使世界陷入核大战，以及通过和平谈判解决危机的强烈愿望。参见韩兵等译：《1962 年古巴导弹危机期间赫鲁晓夫与肯尼迪的二十五封通信》，见《世界史研究动态》1993(2—4)。

直接军事对峙的危机期间，冷战的自我控制机制也发展和表现得相当充分。

这两场异乎寻常的冷战较量的后果是有些自相矛盾的：一方面，它使两个超级大国实实在在地认识到核时代直接对抗的危险，并因此在双方之间建立了“热线”联系以防止意外冲突的出现，而此后也确实没有再发生类似的严重冲突，同时促成了部分限制核试验条约的签订；另一方面，它却导致了双方更加激烈的相互攀升的发展战略核武器的军备竞赛。

在此期间，美苏还在中国台海地区和中东地区间接地卷入冲突，而美国则越来越深地直接陷入越南战争之中。这些冲突和战争都是在冷战的大背景下发生的，并在不同程度上受到了冷战的制约，因此便成为冷战的另一些特殊形式。

20 世纪 50 年代发生的两次中美军事力量在台湾海峡紧张对峙的台海危机，其主要原因不仅在于美国对中国完成国家统一解决台湾问题的阻挠和干涉，还在于通过遏制中国而遏制苏联，正如当时的副总统尼克松所说，“假如我们让他们知道我们在利害关系很小的情况下也要保卫自由，那么就不会鼓励苏联人在利害关系较大的情况下威胁自由”，“那就是为什么两个小岛(指金门和马祖)……在世界政治的牌戏中会如此重要”。① 台海危机虽然以双方的克制而趋于缓和，但是它使中美关系仍然势不两立，并使中苏分歧与矛盾继续发展，更为重要的是它进一步坚定了中国发展自己的核力量的决心。

1956 年英国、法国和以色列反对埃及收回苏伊士运河主权而引发的苏伊士运河危机，背后也有美苏之间的明争暗斗，为此而爆发的

---

① 转引自[美]托马斯·帕特森等：《美国外交政策》下册，李庆余译，684 页，北京，中国社会科学出版社，1989。

第二次中东战争以及英、法、以的失败，给美苏势力进一步向该地区渗透与伸展提供了机会。通过军事和经济援助中东国家确保美国石油利益的艾森豪威尔主义由此出笼，① 苏联也以同样的手段扩大影响。于是，中东地区也成了两个超级大国的冷战战场。

1954～1968 年美国在亚洲的战略边缘地区越南所进行的“美国最漫长的战争”，是整个冷战过程中继朝鲜战争之后的另一场极其重要的局部热战。它以艾森豪威尔提出的“多米诺骨牌”理论为指导，以支持南越政权来遏制中国和苏联为主要目标，并企图通过越来越深的军事卷入来维持美国的威望和证明美国的实力，② 从而使战争逐步升级。然而，美国深陷越南战争的结果却适得其反，大量人力物力的耗费导致美国的实力急剧下降，最终迫使美国将其全球扩张的大战略适当收缩，并对其外交政策进行重大调整；而苏联则借机迅速增强了自己的军事力量，并将其以保卫国家安全为主的大战略发展为对外扩张的战略。于是大约从 20 世纪 70 年代开始，冷战将再次呈现新的态势。

① 参见[美]艾森豪威尔：《艾森豪威尔回忆录——白宫岁月(下)》，静海译，200～205 页，北京，生活・读书・新知三联书店，1977。

② 肯尼迪曾经对《纽约时报》资深专栏作家詹姆斯・赖斯顿说：“现在我们的问题是让别人信服我们的力量，越南似乎是个理想的地方。”转引自[美]基辛格：《大外交》，顾淑馨等译，595 页，海口，海南出版社，1997。

从两极格局到多极化趋势的发展

——20 世纪 70～90 年代冷战态势的演变*

20 世纪 60 年代末 70 年代初，整个世界的形势已经与战后初期和 50 年代完全不同。在美苏两极之外，世界出现了西欧、中国和日本等新的力量中心，再加上第三世界力量的增长和发生的各种动荡所造成的全球不稳定因素的增加，使美苏两个超级大国再也没有足够的能力去控制世界。因此，与前一阶段相比，美苏在这一时期的对外政策都出现了较大变化。概括地说，与杜鲁门到约翰逊政府的对外政策具有很大延续性相比，尼克松至布什政府的对外政策则处于不断调整之中，尽管其坚持全球扩张的总体战略目标并未根本改变；而从勃列日涅夫到戈尔巴乔夫的苏联对外政策则从利用东西方关系的缓和继续向全球的势力扩张转向全面收缩。本文仍然尝试从美国和苏联的国家大战略

---

* 原载《浙江学刊》2005(2)。本文是作者为齐世荣、廖学盛主编的《20 世纪的历史巨变》撰写的第四编第十一章的部分内容，参见 467～479 页，北京，学习出版社，2005。

以及由此而形成的两国对外政策的角度出发，揭示20世纪70～90年代以美苏为主要对手的冷战从缓和与紧张并存走向冷战结束的内在因素，并勾勒这一历史时期国际格局从两极向多极化趋势发展的基本图景，以求教于方家。①

一

20世纪70年代初，美国面临严峻的国内外形势和日益复杂多变的外交课题：面对苏联在核武器的数量方面已经超过美国，并于60年代末开始部署反弹道导弹系统，美国感到它的对苏军事优势特别是核优势已发生严重动摇；法国戴高乐主义和联邦德国新东方政策的实行以及欧共体的蓬勃发展，使美国在西方联盟中的领导地位正在遭遇挑战；中国力量的发展和中苏关系的分裂以及美国国内舆论的压力，② 使美国政府必须重新评估中国在美苏中战略三角中的作用，并改变以往僵硬的对华政策；还有那场使它付出了3000多亿美元、几万人的生命代价却无法打赢的越南战争，以及导致其国力相对下降的大量海外军事义务，更是给美国社会带来了深刻的危机。因此美国必须对其坚持的全球扩张的大战略进行一定程度的调整，并据此制定新的对外政策，以保持它在国际政治中的主导地位。这一战略调整的标

① 关于冷战的爆发以及两极格局的形成，参见徐蓝：《国家大战略与对外政策调整——20世纪40－60年代冷战态势的演变》，载《浙江学刊》2003(6)，131～139页，已收入本书中。

② 1966年3月8日～30日美国参议院外交委员会主席威廉·富布赖特主持举行的12次对华政策听证会，尤其表达了美国知识界和舆论界对政府对华政策的不满。参见 Arthur Schlesinger, Jr.，*The Dynamics of World Power*：*A Documentary History of United States Foreign Policy 1945—1973*，Vol. 4，New York：Chelsea House Publishers，1973，pp. 305～308.

志便是“尼克松主义”。

“尼克松主义”的基本内容包括“三项原则”和“三根支柱”。“三项原则”是：1. 美国将恪守它的一切条约义务；2. 如果一个核国家威胁一个与美国结盟的国家的自由，或者威胁一个美国认为它的生存对美国的安全以及整个地区的安全至关重要的国家的自由，美国将提供援助；3. 如果发生其他类型的侵略，美国将在接到请求时，提供适当的军事和经济援助，但美国将指望直接受到威胁的国家承担为其本身的防务提供人力的主要责任。“三根支柱”是：1. 伙伴关系，即美国要与其盟国建立较为均衡的伙伴关系，以此鼓励盟国承担更大的责任；2. 实力，即无论是对盟国还是对敌手，美国的政策都必须以实力为基础和后盾；3. 谈判，即美国对其敌手要采取灵活态度，进行对话或谈判，以此实现力量平衡。①

根据尼克松主义，美国将以往的全球扩张的总态势进行了修改，这种变化主要体现在军事和外交两个方面。

在军事上，尼克松政府提出了“现实威慑战略”以摆脱由于军事伸展过度而导致的负担过重的困境。在战略核力量方面，提出以“充足”

---

① 关于尼克松主义，有狭义与广义之分。狭义的尼克松主义是指从1969年7月尼克松的关岛演说及其延伸而来的“三项原则”，旨在调整美国的海外义务，主要涉及美国的力量收缩；广义的尼克松主义还包括1970年尼克松在其对外政策报告中提出的以“伙伴关系、实力和谈判”为三大支柱的“新和平战略”，这不仅涉及美国与其盟国的关系，也涉及美国对苏联和中国的基本方针。本文所论述的是后者。有关尼克松主义的资料，可参见 Richard Stebbins and Elaine Adam，eds.，*Documents on American Foreign Relations，1968—1969*，New York，1972，pp. 333，282～283；*Public Papers of the Presidents of the United States：Richard Nixon，1970*，Washington D. C.，GPO，1972，pp. 116～190；*Public Papers of the Presidents of the United States：Richard Nixon，1971*，Washington D. C.，GPO，1972，p. 221.

论取代原来的对苏优势论，确保美国的质量第一；在常规力量方面，提出以“一个半战争”的战略取代“两个半战争”的战略，[①] 把战略重点集中到对付苏联；在海外义务方面，推行与其盟国的分级负责制，为结束越南战争打下基础。

在外交上，尼克松政府在承认世界已经进入多极时代的前提下，[②] 推行均势政策，从而使美国的外交出现了一些重要变化：第一，逐步结束越南战争，在海外驻军方面加强“欧洲第一”的方针。第二，继续东西方的对话与接触，缓和与苏联的关系，并力图从实力出发，用军控协议限制苏联的军备。第三，主动采取行动，打开与中华人民共和国关系的大门，并利用同中国接近来对付苏联。第四，调整对盟国的政策，通过强调西方联盟是“平等的伙伴关系”巩固美国的领导地位。第五，注重扩大美国在中东和平进程中的作用，以确保美国的经济、政治利益。

尼克松主义作为力图使美国的对外政策与其能力相适应，在海外实行部分收缩的同时继续维护美国重大利益的政策，是对美国以往的外交战略的重大调整，不仅在一定程度上改善了美国由于长期的全球

---

① 根据“两个半战争”的战略，美军在和平时期维持的部队，应当能够为保卫北约而进行三个月的前沿防御战争，并为保卫韩国和东南亚抵抗中国发动的全面进攻，同时对付一场规模不大的紧急事态；根据“一个半战争”的战略，美军在和平时期维持一般任务的部队，将足以对付在欧洲或亚洲发生的一次共产党的大规模的进攻，同时援助美国的亚洲盟国抵御并非来自中国的威胁，以及对付其他地区的一场紧急事态。

② 尼克松在1971年的对外政策报告中认为，世界已经进入了一个多极外交的新时代；同年夏天，他在堪萨斯城的演说中，明确提出美国、苏联、西欧、日本和中国是决定未来世界命运的五大权力中心。参见 *Public Papers of the Presidents of the United States: Richard Nixon, 1971* , Washington D. C., GPO, 1972, pp. 220, 803～806.

侵略干涉而日益恶化的国际地位，而且促进了具有深远意义的国际力量的分化和改组，并在不同程度上成为福特和卡特政府的对外政策的主要出发点或借鉴。当然，正如苏联驻美国大使阿纳托利·多勃雷宁所写到的："从本质上说，无论是总统还是他的亲密助手都没有能够冲出冷战的影响范围，尽管他们比其他几位白宫的冷战斗士表现出更注重实效、更现实的态度。"①

福特和卡特政府基本上继续实行尼克松政府的军事战略与外交政策。在福特任内，最终结束了美国对印度支那的侵略，从而完成了美国在亚洲的军事收缩；在对苏关系上，继续推行缓和外交并进行限制战略武器的谈判。随着苏联在第三世界加紧扩展势力，卡特政府在外交战略上做出了两项调整：第一，以"世界秩序战略"取代"大国均势战略"，以此巩固西方世界的团结和美国的领导地位，并以美中正式建交而终于实现了美中关系的正常化；第二，明确提出"人权外交"并宣布人权是美国对外政策的核心原则，企图以此达到消除美国民众自越战引起的信任危机，在意识形态上战胜苏联促进东欧变革，进一步与苏联在第三世界展开争夺等多重目的。但是以强硬面貌出现的"人权外交"，其具体的运作却并不成功。于是以1979年美国盟友伊朗国王巴列维的垮台、美国人质危机和苏联入侵阿富汗为转折，美国提出了被称之为"卡特主义"的波斯湾新政策，声称"任何外来力量企图控制波斯湾地区，均将被认为是对美国切身利益的攻击，这种进攻将受

① ［俄］阿纳托利·多勃雷宁：《信赖——多勃雷宁回忆录》，肖敏等译，224页，北京，世界知识出版社，1997。

到包括使用军事力量在内的一切必要手段的回击。”[1]该政策表明美国正在对20世纪70年代以来的对苏缓和战略进行重大修正，将强调道义力量转变为强调实力，从而为里根政府以实力为核心的对苏政策奠定了初步基础。

与尼克松至卡特政府的两极思维有所弱化相比，里根在其第一任期内，继续推行美国战后一贯以遏制苏联为核心的全球战略，并具有更为明显的两极色彩，“完全恢复到强调通过威胁和使用武力对苏联共产主义进行全球遏制的轨道”。[2] 在这种新遏制政策的指导下，里根结束了自尼克松以来的收缩态势，在军事战略和外交战略上做出了一些重要调整。

在军事战略上，里根以重新谋求对苏军事优势为出发点，提出了所谓的“新灵活反应战略”，[3] 其基本内容主要有两个方面：第一，要求美国拥有与苏联打两场大战甚至是短期的核交锋，同时在第三世界打一场“低烈度战争”的能力，并为此从事了美国历史上和平时期的最大扩军建设；第二，提出并着手实施“战略防御计划”，（又称“星球大

① 美国人质危机是指1979年11月伊朗学生将美国使馆工作人员扣为人质以要求引渡伊朗前国王巴列维和归还巴列维家族在美财产的事件，该事件于1981年1月得以解决。关于卡特主义，参见[美]托马斯·帕特森等：《美国外交政策》下册，李庆余译，860页，北京，中国社会科学出版社，1989。

② [美]杰里尔·A. 罗塞蒂：《美国对外政策的政治学》，周启朋等译，20页，北京，世界知识出版社，1997。

③ “新灵活反应战略”成形于里根总统的第一任期，并于第二任期正式提出。

战计划”，简写为 SDI)，[①] 将过去利用核报复来进行威慑发展为以核防御来进行威慑。

在外交战略上：第一，采取在美国的军事实力切实增强之前决不同苏联重开裁军谈判的立场，力图通过军备竞赛拖垮苏联并迫使后者认真谈判；第二，通过拒不向苏联提供最惠国待遇，限制高技术与产品的出口等方法对苏联进行经济攻势；第三，从两极的视角看待地区冲突，力图包揽中东和平进程，加强美国在第三世界的影响并与苏联展开进一步争夺；第四，在意识形态领域强化对苏联的进攻和对共产主义的攻击，以期利用苏联体系中的裂缝来加速苏东政权的垮台过程。[②]

综上所述，从尼克松到里根第一任期，美国的对外战略走过了一条从全球扩张到局部收缩再到结束收缩的曲线，与此相对应，美国的对苏政策也从缓和再次走向强硬。

在美国进行一定的战略收缩和调整之时，苏联基本处于勃列日涅夫时期。在此期间，苏联国内政治相对稳定，经济有较大发展，核力量大大加强，因此，与斯大林和赫鲁晓夫时期相比，勃列日涅夫时期的苏联对国际形势的总体看法既有相当的继承，也有重要的区别。对此我们可以概括出以下几点：第一，勃列日涅夫认为，资本主义的总

---

① 该计划是要运用高科技手段，在美国上空建立一种反弹道导弹的核战略防御体系，在敌方的导弹起飞、进入太空和重新进入大气层袭击目标的不同阶段，利用太空和地面武器进行层层拦截，以保证美国在核攻击时处于安全状态。关于这一计划，参见[美]丹尼尔·奥·格雷厄姆：《高边疆——新的国家战略》，张健志译，310～313 页，北京，军事科学出版社，1988。另外，该计划实际成为目前小布什政府坚持要建立的“国家导弹防御系统”(NMD)的先声。

② 参见[美]罗纳德·里根：《里根回忆录——一个美国人的生平》，何力译，24 页，北京，新华出版社，1991。

危机在继续加深，它的注定灭亡是越来越明显的了。第二，与资本主义体系正经历着总危机相反，苏联和整个社会主义体系的国际影响正在不断增长，正如1971年苏联外长葛罗米柯所说："今天，没有哪一个比较重要的问题没有苏联的参加或者违背它的意愿而能够得到解决的。"到1977年，勃列日涅夫更是通过新宪法，宣布苏联已经建成了"发达的社会主义"国家。第三，勃列日涅夫逐渐淡化了赫鲁晓夫的"核战争中没有胜利者"观点，认为现代战争既可能是核战争，也可能是常规战争，既可能是世界大战，也可能是局部战争，而"胜利将属于在装备上、理论上和士气上最有准备的一方"。①

从上述对国际形势的总体看法出发，勃列日涅夫时期的苏联国家大战略也发生了一些重要变化。

首先，在保卫国家安全方面，勃列日涅夫将防御为主发展为先发制人为主。这一国家大战略的变化，成为勃列日涅夫时期外交战略的基点从赫鲁晓夫的以缓和为主、追求美苏合作主宰世界的战略目标，发展为在全球展开战略攻势、积极介入、主动对抗、与美国争夺世界霸权的进攻战略的基础。

其次，在与西方的关系方面，勃列日涅夫坚持赫鲁晓夫所实行的和平共处原则，并将该原则作为推行缓和战略的基础。但是勃列日涅夫把不同社会制度国家的和平共处看作是社会主义和资本主义之间阶级斗争的形式，"缓和绝不是取消，而且也不可能取消或改变阶级斗

① 参见邢广程：《苏联高层决策70年》第四分册，177、199、204页，北京，世界知识出版社，1998；周尚文、叶书宗、王斯德：《苏联兴亡史》，664页，上海，上海人民出版社，1996。

争的规律”。[1] 因此，勃列日涅夫时期的缓和战略不过是一种政治上的谋略，是为主动对抗这一积极进攻战略服务的工具，在他看来，缓和并不妨碍同美国的争夺，也不影响苏联在世界上以推行“苏联模式”和进行世界革命为借口而扩张自己的势力范围。

在这种积极进攻战略和缓和战略的双重指导下，这一时期苏联对外政策要达到的主要目标是：第一，保持已经达到的与美国的战略均势，争取在限制战略武器的谈判中取得进展，以便在质量上赶超美国。第二，争取通过缓和达到欧洲的和平、安全与合作，以利于苏联的多种利益。第三，进一步在全球扩张苏联的势力，与美国争夺对世界事务的领导权。第四，强化对东欧的控制，继续与中国进行意识形态斗争。

在美苏双方的国家战略和外交政策都进行了上述调整的情况下，这一时期的东西方关系既出现了缓和的高潮，又有着冷战对抗的加剧。

东西方关系出现缓和高潮的最主要的标志是双方在核裁军方面取得一定进展，即从前一阶段的以限制其他国家为主的部分核军备控制阶段发展为限制美苏自身的核武器数量的阶段，这就是美苏于1972年签署的《美苏关于限制反弹道导弹系统条约》(即反导条约，ABM)和《美苏关于限制进攻性战略武器的某些措施的临时协定》(即第一阶段限制战略武器协定，SALT Ⅰ)，以及1979年签署的《美苏关于限制

---

① ［苏］阿·阿夫托尔哈诺夫：《勃列日涅夫的力量和弱点》，杨春华等译，91页，北京，新华出版社，1981。

进攻性战略武器的条约》(即第二阶段限制战略武器条约，SALT Ⅱ)。① 这些条约的签订，是美苏在核军备控制上迈出的重要一步，表明两国都认识到没有节制的战略武器竞赛有害无益，确认了“相互确保摧毁”的威慑理论，承认了它们之间已经存在的战略均势现状，为两国的军备竞赛制定了游戏规则和竞争框架，有助于战略的稳定，并成为这一时期东西方关系缓和高潮的重要象征。但是这些条约主要是对双方战略武器的数量限制而不是质量限制，因此又为它们在更高质量层面上的战略核武器竞赛留下相当大的余地。另外，1975 年“欧洲安全与合作会议”的召开，则使东西欧之间的冷战对峙得到了一定化解。

但是东西方的冷战对抗并没有因为缓和而改变。在缓和达到高潮时，1979 年底苏军大规模入侵阿富汗，直接导致了缓和的热度急剧下降并引发了新一轮对抗，致使一些人认为东西方关系又进入了“新”冷战或“第二次”冷战和重新进行军备竞赛的时期，而“缓和”已经死亡。② 至此，苏联的军事力量和霸权主义达到顶峰，但与此同时，它所追求的全球进攻和与西方关系缓和的大战略却已经搁浅。勃列日涅夫留给戈尔巴乔夫的是一种停滞不前的国内经济和极其失败的外交局面。

在此期间，中国的外交取得了巨大的成功，这不仅表现在 1971

① 美国政府和国会以 1979 年底苏联入侵阿富汗为由而推迟了对 SALT Ⅱ 的最后表决，1981 年里根执政后，更是反对批准该条约，直到 1982 年双方才重开限制战略武器谈判，这便是 SALT Ⅲ，但无果而终。

② T. E. Vadney, *The World Since 1945 , A Complete History of Global Change From 1945 to the Present*, New York: Facts On File Publication, 1987, p. 424；[德]赫尔穆特·施密特：《西方战略》，陈炳辉译，10 页，世界知识出版社，1988。

年中华人民共和国终于恢复了在联合国的合法席位，而且表现在中美关系所取得的突破性进展方面。尼克松政府对华政策的调整和处于“文化大革命”中的中国高层领导人从国家安全的大战略出发而做出的争取与美国发展关系的决定，① 最终带来了中美关系的正常化。从中国的角度来说，这两件大事不仅意味着中国终于走出了美苏冷战的阴影，而且表明中国已经把自己的外交活动的舞台从东方扩展到整个世界。

伴随“文化大革命”的结束，以1978年中国共产党十一届三中全会为标志，中国进入了改革开放的新时代，与此同时，中国的对外政策也开始了引人注目的调整，直至1985年才基本结束。这一调整的最重要的特征和基本精神是：第一，对时代主题的认识发生了重大变化，逐步放弃了以往坚持的大规模世界战争不可避免的观点，提出和平与发展已经成为当代世界主题的正确论断。② 第二，中国对国际问题的认识不断深化，在与世界各国的交往中，提出要根据世界的发展趋势和自身的利益要求，以及根据事情本身的是非曲直来决定自己的政策和处理与其他国家的关系，不再以意识形态划线，并实行真正不结盟的独立自主外交政策。第三，承认现存世界是多样化的，各国之间既有矛盾斗争，也有互相依赖；在处理一系列国际问题时，国家之间特别是大国之间存在着共同利益，因此需要也可以进行合作；与此

---

① 1971年5月26日中共中央政治局会议所作出的关于中美关系以及与此相关的台湾问题、印度支那等问题上中国方面应当掌握和坚持的8项原则，可视为中国新的对美政策的全面而正式的确立。这些原则，参见宫力：“毛泽东怎样打开中美关系的大门”，见国际战略研究基金会编：《环球同此凉热——一代领袖们的国际战略思想》，270～287页，北京，中央文献出版社，1993。

② 参见《邓小平文选》第三卷，105页，北京，人民出版社，1993。

同时，也要反对霸权主义。[①] 从此，这些基本精神就成为中国外交的指导思想。

在此期间，作为另一个力量中心的西欧联合进程也取得了长足的进步。欧共体通过的有关建立欧洲联盟和“统一大市场”的宣言与法令，表明西欧的联合所追求的是要实现欧洲的经济、社会和政治一体化。他们实行的以一系列《洛美协定》为代表的向发展中国家提供援助的政策，尽管存在缺陷，却是欧共体与发展中国家探索南北合作的途径和建立国际经济新秩序的有益尝试，更是欧共体希望在国际舞台上“用一个声音说话”以加强其欧洲特性的突出表现。欧洲作为世界力量的一个中心正在稳步发展。与此同时，随着日本于70年代成为世界第三经济大国，日本继续在政治上追求大国地位，逐步将过去的“对美一边倒”的“被动外交”转变为追求国家战略目标的“自主外交”。

在此时期，东欧各国除了阿尔巴尼亚之外，都不同程度地进行了一些改革，并在一定时期内取得了一些成果。但是它们并没有彻底改造原有的计划经济管理体制，在外部又受到勃列日涅夫主义的控制和经互会“一体化”体制的限制，再加上西方国家利用东欧出现的困难和问题，从政治、经济、思想文化等各个方面施加影响，不仅造成了东欧的生活水平与其西方邻国之间的差距越来越大，而且导致了东欧的反苏民族情绪持续高涨，政局不稳，经济政治危机日益深化。这一切，为东欧最终的剧变提供了十分重要的背景条件。

概括地说，第三世界的发展呈现两种状况。一方面，一些已经独立的第三世界发展中国家积极在联合国发挥作用，并继续进行争取建

---

① 关于中国外交的这次调整，可参见曲星：《中国外交50年》13章，南京，江苏人民出版社，2000。

立国际经济新秩序的斗争，其中最为典型的是在中华人民共和国恢复在联合国的合法席位的问题上第三世界的支持，以及以1973年第四次中东战争为契机而开始的阿拉伯产油国发动的，以提高石油价格和控制开采权为主要内容的石油斗争。这场斗争不仅给各产油国带来了巨额财富，在一定程度上改变了中东地区的力量对比，而且对西方国家造成了相当大的冲击，打击了以它们为主导的国际经济旧秩序，从而开始了在全球范围内的南北对话的过程，并推动了以区域性合作为代表的南南合作的进一步发展。另一方面，在诸如中亚、中东、印度支那、非洲之角以及葡属非洲殖民地的独立等第三世界的热点地区和热点问题上，人们都能看到美苏两个超级大国的争斗和影响，从而加重了第三世界人民争取和平与发展的斗争的艰巨性与复杂性。另外，以两伊战争为代表的第三世界各国之间的矛盾与争斗，也在相当程度上削弱了第三世界的力量。

二

1985年是里根总统第二任期的开始。经过四年的努力，美国认为它已经扭转了与苏联军事力量对比的不利趋势，可以从实力出发推行更为灵活的对苏政策；与此同时苏联也换上了以“改革和新思维”为指导思想的新领导人，于是第二届里根政府再次大幅度调整对苏政策。这一调整主要表现在：第一，承认两国在避免一场大战方面有着共同利益，因此推进双方高层会晤，就有分歧的问题进行对话。第二，推进军控谈判，并将“限制战略武器会谈(SALT)”改为“削减战略武器会谈(START)”。[①] 第三，出台以公开支持全世界的反共革命为主旨的“里根主义”作为美国对苏联推行新遏制政策的重要部分。[②] 1989年布什入主白宫后，在基本继承里根的对话与军控政策的同时，根据20世纪80年代以来的苏东政局变化，再次对美国的对苏政策进行重大调整，提出了以实力为依托，更多利用除军事遏制以外的其他手段，鼓励苏东国家从内部发生“和平演变”的“超越遏制战略”作为美国对苏东政策的总纲领。[③]

20世纪80年代的苏联确实发生着巨大的变化。与里根第二任期的开始几乎同步，戈尔巴乔夫成为苏共中央总书记。面对日益恶化的国内政治经济形势，戈尔巴乔夫逐渐形成了以“新思维”为理论基础的对整个国家进行全面改革的思想。这一思想的内涵集中于两大方面：在对内政策上，批评传统的斯大林模式的社会主义，提出民主性和公开性，要将苏联建成“人道的、民主的社会主义”；在对外政策上，提出以“承认全人类的价值高于一切”为核心的外交政策新思维。

概括地说，戈尔巴乔夫的对外政策新思维包括以下几个相互联系的方面。第一，对当代世界发展趋势的基本估计。他认为，由于科学技术的高速发展，当前的世界已经形成了一个不可分割的多样性的统一体，人类面临着生存和发展的共同问题，因此全人类的利益高于一切，不应当把意识形态的分歧搬到国家关系中来；从上述基本观点出

① 参见[美]唐·里甘：《里根政权内幕——里甘回忆录》，郁频等译，313页，天津，天津人民出版社，1992。

② 参见[美]托马斯·帕特森等：《美国外交政策》下册，李庆余译，870页，北京，中国社会科学出版社，1989。

③ 参见杜攻主编：《转换中的世界格局》，114页，北京，世界知识出版社，1992；方连庆、刘金质、王炳元主编：《战后国际关系史(1945—1995)》(下)，641～643页，北京，北京大学出版社，1999。

发，世界大战特别是核战争是可以避免的，因为在全球性的核冲突中没有胜利者和失败者，只有人类文明的毁灭，所以解决争端和通向安全的唯一道路是政治解决和裁军的道路；科技革命在很大程度上改变了资本主义，使之仍然具有生命力并可以避免战争，同时承认社会主义也没有可供所有人学习的某种模式，承认社会主义革命和建设模式多样化的现实。第二，从上述对世界发展趋势的基本估计出发确定苏联处理国际关系的基本原则：社会主义和资本主义的和平共处与和平竞赛原则；各国为避免核战争的普遍安全与裁军原则；各国有权自由选择自己的发展道路的不干涉内政原则。第三，提出苏联对外政策的战略目标：以"普遍安全"(或"相互安全")取代以往的"单方面安全"来确保苏联的国家安全；以各国各民族相互依存为依托建立新的国际秩序；通过外交政策的改革，为国内实行彻底改革创造有利的国际环境。① 于是，以外交政策新思维为依据，戈尔巴乔夫将勃列日涅夫的全球进攻战略改变为缓和与收缩战略。

由于美苏双方的政策调整出现了一些重要的一致性，使两国关系再次出现了从紧张走向缓和，从对抗走向对话甚至合作的新局面。它的主要表现是：第一，从 1985 年到 1991 年，美苏总统之间进行了 5 次会晤，并建立起广泛的多层次的对话机制。第二，裁军取得重大进展。在核裁军方面，双方相继签署了《关于消除两国中程和中短程导弹条约》(简称《中导条约》，英文缩写 INF)和《削减战略武器条约》(即

---

① 关于戈尔巴乔夫的外交政策新思维，参见他的著作《改革与新思维》，苏群译，北京，新华出版社，1987。美国学者赖斯认为，"新思维"是苏联对国际体系看法的重要改变。参见 Condoleezza Rice，*The Evolution of Soviet Grand Strategy*，in Paul Kennedy ed.，*Grand Strategies in War and Peace*，New Haven：Yale University Press，1991，pp. 145～164.

第一阶段削减战略武器条约，英文缩写 START Ⅰ）。前者将中程导弹作为整整一类核武器的销毁不仅有利于缓和美苏关系，有助于推动双方裁军势头的进一步发展，也减轻了中程核武器对欧洲的威胁，推动了裁减欧洲常规兵力的谈判；后者首次规定对双方战略核武器数量进行 30%～40%的削减(尽管双方在限制战略防御武器的问题上仍存在分歧)，确实是美苏自中导条约之后在核裁军方面的又一重要进展。可以说，这两个条约的签署，标志着美苏从限制自身核武器数量的阶段，发展为实际减少两国的核武器数量的阶段，从而第一次真正实现了国际社会要求大幅度削减战略核武器的共同心愿。在常规裁军方面，北约和华约签署了《欧洲常规武装力量条约》(英文缩写 CFE)，使两大军事集团在中欧紧张对峙的态势不复存在。① 第三，在制裁伊拉克侵略科威特的问题上，美苏在联合国安理会采取了一致行动，② 在德国统一的问题上，苏联也采取了与西方合作的态度。

在美苏关系明显改善的同时，苏联与东欧的关系也有了实质性变化。苏联开始承认在历史上对东欧国家的政策存在一系列严重错误，宣布不再干涉特别是不再用武力干涉东欧的事务并陆续从东欧撤军，鼓励和支持东欧的改革和与西方的对话，并使经互会和欧共体实现了

---

① 关于裁军问题，参见潘振强主编：《国际裁军与军备控制》，北京，国防大学出版社，1996；朱锋：《弹道导弹防御计划与国际安全》，上海，上海人民出版社，2001。

② 当时美国总统布什的国家安全事务助理布伦特·斯考克罗夫特后来写道：“海湾战争是美苏两国前些年发展出来的那种有希望的新精神的象征。的确，在 1990 年 8 月，当我们两个国家站在一起谴责伊拉克入侵时，我就准备说冷战结束了。”[美]乔治·布什、布伦特·斯考克罗夫特：《重组的世界——1989—1991 年世界重大事件的回忆》，胡发贵等译，521 页，南京，江苏人民出版社，2000。

关系正常化。随着东欧剧变与两德统一，苏军也基本撤出了东欧。

在处理与中国的关系问题上，戈尔巴乔夫批判了社会主义唯一模式论的观点，于1989年5月正式访问中国，使中苏关系实现了正常化，并确立了两国今后发展关系的新原则。

在处理与第三世界的关系问题上，苏联也改变以往与美国对抗的政策而采取合作和共同参与的态度，并以1989年2月苏军全部撤出阿富汗为收缩力量的主要标志，减少了对第三世界的干涉和卷入。

但是，特别要指出的是，在此时期，美苏关系之所以能够日益走向缓和与对话，在一定程度上是以苏联的退让与妥协为前提的，而戈尔巴乔夫在国内进行的改革，也经历了一个逐步"激进化"和"西化"的过程。然而，这种过于激进的全方位改革缺乏切实可行的措施，终于造成了处于崩溃边缘的经济和动荡不安的社会，以及长期积累的十分复杂的民族矛盾表面化，最终使国家陷入政治、经济、民族和信仰的全面危机，并以1991年苏共中央自行解散和苏联正式解体为标志，形成了"苏联巨变"这一20世纪世界历史上影响最大最深远的事件。

苏联作为一个超级大国以自行坍塌的方式最后消失，导致了第二次世界大战结束后形成的以雅尔塔体系为基础的国际关系两极格局的彻底崩溃。它在带来国际力量对比严重失衡、世界局势出现新的动荡的同时，也带来了持续近半个世纪的冷战的结束。

三

冷战的结束并没有停止在冷战过程中已经出现的世界多极化的发展趋势。

作为冷战最重要战场的欧洲，也经历了东欧剧变、冷战结束和西欧联合进程加快发展等重大事件。随着戈尔巴乔夫改变苏联以往的对东欧国家的强硬高压政策和东西方关系的缓和，作为苏联传统势力范围的东欧终于发生了巨大突变。从1989年波兰团结工会上台执政到1990年两个德国以东德并入西德的方式实现了国家统一，再到1992年阿尔巴尼亚民主党在大选中获胜，东欧各国的社会主义政权就像多米诺骨牌一样逐个倒塌，形成了苏联退出东欧势力范围，东欧靠拢西方的发展趋势。随着东欧剧变的发生，在戈尔巴乔夫的倡议下，1990年召开了欧安会特别首脑会议签署的《新欧洲巴黎宪章》，宣布“欧洲对抗和分裂的时代已经结束”，并成为整个欧洲走向对话与合作道路的新起点。1991年前苏东国家两个最为重要的但已名存实亡的组织经互会和华沙条约组织相继解散，标志着冷战在欧洲正式结束。与苏东集团分崩离析形成鲜明对照的是西欧一体化进程出现了新的高峰，1991年欧共体通过的《欧洲联盟条约》（又称“马斯特里赫特条约”，简称“马约”），以将欧共体建成一个具有强大经济实力并执行共同外交政策和安全政策的政治实体为目标。尽管冷战结束后欧洲还会经历震荡甚至局部战乱的局面，但是摆脱了两极格局羁绊的西欧必将作为国际事务中的一极而发挥越来越大的作用，已为今天的事实所证明。与此同时，日本则利用冷战的终结和海湾战争的爆发，进一步谋求政治大国的地位。

在此期间，中国的改革开放政策也经历了巨大考验。1986年中国正式提出恢复在关贸总协定缔约方地位的申请，表明了中国面向世界开放的决心。然而不久之后发生的苏联解体与东欧剧变直接影响了中国的政局，并导致了短暂而剧烈的政治动荡和一度恶化的国际环境。但是中国在坚持改革开放政策的同时，在邓小平制定的“冷静观察、沉着应付、稳住阵脚、韬光养晦、有所作为”的外交战略和策略指导下，成功地渡过了危机，巩固了国家安全，从而显示了一个政治大国的成熟外交。中国将在推动国际政治多极化的同时，加快自己融入整个世界的过程。

冷战的结束对第三世界的影响是多重的，在造成第三世界整体战略地位有所下降，南北差距有所加大的同时，冷战时期被掩盖的政治、经济、民族、宗教、领土等矛盾却逐渐突显出来，并导致了一些国家和地区的冲突与动荡。但是，在第三世界出现的政治民主化和经济一体化的浪潮，也在一定程度上顺应了冷战后的世界多极化和经济全球化的发展趋势，其中的一些地区大国(如印度、巴西)和集团(如东盟)，有可能成为多极化世界格局中的次力量中心。另外，南北之间的对话也从经济领域向全球性问题的领域扩展，可以说，如果没有第三世界的积极参与和合作，世界上的任何一个问题都无法得到全面而彻底的解决。

总之，当两极格局以苏联一极的消失而结束时，我们看到的是这样一幅世界历史发展的宏观画面：

美国作为世界上唯一的超级大国，认为由美国领导的国际关系体系的“单极阶段”终于到来了，于是依靠美国的权势和价值观来建立“世界新秩序”的主张频频出现在美国领导人的讲话中。① 但是，继承了原苏联主要遗产的俄罗斯仍然是唯一拥有能够与美国相抗衡的核武

---

① 美国专栏作家查尔斯·克劳萨默在《外交》(*Foreign Affairs*)季刊1991年春季号上撰文，将苏联解体和海湾战争后的时期称为“单极时刻”(the Unipolar Moment)。有关学者论述单极世界的文章，可参见Ethan B. Kapstein and Michael Mastanduno eds., *Unipolar Politics: Realism and State Strategies after the Cold War*. New York: Columbia University Press, 1999. 另外，根据白宫自己的统计，1990～1991年期间，美国领导人在各种讲话中有42处提到“世界新秩序”。见杜攻主编：《转换中的世界格局》，302页，北京，世界知识出版社，1992。

器的国家，作为联合国的常任理事国，俄罗斯在世界事务中的作用仍然不可低估。与此同时，欧共体向欧盟的成功发展有力地表明了西欧是国际政治中的一极重要力量。以中国、韩国和东盟成员国为代表的亚洲的崛起，同样显示出该地区除了日本以外的其他国家正在确立和发挥它们在世界事务中重要作用。占有联合国多数席位的第三世界国家作为一个整体对国际事务的影响也不容忽视。因此，到冷战结束之时，自 20 世纪 60 年代末就已经开始出现的世界多极化的发展趋势是一个不争的现实，它并不以人们的意志为转移。

与冷战的结束几乎同步出现的是经济全球化的浪潮，正如前世贸组织总干事鲁杰罗所说："以要素自由流动为基础的经济全球化趋势不可逆转，正在加速。在全球范围内，经济力量和技术力量为依托的经济外交正在拆除各种围墙藩篱，跨越各国国界，编织一个统一的世界经济。一个以经济全球化为基础的'无国界经济'正在全球范围内形成。"①自二战结束以来人类社会就向往的世界和平与社会发展，在冷战结束之后，终于更为突出地成为时代的主题和世界人民的共同追求。

① 鲁杰罗在 1997 年 7 月会见当时中国外经贸部首席谈判代表龙永图副部长时的讲话，转引自刘光溪：《中国与"经济联合国"——从复关到"入世"》，前言 1～2 页，北京，中国对外经济贸易出版社，1998。

后冷战时代“一超多强”的国际格局*

国际格局是指在一定的历史时期内，世界主要战略力量之间构成的一种相对稳定的战略关系和结构状态，是国际关系的核心问题。国际格局的发展演变与大国的兴衰、大国或大国集团的战争以及战后的和平安排密切相关。一般说来，只有通过国际关系特别是大国之间的关系发生一系列变化的量化积累，才会导致国际格局发生质变。

以欧洲为中心的国际格局初步建立于17世纪的威斯特伐利亚体系，巩固于19世纪的以欧洲大国势力均衡为代表维也纳体系，经过第一次世界大战而发生严重动摇。但是，只有经过第二次世界大战，才使欧洲为中心的国际格局一去不复返，代之而起的是以两个超级大国美国和苏联为首的两极格局的形成；而在两极格局的发展过程中，又孕育成长着走向多极化的力量中心：除了美国和苏联之外，西

* 原载徐蓝主编《世界近现代史1500—2007》之第五编第四章第二节第一目，440～452页，北京，高等教育出版社，2012。原标题为“一、‘一超多强’的国际格局”。

欧在衰落中走向复兴，中国作为一个大国的不断崛起，日本从战败到努力成为经济和政治大国，殖民体系的崩溃以及发展中国家在国际事务中的作用不断发展，这些力量中心的出现，在20世纪60年代末70年代初已经十分明显，直到冷战结束之前，国际格局向多极化的发展趋势仍然在继续。

1991年苏联作为一个超级大国的消失，国际关系两极格局彻底崩溃。美国作为世界上唯一的超级大国，认为由美国领导的国际关系体系的“单极阶段”终于到来了。例如，美国专栏作家查尔斯·克劳萨默在《外交》季刊1991年春季号上撰文，将苏联解体和海湾战争后的时期称为“单极时刻”。但是，环视全球便可以看到：欧共体、俄罗斯、日本、中国、印度、巴西、东盟等地区大国和地区集团，以及占有联合国多数席位的第三世界国家作为一个整体，对世界事务的影响都不容忽视。在经历了20世纪90年代的巨大动荡和不断调整之后，到20世纪末21世纪初，国际格局更加明显呈现出“一超多强”的发展特点与态势。

一、美国谋求领导世界的全球战略调整

1989年～1991年的苏联解体与东欧剧变和冷战的终结以及海湾战争的胜利，使美国朝野不少人士认为，“超越遏制”战略取得了成功，在这“百年一遇的机会”面前，只有美国具备领导世界的力量。于是依靠美国的权势和价值观来建立“世界新秩序”的主张频频出现在美国领导人的讲话中。根据白宫自己的统计，1990～1991年期间，美国领导人在各种讲话中有42处提到“世界新秩序”。

美国要建立的“世界新秩序”的基本含义是：世界所展示的机遇，使美国可以“按照自己的价值观和理想建立一种新的国际体系”，“在

实现这一目标中，美国的领导是必不可少的”；为了建立这样的世界新秩序以维护美国的国家利益和安全，美国必须保护稳定的地区性均势以阻止某些大国追求地区性支配地位的可能，促进通过外交途径解决地区性争端，促进发展自由民主制度作为人权、经济和社会进步的最可靠的保证；援助反击威胁民主制度的侵略、高压统治、造反、颠覆、恐怖主义和非法的毒品走私，同时支持促进经济发展和社会政治进步的援助、贸易和投资政策。可以看出，“世界新秩序”是美国在冷战后提出的国家大战略的长期目标，最终目的是建成“美国治下的和平”。

为了实现世界新秩序，布什政府进行了全方位的战略调整。

在安全与防务方面，将战略重点从遏制共产主义蔓延和阻止苏联侵略转向以解决地区性冲突来“维持地区均势”；保持强大的现代化核威慑能力，在欧洲、东亚和中东等美国认为关系其重大利益的地区保持美国的前沿军事存在；调整北约战略，提高美军的应急能力。

在政治与外交方面，以新干涉主义指导对外政策，利用联合国和其他国际机构和地区组织，强制干预国际事务，甚至使用武力；加强已有的军控机制，对美国认为有核扩散嫌疑的国家实施制裁；把促进民主和人权作为一项基本国策，公开宣传人权高于主权。

在经济方面，把提高综合国力、保持国际竞争力作为国家安全的重要目标，为此美国进一步推动自由贸易体制，为美国增加新的市场和就业机会。

1992 年 11 月民主党总统候选人比尔·克林顿当选为美国第 42 任总统。1994 年 7 月克林顿政府提出“参与和扩展战略”，成为冷战后美国第一个全球战略的正式名称，所谓“参与”，主要包括：强调美国在国外的积极参与和领导可以改变世界；美国的参与必须谨慎选择，保护美国的利益。所谓“扩展”，是指“扩大这个世界自由市场民主制国家组成的自由大家庭”。可以看出，“参与和扩展战略”是美国政府在冷战后一再强调的三大外交支柱——经济、安全和人权的另一种表述，是布什政府为建立“世界新秩序”而进行的战略调整的继续，是为实现美国领导的世界秩序的总纲领。1997 年克林顿政府在“参与和扩展战略”的基础上，提出了以“塑造—反应—准备”为核心的跨世纪战略方针，要积极塑造对美国有利的国际环境，要对各种危机做出迅速而有效的反应，保护美国的利益，要着手为变幻莫测的未来做准备。

在克林顿任内，在军事上，正式启动了“弹道导弹防御计划”，实行北约东扩，并与非传统盟国，包括与中国保持军队之间的接触，形成多边安全机制。在经济上，支持世界贸易组织的成立，并通过世贸组织，在美国具有竞争力的服务业、知识产权和投资领域达成有利于美国的具体协议。在外交上，以“民主和平论”①和尊重人权作为美国在冷战后实行干涉主义的理论依据和道义基础，强调在世界范围内促进人权是美国外交政策的支柱之一。

2000 年 11 月共和党候选人乔治·W. 布什(一般称为小布什)以极其微弱的多数当选为美国第 43 届总统。2001 年 9 月 11 日，4 架美国客机被恐怖主义分子劫持，其中两架在不到 20 分钟的时间内先后撞击纽约世贸中心的北楼和南楼，造成这座双子大厦爆炸起火并最终坍塌。第 3 架被劫客机撞击了国防部所在地五角大楼的一角，引起大火，第 4 架在宾夕法尼亚州坠毁。“9·11 事件”是美国在和平时期遭

① “民主和平论”的基本观点是民主国家之间很少或不易相互开战，民主国家发动战争和互相采取恐怖手段的可能性比较小，而抵制仇恨和有组织破坏的势力的可能性比较大。民主国家尊重公民自由、财产权和实行法治是建立安全与繁荣的世界新秩序的基础。

受的最严重的恐怖主义袭击，近3000人在这次事件中罹难。

这次事件使美国的外交战略发生了引人注目的变化。主要包括：为了打击恐怖主义，美国不仅将建立导弹防御系统，而且在必要时单独采取行动向对手发动先发制人的打击；“9·11事件”从根本上改变了美国与其他大国的关系，为它们的合作提供了新的机遇。因此小布什政府为美国设定的三大任务是：通过打击恐怖主义和专制政权来保卫和平，通过在各大国之间建立友好关系来维持和平，通过鼓励各大洲自由开放的社会来扩展和平。

“9·11事件”后，美国在与其他大国协商的情况下，于2001年10月发动了阿富汗战争，推翻了塔利班政权并打击了基地组织。但此后美国的单边主义愈演愈烈。2003年3月，美国不顾法、德、俄等国的反对，发动了伊拉克战争并推翻了萨达姆政权。但是，单边主义并不能遏制恐怖主义，到2009年底，这两场战争都没有结束，据统计，到2010年，美国在这两场战争中的花费已经逾万亿美元。

2007年，美国爆发次贷危机，并由此引发了一场全球金融风暴。在这种形势下，2008年11月，民主党候选人贝拉克·奥巴马当选为美国第44届总统。针对小布什政府实行单边主义外交所引起的国际社会的不满，巨大的战争资源消耗，以及国际金融危机冲击下的力不从心，以“变革”为口号的奥巴马政府对美国的国家安全战略进行新的调整。从他的言论和行动中可以看到，美国开始注重多边主义，遵循软实力制胜和“预防性遏制”原则，构建“全面接触”的新型国际关系，采取广泛参与解决全球和地区性问题等一系列灵活手段，试图在实力相对下降的情况下，通过重塑国际形象，继续维护和扩展国家利益。美国政府已经宣布，2010年8月底前从伊拉克撤出美军作战部队，并计划从2011年7月开始逐步从阿富汗撤军。到2010年8月底，美军作战部队已经全部从伊拉克撤出，剩下的5万人将于2011年底撤出。

另外，面对冷战后的多种危险，北约的战略也随着美国的战略调整而调整。主要包括：(1)实行东扩。捷克、波兰和匈牙利和罗马尼亚、保加利亚、斯洛伐克、爱沙尼亚、斯拉维尼亚、拉脱维亚和立陶宛分别于1999年和2004年成为北约成员。(2)增加北约采取军事行动的范围和自由度。其具体表现是1998年的"科索沃危机"，北约在没有联合国授权的情况下对南联盟的军事设施进行打击，这一调整在1999年发表的北约《联盟的战略概念》文件中得到确认。2001年11月，北约28个成员国召开峰会，通过北约"战略新概念"，承诺坚守集体防卫原则，重申继续部署弹道导弹防御系统的决心，要求具体处理好与欧盟、俄罗斯及其他地区大国以及联合国为代表的国际组织的关系。

二、以欧盟为核心的大欧洲的出现

冷战结束后，欧洲联合的进程在安全与防务、政治一体化方面也有所进展。

1991年12月欧共体签署的《马约》，规定欧盟在政治上要逐渐采取共同的外交和安全政策，以便"在国际舞台上弘扬联盟的个性"，第一次表示了要使欧盟本身获得防务能力和防务手段的愿望，并希望欧盟在多极世界中占有一极的位置。1997年7月欧盟签署《阿姆斯特丹条约》(简称《阿约》)，赋予欧盟理事会决定欧盟的"共同战略"的权力，并设立欧盟理事会秘书长一职，作为欧盟共同外交和安全政策的高级代表。

1999年2月科索沃危机爆发时，英、法、德等欧盟国家本想由欧盟来解决科索沃冲突，但战争打响后美国投入的军事力量占了80%，作战计划和最高指挥人员均由美国承担，欧盟只起辅助作用。尽管科索沃危机最终在联合国的参与下得到解决，① 但科索沃战争推动了欧盟共同防务政策的发展。同年6月，欧盟科隆首脑会议发表《加强欧洲共同安全和防务政策的声明》，决定赋予欧盟必要的手段和能力，使其承担与欧洲共同安全与防务政策有关的责任，欧洲的自主防务能力应能使欧洲国家在北约框架以外采取行动。首脑会议还任命了前任北约秘书长索拉纳为欧盟共同外交和安全政策高级代表，在某种程度上改变过去在防务政策上不能用“同一个声音”说话的松散状态。同年12月，欧盟赫尔辛基首脑会议宣布组建“欧洲快速反应部队”。可以看出，欧盟内部在加强欧洲自主防务方面已在很大程度上达成共识。

2000年12月，欧盟尼斯峰会签署《尼斯条约》(简称《尼约》)，决定2003年前组建一支欧盟自己的“6万人的快速反应部队”。同时欧盟各国积极推进军事改革，并在相互间加强军工合作，扩大合并规模。如法、英、意的航天航空公司合并，成为世界第二大航天和军工集团，在制造飞机、导弹系统、反舰装置等方面可与美国同类公司相匹敌。此外，英、德、法、意、西、瑞典等欧盟国家还在空对地巡航导弹、空对空导弹、反坦克导弹、反舰导弹诸领域开展多国或双边合作。这表明欧洲防务建设已经从象征性阶段跨入了实际建设阶段。2003年3月31日，欧盟部队正式接替北约部队，开始在马其顿执行

① 1999年3月4日，北约未经安理会授权，对南联盟进行了78天的轰炸，造成了严重的人道主义灾难。美军飞机于5月8日向中国驻南大使馆投掷了5枚精确制导炸弹，造成3名中国记者死亡，20多名使馆工作人员受伤，使馆建筑严重受损的重大恶性事件。6月10日联合国安理会通过决议，北约停止对南联盟的轰炸。6月12日以北约为主导的维和部队进驻科索沃。科索沃危机在联合国的参与下获得解决。2001年塞尔维亚将原总统米洛舍维奇押往海牙前南国际法庭受审。2006年黑山独立并加入联合国。

维和任务。这是欧盟部队首次在欧洲地区执行军事维和任务。2004年7月，欧盟外长会议决定正式开始建立欧盟军事装备局，也是欧盟在共同防务方面迈出的重要一步。

然而，欧盟实施共同防务，触动各成员国在主权让渡、防务领导权、军费分摊等方面的切身国家利益，其难度远甚于经济上的一体化和政治上的合作。但欧盟的防务一体化进程仍然在向前发展。2007年欧盟成立50周年，作为轮值主席国，德国总理默克尔提出，成立一支欧盟部队应该成为欧盟今后50年的奋斗目标。

欧盟一体化在政治上也取得了进展。2007年12月，欧盟成员国领导人签署《里斯本条约》。根据该条约，2009年11月19日，比利时首相赫尔曼·范龙佩当选为首位欧盟理事会常任主席，被外界形象地称为欧盟"总统"，来自英国的欧盟贸易委员凯瑟琳·阿什顿当选为欧盟外交和安全政策高级代表，被外界形容为欧盟"外长"。由此可见，欧盟长期以来力图在国际舞台上用一个声音说话的目标，在形式上已经实现。借用英国媒体的话说，欧盟此次选举产生的新领导集团，将使欧洲崛起为"温和超级大国"。

三、俄罗斯的大国复兴之路

随着苏联解体，俄罗斯作为国际法主体，继承了苏联遗产的主要部分。在推动国内体制转轨的同时，俄罗斯的对外政策也不断调整。

俄罗斯独立之初至1993年，主要实行向西方"一边倒"的外交政策，即以西方的政治经济模式为价值取向全面改造俄罗斯社会，力图消除和西方的对抗并融入西方社会，争取得到更多的西方援助。1992年俄罗斯开始对内推行"休克疗法"和大规模私有化的经济改革，对外积极谋求与西方发达国家建立"战略伙伴"关系。例如：俄罗斯被允许参加西方七国首脑会议的政治性磋商；1993 年 1 月俄美签署《第二阶段削减战略武器条约》(START Ⅱ)；同意在美国占优势的情况下全部销毁其陆基多弹头洲际导弹；与欧盟建立了政治对话机制；在一些重大问题上采取支持西方的政策。但是西方所应允的经济援助却是口惠而实不至，西方曾于 1992 年和 1993 年分别提出援助俄罗斯 240 亿美元和 430 亿美元，实际只分别兑现了 150 亿美元和 50 亿美元。特别是 1993 年开始酝酿的北约东扩，使俄罗斯认为西方国家不仅在地缘政治上挤压俄罗斯，而且实际将俄罗斯置于潜在敌人的位置上。俄国内对一边倒向西方的政策普遍不满，要求调整外交政策的呼声日益增高。

1992 年 10 月，总统叶利钦对向西方一边倒的外交政策提出质疑和批评，强调在继续使俄罗斯加入“文明国家大家庭”的同时，要求新的对外政策应该“更有特色、更丰富多彩和有更多的方位”。1993 年俄罗斯外交政策开始有限调整。主要表现在：对美国在波黑问题上的政策和对利比亚的制裁提出不同意见，明确表示反对北约吸收东欧国家，使北约推迟东扩；要求西方承认俄罗斯对维护独联体地区的和平与稳定“负有特殊责任”；重新定位俄罗斯与韩、中、印、朝、蒙、越等国关系，强化“东方外交”，体现俄罗斯的“双头鹰”特征。1994 年叶利钦强调，俄罗斯外交政策要永远符合“俄罗斯是一个大国”的标准，其主要任务是坚定地推进俄罗斯的国家利益，停止“单方面的让步”。

1996 年 1 月，俄外长普里马科夫正式提出世界正在向多极化过渡，俄罗斯的外交任务就是稳定世界局势，促进多极化发展的思想，并开展了积极的全方位外交活动。因此普里马科夫任外长时期的外交也被称为“多极化外交”。主要表现是：通过一系列条约，加速推进独联体的一体化进程，增强俄罗斯在独联体中的主导作用；改善与西欧和东欧国家的关系，积极介入科索沃问题的解决，显示俄罗斯在欧洲事务中的重要作用；使俄罗斯重返中东政治舞台；与中国建立“面向21世纪的战略协作伙伴关系”；通过1996年中俄哈吉塔五国在上海形成的元首会晤机制并在以后发展为上海合作组织，维护该地区的和平、安全与稳定；与印度发展为“战略伙伴关系”；通过1997年11月加入亚太经合组织，参加亚太经济一体化进程。另外，俄罗斯还全面展开了对拉丁美洲和非洲国家的外交活动。

在与美国与北约的关系上，俄罗斯从坚决反对北约东扩，到力图通过协定的形式与西方建立“平等伙伴关系”，把北约东扩限制在一定的范围之内。1997年俄罗斯与北约签署《俄罗斯与北约相互关系、合作与安全基本文件》，双方承诺互不将对方视为潜在敌人并建立了紧急事态磋商机制。该文件实际使北约从俄罗斯获得了东扩的通行证。但由于北约轰炸南联盟，俄美关系恶化。

2000年5月普京正式成为俄罗斯总统。他认为，虽然俄罗斯的总体经济实力严重下降，但在核力量方面仍然是世界上唯一可以与美国抗衡的核大国。因此，普京以恢复俄罗斯的大国地位为外交的灵魂，继续推行“多极化外交”，并以“务实外交”为其特色，明确提出外交为发展经济、增强国力服务，在国际事务中既坚持独立的立场，又执行最大限度地避免冲突的方针，特别是不同美国对抗，实行“防御性外交”。

2001年“9·11事件”发生后，俄罗斯支持美国推翻阿富汗塔利班政权的军事行动，并恢复与北约的关系，在反恐、防止核扩散、战区导弹防御、军事改革和科技合作等领域享有与北约19国一样的磋商和决策权。但是普京也明确反对美国退出1972年与苏联签署的《反导条约》；在2003年伊拉克战争爆发前，俄罗斯与法德一起抵制美国绕过联合国发动伊拉克战争的单边主义行动。面对美国通过反恐战争进入中亚地区，俄罗斯加强与独联体国家的关系，并对其上海合作组织的政策进行调整，强化上合组织在抵御美国在中亚扩张、化解中亚国家矛盾和维护地区稳定以及推动世界多极化方面的作用。

2008年，梅德韦杰夫就任俄罗斯总统，普京任总理，使普京外交得以继续。得益于21世纪以来的石油价格上涨，俄罗斯的经济出现了快速发展，俄罗斯的外交也呈现出与以往明显不同的强势特点。俄罗斯坚决反对乌克兰和格鲁吉亚加入北约，并利用格鲁吉亚在南奥塞梯的军事冒险，于2008年8月出兵格鲁吉亚，承认南奥塞梯和阿布哈兹独立。这一事件是俄罗斯对北约向独联体地区扩展做出的最强硬反应。因此俄罗斯与美国、欧盟国家的关系也将出现调整。

四、日本继续谋求政治大国

冷战结束后，日本继续在国际事务中追求大国地位。主要表现在以下方面。

首先，日本要求成为联合国安理会常任理事国。1991年9月在联大第46届会议上日本正式提出这一愿望，从此这成为日本外交的重要目标。但是，日本作为二战的战败国要实现这一目标，首先必须要促成联合国同意删除《联合国宪章》中的“敌国条款”，因此从1990年开始，日本就多次提出这一要求，至今仍在为此而努力。

其次，要求修改《日本国宪法》，摆脱第9条的限制，[①] 使日本成

① 1946年5月开始实施的《日本国宪法》第9条规定，日本“永远放弃以国权发动的战争、以武力威胁或武力行使作为国际争端的手段”，为达到这一目的，日本“不保持陆海空军及其他战争力量，不承认国家的交战权”。正由于有这一条提供的法律保证，日本才在战后得以重返国际社会，实现经济腾飞，因此该宪法也被称为《和平宪法》。

为"普通国家"，这也是日本要成为常任理事国所必需的。基于宪法第9条，日本在二战后形成了军事上的"专守防卫"政策，即将国家的防卫力量保持在自卫所需要的最小范围内，并且不向"海外派兵"。但是日本在20世纪90年代已经突破这一限制，1991年4月，日本派出自卫队参加多国部队在海湾的扫雷行动。1992年日本又通过《联合国维持和平行动法案》。到2000年底，日本已根据该法案分别向柬埔寨、莫桑比克、中东等地派出2千多人次的自卫队执行任务。

日本还通过强化与美国的同盟关系，扩大安全区域，以图事实上突破宪法第9条的限制。1997年日美签订《新防卫合作指针》，引入概念模糊的"日本周边事态"，将日美安保体制的地理范围扩大到整个亚太地区。2001年"9·11事件"发生后，日本政府迅速通过《恐怖对策特别措施法案》及其他相关法案，使日本首次实现了战时向海外派兵，进一步突破了宪法第9条的限制。日本还在伊拉克战争之后，以"伊拉克的重建和稳定直接关系到日本的国家利益"、"确保石油资源"为理由，于2004年1月正式向伊拉克派遣了日本自卫队从事人道援助重建活动，使国际社会十分担心日本要重新成为军事大国的意图。

第三，推行"大国外交"，力图在国际舞台上发挥大国的作用。为此，日本不仅开展双边和多边外交活动，发展与中国、韩国及东南亚国家的经济关系，介入朝鲜核危机的解决，积极参加亚太经合组织和东盟地区论坛的活动，致力于亚太地区的稳定，并且以西方的价值观念为基础，以日美关系为基轴，加强日欧关系，构筑美、欧、日三极结构。

随着东亚的繁荣和中国的复兴，2007年9月日本首相福田康夫在执政演说中，正式表明：日本是亚洲的一员，应加强与中国、韩国、东盟、俄罗斯的外交关系。由此启动了日本外交重新重视亚洲的进程。2009年成为日本首相的民主党党魁鸠山由纪夫表示，《日美安保条约》仍将是日本外交政策的“基石”。

但是，是否能够通过深刻的反省并彻底摆脱其历史问题的束缚，从而在真正取信于周边国家的基础上发挥更大的国际作用，是否能够坚持和平发展路线，是日本在21世纪必须解决的外交课题，也是日本能否成为被国际社会承认和尊重的政治大国的关键。

五、中国发挥负责任大国作用

20世纪90年代前后，国际形势发生剧变，对中国的改革开放政策造成很大冲击。在这种情况下，邓小平及时提出“冷静观察、沉着应付、稳住阵脚、韬光养晦、有所作为”的战略方针，并通过继续实行改革开放政策，使中国经济持续增长。2000年，中国国内生产总值(GDP)已排名世界第七，外汇储备世界第二，进出口额为世界第八。在此期间，中国积极参加亚太经合组织的活动，2001年11月正式加入世贸组织，向世界表明了进一步改革开放的决心和信心。与此同时，中国的科技水平也有了很大提高，2003年中国的“神舟五号”首次实现了载人航天飞行，2005年“神舟六号”再次载双人成功航天，2007年10月，第一颗探月卫星嫦娥一号成功发射，中国成为世界上第三个航天大国。

冷战结束后，整个国际安全形势发生了很大变化，一方面发生世界大战的可能性更小，另一方面原来在冷战掩盖下的民族、宗教、领土等因素已经成为局部冲突的主要根源。在这种情况下，中国对建立国际安全机制的认识进一步深化，即除了各国要共同遵守和平共处五项原则之外，中国与其他国家特别是同大国之间也要建立某种安全对话机制，以保持经常的信息沟通，达到相互理解并最终达到相互信任的目的。于是，20 世纪从 90 年代中期开始，中国进一步开展全方位外交，与各大国的首脑会晤增多，倡导建立各种不同层次的战略伙伴关系：中国与俄罗斯建立了面向 21 世纪的战略协作伙伴关系，与美国共同致力于建立面向 21 世纪的建设性战略伙伴关系，与欧盟发展长期稳定的建设性伙伴关系，与法国建立了面向 21 世纪的全面伙伴关系，与德国决定建立迈向 21 世纪的重要伙伴关系①，与英国宣布建立全球性的战略伙伴关系，与东盟建立了面向 21 世纪的睦邻互信关系，与日本建立了致力于和平与发展的友好合作伙伴关系，与中亚各国、加拿大、墨西哥、韩国等也都建立了合作伙伴关系。这些战略伙伴关系，是冷战后中国与各大国关系及其周边各国关系的良性发展，是不针对第三国、不搞对抗、推动政治对话和平等合作的正常国家关系，也使中国成为这些国际关系的中心角色之一。

中国积极推行多边外交，高度重视联合国在国际事务中的地位和作用。作为安理会常任理事国，中国认真履行有关职责，为维护国际和平与安全，推动重大地区冲突的公正合理的解决做出了贡献。同时，为了解决人类共同面临的一系列重大国际问题，中国广泛参加了联合国各专门机构的工作，广泛参与多边经济、社会领域的各项活动，促进国际合作。特别值得指出的是，在 2000 年举行的联合国千年首脑会议期间，在中国的倡议下，联合国五个常任理事国的首脑成功地举行了历史上的首次会晤。

"9・11 事件"发生后，中国明确谴责国际恐怖主义，支持在联合国框架内解决问题。1993 年朝鲜核问题出现后，中国主张朝鲜半岛

① 2004 年 5 月，两国宣布在中国与欧盟全面战略伙伴关系框架内建立具有全球责任的伙伴关系。

无核化，同时应该解决朝鲜的安全忧虑。在中国的积极努力斡旋下，从2003年8月到2007年9月，美、朝、中、韩、日、俄六国共进行了六轮六方会谈，启动了和平解决朝核问题的进程。① 中国在朝核问题上发挥的独特而重要的作用，进一步在世界面前树立了负责任的大国形象。

2005年4月，在雅加达召开的亚非峰会上，中国国家主席胡锦涛首次提出了“共同构建一个和谐世界”的主张。同年9月，在联合国成立60周年庆典上，胡锦涛系统地阐述了“建立持久和平、共同繁荣的和谐世界”的新理念。和谐世界的理念表达了人类一个梦寐以求的美好愿望：在这个充满风险、危机、冲突的全球化时代，人类尤其应当努力实现和平、安宁、公正、相互尊重和共同繁荣的新的国际政治经济秩序。和谐世界是中国古代“天下大同”这一崇高理想在全球化条件下的新发展，是中国和平发展道路的目标所在，它所要达到的是人与人之间、民族与民族之间、国家与国家之间、人类与自然之间的和睦相处。因此它也是全人类的永恒追求。

在经济领域，中国作为世界上最大的发展中国家，在1997年亚洲金融危机时保持人民币不贬值，对亚洲和整个世界经济的稳定与发展做出了贡献。面对2008年爆发的国际金融危机，中国积极参与国际社会应对金融危机的各项行动，有效发挥了建设性作用；同时采取积极措施，在国内沉着应对危机。2009年，中国的国内生产总值上升为世界第三，2010年则上升为世界第二，不仅对恢复世界经济的发展做出了贡献，也表明了中国在世界经济领域的高度负责与合作

① 2009年4月14日朝鲜宣布退出六方会谈，重启核设施，受到国际社会的谴责与制裁。7月4日，朝鲜再次试射导弹。

态度。

六、发展中国家的发展

随着冷战的结束和经济全球化的发展，发展中国家的发展呈现两种态势：一些发展中国家的经济有了较大发展，正在形成国际格局中的重要力量，如中国、印度和巴西；一些发展中国家沦为最不发达国家，难以在经济全球化进程中找到自己的位置。

冷战结束后，俄罗斯在南亚地区的军事收缩和美国在该地区军事存在的减少，使南亚出现了相对的“力量真空”，给印度的发展提供了机会，其经济实力不断上升。如：从 1991 年开始，印度的软件产业以每年 50%的速度上升，已成为世界五大软件供应商之一；1991～2003 年，其国内生产总值年均增长率为 5.8%；1998 年印度通过核试验，成为拥有核武器的国家，军事实力不断增强；到 2007 年，印度成为世界经济发展最快的国家之一。进入 21 世纪以来，印度积极要求成为联合国安理会常任理事国。

资源丰富的巴西是另一个发展很快的国家。2006 年，巴西国内生产总值约 1 万亿美元，超过韩国，成为世界第十大经济体。1991 年以巴西为主体成立的区域性经济组织南方共同市场也发展很快。2004 年成立了由南美 12 个国家组成的南美共同体，实现了一体化，巴西成为这些国家的“代表”。在政治上，巴西也要求成为联合国安理会常任理事国，并于 2004 年与印度、德国、日本联合提出这一要求。

自 2001 年以来，国际社会出现了把巴西、俄罗斯、印度、中国称为“金砖四国”的说法①，也从一个方面说明了新兴国际力量的发展以及在国际经济和政治中话语权的增加。

另一方面，随着经济全球化的发展，最不发达国家反而增加。根据联合国的标准，1971 年最不发达国家为 24 个，1981 年为 39 个，2006 年为 50 个，其中 10 个在亚洲，34 个在非洲，大洋洲 5 个，拉美 1 个。② 据世界银行统计，这些国家人均国内生产总值低于 750 美元，最低在 200 美元以下；共有 7.5 亿人口，近半数每人每天生活费不足 1 美元。尽管国际社会提出了一系列援助措施，但是，发达国家对这些国家的援助指标和减轻债务负担的安排未能兑现，而这些国家本身又受到国内动乱、武装冲突等不利因素的影响，因此它们的贫困状况仍在恶化，继续处于被经济全球化“边缘化”的状态。

① 该词由美国高盛投资银行的经济学家创造。巴西、俄罗斯、印度和中国四国的英文名称的首个字母组合为 BRICs，其发音与英文的砖块(bricks)相似，故成为“金砖四国”。2011 年，又出现“金砖五国”的说法，将南非包括在内。

② 博茨瓦纳于 1994 年，佛得角于 2007 年，马尔代夫于 2011 年分别摆脱“最不发达国家”地位。

试论第二次世界大战后国际秩序的建立与发展*

第二次世界大战的最直接最深刻的结果，是它大大加速了欧洲作为传统力量中心的衰落和美国与苏联这两个欧洲侧翼大国的真正崛起，从而最终改变了世界范围内的力量对比，完成了自20世纪初便开始进行的在国际政治格局方面的巨大变革：以欧洲大国均势为中心的传统的国际政治格局完全被战火所摧毁，取而代之的是美苏对峙的两极格局。这个新的两极格局的基石，就是第二次世界大战中后期由"三巨头"罗斯福、丘吉尔和斯大林通过多次会谈所签订的一系列协定而确立的雅尔塔体系；而两极格局的外在表现，则是美苏在战后逐渐形成的"冷战"态势。与国际格局的演变相联系，第二次世界大战也彻底打破了依靠欧洲列强之间的力量平衡所建立、并在欧洲主导之下的以国际联盟为代表的旧的国际秩序结构，代之而起的是以美、苏之间力量的相对平衡为基础，以美、苏、英、中、法五

---

* 原载《世界历史》，2003(6)。

大国为主导的新的国际秩序结构①。这个新的国际秩序结构在政治上的外在表现，就是反法西斯大同盟在战争即将胜利之时建立的、作为雅尔塔体系重要组成部分的联合国，而它在经济上的体现，则可视为由国际货币基金组织、世界银行以及关税及贸易总协定所组成的布雷顿森林体系的建立。有关第二次世界大战与国际格局的演变，作者已另撰文论述②。本文将通过对联合国与布雷顿森林体系在战后国际政治经济领域中的地位和作用的阐述，揭示战后占有主导地位的国际秩序的形成与发展。

联合国与战后国际政治秩序的建立和发展

当第二次世界大战发展到苏联和美国相继参战的时候，这场原本主要由中国和英国坚持进行的反法西斯战争便进入了真正的全球阶段，而新的国际秩序结构也已经在战争中孕育。1942 年 1 月罗斯福用自己创造的“联合国家”来代替“协约国”，并亲自设计了由美国、英国、苏联和中国提前一天签字的签名方式来签署美国提出的《联合国家宣言》，就使“四大国”正式出现在联合国家之中，这不仅在实际上

① 根据国际关系理论，国际政治格局是指在一定的历史时期内，世界主要战略力量之间构成的一种相对稳定的战略关系和结构状态；国际秩序是指在一定的历史时期内，国际社会主要战略力量之间围绕某种目标和依据一定规则相互作用运行的机制，是指处理国与国之间关系的准则和行为规范。特定的国际秩序总是与特定的国际格局相对应，并受到后者的影响与制约。

② 参见徐蓝：《战争与和平：两次世界大战的比较研究》，见齐世荣、廖学盛主编：《20 世纪的历史巨变》，316～363 页，北京，人民出版社，2000，已收入本书中。

“反映了新的联合国家联盟后面的真正均势”①，而且表明了美国要在其中担当领导责任的强烈欲望。因此，《联合国家宣言》的发表和以美英苏中为核心的联合国家反法西斯大同盟的形成，实际预示着战后一种新的国际秩序结构的诞生②。它将以一个新的国际组织——联合国为代表，并成为建立联合国的法律与外交结构的基础。

但是，联合国并不是由政治家们凭空臆想出来的，而是反法西斯大同盟根据时代的需要，在吸收了以往国际组织的经验和教训的基础上创建的。它的一个最直接的参照物，就是第一次世界大战后战胜国建立的世界上第一个由主权国家组成的国际组织——国际联盟。正如曾任国联副秘书长的华尔脱斯所说：“联合国的建立，使过去的国际联盟的全部存亡史令人一目了然。”③国际联盟的出现不仅反映了20世纪的世界已经发展为一个息息相关的整体的现实，更表达了人类在经历了一场空前残酷的大战之后对世界和平的追求与向往，因此是史无前例的国际政治的重要发展。但是它所具有的与生俱来的缺陷和弱点，几乎使它的全部历史成了一部不断失败的记录④。首先，国际联盟是在一场帝国主义战争之后由战胜国列强作为对战败国的媾和条约的组成部分而建立的，因此国联盟约所规定的“为促进国际合作，保

---

① ［美］威廉·哈代·麦克尼尔：《国际事务概览·美国、英国和俄国，它们的合作和冲突1941—1946年》上册，叶佐译，154页，上海，上海译文出版社，1978。

② ［美］理查德·W. 布利特等：《20世纪史》，陈祖洲等译，264页，南京，江苏人民出版社，2001。

③ ［英］华尔脱斯：《国际联盟史》下卷，封振声译，404页，北京，商务印书馆，1964。

④ 应当指出的是，国联在促进社会福利方面做了一些工作，并对国际秩序和国际组织的运作提供了经验。

证国际和平与安全，承担不从事战争之义务”的宗旨①，主要是为了维护以英法为代表的战胜国的既得利益和它们所建立的“新秩序”，这是国联的本质缺陷。其次，盟约规定对侵略者实行制裁，但是对“侵略”和“侵略者”的含义却没有做出明确规定，也没有具体的制裁措施，更没有宣布战争为非法；不仅如此，它所规定的形成决议的“全体一致”原则（或称“普遍一致”原则，“普遍否决权”等）实际使国联失去了对侵略行为采取任何有效行动的可能性，因此不仅对受到侵略的国家的保护软弱无力，而且无法制止战争的发生②。第三，国联并不具有真正的普遍性和权威性，美国始终不是它的成员③，苏联长期被拒之门外，法西斯国家日本、德国和意大利相继退出，不受约束，从而使集体安全有名无实。因此，国联的政治实践便否定了它所标榜的基本宗旨，在保卫世界和平方面没有做出应有的贡献，反而在客观上助长了侵略，最后也不可避免地使自己遭遇失败。

联合国则不同，它与国际联盟有着较为密切的历史渊源与联系，又有着根本的区别。正如英国国际关系史专家 F.S. 诺斯埃奇所说：

---

① 国联盟约不仅是第一次世界大战中的战胜国对德国签订的凡尔赛和约的第一部分内容，而且是战胜国对每一个战败国签订的和约的第一部分内容，因此国联盟约也是凡尔赛体系的组成部分。国联盟约的主要内容可参见齐世荣主编：《世界通史资料选辑·现代部分》第一分册，24～29 页，北京，商务印书馆，1998。

② 《联合国史》的作者埃文·卢亚德深刻地指出，国际联盟关于保护其他受到侵略的国家的承诺是纯粹自愿的，因此极其软弱无力，而且没有任何价值。参见 Evan Luard, *A History of the United Nations*, Vol. 1: *The Years of Western Dominations, 1945—1955*, New York: St. Martin's Press, 1982, p. 6.

③ 美国虽然没有参加国联，但是至少参加了国联附属机构的一系列活动，这些机构包括国际劳工组织，常设国际法院和知识合作组织，并出席了所有有关军备问题的会议和大多数有关经济和商业问题的会议。

“尽管赢得战争胜利的那些国家可能并没有详细地考察国联的体系和它的历史，但是人们却能够感到，在新的联合国组织里，国联的基本缺点必定得到克服。”①而且正是由于建立联合国的目的“就在于取代已经不被信任的国际联盟，并且要以更为有效的措施继续实现国联的崇高目标”②，联合国宪章才成为一部国际法和国际关系史上划时代的不朽的历史文献，而已经走过58个春秋的联合国从整体上来说也基本上是一部成功的历史。

首先，联合国宪章将联合国这一国际组织建立在比较坚实的基础之上③。

第一，针对两次世界大战特别是二战对人类造成的大浩劫，为了回答如何避免使“后世再遭今代人类两度身历惨不堪言之战祸”这一严峻问题，反法西斯大同盟将他们之间的社会制度和意识形态的分歧暂时搁置一旁，达成了以联合国宪章为宗旨和原则建立国际秩序的共识。与此同时，他们将维持世界和平，尊重基本人权和自决原则，加强国际友好合作，促进全球经济、社会、文化和福利发展确定为联合国组织的根本宗旨并写进宪章当中，体现了二战结束之时已经开始显现的人类呼唤世界和平与要求共同发展的时代特征和应当完成的历史任务。不仅如此，宪章第一次把维护和平与解决经济和社会发展问题紧密地联系在一起，更是大同盟的深刻的战略思考。

---

① F. S. Northedge, *The League of Nations: Its Life and Times 1920—1946* , Leicester: Leicester University Press, 1986, p. 278.

② William R. Keylor, *The Twentieth-Century World, An International History*, Oxford: Oxford University Press, 1996, p. 254.

③ 联合国宪章的全文见《国际条约集(1945—1947)》，35～60页，北京，世界知识出版社，1959。

第二，宪章强调会员国的普遍性和广泛性，它的国家不分大小强弱都有平等发言权的规定，不仅从地域上，而且从政治上实现了“以欧洲为中心的世界体系向一种真正的全球性体系平稳过渡”①。今天已经拥有 191 个成员的联合国体现了二战后全球一体化进程的不断发展和国际之间日益密切的相互依存。宪章所规定的组成联合国的庞大的屋顶式体系，以及大会、安理会等六大组织、各种辅助机构和为数众多的专门机构之间的“权力划分”原则，无不体现了普遍性原则，使联合国成为最重要的国际讲坛和开展多边外交的场所，成为维持战后国际秩序的最有效的国际多边机制，从而体现了国际政治的民主化进程。

第三，宪章明确规定，除了单独或集体自卫以及由安理会授权或采取的武力行动之外，要求会员国废弃战争，以和平手段解决国际争端，并确定了详细的和平解决国际争端的机制（如第 6、8 章）；另一方面，宪章也周密地制定了制裁侵略的机制（如第 7 章），并把制裁的权力集中于安理会。与此同时，宪章所确立的由中、法、苏、英、美 5 个安理会常任理事国的“大国一致”原则②，不仅反映了二战结束时的世界政治力量的对比，体现了大国的协调与合作，在保护大国利益的同时突出了大国的责任和作用，更为重要的是它从内部机制上赋予联合国前所未有的权威性和生命力，使任何决议一旦做出便可付诸实

① 转引自李铁城：《联合国 50 年》增订本，52 页，北京，中国书籍出版社，1995。

② 又称“雅尔塔公式”，其基本含义是：安理会关于程序事项以外一切事项的决议应以 11 个理事国中 7 个理事国的可决票包括全体常任理事国的同意票为之。这种要求在做出决定时必须得到“五大国一致同意”的原则，使安理会各常任理事国因此而享有“否决权”。许光建主编：《联合国宪章诠释》，183 页，太原，山西教育出版社，1999。目前安理会为 15 个理事国，可决票为 9 票。

施，使和平解决争端和制裁侵略都具有更大的可操作性和强制力量，并对侵略和潜在的侵略形成威慑，从而使集体安全有了切实可行的保证。关于这一点，我们在后面还会谈到。

第四，宪章为发展经济和社会合作，为尊重人权和民族自决做出了大量的原则规定（如第9～13章），并通过作为联合国主要机构之一的经济及社会理事会而将经社合作发展到人类生活的几乎各个领域，使联合国在成为一个世界性的集体安全组织的同时，也成为实现人类共同发展和繁荣这一理想的工具，从而使联合国从另一个方面获得了活力。不仅如此，宪章顺应二战后国家要独立、民族要解放的历史潮流，第一次使民族自决成为公认的国际法准则，并直接推动了战后的非殖民化进程。

其次，联合国在实践中的最大功绩，在于维护了世界的整体和平并促进了全球的经济与社会发展。

第一，尽管联合国也犯过种种错误，特别是在全面冷战的年代里，它曾在某种程度上成了苏联和美国不断使用否决权的难以正常运转的机器①，成了冷战的战场和工具，一度背离联合国的宗旨。但是，正是由于有了"大国一致"原则，就保证了在大国不一致的情况下，安理会不能采取措施侵犯任何一个大国的利益，从而控制了战后

① 据不完全统计，从1946年到1965年，苏联共使用否决权104次，而同期内美国一次也未使用否决权；从1966年到1985年，苏联行使了12次否决权，而美国行使了42次；从1946年到1986年，安理会内共行使否决权223次，平均每年5.57次，其中95%以上是美苏两国使用的。参见裘克安："关于否决权问题"，袁士槟："世界格局转换与美国对联合国的政策"，钱文荣："试论联合国改革和我国的对策"，见陈鲁直、李铁城主编：《联合国与世界秩序》，136～142、66～86、105～122页，北京，北京语言学院出版社，1993。

出现的一系列危机的不断升级[①]，避免了冷战时期美苏两个超级大国之间的迎头相撞，并因此而在整体上维持了战后的世界和平状态。正是在这个意义上，大国所拥有的“否决权”是确保世界和平的安全机制，对避免世界大战的爆发，维系战后的世界和平功不可没。这一点，也正是联合国的缔造者的重要初衷[②]。

第二，针对二战结束后地区冲突和局部战争对国际和平与安全造成的威胁，联合国做了大量重要工作。据不完全统计，1945～1995年，联合国为帮助和推动结束地区冲突而开展谈判，促使172场地区冲突得以和平解决，80场一触即发的战争得以避免[③]。与此同时，联合国在国际军控与裁军方面也做出了不懈的努力。

但是特别要指出的是，在联合国面对一些冲突但既不能用和平解决争端的纯外交手段解决问题，又没有达到使用武力或非武力的强制手段的程度的情况下，联合国为解决这些冲突而在实践中所创造的维持和平行动，不仅是联合国最成功的创新活动之一，更成为联合国集体安全制度下的重要机制之一。所谓联合国的维和行动，在一般的意义上，是指根据联合国安理会或者大会决议，由联合国所从事的、向

---

① 朝鲜战争的升级从反面说明了“大国一致”原则在控制危机中的作用，正是由于当时的苏联和占据中国在安理会常任理事国席位的国民党集团没有运用否决权，才使美国得以操纵安理会通过有利于贯彻美国侵略意图的决议，并使美国的干涉披上了联合国的外衣。

② 联合国的缔造者之一、前美国总统罗斯福在1945年2月6日的雅尔塔会议第三次会议上认为，大同盟建立联合国这一国际安全组织的任务是至少保证50年的和平。《德黑兰、雅尔塔、波茨坦会议文件集》，166～167页，北京，生活·读书·新知三联书店，1978。今天这一目标已经得到实现。

③ 李铁城：《联合国50年》增订本，390页，北京，中国书籍出版社，1995。

冲突地区派遣不具有强制力的军事人员以恢复和维持和平的行动①。在宪章的旗帜下，从 1948 年 6 月到 2001 年 7 月，联合国先后在全球范围内进行了 55 次维和行动，正在执行任务的维和行动 15 项，已经结束的维和行动 40 项②。实践证明，这些维和行动不仅是使局部战争逐步降级和控制冲突恶性升级的十分有效的手段，而且以既非和平又非武力的独特方式使安理会的影响伸展到冲突的当地。正由于此，联合国的维持和平部队获得了 1988 年的诺贝尔和平奖。

第三，联合国在铲除世界殖民制度的过程中做出了巨大贡献。进入 20 世纪以来，人类已经越来越认识到殖民主义是产生战争与冲突的重要根源，国际联盟所设计的委任统治制度，尽管并未改变殖民统治的本质，但毕竟有着部分满足委任统治地人民的民族自决要求的考虑；而联合国则在宪章宗旨的指导下和具体的实践过程中，建立和逐步完善了包括基本原则、规则、规范和决策程序等在内的一整套非殖民化机制。它从宪章中规定的非自治领制度和托管制度并设立托管理事会，到根据 1960 年联合国以压倒多数通过的《给予殖民地国家和人民独立宣言》取消托管领土和非自治领土的区别，通过将宪章中的民

---

① 联合国宪章并没有关于维和行动的规定，它是联合国在实践中的一项重要创新，因此关于什么是维持和平行动，目前并无一致的定义，本文根据联合国新闻部编写的《蓝盔：联合国维持和平的回顾》(*The Blue Helmets: Review of United Nations Peacekeeping*, U. N., 1990) 第 4 页的说法。李铁城先生通俗地指出，联合国的维和行动是在和平解决争端不想求，强制措施又无法求的情况下出现的一件新事物。它是介于强制措施和和平解决争端之间的一个中间环节，它原是宪章所未曾预料到的。李铁城：《联合国 50 年》增订本，60 页，北京，中国书籍出版社，1995。

② 李铁城主编：《世纪之交的联合国》，附录 1，北京，人民出版社，2002。

族自决原则转变成人权而为殖民地人民的解放斗争提供了法律依据和强制措施，再到1988年第34届联大宣布20世纪90年代为根除殖民主义国际10年，联合国在非殖民化的进程中树立了一个又一个里程碑。当1994年最后一块托管地帕劳共和国独立并被接纳进入联合国的时候，作为联合国6大机构之一的托管理事会的历史使命业已完成①。据统计，到2000年年底，在全世界只有16块非自治领土尚未获得自治或独立，而它们多是位于加勒比和太平洋地区的“小块领土”②。因此我们完全可以说，联合国关于在进入21世纪的时候不再有殖民制度的目标基本实现。这是人类历史的划时代的巨大进步，也是联合国的伟大成就。

第四，联合国为推动全球的经济和社会发展进行了不懈的努力。自联合国成立以来，便开始实施宪章中关于促进发展的宗旨，并逐渐把发展活动的重心移向发展中国家。长期以来，联合国正常预算的70％～80％用于发展援助(包括人道主义援助和人事、行政开支)，其援助范围囊括了所有的全球性经济、社会、文化、教育、健康及人道主义问题，并通过经社理事会及其各种机构，协助发展中国家制定和实施了许多具体的各种层次的发展项目。联合国各有关机构每年共提供100多亿美元的低息贷款和赠款，1993年开发计划署以13亿美元支援170个会员国的5000个项目，从1946年到1994年世界银行

① 托管理事会于1994年11月1日正式停止活动，成了联合国6大机构中唯一一个有名无实的空闲机构。

② 聂理纲：《联合国非殖民化机制浅析》，载《国际论坛》，2001(3)，42～47页。

已向发展中国家提供了3330亿贷款以资助它们的发展计划[①]。

但是，联合国毕竟不是一个世界政府，没有政府所拥有的在经社领域中的管理权和决策权。因此联合国在经社领域中的作用的重要体现，是它在半个多世纪中所形成的丰富的发展思想和发展战略。从1961年到2000年联合国提出的4个“发展十年”的计划，以及在此期间所提出的各种发展纲领表明，联合国的发展思想和发展战略经历了从最初的优先追求高增长率以解决发达国家和发展中国家生活水平之间不断扩大的差距，到强调建立公平合理的国际经济新秩序和以人为中心，确认发展权为不可剥夺的人权的观念，再到确立保护环境与发展协调一致的原则，直到从环境保护思想引申出可持续发展战略这一新的发展观的演变过程。这一体现在1997年联合国大会通过的《发展纲领》中的可持续发展战略所阐发的和平、经济增长、保护环境、社会正义和民主与发展之间的关系以及“发展文化”概念的提出[②]，在经济全球化的浪潮下，不仅成为今后指导联合国发展行动的全面纲领和政策框架，而且为世界各国的发展提供了指南，使联合国在国际经济与社会发展方面起到了独特而实实在在的促进作用。

第五，联合国为编纂和发展国际法做出了重要贡献。不仅《联合国宪章》本身就是国际法的重大发展和现代国际法的基础，而且50多年来，联合国制定或参与制定并通过了500多个国际条约和公约，涉

---

① 田进：“联合国与发展：艰难的历程”，见谢启美等：《走向21世纪的联合国——纪念联合国成立50周年学术研讨会论文集》，126～134页，北京，世界知识出版社，1996；李铁城：《联合国50年》增订本，391～392页，北京，中国书籍出版社，1995。

② 关于《发展纲领》的提出过程，参见李铁城主编：《世纪之交的联合国》，第4章第1节，北京，人民出版社，2002。

及从不扩散核武器到人权问题，从和平利用外层空间到海底开发，从保护知识产权到保护生态环境等各个方面，从而使联合国成为避免国际秩序发生混乱的重要屏障和推动国际关系朝着更加公正合理的有序发展的国际权威机构。

随着冷战的终结，摆脱了两极格局羁绊的联合国迎来了前所未有的发展机遇，与此同时，许多新的问题和新的任务也摆在了联合国面前：在已经存在的一些冲突尚未解决的情况下，极端民族主义和民族分离主义以及宗教极端主义所导致的内战和局部冲突也不断发生；南北之间的贫富差距进一步扩大，最不发达的国家已经增加到48个；包括恐怖主义在内的各种跨国犯罪日益猖獗；生态环境日益恶化并威胁着人类的生存；某些大国擅自绕开联合国采取军事行动……这些都是联合国面临的新挑战。然而，联合国毕竟是二战结束时建立的，它既带有那个时代的特点也带有那个时代的缺点，当人们期待着联合国为维护和平与促进发展，为建立公正合理的国际政治经济新秩序做出更大贡献的时候，要求联合国改革的呼声也在加强。但是，半个多世纪的国际政治发展的现实至少已经证明：联合国作为当代世界最大的和最重要的主权国家所组成的政府之间的国际组织，尽管存在着各种各样的问题，然而不可否认的是，它仍然在国际政治舞台上起着不可替代的作用，是建立国际政治经济新秩序的主导力量；联合国宪章基本符合当今世界和平与发展的时代主题，它的宗旨和原则无须改变，它所确立的目标和规划的蓝图还远未实现；安理会常任理事国所拥有的否决权作为历史的产物，既有保持大国均势的现实主义考虑，又有保持大国合作实行集体安全的理想主义成分，到目前为止，仍基本符合世界政治的现实情况和多极化的发展方向，因此既不能取消，也不能扩大，而是应当做出一些防止滥用否决权的规定，同时也反对绕开联合国而擅自采取军事手段解决争端。

另一方面，我们也必须承认，在冷战以苏联一极的自行坍塌而结束，国际政治力量呈现出“一超多强”的态势，真正意义上的多极的国际关系格局尚未最终形成的情况下，霸权主义和强权政治作为国际政治旧秩序的集中表现，不仅继续存在，而且体现在要依靠美国的权势和价值观来建立“世界新秩序”的主张之中①，这就使联合国在建立和平稳定公正合理的国际新秩序中再次面临考验。但是，值得指出的是，在2000年9月联合国召开的千年首脑会议上，五个常任理事国的首脑已经庄严承诺：“在进入21世纪之际，将致力于确保联合国更加强大、更加有效、更有效率”，将“与全体会员国一道加强联合国的作用、维护安理会的权威、捍卫《联合国宪章》的宗旨和原则”②。因此，尽管还会遇到各种各样的困难与斗争，联合国也必须通过改革而不断自我完善，使国际关系进一步走向体制化。在这个经济全球化加速发展、国家之间的相互依存关系日益加强的世界里，这也是联合国不可回避的历史使命。

布雷顿森林体系与战后国际经济秩序的建立和发展

如果说在政治领域，反法西斯大同盟决心在二战后共同致力于建

① 根据白宫自己的统计，1990～1991年期间，美国领导人在各种讲话中有42处提到“世界新秩序”，杜攻主编：《转换中的世界格局》，302页，北京，世界知识出版社，1992。与此相呼应，美国认为建立由美国领导的国际关系体系的“单极时刻”（the Unipolar Moment）终于到来了。Ethan B. Kapstein and Michael Mastanduno eds.，*Unipolar Politics：Realism and State Strategies after the Cold War*，New York：Columbia University Press，1999.

② 2000年9月7日“安理会五常任理事国首脑声明”，《光明日报》，2000年9月9日。

立以联合国为代表的以维护世界和平与安全为目标的国际政治秩序的话，那么在经济领域，则主要是在以美英为首的西方国家的主导下，建立了以国际货币基金组织、世界银行和关税及贸易总协定为三大支柱的国际经济秩序结构，即布雷顿森林体系，亦称布雷顿森林制度①。正如罗斯福在要求国会通过布雷顿森林协议的咨文中所说："国际上政治合作的奠基石是建立常设联合国组织的敦巴顿橡树园会议建议……国际上经济合作的奠基石是建立国际货币基金组织和国际复兴开发银行的布雷顿森林会议的建议。"②

两次世界大战使维持世界经济发展的货币金融关系和贸易关系一片混乱。然而正是战争的血的教训，才使各国取得了这样的共识：传统的孤立主义和保护主义的经济政策，必将导致世界经济再次走进死胡同，只有国际间的经济合作，才是促进世界经济繁荣从而维护世界和平的必由之路。因此为了恢复世界经济的有序发展，美国凭借其军事政治和经济的绝对优势，试图从金融、投资、贸易三个方面重建国际经济秩序。在金融方面，重建国际货币制度，以维持汇率的稳定和国际收支的平衡；在投资方面，以鼓励对外投资、筹措资金来促进战后经济的复苏和发展；在贸易方面，以扭转日益盛行的高关税贸易保护主义和歧视性的贸易政策来促进国际贸易的自由化。于是在经过美、英等国的艰苦谈判之后，1944年7月在美国的提议下召开了布雷

① [美]H. N. 沙伊贝等：《近百年美国经济史》，彭松建等译，517～518页，北京，中国社会科学出版社，1983。这三个机构亦被称为"布雷顿森林三驾马车"，而美国长期以来就是要用这"三驾马车"来取代联合国经社理事会对经济方面的决策权，[美]菲利斯·本尼斯：《发号施令——美国是如何控制联合国的》，陈遥遥、张筱春译，86～88页，北京，新华出版社，1999。

② [美]富兰克林·德·罗斯福：《罗斯福选集》，关在汉编译，500页，北京，商务印书馆，1982。

顿森林会议(即联合国家货币与金融会议),与会44个国家的代表签署了"国际货币基金组织协定"和"国际复兴与开发银行协定",并于1945年建立了国际货币基金组织(IMF)和国际复兴开发银行,即世界银行。

国际货币基金组织设立的主要目的,在于稳定成员国货币的汇率,避免竞争性的货币贬值;取缔对经常性国际交易支付的外汇限制,建立有序的多边支付体系;在有适当保证的条件下,向遇有国际收支困难的成员提供短期临时性国际融资,即扮演"消防队"的角色,及时纠正该国国际收支的失衡,防止其采取有损于本国和国际繁荣的措施。世界银行的职能在于通过向成员国提供长期性融资以解决成员国发展经济的长期建设资金的需求,协助后者的复兴与开发。1947年,国际货币基金组织和世界银行都成为联合国的专门机构①。

国际货币基金组织作为布雷顿森林体系的主要组成部分,其内部的运行机制是:规定"双挂钩—固定"的世界货币制度,即美元与黄金挂钩,各国货币与美元挂钩,美元与黄金的比价固定为35美元兑换1盎司黄金,各国货币对美元的汇率上下浮动不得超过1%。于是美元便享有了高于其他货币的国际储备货币的特殊地位,并因此而建立起以美元为中心的"黄金美元本位"制度②,使布雷顿森林体系成为支配战后20多年的世界货币金融体系。另外,基金组织和世界银行都实

① 这两个机构在美国等发达国家的控制下,并不接受联合国的监督,实际上独立于联合国之外。

② 根据"双挂钩一固定"制度,参加IMF的国家包括美国的中央银行都要按照这一固定水平买进和卖出黄金,以确保美元不会贬值,这又被称为"黄金共享"原则。

行加权投票制度①，按照资金的配额决定各国投票权的大小，所以实际上也为经济实力最强、占有股份最多的美国所操纵。

接着，美国着手筹建国际贸易组织作为贸易领域中与国际货币基金组织和世界银行相对应的组织，并积极提议签订关税及贸易总协定。但国际贸易组织最终由于美国和其他一些国家没有批准而未能建立，而关贸总协定则得以缔结并于1948年1月1日开始临时生效②。通过关贸总协定包括的38条内容可以看出，它建立的目的在于：达成互惠互利的安排，以求大幅度削减关税和其他贸易壁垒，消除国际贸易中的歧视待遇，确立多边贸易自由化体系，以便促进世界资源的充分利用，扩大商品生产和交换。尽管具有临时性质的关贸总协定在法律上从未获得真正国际组织的地位，也不是联合国的专门机构，然而它的临时实施却与联合国有着直接的关系，并与联合国在秘书处和政府间一级进行合作，所以类似于联合国的专门机构。

作为一个准国际性组织，关贸总协定实行最惠国待遇原则、非歧视原则、国内待遇原则、关税保护原则、取消数量限制原则、公平贸

---

① 加权投票制度，是指每个成员国的投票权与其在基金的配额，即向基金的认股份额成正比。根据布雷顿森林会议，每个成员国有基本投票权250票，另外每增加相当于10万美元的配额，便增加1票。

② 国际贸易组织宪章草案由美国提出并得到联合国贸易和就业会议的审议通过，但美国和一些国家以该宪章与其国内立法存在差异和矛盾并有损美国的利益为由拒绝批准国际贸易组织宪章，遂使建立国际贸易组织的努力失败。但美国和其他22个国家达成了双边关税减让协议，随后它们将该协议与国际贸易组织宪章中的贸易政策条款加以合并和修改，形成一个单一的多边协定，再加上涉及4.5万项商品、影响世界贸易额达100亿美元、占进口值54%的应税商品平均降低税率35%的关税减让表，就形成了关税及贸易总协定。关于关贸总协定的出台过程，见刘光溪：《中国与“经济联合国”——从复关到“入世”》，2～4页，北京，中国对外经济贸易出版社，1998。

易原则、对发展中国家优惠原则以及例外条款等一系列建立自由贸易秩序的基本原则。自临时实施以来，它不仅一直是管理国际贸易的唯一多边贸易协定，更成为削减贸易壁垒多边谈判、解决缔约方贸易争端和规范国际贸易关系的主要国际机构，因此成为事实上的"国际贸易组织"。然而同样由于美国的经济实力最强并主导着规则的制定而在其中占有特殊地位。

苏联虽然也参加了布雷顿森林体系的制定工作，但最终没有批准这些协定，随着冷战的爆发，苏东国家和其他社会主义国家曾长期处于该体系之外。中国是该体系的创始国之一，于 1980 年恢复了在国际货币基金组织和世界银行中的合法席位。到 1997 年底，这两个组织的成员已分别包括 184 个国家和地区。作为关贸总协定的创始缔约方之一，中国于 1982 年 11 月第一次派代表团以观察员身份列席了关贸总协定缔约方大会。1986 年 7 月中国正式提出关于恢复在关贸总协定缔约方地位的申请，从此复关谈判长达 10 年，从 1995 年 11 月开始，中国的复关谈判转为"入世"谈判，并于 2001 年 11 月成为世界贸易组织的成员①。到 2001 年底，世贸组织的成员已经包括 144 个国家和地区，因此国际货币基金组织、世界银行和世界贸易组织都被称为"经济联合国"。在战后相当长的时间里，上述三大组织共同构成了战后调节世界经济、金融、贸易的三大支柱，对世界经济的恢复和发展起到了积极作用，并进一步促进了世界经济发展的规范化和一体化进程。作为布雷顿森林体系的运转核心，国际货币基金组织提供的相对

① 1995 年 1 月 1 日，"世界贸易组织"正式成立，1995 年与关贸总协定共存一年，1996 年 1 月 1 日世界贸易组织成为全球经济贸易组织，关贸总协定不再存在。

稳定的汇率制度和短期贷款缓解了战后的国际收支危机，使国际清偿力得到增加。20 世纪 60 年代基金组织又创设了特别提款权①，进一步增加了国际清偿力的供应。随着西欧经济的恢复和发展，到 20 世纪 60 年代基金组织的贷款重点也从欧洲转向第三世界国家。世界银行则从 20 世纪 50 年代初就将其长期贷款转向发展中国家，以资助它们兴建某些建筑周期长、利润偏低，但又为该国经济和社会发展必需的建设项目。以中国为例，从 1981 年到 1997 年 6 月，世界银行对中国的贷款总承诺额接近 280 亿美元，用于支持 184 个项目，其中投入农业和基础设施的贷款占总贷款额度的 70%以上②。

在关贸总协定临时生效的 47 年中，通过 8 轮多边贸易谈判，签署了大量协议，不断丰富、发展和完善了多边贸易体制的法律规范，形成了一套对各缔约方具有一定约束力的国际贸易体系，并为全球贸易自由化的发展进程建立了保障其目标得以实现的组织机构。它涉及的国际贸易数额巨大，超过了世界贸易额的 90%。它成功地解决了 100 多起缔约方之间的贸易争端，为解决发展中国家和发达国家之间的贸易待遇问题提供了机会，促进了发展中国家的贸易增长。它使各国关税大幅度削减，发达缔约方的平均关税已从 1948 年的 36% 降到

① 特别提款权为国际货币基金组织于 1969 年创设的分配给成员国的除了一般提款权之外的一种使用资金的权利，是一种补充储备资产和一种新的记账单位，由基金组织按各成员国的份额分配。成员国可用它向基金组织或其他成员国兑换外汇，用于政府间的结算，解决国际收支逆差，也可向基金组织偿还贷款、支付利息和手续费，但不能直接用于贸易或非贸易支付。目前特别提款权主要为发展中国家服务。

② 在世界银行进行的项目评价中，90%以上的中国项目被评为“满意”。中国被认为是世界银行贷款使用和偿还情况最好的借款国之一，祝宪：《中国与世界银行合作关系的回顾与前瞻》，载《国际金融研究》，1997(10)，25～27 页。

20世纪80年代的4.5%，发展中缔约方的平均关税同期已降到13%[①]。根据世贸组织的资料，由于执行乌拉圭回合协议，发展中国家的平均关税水平在2000年降到10%～12%，发达国家将降到3%～5%，配额和许可证管理的最后一个堡垒——纺织品的数量限制也将在2005年消失[②]。

在布雷顿森林体系运行的1950～1970年间，世界贸易总额从610亿美元剧增至3127亿美元。从1947～1995年，世界贸易额增加了10倍。国际贸易的繁荣带动了国际投资的发展。1950年，西欧与美国之间的交叉投资仅分别为53亿美元和31亿美元，到1970年，美国在西欧的投资已达296亿美元，西欧对美国的投资已达316亿美元。与此同时，发达国家向发展中国家的投资也不断增长，到20世纪60年代末，仅从西欧转移到发展中国家的资本每年的净流动额就达到60亿美元[③]。因此，布雷顿森林体系在带动各国经济增长，加深国际经济联系，推动发展中国家参与国际经济合作，从而促进世界经济一体化与全球化的进一步发展等方面，功不可没。但是布雷顿森林体系的建立是以战后初期的国际政治经济格局为基础的，并依赖于战后美国超强的经济实力。它以美国一个国家的货币(美元)作为主要国际储备货币，于是其先决条件就是美国拥有绝对的黄金储备优势，美元能够基本保持稳定，美国的国际收支能基本保持平衡。但是随着西欧和日

① 王福明主编：《世贸组织运行机制与规则》，24页，北京，对外经济贸易大学出版社，2000；刘光溪：《中国与经济联合国》，12～13页，关于GATT的8轮贸易谈判回合，参见第5～6页。

② 龙永图为《经济全球化丛书》撰写的总序言，张碧琼：《经济全球化：风险与控制》，《经济全球化丛书》总序言，12页，北京，中国社会出版社，1999。

③ 刘光溪：《中国与经济联合国》，12页；张幼文等：《世界经济一体化的历程》，129～130页，上海，学林出版社，1999。

本经济实力的不断上升和第三世界经济的发展，美国的经济实力相对减弱。从1950年以后，除了个别年代略有顺差之外，其余各年度都是逆差。随着国际收支逆差的逐年增加，美国的黄金储备也日益减少。1945年美国的黄金储备为200.8亿美元，约占资本主义世界黄金储备的59%①。但是到60年代中期，外国人的美元持有额已超过美国已有的黄金储备量②。美元的大量流出，形成了美国国外的“美元过剩”现象，据统计，1973年底，在各国金融市场上游荡的“欧洲美元”就达1000多亿③。这导致美元与黄金挂钩的国际信誉严重下降，各国争先向美国挤兑黄金，而美国的黄金储备捉襟见肘，这不仅暴露了布雷顿森林体系的内在缺陷和它所推动的国际经济合作的发展之间的不和谐④，而且使国际货币金融领域陷入越来越混乱的局面。于是布雷顿森林体系从60年代开始不断发生动摇。1971年，美国尼克松政府实行“新经济政策”，宣布美元贬值并停止兑换黄金。同年，西方十国集团财长会议通过重新调整货币汇率的“史密森学会协议”：将黄

① 《战后世界历史长编(1945.5—1945.12)》第1编第1分册，522页，上海，上海人民出版社，1975。

② ［美］H. N. 沙伊贝等：《近百年美国经济史》，彭松建译，523页，北京，中国社会科学出版社，1983。

③ 吴念祖：《欧洲美元与欧洲货币市场》，13页，北京，中国财政经济出版社，1981。

④ 美国经济学家罗伯特·特里芬把这种不和谐用“两难困境”来表述：美元与黄金挂钩，靠美国国际收支的持续逆差来支持各国储备的增长和国际的清偿力的增加，必然会使美元陷于一种两难的境地：如果美国纠正国际收支逆差，保持平衡稳定美元，就会断绝国际储备来源，世界的清偿能力就会不足；如果美国持续保持国际收支逆差，必然会影响美元的信誉并怀疑美元的可兑性，并引起美元危机。这就是有名的“特里芬难题”，［美］罗伯特·特里芬：《黄金与美元危机，自由兑换的未来》，陈尚霖、雷达译，北京，商务印书馆，1997。

金官价从1盎司35美元提高到38美元，美元贬值7.89%，发达国家的货币对美元不同程度地升值，各国货币对美元汇率的波动幅度从上下各1%扩大到2.25%。但是该协议的基本精神仍然在于维持布雷顿森林体系。1973年，美元再次贬值，各主要资本主义国家则普遍实行浮动汇率制，不再承担维持美元汇率的义务，布雷顿森林体系的"双挂钩一固定"的运行机制被彻底取消，于是以布雷顿森林体系为代表的国际货币金融体系崩溃了①。

20世纪70年代布雷顿森林体系的崩溃与国际政治开始出现的多极化趋势和国际经济出现的多元化趋势相一致，美国维持了20多年的国际经济支配地位一去不复返了。随着西欧和日本在国际经济中地位的不断增长，国际货币关系也出现了多元化格局，美元、西德马克、英镑、法郎和日元都成为特别提款权的定值货币，从而成为国际储备货币，于是浮动汇率的合法化和汇兑安排的多样化也随之产生，国际收支调节制度也不得不相应地发生改变，再加上发展中国家的强烈要求，国际货币基金组织的临时委员会便于1976年1月在牙买加举行的会议上通过了关于国际货币体系改革的"牙买加协议"，并由此而诞生了新的国际货币体制，即"牙买加体系"。该体系的运行机制是：实行浮动汇率制，但成员国不得操纵汇率以妨碍国际收支的有效调节或谋取贸易上的好处，并接受基金组织的监督；取消黄金作为货币定值的标准，成员国可在自由市场上买卖黄金；加强特别提款权作为国际储备货币的地位，削弱黄金和美元在国际储备中的地位等。该

① 在西德马克升值3%的情况下，联邦德国、法国等欧共体国家的汇率对美元联合浮动，内部实行固定汇率制度，建立了欧洲货币体系，英国、意大利和爱尔兰则单独浮动，日元等其他货币也对美元浮动。

体系于1978年4月正式生效，并成为现行的国际货币体系。20年来，该体系的浮动汇率制被证明是基本成功的①。

布雷顿森林体系崩溃后，作为该体系核心的国际货币基金组织和世界银行继续存在。但是从1975年西方七国首脑会议首次举行以来，发达国家之间的国际经济和金融问题便开始由西方七国首脑会议协商解决，国际货币基金组织在这方面的作用明显淡化，而是转向处理与发展中国家的关系，它通过处理20世纪80年代的拉美债务危机而成为解决发展中国家债务危机的最主要的机构(也包括世界银行)。随着冷战的结束以及日益加速的国际金融全球化进程，西方七国首脑会议在加强对世界经济调节作用和稳定国际金融市场方面采取了许多措施，并为加强国际货币基金组织和世界银行的作用提出了一些改革的建议，而基金组织和世界银行的作用也日益显得重要。例如，在1997年爆发的东亚金融危机中，基金组织向东南亚各国提供了近1600亿美元的援助贷款②，从而使自己再次担当了“消防队”的角色，并重新

---

① 进入20世纪90年代后，国际货币汇率体系表现出更大的灵活性和自由浮动性，实行自由浮动和有管理的浮动国家，由1991年的56个上升到1997年的99个。在IMF的成员国中，所有发达国家都实现了资本账户可兑换，大多数发展中国家实现了经常账户货币自由兑换，而对资本账户仍保留不同程度的限制。中国自1996年12月1日实现经常项目下的人民币可兑换。张碧琼：《经济全球化：风险与控制》，203、204、222页。

② 在这近1600亿美元的援助贷款中，韩国获得570亿美元，印度尼西亚获得430亿美元，泰国获得170亿美元，菲律宾获得10亿美元。郑振龙、周婉波：《国际货币基金组织反危机功能评析》，载《国际金融研究》1998(5)，48～51页。

成为解决和防止金融危机的机构①。到 1998 年，大约 90 个国家受到国际货币基金组织的各种形式调整计划的影响②。

但是，面对经济全球化的发展，国际货币基金组织和世界银行作为历史的产物，不仅在适应全球化需要的发展援助机制方面存在明显缺陷，而且它们的加权投票制和贷款额与借款国在这两个机构中的份额相联系的规定，使之一直受到发达国家的政策导向的影响并有利于发达国家的利益，从而使其政策的变化不可避免地带有相当程度的政治化倾向。例如：基金组织所推行的经济政策协调和监督框架基本上是以经济发达国家为蓝本的，对受援国所提供的调整与改革方案都是这样的模式：提供贷款，要求危机国采取财政紧缩政策和货币紧缩政策，提高利率以吸引外资进入并进一步稳定汇率，并要求亚洲各国整顿金融机构，加速开放市场并迈向自由化，取消不平等补贴政策等，而没有充分考虑到各国经济、地理特点和历史、心理、文化传统的差异，以致使受援国认为这是对自己的经济主权的粗暴干涉。马来西亚总理马哈蒂尔就曾指责美国借国际货币基金组织对危机国以贷款之名，行“经济殖民主义”之实。而世界银行在 20 世纪 90 年代以来，其业务更多地介入非经济领域，如良政、法制、非政府组织与公民参与、反腐败、民族文化、劳工标准乃至宗教、民主、人权等，不断受

---

① 1997 年东亚金融危机的各国对国际货币基金组织的贷款的巨大需求超出了预计范围，1998 年基金组织设立和补充储备贷款，为发生危机的国家解决突出的收支不平问题；1999 年又设立了应急信用贷款，以方便那些尚未发生危机但已经感到有潜在问题的国家得到贷款，这是典型的预防危机的新举措。朱雪琴：《国际货币基金(IMF)：面临角色的选择》，载《中共宁波市委党校学报》22(6)，18～20 页。

② ［英］戴维·赫尔德等：《全球大变革——全球化时代的政治、经济与文化》，杨雪冬等译，295 页，北京，社会科学文献出版社，2001。

到发展中国家的批评①。

与国际货币体系的改革相对滞后相比较，20 世纪 90 年代以来，在国际贸易领域发生的最大变化就是关贸总协定为世界贸易组织所取代。这是因为关贸总协定的历史局限性已经不能适应经济全球化的发展。关贸总协定作为非正式生效的国际条约，从法律体系看是不统一、不完整的；它的临时性削弱了它的权威性；它的“例外条款”和一些“灰色区域措施”使合法与不合法的认定基准模糊②；它的靠政府间的谈判并要求所有缔约方“完全协商一致”才能发生效用的解决争端方式，使谈判结果往往取决于各国政治、经济的强弱，难以达到应有的公正，并容易使争端久拖不决；它的相对狭窄的管辖范围，不能满足知识经济发展的要求③。而这些缺陷，在世贸组织中都得到了克服。因此，世贸组织不是对关贸总协定的简单否定，而是对后者的扬弃、发展和创新。

世贸组织实行非歧视原则、自由贸易原则、关税保护原则、保护措施可预测原则、促进公平竞争原则、鼓励发展与经济改革原则，以

---

① 邹佳怡、莫小龙：《从世界银行政策变化看全球化的矛盾和发展援助的职能》，载《世界经济与政治》2002 (1)，36～41 页。

② 例如：农业和纺织业未受到关贸总协定的规范，因此，在农业方面，一些国家就利用这一漏洞制定一些与关贸总协定原则不一致的政策；在纺织品方面，一些发达国家根据《多种纤维协议》而对进口纺织品实行限制措施。由于人们对这类政策和措施与关贸总协定原则和规则的一致性表示怀疑，因此它们被称为“灰色区域措施”。

③ 关贸总协定的规则只适用于商品贸易（也称“货物贸易”），不包括服务贸易，而后者已经发展为国际贸易中的重要组成部分；关贸总协定也缺乏对知识产权的适当保护措施，使知识产权受到侵害，这不仅被视为影响到外国在生产专利产品方面投资的不利因素，也成为发达国家工业界不愿向发展中国家同行出售或特许使用技术的重要因素。

及对发展中国家的差别特惠待遇。它的主要运行机制包括：1. 世贸组织作为一个永久性的机构，具有牢固的法律框架结构，拥有自己的完备的秘书处并设有处理日常事务的总干事。2. 世贸组织不仅获得其成员方的批准和接受，而且作为一项单一承诺构成其各项协议的多边性质，因此它涉及所有成员方的承诺。3. 它所涵盖的范围从货物贸易扩展到服务贸易、知识产权及投资等领域。4. 它的争端解决机制规定了具体的时限，其运行具有自动性。它所设有的永久上诉机构，通过争端解决专家小组对裁决进行审议，并就裁决的执行程序制定了更为具体的规则，使之不易受到争端当事方的影响，并使争端解决裁定的实施更容易得到保证。5. 它拥有对其成员方进行定期的贸易政策审议机制，以了解并监督成员方在遵守和执行多边贸易协议的承诺方面的实施情况和程度，避免贸易摩擦，并促进成员方贸易政策的透明度，以推动贸易更加自由的发展。

因此，世界贸易组织作为一个独立于联合国系统之外的、常设性、永久性的国际组织，标志着第二次世界大战以后建立的多边贸易体制迈进了“世界贸易法”的新里程，并用事实肯定了世贸组织作为“世界贸易法”的地位①。尽管它仍然未能完全摆脱贸易大国的控制并面临全球发展的各种新问题，但是它仍然能够通过对世界经济贸易的法制化的协调与协商管理，通过开放、公平、无扭曲的综合国力的竞争，逐步达到它建立的初衷：保证不同经济制度国家劳动者的充分就业，促进人们的实际收入稳定增长，提高民众的生活水平，并通过全球资源的最佳配置实现世界经济的可持续发展。实际上，从关贸总协

① 刘光溪：《中国与经济联合国》，48 页，北京，中国对外经济贸易出版社，1998。

定和世贸组织的发展来看，尚无一个缔约方和成员方因为加入该组织后而引起该国经济的衰退，反而都是加快了其经济的发展。事实证明，加入该组织对本国经济的继续发展具有促进作用，这正是该组织不断扩大和发展的重要原因。

半个多世纪以来的世界经济发展的现实已经证明，上述各种国际经济组织在建立战后的国际经济秩序方面具有相当积极地为其他经济组织所不能替代的作用。虽然它们在很大程度上仍为西方大国所主导，其运行和规范也更多地倾向发达国家，但是应该承认，在全球化的时代，世界各国的确继续需要这些高于国家层次之上的国际组织来系统管理、规范和控制世界经济的运行。另一方面，随着发展中国家广泛参加这些国际经济组织并参与其规则及政策的制定，从而使这些国际组织不断改革与完善，也必将会使国际经济秩序更加公平化。作为世界上最大的发展中国家，中国加入世贸组织不仅将促进自身的进一步改革开放并加快融入世界经济发展的进程，而且表明中国将从自己的实情出发，着眼于国家利益的维护，通过遵守现有规则的方式参与国际经济秩序的制定、修改和不断完善的过程。因此这是中国政府正确的战略选择。

综上所述，我们可以得出这样的结论：二战后建立的联合国和三大经济组织，在 21 世纪仍然是支撑和协调世界政治和经济秩序的主要支柱，它们将通过不断的改革与完善，继续成为世界和平与发展的推动力量。当然，我们也必须看到，目前的和平是带有强权政治和霸权主义色彩的不够公正的和平，目前的发展也是在一定程度上以牺牲发展中国家利益的不够均衡的发展。实际上，如何改变这种不公正和不均衡，正是摆在这些国际组织面前的最根本的任务。任重而道远，欲速则不达。

战争、国际关系体系与人类文明的发展*

近代战争所引起的国际关系体系的演变，不仅是人类文明进程的重要推动力量，也是人类文明不断发展的标志。

现代意义的国际关系发生在具有主权性质的民族国家出现之后。随着资本主义生产关系的发展、市场和经济中心的形成，欧洲的政治区域化进程也在发展，其特点是不断否定教皇和神圣罗马帝国的权威，不断加强王权和主权意识，最终使民族国家应运而生。在这一过程中，以 1648 年结束席卷欧洲的 30 年战争的威斯特伐利亚和约及其形成的威斯特伐利亚体系为标志，以主权国家为国际行为主体的国际关系体系也初具雏形。

威斯特伐利亚体系确立了国家关系中国家主权的独立性、统一性、不可分割性；强调了国际条约的神圣性并规定对违约国可以实施集体制裁；开创了召开国际会议解决国际争端恢复和平的先例；建立了外交使团制度。这一切在人类历史上都具有划时代的意义，表明了以王权为代表

---

* 原载于《史学理论研究》，2007(3)。

的民族国家开始取代基督教的神权，成为国际关系的主体，一个以正式邦交形式和召开国际会议为互动模式的国际关系体系在欧洲初步形成。与此同时，它所确立的有关国家主权和国家关系的这些基本原则，也成为“现代国际法发展的起点”①。但是这个体系还不具有全球性，它所展现的更多的是欧洲的以奥地利、普鲁士、英国、法国和荷兰（当时为尼德兰联邦，涵盖现在的荷兰与比利时地区）为代表的“多极均势”为特点的国际秩序，还没有对世界其他地区的历史进程产生重要影响。更为重要的是，该体系并没有建立有效的冲突解决和处理机制，而是“创造了一种和平，以及一种用以保证那种特殊的和平而不是普遍和平的秩序”②。

威斯特伐利亚体系建立后，欧洲仍然内斗不断，各国的力量对比也发生了很大变化。与此同时，随着资本主义经济生活的日益国际化，欧洲列强凭借坚船利炮，迅速向外扩张，把世界其他地区变成了欧洲的殖民地或半殖民地，逐渐形成了欧洲的世界中心地位。

但是，资本主义的发展强化了欧洲各国对现实国家利益的追求，人权的理念和民主共和的思想猛烈地冲击着专制主义的旧体制。这一切最终导致了1789年法国大革命的胜利，同时也打破了威斯特伐利亚体系所构建的欧洲“多极均势”结构。拿破仑帝国的不断扩张威胁了各国的生存，于是英国与俄国、普鲁士、西班牙、奥地利等国先后组织了7次反法同盟，最终使拿破仑帝国解体，旧王朝得以复辟。1814～1815年列强在维也纳召开和会并达成《最后议定书》，目的是

---

① Leo Gross, The Peace of Wastphalia, 1618—1648, *The American Journal of International Law*, Vol. 42, No. 1, Jan., 1948, pp. 20～41.

② Kalevi J. Holsti, *Peace and War*, *Armed Conflicts and International Order 1648—1989*, Cambridge: Cambridge University Press, 1991, p. 40.

结束战争，恢复欧洲的和平与均势。

维也纳会议把欧洲所有的主权国家(除了信奉伊斯兰教的土耳其)都包括在内；根据“正统主义原则”恢复了法国、西班牙、葡萄牙、瑞典、荷兰以及那不勒斯等王朝原来的地位；用小国和弱国的领土对战胜国进行补偿，重新划定了欧洲的政治版图。会议还通过了《关于取缔贩卖黑人奴隶的宣言》，《关于河流自由航行的规章》以及《关于外交代表等级的章程》等文件，对一些带有普遍性的国际问题做出了决定。随后俄国、奥地利、普鲁士签订《神圣同盟条约》，并与英国签订《四国同盟条约》，以防止法国再度爆发革命。随着法国相继参加这两个条约，这一目的已经达到。

维也纳会议建立的这种新的政治军事及其领土的平衡，被称为维也纳体系。《神圣同盟条约》和《四国同盟条约》是对它的重要补充。维也纳体系是继威斯特伐利亚体系之后历史上第二个具有现代意义的国际关系体系。该体系有三个突出特点：第一，强权政治。它在欧洲大陆恢复了旧的专制制度，并通过战胜国对战败国财产的瓜分，不仅满足了列强的领土野心，而且初步建立起一个新的欧洲大陆的均势。第二，它是一个五极均势结构，依靠英国、法国、俄国、奥地利和普鲁士的实力均衡，共同维持着欧洲的稳定。第三，它开始用“会议外交”的方法，通过上述五大国定期举行国际会议，对列强各自的利益和矛盾进行协商解决，从而维护大国的利益。这也被称为“欧洲协调”①。

从总体来看，维也纳体系仍然是一个欧洲列强之间相互妥协的国

---

① Gordon A. Craig and Alexander L. George, *Force and Statecraft, Diplomatic Problems of Our Time*, Oxford: Oxford University Press, 1990, pp. 43～51.

际体系。但是该体系在国际关系发展史上具有十分重要的地位：第一，在19世纪已经形成的以欧洲为中心的国际格局之下，维也纳体系已经具有一定的世界性，可视为第一个世界性的国际关系体系；但是世界其他地区是作为欧洲列强侵略和资本扩张的对象而进入这个体系的，因此只具有从属性。第二，该体系的缔造者们至少建立了一种定期会晤进行协商的程序以应对形势的变化，这种“定期会晤进行协商的思想表明，各大国在决策过程中，已经将兼顾考虑多种因素的作用制度化了”。① 这种制度化的安排，是一种监督和控制潜在的国际冲突的机制，从而使该体系在力图维护集体安全方面比威斯特伐利亚体系前进一步。第三，“均势”原则已经成为指导后世制定外交战略和外交政策，维护国际关系体系内均衡结构的经典性原则。第四，它对各国外交代表的等级的规定，至今还被作为外交惯例而广泛运用。

维也纳体系维持了欧洲大约100年的和平。但是它既没有消除各国的扩张野心，也没有停止它们之间的争斗。1854～1856年以英法为一方，以俄国为另一方为争夺奥斯曼帝国遗产而进行的克里米亚战争，以及此后接连爆发的法、意对奥地利的战争，普奥战争和普法战争，是列强用武力改变欧洲政治版图和实力分布的重要表现，并使该体系严重动摇。随着意大利与德国的统一，随着第二次工业革命带来的资本主义经济的迅速发展以及向垄断资本主义的过渡，西欧列强的实力对比终于发生了巨大变化。它们竞相对外扩张瓜分世界，矛盾不断尖锐。于是各国为了自身利益的需要，逐渐结成两大军事集团，并制造了一系列政治危机和军事冲突，最终导致了1914年第一次世界

① Kalevi J. Holsti, *Peace and War*, *Armed Conflicts and International Order 1648—1989* , Càmbridge: Combridge University Press, 1991, p. 135.

大战的爆发，维也纳体系也荡然无存。

但是，这场主要由于欧洲列强的争斗而引发的世界性战争却从根本上动摇了欧洲的世界中心地位，实际结束了欧洲的全球霸权时代。

与欧洲的逐渐衰落形成鲜明对照的是美国与苏联的不断崛起。美国的参战不仅完全改变了交战双方的力量对比，使这场战争进入了真正的全球阶段，而且意味着当欧洲力量耗尽之时一个强国的出场，从而使国际力量的中心开始从欧洲向大西洋彼岸转移。不仅如此，美国还把自己对战后世界的看法，即威尔逊总统提出的《世界和平纲领》即"十四点计划"强加给欧洲，并与欧洲分享战后世界秩序规划者的角色，从根本上结束了"欧洲协调"的国际关系体系。另一方面，1917年爆发的十月革命和苏俄的诞生，第一次将社会主义从理想变成了现实，打破了资本主义的一统天下，并从欧洲内部对它的世界支配地位提出了挑战。与此同时，殖民地人民也高举起"民族自决"的旗帜掀起了战后第一次民族解放运动的浪潮，使扩大到极限的欧洲殖民体系开始了不可逆转的解体过程。于是，美国与苏俄这两个几乎同时崛起但又主张不同制度的力量不断发展，并将追随它们的力量集合在各自的旗帜之下，使19世纪争雄世界的欧洲列强相形见绌，使以美、苏为两大力量中心的两极格局初露端倪，尽管它在当时还很不清晰。

第一次世界大战结束后，战胜国相继召开巴黎和会和华盛顿会议安排战后的世界。主要内容有：宣布德国及其各盟国应当承担战争罪责，并据此而对战败国进行政治、经济、军事、领土、海外殖民地等各个方面的严惩；有限承认民族自决权，恢复波兰的独立并建立了一批民族国家；建立以《国联盟约》为基础的国际联盟作为维护世界和平的主权国家的国际组织，并对殖民地进行委任统治；协调战胜国列强在亚太地区的关系并限制海军军备；确认以"门户开放"、"机会均等”作为它们共同侵略中国的基本原则，等等。

上述这些对战后世界做出的安排，形成了凡尔赛—华盛顿体系。该体系也有几个突出的特点：第一，它反映了20世纪的世界已经形成了一个息息相关的整体的现实，具有真正的世界性，社会主义革命和殖民地半殖民地的解放斗争对世界历史的整体发展产生了重要影响。第二，它是一个由英国、法国、意大利、美国、日本构成的多极均势结构，并留有欧洲大国均势的痕迹，但由于对苏联和德国等重要战略力量的长期排斥而缺乏稳定性。第三，它提倡集体安全，并希望通过建立国际联盟而建构一个能够成功处理国际冲突的和平秩序，但实际上国联在防止和制止侵略战争方面缺乏有效的制约机制①。第四，强权政治贯穿其中，战胜国片面追求民族国家的绝对利益，使该体系存在严重的内在矛盾和致命弊端，并导致战后的和平既短暂又脆弱。因此，从本质上讲，作为帝国主义重新瓜分世界、维护战胜国利益的凡尔赛—华盛顿体系是一个孕育战争的体系。

凡尔赛—华盛顿体系的确没有带来永久的和平与安宁，仅仅20年之后，更大规模的战争就再度来临。而这一次则是由德、意、日等法西斯国家发动的。第二次世界大战不仅使人类在物质上和精神上蒙

---

① 国联盟约所规定的形成决议的“全体一致”原则（或称“普遍一致”原则，“普遍否决权”等），实际使国联失去了对侵略行为采取任何有效行动的可能性，因此不仅对受到侵略的国家的保护软弱无力，而且无法制止战争的发生。《联合国史》的作者埃文·卢亚德深刻地指出，国际联盟的关于保护其他受到侵略的国家的承诺是纯粹自愿的，因此极其软弱无力，而且没有任何价值。参见Evan Luard, *A History of the United Nations*, Vol 1: The Years of Western Dominations, 1945—1955, New York: Palgrave Macmillan, 1982, p. 6. 但是应当指出的是，国联在促进社会福利方面做了一些工作，并对国际秩序和国际组织的运作提供了经验。

受了前所未有的巨大双重劫难，而且彻底宣告的凡尔赛—华盛顿体系的终结，为建立新的国际关系体系奠定了基础。

第二次世界大战的最直接最深刻的结果，是欧洲作为传统力量中心的彻底衰落和美国与苏联这两个欧洲侧翼大国的真正崛起，从而最终改变了世界范围内的力量对比。以欧洲大国均势为中心的传统的国际格局完全被战火所摧毁，取而代之的是美苏对峙的两极格局。这个新的两极格局的基石，就是第二次世界大战中后期由反法西斯大同盟的主要领导人通过多次会谈所签订的一系列协定而确立的雅尔塔体系；而两极格局的外在表现，则是美苏在战后逐渐形成的“冷战”态势。

雅尔塔体系的主要内容包括：打败法西斯并彻底铲除法西斯主义和军国主义；重新绘制战后欧亚地区的政治版图，欧洲被一分为二，分别处于美苏的控制之下；建立联合国作为协调国际争端维持战后世界和平的机构；对殖民地和国联委任统治地实行托管计划，提倡和平、民主、独立原则。

通过对雅尔塔体系的内容分析和半个多世纪以来的历史发展，我们看到雅尔塔体系的一些明显特点：第一，雅尔塔体系以建立和维持战后的世界和平为主要目标，战后的历史已经证明，尽管存在长达40多年的冷战和各种局部战争，但是就世界范围来说，这一目标已经实现。第二，它是一个美、苏两极均势结构，但是两极的战略力量只是相对平衡。第三，联合国以维护世界和平，防止和制止侵略战争为根本宗旨，具有普遍性和权威性，不仅体现了国际政治的民主化进程，而且安理会及其五个常任理事国的“大国一致”原则，体现了维护集体安全的国际关系准则。第四，它建立在美、苏战时军事实力均势的基础之上，是美英苏三大国出于对各自利益的现实考虑和对战后世界安排的长远打算，在进行了长期的讨价还价之后达成的政治交易，因此同样带有大国强权政治的深深烙印，并在实际上成为美英苏谋求势力范围的产物。

还必须指出的是，雅尔塔体系形成的两极格局是不对称和不完全的。首先，鉴于苏联的经济实力始终远逊于美国，因此在双方对立的整个历史时期中，冷战对苏联的伤害程度远远甚于对美国的伤害程度。其次，两极格局也未能囊括所有的国家和地区，随着战后非殖民化进程的不断深化和发展中国家政治经济的发展，以及西欧、中国和日本实力的增长，在两极格局中不断生长出多极的力量。另外核威慑的制约因素也不可低估。这一切最终使雅尔塔体系和平演变。当苏联作为一个超级大国以自行坍塌的方式最后消失时，冷战得以终结，雅尔塔体系也成为历史的陈迹。

但是，作为雅尔塔体系重要组成部分的联合国继续存在。联合国作为当代世界主权国家所组成的政府之间的最大和最重要的国际组织，尽管存在着各种问题，但是仍然在国际政治舞台上起着不可替代的作用，在一定程度上体现着国际格局多极化的发展方向。与此同时，联合国在执行联合国宪章，在和平解决国际争端，促进世界的和平与发展方面功不可没。它对国际无政府状态的干涉，对经济落后地区的援助，对教育文化事业的关注，反映了历经战乱的人类理性正在作出正确的选择：较量与敌对将趋于缓和，竞争与交流将日居主导。这一切正是人类社会进一步走向文明、走向成熟的标志。

第四辑　理论探讨与教材编写

关于民族主义的若干历史思考*

20世纪80年代以来，特别是冷战结束以来，在国际政治舞台上出现了一个令人瞩目的现象，即民族主义浪潮在世界范围内前所未有地高扬起来。如果我们全方位地审视这个现象，就会发现，它不仅发生在发展中国家，也发生在原苏联和东欧社会主义国家，还发生在西欧发达资本主义国家，尽管他们的表现形式各不相同。在发展中国家，它不仅表现为一些新兴的工业国家和地区正在向经济一体化方向迈进，以集体民族主义的方式捍卫本地区各国的主权和利益，也表现在不同的民族、种族、部族之间的纠纷与冲突。在原苏东国家，它主要表现为出现了民族分离运动，致使原来统一的国家分裂，产生了一批新的民族国家，重绘了世界政治地图。在西欧，则主要表现为地区民族主义的发展，使近代分裂了几百年的西欧终于沿着经济合作与政治联合的道路走下去。民族主义在世界范围内的全方位多元化发展，引起了海内外学者对它的新一轮探讨。本

---

* 原载《史学理论研究》，1997(3)。

文力图在学习海内外研究成果的基础上，对民族主义的含义，产生及发展轨迹给以叙述，并对民族主义与国际关系问题提出一些不成熟的看法。不妥之处，恳请指教。

关于民族主义的含义

现代学者在研究民族主义中发现，把民族主义的所有特征汇集起来，或给民族主义下一个确切的定义是相当困难的事。E. B. 哈斯曾作过这种比喻：民族主义是只大象，研究者是个瞎子，每个研究者只摸到“民族主义”大象的一个部分。① 但国内外学者仍然从不同的角度进行了探讨，并使民族主义的定义表现出巨大差异。代表国内基本看法的是中国大百科全书出版社 1992 年出版的《中国大百科全书·政治学卷》中的“民族主义”条，认为民族主义是“资产阶级思想在民族关系上的反应，是资产阶级观察和处理民族问题、民族关系的指导原则”。国外学者的定义各不相同，试举几例：《大英百科全书》(1975 年版)的“民族主义”条中说明：民族主义是个人认为每一个人对于民族国家(the nation-state)应尽的最高的世俗忠诚的一种心态。民族主义是一种近代运动。在历史上个人与自己的故土、传统和既有的权威连在一起，但到了 18 世纪行将结束之时，民族主义才开始形成，从而成为近代历史最有决定性的因素之一。麦克米伦出版公司 1972 年出版的《国际社会科学百科全书》“民族主义”条中认为“民族主义是一种基于现代化社会内聚力，以这种社会权力合法化要求的政治信条，民族主义集中了绝大多数现存的或要求建立中的国家的极度忠诚”。圣马丁

① 参见 E. B. Hass, *What is Nationalism and Why Should We Study It?* International Organization, Vol. 40, Issue 03 (June, 1986), pp. 707～744.

出版公司 1987 年出版的《现代政治观念词典》的“民族主义”条中认为，“民族主义指建立在共同语言、文化、血缘——有时也包括共同宗教和领土等等之上而胜过其他个人忠诚要求的一组亲和力”。这些定义有益于我们多侧面理解民族主义，但都具有明显的缺陷。国内学者重视民族主义的阶级特征而忽略了它的文化与价值观，国外学者在一定程度上揭示了民族主义的文化、传统与宗教因素，但忽略了决定民族生存、发展的政治经济因素，因此不能涵盖民族主义的基本内容。

为了说明民族主义的真意，我们可以从词源学、语言学和民族主义的起源方面进行探讨。

从词源学的角度来说，英语中的-ism 作为后缀，表示一种思想体系，它最初来自于希腊文和拉丁文，但其含义却不能用“主义”一词完全概括，它的本意主要有两个：(1) action or practice(行动或实践)，(2) theory or doctrine(理论或原则)。(可参见《牛津英语词源学辞典》，Oxford Dictionary of English Etymology. 有关-ism 的词条)。因此，如果我们把 Nationalism 仅理解为“民族主义”的话，就只反映了它的第二个含义，而没有把它的第一个含义即行动或实践包括进来。所以，民族主义的内容应当包括上述两个方面，即民族主义既是行动或实践，又是理论或原则或称为意识形态(ideology)。

从语言学的角度来说，欧洲语言中的“民族”(Nation)一词来源于拉丁语 Natio，本意大致为一个有亲缘关系的定居某处的社会团体。但是“nation”也具有“国家”之意，而且为了说明民族与国家在历史上的密切关系，还出现了惯用的词汇“民族国家”(nation-state)。实际上，尽管“民族”和“国家”是两个不同的概念，但由于它们共同具有的内在统一性和外在独立性，使它们可以互为载体。近代民族和近代国家伴随法国大革命而来，这场革命把民族这一本无多少政治含义的概念与资产阶级民主和国家主权的思想相结合，把民族荣誉、民族自决、民族主权、民族命运等以民族为主体的意识上的认同与政治自主性相结合，从而赋予近代民族主义以最根本的特征——民族需要组成为国家，成为国际政治主权单位，即民族国家。可以说，在民族国家中，民族是国家的灵魂，国家是民族的躯体。

从民族主义的起源来说，作为一种现代的意识形态和实践运动，民族主义首先在西方兴起，它一开始就是欧洲资产阶级革命时代急风暴雨的产物。它的思想基础是追求个性自由的世俗哲学和与之相关联的自然法权观念。中世纪不存在民族主义。当时所有的西方基督教徒都属于天主教会，所有受过教育的人都使用拉丁语，大多数人认为自己首先是基督教徒，其次是某一地区如勃艮弟或康沃尔的居民，只是最后，如果实在要说的话，才是法兰西或英吉利人。在那时，无人知晓民众应忠实于国家，也无人感到他们的命运依赖民族的命运。① 即使是当时的有识之士，也只认为自己是在同某位君主的权利和政策保持一致，而不是同国家的权利和政策一致。生活在德意志统一之前的歌德的一句话很有代表性，他在自传中写道："我们全都支持腓特烈大帝，但是普鲁士与我们何干？"②

随着中世纪制度的逐渐式微，在欧洲出现了在本民族区域内行使独立权力的、其教会脱离天主教会的王朝国家，最有代表性的是当时的英格兰、法兰西和西班牙。它们为现代民族国家的诞生提供了母体

① 参见 B. C. Shafer, *Nationalism, Myth and Reality*, New York: Harcourt, Brace and World, 1955, p. 61; Hans Kohn, *Nationalism: Its Meaning and History*, Princeton: D. Van Nostrand, 1955, p. 10.

② 转引自[美]汉斯·J. 摩根索：《国家间的政治——为权力与和平而斗争》，杨岐鸣等译，144页，北京，商务印书馆，1993。

模式，也为民族主义的兴起打下了基础。民主和工业革命为民族主义的产生提供了必要条件。汤因比在《历史研究》中指出，民主“同区域性的(或地方的)政权发生了冲突；在区域性国家这个旧机器里注入了民主和工业主义这两个巨大的新力量以后，就产生了两个很突出的东西，一个是政治上的民族主义，一个是经济上的民族主义。”①因此，虽然17世纪的英国革命首开欧洲资产阶级革命之先河，18世纪的美国革命首开从旧帝国体制内创立新国家的先例，但毫无疑问，正是法国大革命从理论和实践上对现代民族主义运动产生了更为直接的影响。法国大革命之父卢梭首先倡导的全民主权观点，第一次体现在1789年8月26日公布的《人权与公民权宣言》之中，它宣布“在权力方面，人生来是而且始终是平等的”，“主权本质上存在于全体公民之中”。于是，国王和贵族阶级的一切特权都被剥夺，对立的等级结构也被破坏，传统的社会差别不复存在，全体公民终于组成了民族整体。正如法国历史学家索布尔所说：“民族是一个整体，全体公民都汇成一体，等级和阶级都不复存在，全体法国人组成了法兰西民族。”②从此，民族国家取代了王朝国家，尽管当时它是由有财产的公民所组成，但是“这些公民居住于一个共同的地区，在他们共同的政府中拥有一个发言权，并意识到他们共同的(想象或真实的)遗产和他们共同的利益”。③ 民族利益取代了王朝利益。

---

① [英]汤因比：《历史研究》中册，曹未风等译，53页，上海，上海人民出版社，1986。

② 〔法〕阿尔贝·索布尔：《法国大革命史》，马胜利等译，475页，北京，中国社会科学出版社，1989。

③ B. C. Shafer, *Nationalism, Myth and Reality*, New York: Harcourt, Brace and world, 1955, p. 105.

民族主义在整个法国革命和拿破仑时期得到了最大的促进。法国革命不仅创立了国旗、国歌和国家节日等民族主义的仪式和象征，而且以说法语，鼓励报刊的出版发行，灌输对国家的热爱促进民族主义的发展，更以渴望为祖国而战的公民所组成的军队捍卫民族国家的生存。“大众皇帝”拿破仑首先带兵输出革命，为民族主义在欧洲的扩散和欧洲各民族国家的建立铺平了道路。在研究民族主义起源问题上做出重要贡献的霍布斯鲍姆认为，现代民族主义起源于18世纪末的欧洲，是一个以法国大革命为契机的近代现象。这个看法是很有道理的。①

在我们进行了上述考察之后，我们可以对民族主义给予这样的叙述：民族主义是近代以来民族在其生存与发展过程中产生的，基于对本民族历史和文化的强烈认同、归属、忠诚的情感与意识之上的，旨在维护本民族权益、实现本民族和民族国家的发展要求的意识形态和实践运动。如果对此作进一步的阐述，可以说，民族主义作为意识形态，至少有以下三种功能：1. 加强对本民族起源和民族家园的认同；2. 表达民族的集体身份并以此为基础证明国家政权的合法性；3. 提供维系和丰富本民族的价值观体系。民族主义作为社会实践运动，可能有三种不同的取向：1. 创立民族国家；2. 维护和提高民族国家的声望；3. 对外扩张。② 但第三种取向是一种非理性的蜕变的民族主义

---

① E. J. Hobsbawm, *Nations and Nationalism since* 1780, Cambridge: Cambridge University Press, 1990, p. 3.

② M. Reijai, *Political Ideology*: *A Comparative Approach*, New York, 1991, p. 25.

的行动，我们在下面还会提到。①

民族主义发展与嬗变的历史轨迹

随着法国大革命的胜利，民族主义开始了从西欧向世界的传播过程。如果对这一过程给以最概括的说明，可以说，19 世纪是民族主义在欧洲扩散并取得胜利的时代，也是西欧民族主义的蜕变时期和东方民族主义的萌芽时期；20 世纪是民族主义在东方取得全面胜利的时代，也是民族主义在世界范围内全方位多元化发展的时代。

拿破仑在他所征服的地区贯彻了法国革命的一些基本原则，进行了具有进步意义的改革。然而凭借武力的专横统治引起了这些地区人民的反感，正是在法国革命思想的影响下，欧洲的知识分子以极大的热情宣扬本民族的民族身份、民族团结和民族自治，并把他们的民族主义发展为推翻拿破仑统治的民众运动。意大利的动乱，西班牙的武装抵抗和德意志日益增强的民族团结就是这种反抗的标志。

1815 年以后民族主义更为强烈地表现出来。这是因为维也纳会议的领土解决方案使数百万德意志人、意大利人、比利时人、挪威人以及奥匈帝国和奥斯曼帝国的许多民族或遭受外族统治，或陷于民族分裂。于是在欧洲各地接二连三地爆发了民族反抗运动，希腊和比利

① 关于近几年国内学者对民族主义的各种定义和评述，请参见程人乾：《论近代以来的世界民族主义》，载《历史研究》，1996(1)，56～68 页；张晓刚：《民族主义，文化民族主义，第三世界民族主义》，载《战略与管理》，1996(3)，61～68 页；马瑞映：《民族主义：概念与现实》，载《陕西师大学报》，1995(4)，138～142 页；李宏图：《论近代西欧民族主义和民族国家》，载《世界历史》1994(6)，8～16 页。关于近几年国内学者对民族主义的主要研究成果，可参考《战略与管理》1994 年(3、4、5)和 1996 年(1、2、3)。其中分别以“变动中的世界格局与民族主义”和“世纪之交的民族主义”为主题收集了若干论文。

时首先分别摆脱了土耳其与荷兰的统治赢得了独立。1848 年的革命进一步唤起了中欧、东欧和南欧各民族的觉醒。到 1871 年，意大利的统一和德意志帝国的建立，标志着民族主义的原则已在西欧获胜，并为资本主义的发展扫清了道路。

此后，欧洲的民族主义朝着两个方向发展。

在中欧和东南欧，它继续鼓舞着奥匈帝国、沙皇俄国和奥斯曼帝国各民族人民的民族主义运动，到 20 世纪初，塞尔维亚、罗马尼亚、黑山、保加利亚已赢得独立。由塞尔维亚青年普林西普枪杀奥匈帝国王位继承人弗兰茨·斐迪南大公而引发的第一次世界大战，其结果是中欧和东南欧的所有帝国的毁灭。在这些帝国的废墟上，出现了波兰、捷克斯洛伐克、南斯拉夫、阿尔巴尼亚等一系列基本根据民族自决原则形成的新国家。可以说，随着第一次世界大战的结束，民族主义已经在整个欧洲取得胜利。

然而，正是在这个时期，西欧的民族主义发生了蜕变。资本主义的迅速发展和生产力的急速膨胀，使欧美各国的国内市场相对狭小，以武力开拓国际市场为资本主义列强竞相选择的发展道路。资产阶级利用本国人民的民族主义情感，利用本民族是“上帝独选之子民”的迷信做狂热的民族优越论甚至种族优越论的宣传，以为本民族“谋利益”和“传播文明”的名义，对东方的众多弱小与落后国家和地区进行殖民扩张、侵略和掠夺，把亚非拉的广大地区变为它们的殖民地和附属国，成为它们的原料产地和商品与资本的市场，从而对整个世界进行瓜分，建立起帝国主义的殖民体系。因此，伴随 19 世纪的逝去，西欧民族主义的性质发生了根本变化，逐渐失去了维护本民族正当权利和利益的进步性，而是向恶性发展，蜕变为维护资产阶级统治集团利益的民族沙文主义，殖民主义，帝国主义，并给人类带来了第一次世界大战的灾难。第一次世界大战后，这种蜕变的民族主义在意大利和德国与日本又进一步与法西斯主义和极权主义相结合，形成了意大利法西斯极权主义和德国的纳粹主义以及日本的法西斯国家体制，它们发动的第二次世界大战再次使生灵涂炭。

但是，与此同时，在东方的殖民地、半殖民地和附属国，民族的苦难刺激了民族的觉醒和反抗，民族主义的萌芽破土而出。争取民族独立的斗争以19世纪的拉美独立战争为发端，到19世纪末20世纪初席卷亚洲大陆。

第一次世界大战期间及其后，基于本民族经济的发展，在俄国十月革命的感召下，作为对西方统治与侵略的一种反应，现代民族主义以反帝反殖斗争、争取民族解放运动的面貌在亚非拉广大地区普遍兴起，其斗争如火如荼，形成了20世纪第一次民族主义浪潮，极大地动摇了欧洲的殖民帝国。

第二次世界大战之后，民族主义呈现出全方位多元化的发展状态。

在东方，随着亚非拉地区经济的发展和民族主义思想意识更为广泛地传播，以及整个帝国主义殖民体系的衰落，民族主义以不可阻挡之势席卷了全世界的殖民帝国，形成了20世纪第二次民族主义浪潮。在这次浪潮中，第三世界的政治家们动员了不同语言、不同宗教、不同社区的人民，发动了共同抵御外来势力，改变共同被奴役命运，创立多民族的现代民族国家的斗争。随着欧洲殖民帝国的土崩瓦解，一百多个民族独立国家相继出现，其中有许多就是由多民族而非由单一民族组成的国家。民族主义在东方取得了决定性胜利，并为第三世界各国的繁荣与进步清除了障碍，准备了必要前提。

与此同时，亚非拉独立国家的民族主义正在向经济民族主义转化，即从争取政治独立和国家主权转化为争取发展民族经济、维护本国正当经济权益、实现国家现代化、争取在平等互利的基础上与发达国家建立公正合理的国际经济新秩序。在这场斗争中，出现了两个突出的特点：其一是亚非拉各国联合斗争的不断发展。从20世纪50年代的亚非会议，到60年代的不结盟运动和“77国集团”的出现与壮大，都反映了这一历史趋势。其二是地区民族主义的出现，即在一些新兴的工业化国家和地区的经济有了长足发展的情况下，为适应日益加剧的国际竞争和世界经济一体化的发展，这些国家打破国界，进行不同程度的超国家的经济合作与协调，向地区经济一体化迈进，使一国的经济民族主义转化为地区民族主义。60年代成立的东南亚国家联盟（即东盟）就是这方面的典型实例。在拉丁美洲也出现了不同国家组成的不同地区经济一体化组织。

此外，为了保持政治独立和经济发展，大力弘扬本民族的历史与文化，维护本民族价值观体系的文化民族主义也方兴未艾。

二战后初期，由于美苏两极格局的出现和欧洲的衰落，处于分裂状态的欧洲在美、苏的监控与争夺下，其民族主义曾暂时受到压抑。从一定意义上说，这也是德意志和意大利的民族主义恶性膨胀给欧洲本身带来的苦果。但特殊的历史与国际地位使欧洲的民族主义很快得以复苏，并由于不同的社会制度和意识形态而走向不同的方向。

战后西欧的民族主义经历了各国民族主义与地区民族主义同步发展，并最终走向地区民族主义即民族国家联合的道路。20世纪50年代出现的法国戴高乐主义和20世纪60年代联邦德国的“新东方政策”，既是法、德各自民族主义的顽强表现，也是促进欧洲地区民族主义发展的重要力量。从20世纪50年代欧洲6国煤钢联营协定到欧洲经济共同体的成立；从7国自由贸易区的建立与解体到20世纪70

年代至20世纪80年代欧共体的两次扩大；从1958年以经济联合为主要内容的《罗马条约》，到1983年包括诸多政治合作的《关于欧洲联盟的庄严宣言》，再到1993年生效的决定实现欧共体成员国的经济货币联盟和政治联盟，建立“欧洲联盟”的《马斯特里赫特条约》，不仅表明法、德两大民族消除了数百年积淀起来的民族恶感与仇恨，实现了历史性的和解，而且表明西欧各国已削弱了各自的民族主义情结，以法德为核心，走上了从经济一体化向政治一体化发展的地区民族国家的联合之路。尽管在这条道路上各国的民族主义仍时时出现，其影响力不会轻易被消灭，但联合之势已不可挡。

西欧的联合，既是战后经济发展的必然趋势，也是国际政治斗争的要求，更是欧洲的一种历史的觉悟。如果没有西欧各国对民族国家独立发展的必要尊重与支持，就不会有欧洲的真正联合；同样，如果没有对各民族国家绝对主权的必要的出让与适度的限制，也不会有今日的欧洲联合。

战后东欧和东南欧的民族主义则受到较长时间的抑制，东欧各国在冷战的格局下，在苏联的控制和“社会主义大家庭”的共同意识形态的干预下维持着表面的结盟。但是各国的民族主义仍以各种方式不断表现出来。20世纪40年代末，保加利亚、波兰、南斯拉夫、捷克斯洛伐克等国的共产党领导人都曾提出过要从本国的实际情况出发，建设符合本国国情和民族特点的社会主义，反对照搬苏联模式，苏南冲突成为当时东欧民族主义的突出表现。从20世纪50年代到80年代，东欧国家的民族主义频频爆发，并在层次上不断提高。1953年以斯大林逝世为国际大背景而发生的捷克斯洛伐克的比尔森事件和民主德国的东柏林事件，主要是东欧民族情绪的宣泄；1956年以苏共20大批判斯大林个人崇拜为国际大背景的波兹南事件和匈牙利事件，是对强行推行苏联模式的怀疑与拒绝；1968 年的捷克斯洛伐克事件和匈牙利的改革，则是对苏联模式的偏离，是走符合各民族特色的社会主义道路的实践；1980～1981 年波兰团结工会的成立及其提出的建立“政治多元化”和“自治共和国”的纲领，是对苏联模式的社会主义的首次挑战。脆弱的苏东联盟在民族主义的作用下，已呈现出离散的征兆。

20 世纪 80 年代中期，戈尔巴乔夫在苏联国力日衰之时提出“新思维”，主张放弃东欧的苏联模式，抛弃“有限主权论”，与东欧建立“自由选择”、“绝对平等”、“互利合作”的关系，为东欧各国带来了一定宽松的政治环境。随着苏联政治危机的深化和社会主义意识形态的弱化，维系苏东联盟的力量丧失殆尽。东欧各国的民族主义便如火山喷发，不可遏制，迅速填补了意识形态与力量的真空。与此同时，西方反共反社会主义的力量也乘虚而入，从波兰和匈牙利入手，利用他们强烈的民族主义情绪，把苏联模式连同社会主义制度一起抛弃，并在其他东欧 6 国中产生了“多米诺骨牌效应”，致使东欧剧变，“社会主义大家庭”不复存在。

必须指出的是，原苏联作为多民族的社会主义国家，在其存在的近 70 年(从十月革命算起为 74 年，从 1922 年苏联成立算起为 69 年)时间里，没有解决好民族问题。旧时的沙皇俄国，大俄罗斯民族主义盛行，民族压迫深重，被称为“各民族的监狱”。十月革命胜利后，列宁和布尔什维克党曾为战胜大俄罗斯民族主义，消灭民族压迫进行了坚决的斗争。然而列宁逝世后，由于复杂的社会历史原因和国际国内因素，苏联国内的民族政策举措失当，不仅大俄罗斯民族主义未能得到克服，而且有所膨胀，从而极大地伤害了其他民族的感情和利益，加深了民族积怨，致使联邦国家各地区的地方民族主义都有不同程度地强化。20 世纪 80 年代中后期，随着中央集权体制的削弱和对社会主义意识形态的放弃，以及“政治多元化”、“民主化”、“公开性”的实行和政局的不断失控，为各地区的民族不满情绪的爆发打开了缺口，形形色色的民族主义力量集结起来，利用民族矛盾，煽动民族分离主义。戈尔巴乔夫曾在 1989 年 7 月 1 日的电视讲话中忧虑地指出，“民族间关系尖锐化的危险性在日益加深”，“如果这种政策蔓延开来，那么可能会遇到一个最坏的时期”。① 与此同时，以美国为首的西方国家从他们自己的国际战略利益出发，利用民族主义作为颠覆苏联的武器，对苏联境内的民族分离运动推波助澜。于是以 1990 年 3 月立陶宛宣布独立为开端，民族分离的浪潮一发而不可收拾，形成另一个“多米诺骨牌效应”，终于在不到两年的时间内，使苏联彻底解体。在原苏联的版图上，产生了一批新的民族国家。

苏东国家的历史进程表明，民族主义不仅在社会主义制度下以不同的形式保持着顽强的生命力，而且是东欧剧变和苏联解体的基本因素之一，这已经是不争的事实。在 20 世纪就要走完它的全程的时候，环顾世界，尽管我们看到民族主义几乎遍及全球各地，甚至在前南斯拉夫与苏联，中亚与南亚以及中东等地造成了一系列地区热点冲突，但是我们仍然有理由说，除了巴勒斯坦人、库尔德人以及前苏东地区的一些民族还在为建立自己的民族国家而斗争外，世界上没有建立民族国家的民族已所剩不多，世界范围内建立民族国家的民族主义的任务已接近完成。② 美国学者汉斯·科恩指出：“自 1945 年以来的 20 世

---

① 《国际资料信息》，1990(4)。

② 据卡尔·多伊奇统计，到 20 世纪 80 年代中期，民族国家和即将产生的民族国家已经超过 170 个。见卡尔·多伊奇：《国际关系分析》，周启朋、郑启荣等译，101 页，北京，世界知识出版社，1992。

纪，已成为有史以来整个人类接受同一政治观念，即民族主义的第一个时期。”①韩国政治家金大中认为，民族主义是20世纪的最伟大成就之一。② 这些看法是很有道理的。

民族主义与国际关系

冷战后的今天，世界范围内民族主义大规模泛化与高扬的趋势，与世界经济一体化和人类生活全球化的趋势，形成了一种十分突出的相悖现象。但是如果我们仅仅把这两者看作是相互对立的力量，认为前者加剧分裂，后者促进统一，则是过于简单的。

实际上，民族主义作为资本主义发展的产物和推动资本主义经济从欧洲走向世界的力量，是全球经济一体化的主动力之一。可以说，民族主义与世界经济一体化同步发展，民族主义被整个世界接受的过程，也正是全球经济一体化的过程。

还必须指出的是，经济的国际化和生活的全球化并未能削弱民族主义，而是与民族主义同时并存。20世纪是人类在经济科技方面高度相互作用的世纪，也是民族主义大发展的世纪。究其深层次的原因，主要有以下两点：

其一，民族国家作为今天全球一体化的行为主体和参与力量，必然把追求国家利益，增强本民族的发展能力和生存能力作为其行动的出发点和根本任务；而国际经济的一体化不仅使竞争的范围扩大到全球领域，而且使竞争的烈度不断强化，也使各国之间各种利益冲突的

---

① Hans Kohn, *Nationalism: Its Meaning and History*, Princeton: D. Van Nostrand, 1955, p. 89.

② 参见金大中：《21世纪的亚洲及其和平》，20页，北京，北京大学出版社，1994。

可能性大大增加。于是，为了在竞争中获得最大的利益，把损失减少到最小程度，以维护国家的主权与尊严，各国必然高举民族主义的旗帜。这一点，不仅在综合国力较弱，在国际竞争中常常处于不利地位的第三世界国家中表现的十分突出，就是在像美国这样全球化程度很高的国家和已经实现了初步联合的西欧各国也明显存在。今天，美国的民族主义者仍然鼓吹经济民族主义，以保护在外国的竞争面前极易受到伤害的许多企业，反对鼓励企业到海外投资，担心国内失业问题严重动摇美国的福利制度，还要求日本、欧盟、中国和其他第三世界国家进一步开放市场。在欧洲联盟内，英国常常在一些问题上公开唱反调，法德在协调过程中也经常出现不和谐音符，丹麦、比利时等小国亦总是固执己见，这实际上都是民族主义的顽强表现。

其二，世界各民族国家之间发展的不平衡性是民族主义长期存在的根本原因。国际化和一体化的发展，一方面是经济发展与人类社会进步的要求，另一方面更是发达国家的经济与政治相互争夺和渗透的结果。来自发达国家的强大的国际资本几乎把世界所有国家和地区都席卷进去，纳入到同一市场和同一生产体系之中，通过国际市场价格体系，对外投资和跨国经营等手段垄断了更多的利益与发展机会，进而巩固了它们在全球经济中的主导地位。因此，在这种以旧有的国际经济秩序为基础的全球网络中仍然存在着严重的不平等与不合理，发达国家在其中拥有极大的经济和政治优势地位，而这种优势地位的巩固又必然扩大到全球政治甚至文化领域。如同我们今天所看到的那样，霸权政治、价值输出已成为一些大国干预影响别国内政的重要手段，严重侵犯了其他国家特别是发展中国家的主权与生存和发展空间。正如美国未来学家托夫勒所说，发展中国家如同受到钳子一样上下压力的攻击。① 于是，在强烈要求建立平等互利的国际经济新秩序的斗争中，民族主义便为变革旧秩序提供了更多的活力。可以说，当前第三世界民族主义的高扬不仅包含着对原有不平等国际经济秩序的极大无奈，也是对大国控制世界、垄断各种利益的旧秩序的坚决抗争。

但是，正如任何事物一旦向极端化发展就会走到反面一样，民族主义的张扬也必须有一个合理的限度，这已被几百年来民族主义发展与嬗变的历史所证明。在和平与发展成为世界历史发展主潮流的今天，对这一问题的强调就更有必要。

首先应当指出，今天在建立新的国际经济秩序过程中，民族主义在有效地捍卫国家主权、维护国家的经济权益、保护本国的生存与发展空间方面，在振奋民族精神和推动民族民主运动进一步发展方面，其作用是不容忽视的。但是必须承认科学技术的进步带来的生产力的大发展以及资本国际化的大趋势对人类社会前进步伐产生的积极和根本的影响，因此“脱钩”的理论或称为“依附论”，即主张切断同发达国家与世界体系的联系，从而断绝发展中国家贫穷落后的外部根源，建立和加强自己的民族经济的理论和做法，是既不现实也不符合历史潮流的。脱离国际体系，对大国来说显然是束缚自己的手脚，对小国来说无异于作茧自缚，画地为牢，只会加剧对抗。实际上，对几乎所有的国家特别是发展中国家来说，求得不断发展的明智选择就是面对现实，对外开放，积极参加到国际化的过程之中，在参与中争取最大限度地维护本国本民族的利益，在竞争中站稳脚跟，打破原有国际经济

① ［美］阿尔文·托夫勒：《第三次浪潮》，朱志焱等译，383页，北京，生活·读书·新知三联书店，1983。

秩序给以大国的发展机会和利益的垄断权，缩小南北差距，建立起公正合理的世界经济新秩序。

其次必须指出，民族主义倾向的增长和民族分离运动的方兴未艾，已使冷战后的国际政治关系趋于复杂，并给国际政治新秩序的建立带来了新的困难。仅以苏联为例：尽管苏联境内的各民族国家有着自我选择的权利，它的解体也并非完全是外力作用的结果，其中一些有生命力的民族在挣脱了异族束缚后走上了独立建国与发展的道路，但是大规模的民族分离造成的政治地理版图的变化，引起了地缘政治关系的重大改变。当前俄罗斯和西方国家围绕北约东扩问题所展开的激烈斗争，就是这种变化的反应。苏联解体后，俄罗斯作为其继承者，西部的战略缓冲地带明显暴露，而北约东扩计划作为西方国家重新划分政治版图的实际步骤，无疑增加了俄罗斯的疑虑与不安全感，后者必然要做出强烈反应。尽管西方国家以发展与俄罗斯和平伙伴关系作为北约东扩的交换条件，俄罗斯的立场也未见软化，对抗的危险仍然存在。可以说，冷战结束后由于大规模的民族分离运动造成的欧洲地缘政治关系的重大改变，使这一地区建立国际政治新秩序的进程举步维艰。另外，一些地区国家内的民族在狂热的民族主义的推动下，用逐步升级的暴力手段无止境地进行民族分裂活动，引发了地区性的动乱和冲突，不仅破坏了世界的和平与稳定，增大了国际社会用于维和、人道主义援助的政治经济负担，给本民族带来灾难，而且客观上为推行强权政治的一些大国实行新的干涉主义提供了借口。这一点，我们在索马里，在波黑地区都可以看到。极端民族主义不仅使国际社会建立国际政治新秩序的任务面临着血与火的挑战，而且威胁到多民族国家的政治稳定，这是有目共睹的事实。因此，我们在尊重各民族的生存权和发展权的同时，必须坚决反对狭隘极端的民族主义，坚决反对以分裂国家和破坏别国统一为特征的民族主义。

民族问题既是一个历史问题，又是一个现实问题，只要民族国家仍然是人们完成其事业最为重要的现实工具，民族国家就会保持世界的主要力量中心的地位；而世界一体化的发展对各国所引起的冲击也将使民族主义在相当长的历史时期内继续存在，这是无须否认的。但是，当今的世界处在国际关系和国际交往日益扩大的时代，各国之间的利益实际构成了一种相互依存，共同繁荣的关系。维护世界和平已成为各国人民的共识和普遍愿望，促进经济发展已成为各国提高生存能力必须首先注重的根本问题。时代的特征和主题决定了民族主义的消极方面应当也必将会受到更多的限制，无论是发达国家还是发展中国家，都应当在和平共处五项原则的基础上，以和平谈判的方式解决包括民族在内的一切问题，使 21 世纪成为一个和平稳定繁荣的世纪。

经济全球化与民族国家的主权保护*

人类进入 20 世纪 90 年代以来，“全球化”浪潮汹涌而至，给世界各国的发展带来了前所未有的机遇和挑战。由于全球化是各民族国家参与的历史进程，所以人们自然会提出与民族国家主权相关的问题。① 经济全球化（即狭义的

* 原载《世界历史》，2007(2)。

① 全球化是一个很大的题目。可以说，自 20 世纪 60 年代全球化（globalization）一词首先在美国提出之后，国际学术界对全球化问题的讨论就始终不衰，90 年代达到高潮。这些研究主要集中在社会学、政治学和经济学领域，从重点描述全球化的社会现象，发展到对全球治理（global governance）的讨论，其中自然涉及全球化与民族国家主权的关系问题。其代表论著有：戴维·赫尔德等著：《全球大变革：全球化时代的政治、经济与文化》，杨雪冬译，北京，社会科学文献出版社，2001；戴维·赫尔德和安东尼·麦克劳：《治理全球化》（David Held & Anthony M cGrew，*Governing Globalization*，Cambridge：Polity Press，2002）；保罗·赫斯特和格雷厄姆·汤普森：《全球化与民族国家的未来》（Paul Hirst & Grahame Thompson，“*Globalization and the Future of the Nation State*”），载《经济与社会》（*Economy and Society*），1995，24(3)，408～442 页，等等。随着中国改革开放的步伐，中国学者对全球化的关注与研究从 20 世纪 80 年代就已经开始。1998 年，中共中央编译局当代马克思主义研究所主持的、以俞可平为总主编的《全球化译丛》（全 7 册）由中央编译出版社出版；1999 年，

全球化）是全球化的基础和重要组成部分，也是全球化进程的最基本动因，因此本文仅对经济全球化与民族国家的主权保护谈点个人的不成熟的看法，以求教于方家。

一、经济全球化的趋势势不可挡

经济全球化也就是世界经济一体化，它是一个发展过程，也是一个客观现实。

尽管在理论上对经济全球化还没有一个统一的严格的定义，但是一般认为，它至少包括两个基本含义：其一是指生产要素在世界范围内跨国界自由流动的不断加深，以寻求最佳配置；其二是指这些流动要遵守一定的共同规则。

经济全球化作为一个历史发展过程，可以追溯到15世纪新航路的开辟和资本主义在西欧的兴起。从此，资本主义生产方式逐渐打破了农业经济时代的地方狭隘性，表现出一种外向的、突破国界和洲界的限制并走向全球的趋向。马克思和恩格斯在《共产党宣言》中说："资产阶级，由于开拓了世界市场，使一切国家的生产和消费都成为

(接上页注)以龙永图为学术总指导，刘力、刘光溪为主编的《经济全球化丛书》(全5册)由中国社会出版社出版。中国史学界则更为关注全球化与全球史观的问题，并组织了有关全球化与全球史观的笔谈(见《史学理论研究》，2005(1)，4～20页)，这些文章从史学的角度说明全球化是全方位的，其影响是多元的，全球化、全球史观和"民族主义的冲动"是并存的。与此同时，中国学者也注意到了全球化与国家主权的关系问题，其中最有代表性的是俞可平撰写的《论全球化与国家主权》(载《马克思主义与现实》，2004(1)，4～21页)。但是总体来说，该问题的研究还有待进一步深入。

世界性的了。……资产阶级还是挖掉了工业脚下的民族基础。”①19 世纪中叶，伴随着欧美各国工业革命的完成和资本主义大工业的兴起，经济的跨国发展和国际化趋势开始大大加强。从近 150 多年的世界经济发展来看，可以将经济全球化趋势分为三个发展阶段。

第一个阶段从 19 世纪后半期到 20 世纪初期，即第一次世界大战之前，经济全球化以国际贸易的迅速发展和资本大规模的国际性流动以及生产的国际分工为主要特征。但是，这一时期尚未建立国际经济运行的有效机制。

第二个阶段从第二次世界大战后到 20 世纪 80 年代。两次世界大战和蔓延整个资本主义世界的经济大危机使维持世界经济发展的货币金融关系和贸易关系一片混乱。然而正是战争的血的教训，才使各国取得了这样的共识：传统的孤立主义和保护主义的经济政策，必将导致世界经济再次走进死胡同，只有国际间的经济合作，才是促进世界经济繁荣，从而维护世界和平的必由之路。为了恢复世界经济的有序发展，美国凭借其军事、政治和经济的绝对优势，试图从金融、投资、贸易三个方面重建国际经济秩序。在金融方面，重建国际货币制度，以维持汇率的稳定和国际收支的平衡；在投资方面，以鼓励对外投资、筹措资金来促进战后经济的复苏和发展；在贸易方面，以扭转日益盛行的高关税贸易保护主义和歧视性的贸易政策来促进国际贸易的自由化。这就是战后三大经济组织国际货币基金组织、国际复兴开发银行（世界银行）和关贸总协定的建立。这三大机构共同构成了战后调节世界金融、投资、贸易的三大支柱，被称为“布雷顿森林三驾

① 《马克思恩格斯选集》，第 1 卷，254 页，北京，人民出版社，1972。

马车”和“经济联合国”①，标志着国际金融和国际贸易体制的形成，从而进一步促进了世界经济的发展和一体化进程。

在此期间，大批发展中国家进入国际经济体系，与此同时，各种国际经济机制开始形成，跨国公司大量出现，并成为世界经济增长的发动机。

不过，由于冷战的爆发，苏联和东欧国家虽然组成了经互会并实行经济一体化，但实际上只是集体的闭关自守，脱离了世界经济的主体。中国也在相当长的时间里关起门来搞建设，没有融入世界经济。

第三阶段滥觞于20世纪70年代，并于80～90年代形成了一股强大的经济全球化浪潮。其主要原因是：第一，在此期间，以信息技术为核心的新一轮科技革命成为经济全球化的主要推动力量；第二，冷战的缓和与结束消除了过去东西方实行的“两个平行市场”的分割状况，包括中国在内的大多数原来实行计划经济的国家向市场经济的转轨，使市场经济体制获得极大扩展，为建立统一的世界市场提供了条件；第三，跨国公司迅猛发展，将公司内部的一体化扩散到全球；第四，世界贸易组织的诞生，把贸易、投资和服务的国际化提高到一个新的水平。

实际上，到20世纪80年代，各国的经济就已经相互渗透、相互依存，趋于一体，经济全球化的雏形已经显露。正是在这种情况下，作为反映这一客观现实的“全球化”（Globalization）一词，在80年代便不断见诸西方的报端。进入90年代之后，这一词汇被更为频繁地

① 作者曾在拙文《试论第二次世界大战后国际秩序的建立与发展》中对这三大机构作过较为详细的论述，载《世界历史》，2003(6)，44～56页，已收入本书中。

使用，时任联合国秘书长加利则在1992年的联合国日(10月24日)宣布：真正的全球化的时代已经到来。

今天，经济全球化具体表现为以下几个方面：

以高科技为基础的生产带来了全新的国际生产分工体系，使其更加专业化和精细化，从而把世界各国纳入全球的分工体系，使各国的生产活动密切联系，相互依赖，相互渗透，连成一体。例如，在全球处于垄断地位的波音公司，其飞机的零部件来自十几个国家和地区；著名的电力和自动化技术集团ABB公司的总部设在瑞士，总裁是瑞士人，总部只有工作人员100来人，工作语言是英语，财务报表以美元为单位，在全世界160个国家和地区建立附属机构和企业并雇用了20多万人，生产销售遍及全世界。该公司的总裁说过，"ABB公司四海为家，是许多个国家的公司在世界范围内协作的联盟"①。

贸易国际化的程度空前扩展。表现在：世界贸易增长速度超过历史上的任何时期；世界贸易的增长率高于世界生产的增长率。另外，世界贸易出现新的变革，高科技产品在出口商品中所占比重逐步提高，知识产权在世界贸易中越来越重要，劳务贸易迅速发展，世界旅游业增长很快，特别是服务贸易异军突起，发展的速度远远超过商品贸易。据世贸组织统计，1980年至2003年，世界贸易年均增长超过6%，始终快于世界生产的增长速度，前者的年均增长率要比后者高50%左右。2003年从出口角度计算的世界贸易总额(包括货物贸易

① 转引自龙永图为《经济全球化丛书》所写的总序言，见张碧琼：《经济全球化：风险与控制》，1～15页，北京，中国社会出版社，1999。

和服务贸易）达 9.5 万亿美元，相当于 1980 年的 3.9 倍①。

第三，国际投资迅速增加，范围遍及全球。据联合国贸发会议统计，2000 年国际直接投资（FDI）流入量达 12，710 亿美元，是 1980 年的 22 倍，国际直接投资占世界各国国内投资比重由 1980 年的 2.3% 提高到 2000 年的 22% 。虽然 2001 年以后受恐怖主义等各种因素的影响，跨国直接投资有所萎缩，但 2004 年已经实现恢复增长，达到 6120 亿美元②。尽管发达国家之间仍然是相互直接投资的重点，但是国际投资格局逐渐发生重要变化，即发达国家投向发展中国家的资金数量增加，比重上升，20 世纪 90 年代以来发展中国家接受的 FDI 以年平均超过 10% 的速度增长，到 2000 年达到 2651 亿美元，其中绝大部分来自发达国家，从而促成了新兴资本市场的崛起。尤其是发展中国家向发达国家的 FDI 流动以及发展中国家之间的相互投资已经悄然兴起。据统计，仅亚洲发展中国家 2001 年的对外投资就高达 850 亿美元③。

第四，国际金融市场异常活跃，金融的国际化与自由化程度日益提高是经济全球化的最新态势。资金的交易额空前巨大，金融工具和

---

① 安民：《在经济全球化中实现共同发展》，作者为商务部副部长，文章为作者在第二届中国企业“走出去”国际论坛上的演讲摘要。中华人民共和国外交部网站：首页：资料：专题：经济与外交，http：// www . fmprc. gov. cn/ chn/ ziliao/ wzzt / jjywj/t196795. htm，2005 年 5 月 23 日。

② 同上。

③ 沈丹阳：《居安思危：全球 FDI 流动新趋势下我国引资策略创新思考》，载《中国外资》，2003(7)，50～53 页。中国政府积极推动“走出去”战略，也意味着中国对外直接投资将会有一个显著的增长。据国家商务部统计，截止到 2002 年年底，经原外经贸部批准或备案设立的境外中资企业近 7000 家，协议投资总额 137. 8 亿美元，其中中方投资约 90 亿美元，实际上未经批准的对外投资可能远不止这个数字。2003 年第一季度，我国海外投资又比去年增长了约 60%。

金融业的运作方式不断创新。互联网和“电子货币”的发展，使各国金融外汇市场瞬间沟通，处于 24 小时的全天候运行状态。早在 1989 年 3 月 31 日香港《信报》的一篇文章就曾指出：现在每日的全球外汇交易平均超过 1 万亿美元，是 10 年前的 5 倍，是实物贸易量的 50 倍，国际上流动的总资产近 83 兆美元；全球的经济信息，可在数分钟内全球分享，而资金的进出，各种投资（投机）工具的买卖，都可以通过一个电话，甚至一按钮，几秒钟内完成①。

第五，跨国公司特别是大的跨国公司，是推动全球化的主要载体和承担者，是全球化进程中的最活跃、最具影响力的因素和决定性的力量。20 世纪八九十年代以来，跨国公司在数量上和规模上急剧增长。据统计，1980～1995 年，全世界的跨国公司从 1.5 万家增加到约 4 万家，2005 年为 6.1 万家，它们占据着全球跨国直接投资的 90%、全球贸易总量的 65%、全球技术交易总量的 80%和全球高新技术的 95%以上。近年来，一些发展中国家的跨国公司开始崛起，越来越多的大跨国公司迫于激烈的竞争而实行跨国联合或并购重组，从而进一步加速了经济全球化进程②。

总之，经济全球化已成为强劲的时代潮流，上述所说的这些现代经济的要素日益要求冲破民族国家的壁垒，使其能够在全球范围内最大限度地自由流动。但是，经济全球化又是民族国家参与的全球化，

① 转引自吴江：“世界多极化与经济全球化”，见俞可平、黄卫平主编：《全球化的悖论》，18 页，北京，中央编译出版社，1998。

② 纪玉祥：“全球化与当代资本主义的新变化——兼及考察全球化的方法问题”，见俞可平、黄卫平主编：《全球化的悖论》，35 页；安民：《在经济全球化中实现共同发展》。发展中国家的大型跨国公司很少。美国《财富》杂志 2004 年世界 500 强企业中，美、日、欧等发达经济体占绝大多数；若把韩国、新加坡等包括在内，发展中国家也只有 38 家，其中中国 16 家。

当民族国家越来越深地卷入这一浪潮时，它们自然面临这样的问题：经济全球化与民族国家主权的关系如何？经济全球化趋势下民族国家应如何维护自己的主权？

二、经济全球化对传统的民族国家主权的挑战

这里首先要简单叙述一下国家主权的概念。

完整的近代意义的民族国家主权概念是在17世纪中叶以后随着威斯特伐利亚体系（Westphalia System）的产生而形成的。

1618年～1648年，欧洲爆发了“三十年战争”①。各交战方于1648年10月在威斯特伐利亚签订了《奥斯纳布吕克和约》与《明斯特和约》，史称《威斯特伐利亚和约》。根据这一条约，独立的各个诸侯邦国不分大小，主权一律平等；国家对内享有至高无上的国内统治权，对外享有完全独立的自主权；国家主权具有独立性、统一性、不可分割性。从此以后，国家主权开始具备对内对外的双重属性：主权在国内是最高的权力，不受任何国内法的约束，国家凭借这一权力可以处理所有的国内事务；主权对外是独立自主的，不受任何外来力量的干

① “三十年战争”的基本背景和情况是：16世纪，德意志首先发生了反对罗马天主教教会的宗教改革运动，这场运动导致了德意志的宗教分裂，并形成了两大对立的教派势力：天主教和新教。这两大教派之间的矛盾越来越大，终于在1618年爆发了战争。战争爆发后，欧洲的各大国也逐渐卷了进来，西班牙、波兰和罗马教皇国站在天主教同盟一边，英国、瑞典、丹麦、荷兰、法国站在新教一边，形成了一场欧洲各国的大混战。这场战争持续了30年，因此在历史上被称为“三十年战争”。参战各国不仅带有宗教的狂热，也有十分明显的争夺欧洲霸权的政治目标。

涉，也不受外部力量的侵犯①。因此，主权便成为国家的象征，国家的完整和独立主要体现为主权的完整和独立。从此，基于这种国家主权之上的国际关系体系被称为“威斯特伐利亚体系”。

威斯特伐利亚体系形成后，民族国家（nation-state）便一直是人类政治生活的核心，至今如此。一般认为，民族国家的建立需要具备三个基本要素和与之相联系的三个基本原则。三个要素是：1. 领土；2. 主权；3. 人民。三个原则是：1. 领土原则：国家拥有确定的边界，即该国家的统治范围。在边界以内，国家可以制定并行使法律。2. 主权原则：国家及其代表拥有在其边界内采取行动和实行统治的主权。3. 合法性原则：主权国家之间的关系可以成为国际协议与国际法的对象，而国际协议和国际法必须得到各个国家的同意才能产生效力②。直到今天，这样的民族国家仍然是现实国际政治生活的中心，也是全球化的实际参与者。然而，不可阻挡的经济全球化进程已经对民族国家的主权构成了重大挑战。

传统的民族国家经济主权在国际关系上的表现形式，主要是一国

---

① 按照日本学者星野昭吉的话来说，《威斯特伐利亚和约》内涵的主权可以分解为两方面：对国内居民和领土进行统治的权威与正当性；摆脱他国控制的独立权，外交自律权及其正当性。［日］星野昭吉：《全球化时代的世界政治——世界政治的行为主体与结构》，刘小云、梁云祥译，29页，北京，社会科学文献出版社，2004。当代一些西方学者认为，在主权国家体系中，就对领土和人口的控制而言，所有国家都平等地独立于外部权力。国家的主权、领土完整及法律平等被视为国际关系的特征。约瑟夫·A. 凯米莱里、吉米·福尔克：《主权的终结？——日趋“缩小”和“碎片化”的世界政治》，李东燕译，34页，杭州，浙江人民出版社，2001。

② ［德］乌尔里希·贝克：《全球化时代民主怎样才是可行的?》见［德］乌尔里希·贝克、哈贝马斯等：《全球化与政治》，王学东、柴方国等译，11～12页，北京，中央编译出版社，2000。

政府拥有在对外经济活动中的自主决策权。这种自主决策权又体现在两个方面：第一，在一国国内，这种权利表现为对外经济活动的管制权和制定对外经济法规的自主权；第二，在对外关系上表现为自主参与国际经济活动的权利。但是全球化进程对经济主权的冲击是广泛而深刻的。我们仅从三个视角来看。

首先，从跨国公司来看，跨国公司是全球化的主要载体，它在一定程度上削弱了民族国家的经济主权。

这是因为：其一，大量存在的跨国公司在经济全球化过程中，正扮演着“第二政府”的角色，它们对世界经济发展的影响越来越大，不仅影响着国际贸易的方式和未来发展的走势，而且影响到国际贸易的理论和政策，因而不可避免地涉及民族国家的经济主权和利益。其二，跨国公司在海外的大规模直接投资活动，通过兼并与收购以及建立新工厂等方式，控制东道国某些重要的经济部门，垄断东道国某些产品和市场，在一定程度上影响、甚至左右了东道国的生产、消费、内外贸易、产业结构调整和国家经济政策制定，从而削弱了东道国经济的自主权。例如：可口可乐公司在全球155个国家运行，控制着全球44％的软饮料市场，其势力和影响已远非许多单个国家可比。可口可乐公司和百事可乐公司将中国几乎全部有名的饮料厂兼并。洗衣粉行业也同样如此，当中国最后一个名牌“活力28”被德国本森公司收购之后，中国洗衣粉厂家全军覆没。其三，由于跨国公司牢牢控制了生产技术的创新和转移，这就使得技术落后的发展中东道国处于被动的依赖地位，甚至形成经济的依附性发展，从而削弱了国家的经济主导权。

其次，从世贸组织来看，它对民族国家经济主权的侵蚀也是很明显的。

世贸组织的建立，是国际社会为了应付全球化带来的种种挑战而进行国际合作的显著成果。尽管加入世贸组织的行为是国家主权的体现，维系世贸组织生存的《WTO 协议》也是成员方主权行使的结果，但是世贸组织对民族国家经济主权的侵蚀也是很明显的。

例如：根据世贸组织规则，成员方不得随意制定关税政策，非关税措施的制定也要遵循相关规定，各成员方采取的技术标准和措施要顾及世贸组织有关协定并要有透明度，还有诸如知识产权保护、竞争政策、劳工和妇女权利保护等，都会制约本国政策的实施和实施的有效范围。特别是一向为国内管辖的金融、保险、基础电信等服务行业，也要受制于《服务贸易总协定》及其他专门协定。由此可见，世贸组织的协定所触及的大量政策领域，是过去一直被认为的国内政策的排他领地，其范围延伸到一向为国内专属管辖的行业。其结果必然导致由国家主权原则得出的国内独立权受到侵蚀。中国加入世贸组织以来，曾清理、修改和完善了 3000 多个法律法规和部门规章，就是证明。

第三，在金融全球化的背景下，各国实施货币法定升值与贬值的主权权利也要受到一定的约束。

一方面，在金融自由化的趋势下，大多数国家逐步放松了对本国货币兑换的管制。这不仅是各国在金融全球化的压力下所作出的自动选择，也反映了国家行使外汇管制的权力遭到了一定的侵蚀。另一方面，在金融全球化的情况下，各国的金融联系越来越紧密，一国所采取的金融措施，特别是涉及货币对外关系的货币的升值与贬值政策，会对其他国家的经济、金融活动造成影响。因此金融全球化要求各国中央银行在制定本国货币政策时，必须考虑全球的经济和金融发展状况，而不能只顾本国的利益需求。这就削弱了传统的国家货币主权。

例如近几年来西方国家要求中国人民币升值的压力，以及人民币也确有小幅升值的事实，就说明了这个问题①。可以预见，随着中国卷入国际经济生活的深度和广度的加强，这个问题也会越来越突出②。

因此经济全球化及由此引起的社会变革，已经冲击了传统民族国家主权，并改变着传统的民族国家主权观念。但是这绝不是像一些人士所说的全球化就导致主权过时和民族国家消亡。

三、经济全球化并未导致主权过时和民族国家消亡

首先，民族国家是经济全球化最主要的推动者和参与者。在很大程度上民族国家的发展过程实际上也是全球化的推进过程，民族国家是全球化发展的关键推动力量。

从历史上来看，民族国家的诞生为国内市场的最终形成提供了政治保障。现代民族国家（主要是西方国家）为全球化的发展提供了最活跃的因素：资本家、资本和跨国公司，以及全球化发展的技术动力。在殖民扩张时期，民族国家是资本扩张背后的强大支持力量，为这种扩张提供了武力支持。

从现实来看，民族国家从来没有像现在这样在全球化中具有决定

① 根据中国银行外汇牌价，2006 年 11 月 25 日人民币/美元的基准价为 100 美元/785.36 人民币，而 2005 年 11 月 25 日人民币/美元的基准价为 100 美元/808.15 人民币。

② 另外，一些区域性的货币联盟也对传统的国家货币主权提出了挑战。例如，从 1999 年开始，欧盟部分成员如法国、德国等国已不再拥有独立的货币政策，而由欧洲中央银行履行制定统一货币政策的职能；从 2002 年起，这些国家已使用数百年之久的、作为国家主权重要象征的本国货币法郎、马克等也被“欧元”（Euro）所取代。尽管这些成员国在加入货币联盟时自愿将这种主权权利“让渡”给联盟，但它毕竟侵蚀了传统的国家货币主权。

性的作用。一方面，各国积极支持本国企业拓展海外市场，进行全球扩展。另一方面，各国主动参与国际经济活动，不仅积极参与国际货币基金组织、世界银行和世贸组织等全球性经济组织的建设，而且尽可能参与欧盟、东盟、北美自由贸易区、亚太经合组织等区域性经济组织的建设，协调彼此在投资、关税、贸易等方面的关系，降低了国际经济交往中的成本。譬如在韩国，国家直接推动本国企业的全球化战略，其措施包括：鼓励本国企业在国外资本市场上集资；国家资助私人企业在海外拓展；资助本地企业同跨国公司建立合资企业或达成技术合作关系等。以汽车工业为例，尽管韩国的汽车工业起步很晚，但国家注意保护国内市场和引进先进技术，使其在短短 20 多年的时间里便在世界汽车生产的排行榜上名列第五位①。

其次，经济全球化并未从根本上改变民族国家的主权。民族国家及国家主权在国内和国际政治生活中仍然处于核心地位并起着核心作用，国家及其主权的基本功能并未消失。

在全球化的进程中，民族国家在某些情况下让渡主权权利是有条件的，即要求得到一定的回报。各国参与国际合作的目的并非为了削弱自己，而是要以此来维护本身的权利，并获得更好地发展，提升自己的综合国力。以中国的小浪底水利枢纽工程为例。该工程位于黄河中下游交界的河南省境内的黄河干流中游段上，以防洪、防凌、减淤为主，兼顾供水、灌溉、发电，在综合治理黄河的总体布局中，具有

① 巴西是一个相反的例子。巴西的汽车工业在 20 世纪 60 年代就通过引进外资实现了零部件的本地生产，但国家对国内市场的保护和对西方大公司落后技术的转移没有采取有效措施，只能生产美欧接近淘汰的车型和部分零部件，因此到 90 年代其汽车工业已经落后于韩国。参见张碧琼：《经济全球化：风险与控制》，135～136 页，北京，中国社会出版社，1999。

重要的战略意义。但该工程协议利用世界银行贷款10亿美元，因此世界银行于1988年开始介入该工程，曾先后组团检查小浪底达26次，每次都由世行官员和专家提出工作备忘录，对小浪底工程建设、移民、经济、管理、财务以及环保等方面提出评估、咨询意见和工作要求，并对该项目可持续发展方面存在的问题高度重视。根据世行要求，该工程的土建工程采取国际招标，大坝、泄洪排沙系统和引水发电系统等主要工程的施工责任方分别为意大利、德国和法国的跨国公司，而不是中国的公司。另外，世界银行还对小浪底工程机构建设给予极大关注，促成水利部于1989年9月批准成立了黄河水利水电开发总公司(YRWH DC)，作为项目业主开发小浪底水利枢纽工程①。这些做法，对于传统的国家主权来说，显然是不能接受的。但这是中国为发展自己而行使国家主权的主动行为。

另外，从关贸总协定和世贸组织的发展来看，至今为止尚无一个缔约方和成员方因为加入该组织后而引起该国经济的衰退，反而是加快了其经济的发展。据《国际先驱论坛报》2005年11月7日报道，中国在加入世贸组织近4年后，已经成为世界上一个举足轻重的生产大国，2001年中国与世界其他国家的贸易额为5098亿美元，到2004年这一数字已达1.2万亿元，增长了1倍多②。事实证明，加入该组织对本国经济的继续发展具有促进作用，这正是该组织不断扩大和发展的重要原因。从这个意义上说，自愿的主权权利让渡可以看作是维护和加强各民族国家主权的一种表现形式，是利用整体优势来提升自

① 参见《小浪底水利枢纽工程建设历程》，见小浪底网：水利枢纽工程首页：建设历程，www. xiaolangdi. com. cn，2006年11月25日。

② 美国《国际先驱论坛报》(International Herald Tribune) 2005年11月7日文章。

己，并没有损害国家主权的实质。

第三，尽管对发展中国家来说，它们是被西方发达国家“裹挟着”纳入全球化进程的，但是，大多数发展中国家认为，参与全球经济是自身经济发展的不可缺少的要素，也是它们行使国家主权做出选择的结果。仅以世贸组织为例，到 2005 年 12 月 11 日，世贸组织已经拥有 149 个成员方，其中绝大部分是发展中国家这一事实，就说明了这个问题。

由此可见，尽管经济全球化从不同的角度、在不同的领域对民族国家的主权产生了一定的冲击和影响，甚至侵蚀了部分经济主权，但是民族国家主权最核心的部分——国家独立自主地处理其内外事务的权利仍然没有发生根本改变。

当前，经济全球化的进程明显加快，于是一些人认为经济全球化和民族国家的主权在基本的价值取向上具有异质性和互相排斥性，并认为传统的国家主权已经开始彻底崩溃，国家主权已经成为一个过时的概念，甚至断言在全球化不断发展的过程中，“主权消亡是一种铁定趋势”，国际政治的“后威斯特伐利亚”时代已经来临①。这是一种错误的认识。经济全球化并未造就“没有国界的世界”，各国依然牢牢把守着国家主权。国家主权变化的实质仅仅是部分主权权力的交换与让渡，并以此换取更大价值的国家利益。但这并不是对民族国家主权

---

① 德国著名全球化研究学者乌尔里希·贝克和当代思想家尤尔根·哈贝马斯都多少持有这种看法。前者认为国家主权现在遇到了困境：“在全球性时代，国家主权只有通过放弃国家主权才能实现”。后者也认为传统的国家主权多少已经过时了。参见[德]乌尔里希·贝克：“全球化时代民主怎样才是可行的?”；哈贝马斯：“超越民族国家?”，见[德]乌尔里希·贝克、哈贝马斯：《全球化与政治》，王学东、柴方国等译，14、78～79 页，北京，中央编译出版社，2000。

的否定。

第四，民族国家在参与经济全球化的过程中实施对国家主权与核心利益的保护。

实际上，随着经济全球化的发展，各国更加注意保护经济主权。例如：在关贸总协定临时生效的47年中，各成员国之间有过8次关于互相减税的谈判，前四次谈判的时间分别是6个月、6个月、8个月、4个月，时间不长；但后来谈判的时间越来越长，分别为3年、4年、7年和8年，这说明各国都要对自己的关税政策进行保护。中国从“复关”到“入世”的谈判曾经讨价还价15年(1986年至2001年)，正是我们既行使国家主权，又保护经济主权并发展国家根本利益的表现。又如：中国于1980年恢复了在国际货币基金组织和世界银行中的合法席位。尽管受到一些限制，但获得了利益。截至2005年6月30日，世界银行对中国的贷款总承诺额累计近391亿美元，共支持了263个发展项目，其中有81个项目还在实施中。世行贷款项目目前主要集中在交通(32%)、城市发展(22%)、农村发展(22%)、能源(14%)和人力开发(4%)等领域①。在2000年世界银行进行的项目评价中，90%以上的中国项目被评为“满意”。中国被认为是世界银行贷款使用和偿还情况最好的借款国之一②。

实际上，发达国家同样相当重视经济主权的保护，甚至表现为经济民族主义和贸易保护主义。例如最爱讲全球化并标榜自由贸易的美国，对技术出口抓得特别紧，经常为所谓的技术泄密而大动干戈。克

① 吉喆：《世界银行与中国》，载《财经界》，2006(3)，54～55页。

② 祝宪：《中国与世界银行合作关系的回顾与前瞻》，载《国际金融研究》1997(10)，25～27页。作者当时是财政部世界银行司司长。

林顿总统任期内发生的美国华裔科学家李文和被诬告私取美国核武器机密资料的案件，就从一个方面反映了这个问题。区域一体化程度最高的西欧各国也是一样，丹麦全民公决不支持加入欧元，英国也拒绝加入欧元，2003 年 9 月 11 日主张加入欧元的瑞典外交大臣安娜·林德遇刺身亡。9 月 14 日，瑞典就是否加入欧元区举行全民公决。人们尽管对林德事件义愤填膺，但公决的结果仍然是拒绝加入欧元。而挪威当年没有加入欧共体，现在也没有加入欧盟。对国家主权的警惕，显然是导致这些国家对欧元和欧盟态度的重要原因之一。2006 年 7 月 24 日，世贸组织多哈会谈失败，几乎所有的矛头都对准了美国，认为正是美国在农产品补贴问题上的强硬态度才造成了当前的局面。然而，美国的做法实际是依据自身情况做出的最优决策①。

四、在参与国际经济秩序的重构中维护国家主权

对包括中国在内的发展中国家来说，承认并因势利导地积极迎接经济全球化及其对国家主权的挑战，而不是消极地对抗和躲避这种挑战，是国家主权的唯一正确方向。

首先，必须想方设法增强综合国力，提高国家的国际竞争力。这是强国之本，也是维护国家主权的根本途径。综合国力的竞争，是全球化时代国家间竞争的根本所在。促进经济的发展，增加国家的经济总量，提高人民的生活水平，巩固国防力量，是增加综合国力的基本途径。但是，在全球化时代，综合国力的其他要素也同样重要。例如：国家的科学技术水平，国家的人才资源和战略人才储备情况，国

① 韩燕：《多哈会谈无果而终：谁动了谁的蛋糕》，载《世界知识》，2006(16)，46～47 页。

民的文化、教育、心理和身体素质，民族文化的优越性和先进性，政府的凝聚力和社会的稳定程度，经济和社会发展的可持续性等等。应当清楚地认识到，在全球化时代，要有效地维护国家的主权，仅有经济和军事力量是远远不够的，还必须有政治的、文化的和道义的力量。

其次，同样重要的是，必须继续加大对外开放，主动参与国际合作，积极参与国际经济秩序的重构。

在全球化的过程中，有与之配套的国际组织、国际协议、国际规则和国际惯例，这就是国际经济秩序。迄今为止的国际经济秩序是由发达国家主导的，对发展中国家不够公平，仍然属于旧秩序。这种旧秩序说到底是由经济力量决定的，谁的综合国力强大谁的发言权就大，因而使发达国家享有实际否决权。改变并非易事。

对发展中国家来说，在积极参与经济全球化过程中，首先是要按照现行的国际规则和国际惯例办事，与国际规则接轨，而不是改变规则。即使要对旧的秩序和规则加以改变，也要通过参与，才能取得发言权，才能参与国际规则的制定，在全球治理中发挥更加重要的作用，从而有效地抗衡单边主义、霸权主义和新帝国主义，维护国家利益和捍卫国家的主权。

实际上，中国在不断融入国际经济的过程中对世界经济的影响已经显现。2001 年 11 月中国正式成为 WTO 的成员方。中国的进口关税已经从 20 世纪 90 年代初的 40%，下降到 2005 年的 9.9%，2006 年维持这个水平；2004 年中国已经成为世界第三大进出口国。根据经济学家的统计，2004 年中国对全球经济增长的拉动达到了 23.6%。

2003 年 11 月 6 日，在中国珠海召开世界经济发展宣言大会，来自全球各地的经济学家、学者、政府官员及工商界企业代表 2000 人，见证了世界上第一个全球性经济发展宣言的发表；中国首次以组织、策划、发展者的身份参与世界经济规则的制定。宣言的主要参与制定者、诺贝尔经济学奖的获得者劳伦斯·罗·克莱因说："中国第一次在世界经济舞台上扮演领导者的角色。"[①]此话虽然过誉，但说明了中国从服从规则、实行规则到参与制定规则的角色的转变。

① 刘箴、杨连成：《全球化需要全球性规则》，《光明日报》，2003 年 11 月 6 日。

20世纪以来世界历史体系的多样性与编纂实践*

新中国成立以来，我国的世界史学科在曲折中发展。随着“文化大革命”的结束和中国改革开放的不断深化，世界史学科也迎来了它发展的黄金时代。可以看到，我国的世界历史工作者在世界历史的理论和研究方法，以及在世界通史编纂实践方面的发展总趋势——以马克思主义的历史唯物主义和辩证唯物主义为基本指导思想，否定“西欧中心论”，承认文明的多样性，逐步确立“全球史观”，并以全球史观的视角看待各种存在的文明的发展与交往。这种发展的总趋势，虽与20世纪国际学术界的发展并不完全同步，但基本是同向进行的。

一

19世纪的欧洲，处于工业革命的成功和不断发展、社

---

* 本文的部分主要内容以“从‘西欧中心史观’到‘文明形态史观’和‘全球史观’”为题，载《历史研究》，2004(4)，本文是对该文的补充，收入于沛主编的文集《全球化和全球史》，北京，社会科学文献出版社，2007。

会经济的迅速而巨大进步、殖民扩张的"高歌猛进"、民族国家大大发展，西欧资本主义称霸世界的时代，因此，在19世纪的世界历史的研究与编纂实践中，充满着"西欧中心论"，或可称之为"西欧中心史观"。其代表人物就是德国历史学家利奥波德·兰克(也译为朗克)，他在其名著、1824年出版的《1494－1514年的拉丁和日耳曼民族史》的前言中说："我的主要注意力将放在日耳曼或日耳曼拉丁后裔的民族之上，其历史是整个现代史的核心。"①而在他晚年编著、身后由其弟子根据其遗稿补足的、以拉丁、日耳曼六大民族为主体的7卷本《世界历史》，则更是一部反映西方资本主义在近代世界日益上升为世界支配地位的历史著作，而由此确立的"西欧中心史观"也借着兰克的权威广泛地扩散影响。

但是兰克及其学派以严格的科学考据方法通过史料的考证研究历史，② 以及强调在纵横交错的不同时代精神和不同民族和国家的交互影响的网络中把握一个特殊事件，并要通过对特殊事件的研究而上升为普遍观念的总体史的研究视野，至今仍然对我国的世界历史工作者产生着重要的积极的影响。

20世纪的第一次世界大战，对西欧的世界中心地位造成严重冲击，也开始动摇"西欧中心史观"的根基。一些历史学家对"西欧中心论"提出质疑，并开始以新的眼光看待欧洲以外的历史和文明，于是

① 转引自何兆武主编：《历史理论与史学理论》，222页，北京，商务印书馆，1999。

② 兰克学派的一大特点就是自称通过史料的考订能够如实地反映历史，因此其历史理论有时被概括为"历史学"＝"史料学"。英国历史学家E. H. 卡尔曾这样形容他："朗克虔诚地相信，如果他自己照管着事实，老天爷就会照管着历史的意义。"[英]爱德华·霍列特·卡尔：《历史是什么》，吴柱存译，16页，北京，商务印书馆，1981。

出现了以德国历史学家奥斯瓦尔德·斯宾格勒的《西方的没落》为其奠基者和代表作品的比较文化形态学。斯宾格勒带着宿命论的色彩，开始把世界历史看作是8种文化诞生、成长、鼎盛和衰亡的历史；他通过对不同文化的比较，阐释人类社会发展的历史进程，并认为除了西方文化之外，其他文化都已衰亡，而西方文化也在没落。① 随后英国史学家A.J.汤因比在其巨著《历史研究》中继承并发展了斯宾格勒的文化形态史观，并通过对近6000年出现过的26种文明形态的比较研究，以其著名的挑战和应战学说，揭示了各种文明形态的起源、生长、衰落和解体的一般规律，从而最终确立了文明形态史观(亦称历史形态学)的历史哲学体系。② 汤因比认为，一切文明在哲学上都是同时代的和同等价值的，因此一切文明形态都是可比的，而西方基督教文明仍然具有"创造性的活力"。汤因比的文明形态史观，虽然在本质上仍然没有摆脱"西欧中心论"，但是他把多种文明相提并论，并认为西方文明最终也会衰落，这在一定意义上又是对"欧洲中心论"的突破。英国当代著名史学家杰夫里·巴勒克拉夫对此有着深刻的评论："正是因为他(按：这里指汤因比)最早发动了对欧洲中心论的猛烈批判(尽管他的全部历史观充满了他所攻击的那种欧洲中心论的'异端邪

---

① 关于比较文化形态学以及对斯宾格勒的《西方的没落》的评论，可参见齐世荣为该书1991年再版所写的前言："德意志中心论是比较文化形态学的比较结果——评《西方的没落》"，见《西方的没落》上册，齐世荣等译，1～9页，北京，商务印书馆，1991；还可参见张志刚："文化形态史观"，该文为何兆武、陈启能主编的《当代西方史学理论》第二章，北京，中国社会科学出版社，1996。

② 如果对汤因比的挑战应战说给以概括，可以这样表达：汤因比认为，文明的发生是由于人类对自然环境或人为环境的挑战给以应战，但是只有适度的挑战才是文明发生的适当条件；文明发生之后便在不断地应对内部和外部的挑战下成长；如果对挑战没有应战，文明便会开始衰落直至解体。

说’)，因而具有解放的作用，这才是他名满天下的主要原因。”①

文化/文明形态史观对20世纪世界历史研究的影响，有三个重要方面：其一，正如巴勒克拉夫所说，汤因比“提醒那些沉湎于专门领域的研究而迷失方向的历史学家，使他们认识到需要用全面的眼光去看待人类历史的整体”，② 从而为“全球史观”的确立和发展开辟了道路；其二，以汤因比的《历史研究》作为撰写真正意义上的世界文明史为开端，文化形态史观也逐渐发展为“文明多元论”，以文明为研究单位的世界通史的写作从此方兴未艾；③ 其三，由于文明囊括人类所创造的所有的物质和精神的伟大成果，因此对于历史工作者来说，无论是全球的宏观视野，还是对每一种文明的具体研究，都需要运用社会科学和人文科学的各种理论和方法，于是，在历史学与其他哲学社会科学各学科之间的界限变得越来越模糊的同时，在对史学工作者提出更高的要求的同时，也促进了历史学各个分支学科在第二次世界大战后的迅速发展。

① ［英］杰弗里·巴勒克拉夫：《当代史学主要趋势》，杨豫译，264页，上海，上海译文出版社，1987。

② ［英］杰弗里·巴勒克拉夫：《当代史学主要趋势》，杨豫译，264页，上海，上海译文出版社，1987。实际上，斯宾格勒在其《西方的没落》中就已经对那种将西欧的土地“当作一个坚实的‘极’”，并选定它“作为历史体系的自然中心，当作中心的太阳”的历史观念给以批判，并指出这是在制造“‘世界历史’的幻景”；并认为“‘世界历史’指的是整体，不是选定的某一部分。”参见［德］斯宾格勒：《西方的没落》上册，张兰平译，32～33、44页，西安，陕西师范大学出版社，2008。

③ 文明是人类所创造的全部物质成果和精神成果，因此从这个意义上说，文明史也就是世界通史。但是与传统的相对短时段的、更多强调经济形势、政治事件、伟大人物等世界通史的写作相比，文明史更注重长时段的各文明的发展和变化，以及它们对人类历史发展的贡献。

实际上，马克思主义经典作家对全球史观早有阐述。马克思和恩格斯在他们于1845～1846年撰写的《德意志意识形态》中已经指出，近代资本主义大工业创造了世界市场，从而“首次开创了世界历史，因为它使每个文明国家以及这些国家中的每一个人的需要的满足都依赖于整个世界，因为它消灭了以往自然形成的各国的孤立状态”，“各个相互影响的活动范围在这个发展进程中愈来愈扩大，各民族的原始闭关自守状态则由于日益完善的生产方式、交往以及因此自发地发展起来的各民族之间的分工而消灭得愈来愈彻底，历史也就在愈来愈大的程度上成为全世界的历史。”①

第二次世界大战后，欧洲地位明显衰落，西方建立的殖民体系土崩瓦解，社会主义意识形态的胜利，使“西欧中心论”的世界史体系受到更严厉的批评。由于历史研究不断进步，资料范围不断扩大，科学技术飞速发展，通信联络四通八达，世界日益密切联系成为一个息息相关的整体。正是世界历史的发展迫使人们去承认“一个世界”的现实。于是历史学家更加意识到要撰写整个世界的历史。②

在国际学术界，最早系统提出以“全球史观”撰写世界历史的是巴勒克拉夫，他在1955年出版的论文集《变动世界中的历史学》中，提倡史学研究要“跳出欧洲、跳出西方、将视线投射到所有的地区和所

① 《马克思恩格斯选集》，第一卷，51、67页，北京，人民出版社，1972。

② 从最广义的角度来说，早在古代，一些大历史学家就已经在撰写他们当时所认知的“世界”的历史，如古希腊历史学家希罗多德的《历史》，已经涉及地中海地区、多瑙河之外、两河流域、波斯及其以北的草原地区；中国汉代历史学家司马迁的《史记》，涉及的范围东起朝鲜、西至大夏、安息，几乎是欧亚大陆的一半。这些地区便是当时希腊人和中国人所认知的“世界”，但它们不过是真正的世界的某些部分，所以并不是真正意义上的世界史。

有的时代”;① 在 1978 年出版的《当代史学主要趋势》中进一步指出，“认识到需要建立全球的历史观——即超越民族和地区的界限，理解整个世界的历史观——是当前的主要特征之一。”②于是，西方史学界在 20 世纪七八十年代掀起了打破西欧中心论的世界历史编纂潮流，使世界历史的编纂学在总体上进入了全球文明史或整体历史的时代。

在 20 世纪的诸多西方历史学家中，运用全球史观撰写世界历史的最有代表性的人物和著作是美国历史学家 W. H. 麦克尼尔、L. S. 斯塔夫里阿诺斯和美国社会学教授 I. 沃伦斯坦。麦克尼尔和斯塔夫里阿诺斯分别撰写了《世界史》③和《全球通史》，两者的共同之点，在于都显示了“一种观察人类历史的整体观念”，正如斯塔夫里阿诺斯所说，他“研究的是全球而不是某一国家或地区的历史；关注的是整个人类，而不是局限于西方或非西方人”，世界历史是“从全球的而不是从地区或民族的角度讲述历史”，世界历史要探究的是“那些曾对整个

---

① Geoffrey Barraclough, *History in a Changing World*, Oxford: Blackwell, 1955, p. 27.

② 杰弗里·巴勒克拉夫：《当代史学主要趋势》，杨豫译，242 页，上海，上海译文出版社，1987。

③ 1963 年，W. H. 麦克尼尔出版了《西方的兴起：人类共同体的历史》(*The Rise of the West, A History of the Human Community*)，该书采用了从古到今的叙事史体例，被西方史学界认为是专业历史学家写出的第一部综合世界史，开创了世界史研究的一个新时期。在该书的基础上，1967 年麦克尼尔出版了更为简要的《世界史》(A World History)。《西方的兴起》出版 25 年后，麦克尼尔在《世界史杂志》(Journal of World History) 1990 年第 1 期上以“25 年后再评《西方的兴起》”为题撰写文章，对该书做了自我评论，指出了它的得失问题；在 1991 年新版的《西方的兴起》一书中作者将这篇文章作为代序言(*The Rise of the West: A History of the Human Community: With a Retrospective Essay*, Chicago: University of Chicago Press, 1991)。

世界有影响的力量或运动”。[1] 沃伦斯坦以“世界体系理论”作为其世界历史观念，并计划撰写4卷本《现代世界体系》。[2] 无论上述这些世界历史著作的研究体系存在什么样的缺陷，但我们都可以清楚地看到，全球史观在现代西方史学界关于世界通史的编纂理论和实践中开始居于主导地位。

在苏联学术界，其世界通史的编纂体现在陆续出版的13卷本的《世界通史》上。[3] 该书根据历史唯物主义，以生产力和生产关系的矛盾斗争为社会发展的动力，以原始社会、奴隶社会、封建社会、资本主义社会和社会主义社会五种生产方式把世界各国、各民族、各地区的历史排列起来，形成了苏联的世界通史体例，并对新中国的世界史教育与研究产生了重要影响。但该书并未能够摆脱“西欧中心论”，也过于强调俄国的历史作用。

二

中国的历史学家从中外研究世界历史的各种理论与方法的发展中

---

① ［美］斯塔夫里阿诺斯：《全球通史：1500年以前的世界》，吴象婴等译，54页，上海，上海社会科学院出版社，1988；《全球通史：1500年以后的世界》，序言第2页，上海，上海社会科学院出版社，1992。该书的第七版《全球通史：从史前史到21世纪》(上下)，董淑慧等译，已由北京大学出版社2005年出版。

② 沃伦斯坦从全球出发，把资本主义的历史放在世界性的体系中去认识，认为资本主义从一开始就是作为一个世界性的体系而出现的，并将“世界体系”作为研究的单位；他还引入“核心”、“边缘”、“半边缘”等概念，认为资本主义发展的历史就是把世界逐渐卷入核心和边缘的历史。目前该书已出版3卷，并被译成中文等多国文字及盲文，中文版由高等教育出版社1998～2000年出版。

③ 该书本来计划出10卷，从人类起源写到第二次世界大战，后来增加为13卷，写到1970年。其中文版已由三联书店1958～1990年出版。

汲取营养。1949年商务印书馆出版了周谷城以其一人之力撰写的《世界通史》，该书反对“西欧中心论”，将各大洲和各民族均视为世界历史的一部分，并强调中华民族对世界文明做出的贡献，具有重要的开拓价值。另外，周谷城还认为，“世界通史并非国别史之总和，而是一个有机的统一体，故叙述时，力求避免分国叙述的倾向，而特别着重世界各地相互的关系”。①

1962年人民出版社出版了周一良、吴于廑主编的新中国第一部综合性的4卷本《世界通史》，该书以五种社会经济形态作为划分历史阶段的标准，以阶级斗争为纲，以人民群众为主角，比较系统地分时期按国别地叙述了从人类起源到第一次世界大战结束的世界历史的发展，体现了中国学者当时对世界历史的认识和研究水平。它的缺点是受历史条件所限，较严重地受到苏联的《世界通史》的影响，而且缺少第一次世界大战以后的历史。

20世纪80年代以来，“全球史观”在中国的世界历史研究以及世界通史的编纂实践方面得到了进一步的运用与发展，其代表便是吴于廑对世界历史学科本体论的新认识。吴于廑指出：“世界历史是历史学的一门重要的分支学科，内容为对人类历史自原始、孤立、分散的人群发展为全世界成一密切联系整体的过程进行系统探讨和阐述。世界历史学科的主要任务是以世界全局的观点，综合考察各地区、各国、各民族的历史，运用相关学科如文化人类学、考古学的成果，研

① 周谷城：《〈世界通史〉影印本新序》，见《周谷城学术论著自选集》，130页，北京，北京师范学院出版社，1992。

究和阐述人类历史的演变，揭示演变的规律和趋向。”①在这一认识的基础上，吴先生强调世界历史的纵向发展和横向发展，认为纵向发展“是指人类物质生产史上不同生产方式的演变和由此引起的不同社会形态的更迭”，横向发展“是指历史由各地区间的相互闭塞到逐步开放，由彼此分散到逐步联系密切，终于发展成为整体的世界历史这一客观过程而言的”，而这两方面的发展互动，就形成了世界历史发展的过程。②

根据这种新认识，吴于廑和齐世荣接受国家教委的委托，主编了6卷本《世界史》(简称吴齐本)，由高等教育出版社于1991～1994年出版。这部200多万字篇幅的世界通史，突破了以往国内外世界通史的编撰模式，尤其是突破了苏联学者所编世界通史的模式，以马克思主义唯物史观为指导，重构世界史的宏观体系；同时借鉴当代史学理论和方法，以中国人的思辨，探索自人类起源至20世纪90年代这一历史长河的源流及其走向，考察世界如何由相互闭塞发展为密切联系、由分散演变为整体的全部历程。它的主要特点是：第一，对世界历史发展的断限进行重新划分：人类产生至15世纪末为古代史，16～19世纪末为近代史，19世纪末20世纪初至20世纪90年代为现代史。这种超越社会经济形态的分期从历史实际出发，与原先以政治兴替或其他“重大事件”为分期标准有着本质上的区别。第二，全书力求避免重蹈国别史汇编的旧体系，采取纵横交织的编撰体系和纵横比较的写

① 这是吴于廑为《中国大百科全书·外国历史》卷撰写的“世界历史”条目中的话，见该书第1册，1页，北京，中国大百科全书出版社，1990。该条目也是吴齐本《世界史》的总序。

② 参见吴于廑：《吴于廑学术论著自选集》，52页，北京，首都师范大学出版社，1995。

作方法，抓住世界历史的纵向发展与横向发展密不可分这一关键环节，注意揭示纵向的重大历史现象对横向发展的制约，以及横向发展对纵向发展的反作用。第三，突破“以阶级斗争为纲”的模式，不仅阐释世界各国各民族之间以及各国各民族内部的暴力冲突和阶级斗争在打破其分散闭塞局面，推动历史进步的巨大作用，而且注重深入探讨人类和平交往和思想文化、特别是科学技术在世界历史形成中的作用。第四，该书创造性地将中国历史纳入其中，以有限的篇幅简述中国历代兴替的基本脉络，重点发掘中国与世界发生联系的重大史实及其意义，并从中外历史的比较中确立中国在世界史上应有的地位，从而勾勒出中国古代文明的发展和世界走向中国，中国走向世界的历史轨迹。①

值得注意的是，从文化形态史观发展而来的“文明多元论”，在当代中国也有它的回响，这就是北京大学出版社于2004年9月出版的马克垚主编的两卷本《世界文明史》。② 编者在该书导言中指出，文明是人类所创造的全部物质和精神成果，从这个意义上说，文明史也就是世界通史。但文明史不同于世界史，就是它所研究的单位是各个文明，是在历史长河中各文明的流动、发展、变化。因此，该书以文明作为研究单位，根据各文明生产力的发展变化情况，将各文明划分为农业文明时代和工业文明时代，并以此为线索，通过全球的视角将各文明的纵向发展与横向交流进行勾勒，从而展示了7000年人类文明发展的宏观历史画卷。

---

① 有关这部世界通史的详细评论，参见王方宪：《我国世界史学科发展的里程碑——六卷本〈世界史〉述评》，载《历史教学》1995(9)，14～17页。这部《世界史》自2000年起开始修订。

② 2004年1月该书以3卷本出版，9月即以两卷插图本问世。

还需要指出的是，随着中国现代化进程的加速发展，以罗荣渠为代表的“现代化史观”也于20世纪80年代异军突起。[①] 他主张“从宏观历史学的角度，把现代化作为一个全球性大转变的过程，从传统农业社会向现代化工业社会转变的大过程，进行整体性研究”，并认为“现代化史学是关于现代世界的变革与发展进程的整体和分体研究的史学”。[②] 90年代他以《现代化新论》和《现代化新论续篇》两部著作，将“现代化史观”具体实践，并因此而成为中国现代化史学的开拓者。还要提及的是，钱乘旦在《世界历史》2003年第3期发表《以现代化为主题构建世界近现代史新的学科体系》一文，把世界近现代史分为现代化的准备、起动、在西方的成熟和发展、向全球扩张和转型迹象等五个阶段，成为现代化史学中的又一个新的体系。

三

进入21世纪，在西方特别是美国于20世纪下半叶兴起的“全球史”(global history)或称“新世界史”(new world history)已经引起了中国学者的兴趣。它与以往的世界史的最大不同，在于它受到后现代主义的思潮影响，从全球化的背景出发，关注那些导致全球化的因素的发展过程。正如美国夏威夷大学教授杰瑞·H. 本特利所说：“深刻影响了当今世界发展的强劲的全球化的势头也促使历史学家们关注人类早期的跨文化互动和交流过程。在许多方面，世界史作为一种理性

---

① 参见罗荣渠：《有关开创世界史研究新局面的几个问题》，载《历史研究》，1984(3)，35～49页。

② 罗荣渠：《现代化新论——世界与中国的现代化进程》，序言，2页，北京，北京大学出版社，1993；《现代化新论续篇——东亚与中国的现代化进程》，29页，北京，北京大学出版社，1997。

的研究课题，代表了当代职业历史学家们对他们身居其中的跳跃式发展的全球化现象的职业反映。”①因此“新世界史”更为重视对长时段的、跨区域的、跨文化的环境变化，物种传播，疾病蔓延，人口发展，移民迁徙，意识形态和观念变化，跨国公司，能源需求，国际犯罪，甚至政治、文化的全球化等问题的研究。于是，国内已有学者将这种从全球化的视角出发研究人类历史发展本身的观念称为“全球化史观”。② 当然，“新世界史”存在的明显的缺陷也招致了一些专业历史学家的批评，例如：它比较忽视社会内部发展的作用，没有摆脱西欧中心论的思维等。

总之，从20世纪到21世纪初中外学术界关于世界历史的理论、方法与编纂实践已经表明，无论以什么样的体系和框架撰写世界历史，都要求研究者具有全球的视野，具有历史学和相关社会科学与人文科学的理论和方法论修养，以及深切的现实关怀。与此同时，近代实证主义史学的以尽可能多的第一手史料说话，以及注重从个别到一般的综合归纳的科学研究方法，仍然是专业史家的基本治史方法。因此，无论在选题和研究视角方面发生什么样的变化，对所涉及的档案资料的熟悉与了解，对考据方法的掌握，对史学理论的理解和运用，对外文和中文的熟练应用，既是对史家的基本要求，也是专业史家一定要坚持的。

另一方面，由于21世纪仍然是民族国家林立的世界，因此，研究各国的历史以及这些国家的相互关系的历史，也仍然是历史研究主

① 引自首都师范大学2005年10月召开的“世界各国的世界通史教育国际学术研讨会”编辑的《学术交流论文(外国学者卷)》，4～5页。

② 参见“全球化与全球化史观——访世界历史所研究员刘军”，见《中国社会科学院院报》2006年5月30日第5版。

题和主体。而全球化的发展也使站在“全球史观”和“全球化史观”的高度认识历史研究的对象和问题，越来越被史学工作者所接受。

总之，在世界历史的研究和编纂实践中，并没有单一的理论和方法。只要坚持以马克思主义的历史唯物主义和辩证唯物主义为指导，并充分吸收各种理论和方法的精华，坚持“有一分材料说一分话”，我们对世界历史的研究和我们撰写的世界历史就会越接近历史的真实。

《世界近现代史 1500－2007》导言*

奉献给读者的这本教材，是我们多年从事教学改革和课程建设项目——世界近现代史课程的重要组成部分。陈衡哲先生曾经睿智地指出："历史是人类全体的传记"。[①]人类的历史源远流长，从未中断，如果我们想把人类成长中的某一阶段用文字再现出来，我们就一定要界定它的时空范围，并回答人类是何以经过这样的成长而达到今天的高度的。世界近现代史是人类成长过程中距离我们最近的阶段，因此，我们在编写世界近现代史教材时，就必须明确它的范围并界定它的功能。

世界近现代史是研究和叙述人类自 16 世纪至 21 世纪初的成长历程。在这长达 500 多年的时间里，尽管资本主义在逐渐确立其世界地位的同时伴随着极其残酷的剥削、殖民掠夺和战争，尽管社会主义的成长过程极其曲折，尽

* 本文是为作者主编的《世界近现代史 1500—2007》所写的导言，北京，高等教育出版社，2012 年。

① 陈衡哲：《西洋史》，9 页，沈阳，辽宁教育出版社，1998。

管人类社会的发展曾出现过局部的具有重大影响的曲折甚至倒退，但从总的方面来看，人类在经济、政治、社会、文化等各个方面都有了长足的进步。20世纪80年代以来日益加速发展的经济全球化的浪潮对人类历史发展的深刻影响，国际关系格局中牵一发而动全身的现实，都证明了世界近现代史是人类成长变化最大最快的阶段，也是世界各国、各民族、各地区逐渐联系成为一个息息相关的整体，从而产生了真正意义上的世界历史的阶段。因此，世界近现代史教材的重要目的，就是以世界全局的眼光，注重人类自身的活动，综合考察自16世纪直至21世纪初以来的世界各地区、各国、各民族的历史，揭示人类历史在这五个多世纪中的时空成长。

在编写这本教材的过程中，我们以马克思主义经典作家对人类社会形态演进的阐述及其对世界历史发展的阐述为理论指导。马克思在1859年为《政治经济学批判》所写的序言中认为："大体说来，亚细亚的、古代的、封建的和现代资产阶级的生产方式可以看作是经济的社会形态演进的几个时代。资产阶级的生产关系是社会生产过程的最后一个对抗形式，这里所说的对抗，不是指个人的对抗，而是指从个人的社会生活条件中生长出来的对抗；但是，在资产阶级社会的胞胎里发展的生产力，同时又创造着解决这种对抗的物质条件。"①早于上述关于社会形态演进的论述，马克思和恩格斯在他们于1845～1846年撰写的《德意志意识形态》中就已经指出，近代资本主义大工业创造了世界市场，从而"首次开创了世界历史，因为它使每个文明国家以及这些国家中的每一个人的需要的满足都依赖于整个世界，因为它消灭了各国以往自然形成的闭关自守的状态"；"各个相互影响的活动范围

① 《马克思恩格斯选集》，第2卷，33页，北京，人民出版社，1995。

在这个发展进程中越是扩大，各民族的原始封闭状态由于日益完善的生产方式、交往以及因交往而自然形成的不同民族之间的分工而消灭得越是彻底，历史也就越是成为世界历史。”①人类历史的纵向发展和横向发展互为条件，相辅相成。就世界近现代史来说，这种纵向发展与横向发展更为密不可分，而且正是由于这样的发展，才形成了今天的世界。这也正是我们希望让读者能够了解的。

在决定本教材的编写内容时，我们力图做到“跳出欧洲、跳出西方、将视线投射到所有的地区”②，既要叙述资本主义进行全球扩张的历史，也要重视殖民地半殖民地人民的抗争和争取民族独立对世界历史发展的意义，并论述当今组成第三世界的民族独立国家在国际事务中的重要作用；既要叙述在资本主义社会中产生的社会主义思想从空想到科学的发展，也要揭示社会主义从理想变为现实、社会主义在20世纪的曲折发展，以及社会主义的世界历史意义；既要注重勾勒近代民族国家诞生以来国际关系的发展变化，国际体系、国际秩序的发展过程，也要深入论述20世纪以来资本主义和社会主义两种制度之间的并存、斗争、相互影响、相互渗透对世界历史发展的重要影响。与此同时，我们还要对中国与世界发生联系的重大史实、中国发生的具有世界影响的重大事件给以论述并揭示其意义，点明中国和世界的相互关系，勾勒出中国走向世界、世界走向中国的历史轨迹。

根据我们的教学实践，本教材尝试新的断代史编写体例：首先以近代早期的世界全貌为背景，然后分别展示资本主义、社会主义、亚

① 《马克思恩格斯选集》，第1卷，88、114页，北京，人民出版社，1995。

② Geoffrey Barraclough, *History in a Changing World*, Oxford: Blackwell, 1955, p. 27.

非拉民族独立国家、国际关系以及西方文化与社会生活的发展历程，并得出了一些重要结论和历史启迪。

资本主义经历了革命与改革、扩张与殖民、危机与战争、协调与发展，取得了巨大成就和世界影响。科学技术作为第一生产力在推动资本主义经济、政治、社会等各个方面的发展中起到巨大作用；资本主义生产关系一定程度的调整为生产力的发展提供了条件；资本主义的改革受到了社会主义的影响；资本主义国际协调机制的建立、改善与加强，使资本主义各国之间的矛盾能够通过和平谈判的手段得到缓和或解决；但是就整体来说，资本主义的生产力和生产关系之间的固有矛盾并没有得到根本解决。另一方面，现在主要资本主义国家，无论是在资本还是在科技方面都还有较大的优势，资本主义仍具有较强活力。马克思说："无论哪一个社会形态，在它所能容纳的内部生产力发挥出来以前，是决不会灭亡的"。[①] 因此在坚信共产主义理想一定会实现的同时，社会主义必须正确认识当代资本主义，正确处理和它的关系。

社会主义经历了从空想到科学、从理论到实践的发展，既有成功的经验，也有失败的教训。社会主义从理想变为现实，证明了以私有制为基础的资本主义社会是可以被打破的，以公有制为基础的社会主义制度是可以建立起来的；社会主义的苏联依靠自己建立起来的工业基础和巨大的民族牺牲，成为打败法西斯的主要力量之一，在保卫自己国家安全的同时，也在实际上挽救了资本主义；社会主义和资本主义是互相竞争又互相影响的，社会主义国家的存在，成为资本主义世界的一面镜子，为整个资本主义世界的改造提供了借鉴。今天，在资

① 《马克思恩格斯选集》，第2卷，33页，北京，人民出版社，1995。

本主义国家中，社会主义的思想也广泛传播，社会主义的因素也在增长，便是这种影响的一个结果。由此也可以看出，社会主义作为一种崭新的比资本主义更为优越的社会制度，一旦从世界历史的发展中产生出来，就一定会成长壮大。苏联和东欧国家发生的剧变，只是社会主义的一种已经僵化的模式的失败，并非社会主义制度的失败。邓小平指出："一些国家出现严重曲折，社会主义好像被削弱了，但人民经受锻炼，从中吸取教训，将促使社会主义向着更加健康的方向发展。"①苏联在建设全新的社会主义现代化过程中所进行的艰难尝试，开创了新的现代化建设模式，它所取得的成功经验和失败教训，为经济落后国家的现代化建设提供了重大启示：在社会经济落后的国家里进行现代化，包括进行社会主义现代化建设是特别困难的，并不存在固定的模式，必须根据国际社会的整体发展和各国的具体情况，树立科学发展观，依靠不断的改革与社会制度的自我完善，才能取得最后的成功。历史已经证明并将会继续证明，感悟这些启示的中国正在进行的革旧鼎新的伟大实践，正在推动着世界经济的发展和整个人类文明的进步。

世界殖民体系的建立、瓦解和亚非拉民族独立国家的发展。世界殖民体系的崩溃，是人类历史上最伟大的革命性事件之一；它是殖民地半殖民地人民持续不断地斗争(包括规模很大持续时间很久的武装斗争)、殖民地宗主国的反殖因素以及民族主义和社会主义思想综合作用的结果；20 世纪社会主义国家的出现和发展，促进了亚非拉各国的民族解放斗争，加速了帝国主义殖民体系的崩溃；今天，193 面庄严绚丽的国旗在联合国的广场上飘扬，是人类历史的巨大进步，具

① 《邓小平文选》，第三卷，383 页，北京，人民出版社，1993。

有重要的世界历史意义。但是，以资本主义为主导的不合理的国际政治经济秩序仍然是发展中国家的发展受到制约的最重要因素；发展中国家必须以经济社会的可持续发展为目标，不断进行自我改革，并为建立公正合理的国际政治经济新秩序而不懈努力。

国际关系经历了欧洲世界中心地位的确立、动摇并为美苏两极格局所取代，两极格局的瓦解以及多极化趋势的发展演变。现行的国际政治经济关系的基本原则仍然是欧美国家所确立的；资本主义各国的争夺扩张和发展的不平衡，以及由此产生的重新瓜分世界的需要，是近代以来的重大战争特别是两次世界大战爆发的基本原因，其结果是使以欧洲为中心的国际关系格局发生了严重动摇；第二次世界大战后美国和苏联国家大战略的针锋相对和激烈碰撞，是冷战发生的基本动因，并使国际格局从欧洲中心发展到两极格局，但两极格局中也孕育着多极化趋势。列宁提出中国政府坚持的和平共处外交原则是20世纪新兴国际关系的基础，体现了民族国家平等和国际社会公正的思想，是对几个世纪以来国际关系中奉行的强权政治和霸权主义的否定；和平与发展仍然是当今时代的主题，经济全球化和世界多极化是时代的发展趋势；民族国家唯有在参与全球化的过程中警惕霸权主义和强权政治，不断推进国际政治经济民主化，才能更好地维护自己的主权并获得长足的发展。中国的和平发展是20世纪国际关系中最富启迪性的重大事件之一，中国在不断改变自己的过程中影响世界，中国提出的建立“和谐世界”的理念，将对国际关系产生重大影响。

近代以来西方文化的发展与社会生活的变迁。之所以选择这个方面，主要是希望读者初步了解一些与我们不同的文化的发展，以及并非与我们完全异质的社会生活。读者可以从中感悟到：随着经济全球化的发展，人类的文化交流具有了真正的世界性和全球性，任何国家要采取闭关主义，包括文化上的闭关主义，都是行不通的；文化和社会生活作为软实力，在民族国家的发展中起着越来越重要的作用；如何在发扬本民族国家优秀文化传统的基础上，既能吸收外来文化的有益成分，又能不为外来文化的糟粕所污染，是建设有中国特色社会主义过程中的一个必须研究和解决的重要课题。

我们期望，这样编写的世界近现代史教材，可以从不同的方面展示人类的成长历程，并预示未来人类社会的发展方向。

徐蓝 著作目录

专著

《英国与中日战争1931—1941》(北京：北京师范学院出版社，1991年版；首都师范大学出版社，2010年再版。)

《埋葬法西斯》(北京：华夏出版社，1997年版)

《从萨拉热窝到东京：两次世界大战》(合著，北京：中国青年出版社，1999年版。)

《20世纪的历史巨变》(合著，北京：学习出版社，2005年版。)

《冷战前期的大国关系——美苏争霸与亚洲大国的外交取向1945—1972》(合著，北京：世界知识出版社，2011年版。)

教材

《世界史·现代史编》上卷(合著，北京：高等教育出版社，1994年版。)

《冷战时期的美苏关系》(合著，北京：北京大学出版社，2006年版。)

《世界史·现代卷》(合著，北京：高等教育出版社，2006年版。)

《世界史·当代卷》(合著，北京：高等教育出版社，2006年版。)

《世界近现代史 1500—2007》(主编，北京：高等教育出版社，2012 年版。)

《义务教育历史课程标准(2011 年版)解读》(执行主编，北京：北京师范大学出版社，2012 年版。)

译著

《南京暴行——被遗忘的大屠杀》(合译，[美]Chang，Iris(张纯如)原著，北京：东方出版社，1998 年版。)

《巨龙——商业、经济和全球秩序中的中国未来》(合译，[美]Daniel Burstein and Arne J. de Keijzer(丹尼尔·伯斯坦、阿恩·德凯基泽)原著，北京：东方出版社，1998 年版。)

《两次世界大战之间的国际关系 1919—1939》([英]E. H. Carr(E. H. 卡尔)原著，北京：商务印书馆，2009、2010 年版，列入“汉译名著”系列。)

主编论文集

《世界史研究》第二辑(北京：人民出版社，2008 年版。)

《世界史研究》第三辑(北京：人民出版社，2010 年版。)

《近现代国际关系史研究》第一辑(北京：人民出版社，2006 年版。)

《近现代国际关系史研究》第二辑(北京：人民出版社，2012 年版。)

《近现代国际关系史研究》第三辑(北京：人民出版社，2013 年版。)